裁 判 规 则
与
法 律 适 用
丛 书

行政疑难案件

裁判规则与法律适用

吴在存 主编

法律出版社
LAW PRESS·CHINA

编辑委员会

撰稿人：（按姓氏笔画排序）
王　阳　王春光　王素南　龙　非　代景川
乔　军　刘京勇　刘　娜　杨晓琼　李　茜
李晓林　李　蓓　李静怡　李赟乐　肖　克
何君慧　闵　雪　张美红　张　悦　张婷婷
范术伟　郑伟华　赵　凯　赵　锋　祝飞宇
徐志文　徐钟佳　梁　菲　魏浩锋
统稿人：薛　峰　赵　锋

序

法律适用统一作为一项应予普遍遵循的法治原则,要求人民法院在审理案件过程中,针对同一要件事实适用同一法律规则,得出大体相近或类似的裁判结果。类似案件作出类似处理是人民群众感受司法公正的最朴素、最直观的标准。对此,案例指导的作用不可或缺,且效果直接。我国虽属成文法国家,判例并非法律渊源,但案例在一定程度上发挥着统一法律适用的功能。当前,《最高人民法院关于案例指导工作的规定》及实施细则已经确立了案例指导的硬性约束机制,为发挥案例统一法律适用的功能提供了依据。

维特根斯坦认为,规则之所以有约束力是因为人们接受了这些规则,而不是因为规则有约束力才被人们接受。对于案例而言,此言尤为重要。由于缺失了成文法与生俱来的约束力,案例要想获得普遍的遵从和接受,其本身就需要确立出更具说服力的裁判规则,并形成法律职业人的共识和默契,从而成为"事实上的法律"。这点在行政法案例的编撰中显得尤为困难,一是因为行政法的发展历史不如民法悠久,相关的基础理论略显稚嫩,在很多基础理论和重要概念上未能形成共识,诸如行政行为、利害关系等基础概念的争议一直延续,与此相关的裁判矛盾频出,一时间难以确定绝对权威的案例。二是因为部门行政法门类众多,各行政管理领域自具特色,且涉及诸多专业性知识,个性多于共性,难以抽象出普适性的行政法案例。

为此,案例编撰组成员付出了艰辛的努力,以实践需求为导向,全面梳理了近年来出现频次较高的案件类型,确立了行政许可、行政处罚、信息公开、教育管理、房屋征收补偿、工伤认定、投诉举报履责、金融监管、行政复议以及新类型案件等十大类别。在每一类案例的筛选过程中,重点识别同类案件裁判结果存在明显差异的案件、新类型案件、裁判标准前后作出调整的案件和现有法律文件没有明确规定或者规定比较原则的案件,充分彰显案例本身统一法律适用的价值,力促形成对某些具体问题的共识,真正为法官办案提供参考,为社会公众提供指引,为法治政府建设提供助力。

北京市第一中级人民法院一直以来注重法律适用和司法实务研究工作。近年来,北京市第一中级人民法院坚持以习近平新时代中国特色社会主义思想为指导,深入学习贯彻习近平总书记关于调查研究的重要论述,进一步健全完善以重点课题为龙头、以案例研究为基础、以学术研讨为重点、以司法建议为延伸、以调研人才培养为保障的"五位一体"调研工作格局,将审判研究作为一项根本性、基础性、系统性工作统筹推进,坚持首善意识、首善标准,突出问题导向、需求导向,着力破解审判实践中的重难点问题和制约法院长远发展的瓶颈性问题,全力打造有力度、有厚度、有深度的首都法院审判研究高地,整体法律适用和司法实务研究工作取得了新进展、实现了新突破。

当然,案例分析的撰写过程是法律适用方法不断深化完善的过程,案例评析是执笔人对法律规定和具体法律问题的理解与阐释,囿于能力水平,难免有所疏漏,欢迎批评指正。

是为序。

目录

第一章 行政许可

第二章 行政处罚

第三章 信息公开

第四章 教育管理

第五章 房屋征收补偿

第六章 工伤认定

第十章　其他

1

CHAPTER

第一章

行政许可

01

行政相对人以外的利害关系人提起行政诉讼的审查范围

——金寨县金龙矿业有限责任公司诉国土资源部(现为自然资源部)划定矿区范围批复案

裁判规则

相邻权人针对行政机关向他人颁发的行政许可提起诉讼的,人民法院的审查范围应限于被诉行政许可行为可能侵害该相邻权人的相邻权益部分。行政许可不涉及该相邻权人权益的事项,不属于案件的审查范围。

案　情[1]

原告金寨县金龙矿业有限责任公司(以下简称金龙矿业)系“安徽省金寨县关庙银冲铅锌钼多金属矿详查”探矿权人及“金寨县银冲铅锌矿”采矿权人,该二矿区范围与涉案沙坪沟钼矿矿区范围东侧相邻。2013年12月,第三人安徽金沙钼业有限公司(以下简称金沙钼业)向被告中华人民共和国国土资源部(以下简称国土资源部)申请办理沙坪沟钼矿划定矿区范围登记。2015年4月,原告金龙矿业向被告提出申请,要求公开金沙钼业沙坪沟钼矿划定矿区范围申请资料并依法对其组织技术论证。同年6月,被告将金龙矿业的上述申请函转安徽省国土资源厅,要求其依法核查处理,并将结果及时报告。2015年7月11日及9月26日,安徽省国土资源厅两次就沙坪沟钼矿拟申请划定的矿区范围组织

[1] 北京市第一中级人民法院:(2017)京01行初401号,北京市高级人民法院:(2017)京行终5494号。

专家论证会,专家组意见认为“申请划定的矿区范围基本合理,对东侧金龙矿业银冲铅锌矿采矿权不构成影响”。安徽省国土资源厅将核查情况书面报告被告,并于2016年1月25日将上述专家论证意见在安徽省地质矿产勘查局的网站上进行了公示,其间原告并未提出异议。其后,安徽省国土资源厅将上述情况书面报告被告。2016年4月18日,被告作出《国土资源部划定矿区范围批复》(国土资矿划字〔2016〕037号,以下简称被诉划区批复),对矿区范围进行了划定。原告不服被诉划区批复,诉至法院,请求判决被诉划区批复违法并予以撤销。

北京市第一中级人民法院判决驳回了原告金龙矿业的诉讼请求。金龙矿业不服,上诉至北京市高级人民法院。

【裁判结论】

北京市高级人民法院于2018年7月2日作出(2017)京行终5494号行政判决:驳回上诉,维持一审判决。

【裁判观点】

一审法院认为:

《行政诉讼法》第2条第1款规定,“公民、法人或者其他组织认为行政机关和行政机关工作人员的行政行为侵犯其合法权益,有权依照本法向人民法院提起诉讼”。因此,原告的合法权益可能受到行政行为的侵害,是其提起行政诉讼的法定起诉条件,这一条件同时也就限定了法院的审查范围。在相对人以外的利害关系人提起诉讼的案件中,利害关系人的诉权范围在于行政行为中对其合法权益可能产生侵害的部分,因此只有行政行为中可能侵害利害关系人合法权益的部分,才属于人民法院审查和裁判的范围。相邻权人针对行政机关向他人颁发的行政许可提起诉讼,人民法院的审查范围应限于被诉行政许可行为可能侵害原告相邻权益的部分。关于审查范围的这一判断标准既适用于行政行为的实体部分,也适用于程序部分。就本案被诉划区批复的实体部分而言,由于沙坪沟钼矿矿区范围的南侧、北侧、西侧相邻人的权利影响及处理方案与原告无关,因此南侧、北侧、西侧划定的边界部分,不属于本案审查范畴;就程序部分而言,则应限于被告作出被诉划区批复过程中具有相邻权保护功能的程序事项,即原告作为利害关系人参加许可程序并陈述意见的权利是否得到保障。对于其他程序事项，原告及第三人均未提出异议，亦不属于本案审查范畴。

一、关于被诉划区批复是否侵害了原告的相邻矿业权

根据已查明的事实，沙坪沟钼矿划定的矿区范围与原告的矿区范围并不重叠，原告主张其矿业权受到影响的理由主要有两个方面：一是认为沙坪沟钼矿的地表塌陷区覆盖了原告的矿区，将导致原告的矿业权报废；二是认为沙坪沟钼矿的爆破作业会对各自矿区的施工安全造成影响。原告的上述两点理由均不能成立。

第一，关于地表塌陷区的问题。在案证据并不能证明原告的矿区属于沙坪沟钼矿地面塌陷影响范围，因此原告认为沙坪沟钼矿的地表塌陷区覆盖了其矿区并无事实根据。而且，对地面塌陷范围及其影响的评估，也需要结合诸多因素进行综合技术判断。至于《沙坪沟钼矿环保恢复治理方案》中提及需要对村民实施搬迁的问题。居民所享有的相邻权与相邻矿业权的权利内容并不相同，因此对于矿区周围居民影响的评估与对相邻矿业权影响的评估，各自的考量因素也不相同，仅仅基于周围居民是否需要搬迁并不足以认定相邻的矿业权是否也会受到损害。因此，原告以沙坪沟钼矿的地表塌陷区覆盖了其矿区为由，认为被诉划区批复不合法，缺乏事实根据，法院不予支持。

第二，关于爆破的问题。相邻矿区之间如何进行爆破设计，以避免对各自的安全生产造成影响，属于矿产开采过程中的具体安全技术问题，并不影响矿区范围的划定。被告作为矿产登记主管机关，在作出划定矿区范围的行政许可时，并无对矿产开采过程中的具体爆破安全问题进行审查的法定义务。原告以爆破作业可能对其施工产生影响为由，认为被诉划区批复不合法，缺乏事实和法律依据，法院不予支持。

二、关于原告的程序性权利是否受到侵害

在被诉划区批复作出过程中，原告已经通过书面方式提出了意见，被告也通过地方主管机关针对原告的意见组织专家论证并进行了公示，原告亦未提出异议，客观上已经保障了原告的陈述申辩权。对原告认为其程序权利受到侵害的主张，本院不予支持。被告在行政许可程序中听取利害关系人陈述申辩的相关程序仍可进一步规范完善，本院现予指出。至于原告认为应待金沙钼业与其签订协议之后才能批准划定矿区范围之主张。根据《矿产资源开采登记有关规定》，签订协议的内容是针对“可能造成对探矿权或采矿权影响的诸方面”，所谓

“可能造成影响”，应指已经具有造成影响的事实根据，为避免影响的实际发生而通过签订协议的方式以明确权利义务。基于前述分析，并无证据证明沙坪沟钼矿会对原告的矿业权产生影响，故不涉及需要先签订协议以确定双方权利义务的问题。对原告的上述主张，法院亦不予支持。

二审法院认为：

本案金龙公司认为国土资源部作出的被诉划区批复侵害了其合法权益，请求撤销被诉划区批复，故本案属于行政诉讼中的撤销之诉，诉讼标的是被诉划区批复是否违法、是否侵害了金龙公司的权利。本院同意一审判决中关于确定本案审查范围的意见。

法官评析

本案系行政许可相对人以外的利害关系人针对行政许可提起的行政诉讼案件。原告所争议的问题，实际指向的是行政案件的审查范围，具体到本案，需要讨论的则是行政相对人以外的利害关系人提起行政诉讼的审查范围问题。本案从两个角度进行了探讨：一是如何把握第三方撤销之诉中行政行为合法性的审查范围，二是如何把握行政管理专业技术问题的审查强度。

一、第三方撤销之诉的审查范围

《行政诉讼法》第6条规定：“人民法院审理行政案件，对行政行为是否合法进行审查。”在审判实务中，一直存在这样一种理解，即法院应当对行政行为的合法性进行全面审查。这一观点既有道理，但也存在误解。行政诉讼中，法院对行政行为合法性的审查，确实不受当事人主张的限制，而是依职权审查，这与民事诉讼存在较大的差别。但法院并不是必然需要对所有行政案件的被诉行政行为的每一个事项的合法性均进行无差别的、全面的审查。法院对行政行为的合法性审查，应以原告诉权范围为限。

在一般情况下，行政行为的合法性问题均可能会对原告的权益造成影响，因此法院对行政行为的所有合法性事项进行全面审查并无不当。但在原告针对他人的授益行政行为提起诉讼的案件中，该授益行政行为的某些合法性事项可能只具有保护行政相对人的功能，而不涉及原告的合法权益，比如行政许可作出期限的合法性问题，对行政许可作出期限的限制，保护的是行政许可相对人的信赖利益。对于其他利害关系人而言，行政机关如果超期作出行政许可，不仅对自己的权益没有损害，反而从某种角度还会带来利益，因为其他利害关系人因第三人获得许可而受到的限制被延迟了。因此，这种合法性事项对于其他利害关系人的合法权益没有造成损害的可能性，其他利害关系人对此事项不具有诉权，该事项也就不属于法院在这一第三方撤销之诉案件中进行合法性审查的范畴。

二、本案审查范围的具体分析

本案原告系相邻矿权人，其针对被告向第三人金沙钼业作出的被诉划区批复提起诉讼，依据在于相邻权益可能受到被诉划区批复的侵害，人民法院的审查范围亦限于被诉划区批复可能侵害原告相邻权益的部分。实体上，原告系沙坪沟钼矿东侧相邻人，其能够主张的相邻权益为东侧相邻的部分，法院应对被诉划区批复是否侵害了原告的相邻矿业权进行审查，至于沙坪沟钼矿矿区南侧、北侧、西侧划定的边界部分是否以及如何影响其他相邻人的权利，均与原告无关，不属于本案审查范畴。相应地，对于行政程序，则应限于被告作出被诉划区批复过程中具有相邻权保护功能的程序事项，即原告作为利害关系人参加许可程序并陈述意见的权利是否得到保障。其他如被诉划区批复是否在法定期限内作出、决策程序是否合法等程序事项，与原告相邻权益保护无关，也就不属于本案审查范畴。因而，本案被告在作出被诉划区批复的过程中有无侵害原告的参与权方是本案的审查事项。

（一）实体问题的审查

本案实体上的争议焦点在于矿区范围的划定是否影响了原告的相邻矿权。这从法律的角度，涉及的是相邻权的保护问题，但从案件事实的角度，则是一个比较专业的技术问题。法院对于案件裁判所依据的事实及法律问题均应当予以审查（所谓行政机关对专业技术问题的“判断余地”理论早已经被废除，已经是过时的观念），包括专业技术问题。为了查明专业问题，在很多国家和地区的行政诉讼制度中，比如德国、我国台湾地区，均设定了专家证人制度，借助专家证人或者专业的鉴定机构的协助来对专业技术问题进行审查判断。我国大陆的行政诉讼制度目前还没有就专家证人制度作出设定，实践中，对专业技术进行审查，是行政审判法官面临的难点。就本案而言，第三人的矿区范围紧邻原告的矿区，原告主张第三人的采矿行为可能导致原告矿区的塌陷，第三人的爆破行为也可能对原告的矿区带来安全隐患，原告同时提出第三人矿区周边的村民需要实施搬迁，以此证明第三人矿区对周边的相邻权影响是客观存在的。这些主张似乎有一定道理，但能否成立，需要从矿产开采的专业技术角度进行判定。

由于矿产储藏的特点，一个山头可能同时储藏着若干不同的矿产，矿区与矿区之间紧邻相当常见。因此，矿区之间的相邻权保护，并不是通过两个矿区不紧邻来实现，而是在确定不存在交叉的情况下，通过开采技术的完善，避免或者减少相互之间开采造成的影响。在矿产开采过程中，相邻矿区任意一方进行爆破都可能对对方带来影响。避免爆破产生不利影响的通常做法，是双方签署爆破协议，对爆破的方式和时间进行约定，从而避免产生安全隐患。因此，相邻矿区爆破影响问题，实际是矿产许可之后、矿产开采过程中的作业问题，而非行政机关作出矿业权许可时需要考量的因素。原告将爆破作业可能对其施工产生影响作为主张被诉划区批复不合法的主张，依法不能成立。

至于第三人矿区周边的村民需要实施搬迁能否证明第三人矿区对原告相邻权产生影响，这需要从原告的相邻权内容本身来考察。不同的相邻权人，相邻权内容不尽相同。作为周边的居民，采矿所产生的噪音、震动、粉尘，都可能是需要考虑的因素。但原告是一个采矿权主体，而非居民。对原告而言，噪音、震动、粉尘等影响并不一定是需要考虑的因素。因此，以周边的居民需要搬迁来证明对原告的相邻权也造成影响，不具有说服力。

（二）程序问题的审查

原告对被诉划区批复作出程序的主要争议在于，被告在作出被诉划区批复的过程中没有告知原告，损害了原告的程序性权利。原告所争议的这一现象其实大量存在于一些需要公众参与的许可类行政决定之中。许多环境类的行政许可都会要求有公众或者社会组织的参与，如果这些法定的参加人的参加权没有得到保障，许可行为可能构成程序违法。但这些参加人并不是对整个行政许可都具有诉权，而是仅仅针对行政许可的参加权享有诉权。由于在我国这类许可案件的诉讼还比较少，因此相应的问题还欠缺充分的研究，而本案则已经反映出传统的“全面审查原则”其实并不是十分严谨和准确。

根据《行政许可法》第 36 条之规定，行政机关对行政许可申请进行审查时，发现行政许可事项直接关系他人重大利益的，应当告知该利害关系人。申请人、利害关系人有权进行陈述和申辩，行政机关应当听取申请人、利害关系人的意见。陈述申辩权是保障利害关系人合法权益的重要程序性权利，也是行政机关应当主动开展的一项程序性工作，但对于听取利害关系人陈述申辩的方式和途径，法律没有作出限制性规定。从程序正义的角度，行政机关作出行为前应向利害关系人进行告知、给予利害关系人提出陈述申辩意见的合理期限并听取意见，比如召开听证会等。《行政许可法》第 47 条第 1 款规定，行政许可直接涉及申请人与他人之间重大利益关系的，行政机关在作出行政许可决定前，应当告知申请人、利害关系人享有要求听证的权利。本案中，原告作为相邻人，对于相邻的沙坪沟钼矿矿区范围的划定，有权参与到程序当中，对可能影响自己相邻权益的事项陈述意见。在被诉划区批复作出过程中，原告通过书面方式向被告提出意见。被告在收到原告提出的书面意见后，通过地方主管机关针对原告的意见组织专家论证，并将专家论证意见进行了公示，原告亦未提出异议，客观上已经保障了原告的陈述申辩权。但是被告在行政许可程序中听取利害关系人陈述申辩的相关程序，确实不够规范和完善，比如没有通知原告，没有主动、当面听取原告意见，亦没有采取召开听证会等更为严谨规范的方式，但这些不规范的情形是否构成程序违法，尚需要具体分析。

有观点提出，《行政诉讼法》第 74 条第 1 款第 2 项规定，如果行政行为存在对原告的权利不产生实际影响的轻微程序违法情形的，法院也要判决确认违法，因此说明行政行为的程序合法性审查范围并不因原告的权益是否受到损害为界。对此，应当讨论的问题是，《行政诉讼法》所指的对原告的权利不产生实际影响，是指本来可能对原告的权利造成损害，但在具体案件中没有造成实际影响。对于那些自始不可能对原告权利造成实际影响的程序事项，则不在上述规定的调整范围。不能要求立法者在立法时有如此精细的区分，但作为法官则有通过裁判弥补法律漏洞的责任。具体到本案，在被告客观上已经保障了原告的陈述申辩权的情况下，原告的程序性权利并没有受到实际影响，此种情形不应纳入程序违法的范畴进行判定。

【法律法规链接】

《矿产资源开采登记有关规定》(国务院第241号令)“(三)划定矿区范围”有关划定矿区范围的原则4

《行政诉讼法》第2条第1款

(撰稿人　龙　非　张婷婷)

02

一并审查规范性文件的范围和标准的认定

——张某某等四人诉中华人民共和国环境保护部批复及行政复议决定案

裁判规则

确定行政诉讼一并审查规范性文件的范围和标准，应结合全面审查行政行为合法性原则与尊重当事人诉讼请求进行综合分析，将审查的范围限定于所诉行政行为依据的规范性文件中的具体条款，充分考虑当事人的诉讼请求和相关主张决定审查内容，平衡程序审查和实体审查之间的关系，对规范性文件进行有针对性的审查。

案　情[1]

2012年10月，环境保护部（以下简称环保部）批复了涉案项目环境影响报告书。后涉案工程设计方案发生变动。2016年4月，环保部批复了涉案项目江苏长江段线路架设方式变动环境影响报告书。2016年8月8日，环保部作出《输变电建设项目重大变动清单（试行）》（环办辐射〔2016〕84号，以下简称84号文件），明确了输变电项目构成“重大变动”、应当重新报批环境影响评价文件的情形。2016年11月23日，国家电网公司向环保部报请审批变动环境影响报告书。环保部收到报送函，进行受理公示、专家技术评审、对拟作出审批意见进行公示。2017年2月23日，环保部作出被诉批复并公告。

〔1〕 北京市第一中级人民法院：（2017）京01行初877号。

张某某等人不服被诉批复，向环保部提出行政复议申请，请求撤销被诉批复。环保部向国家电网公司作出第三人参加行政复议通知书。2017 年 6 月 9 日，环保部作出被诉复议决定，并向张某某等人邮寄送达。

另查明，张某某等人在涉案工程线路附近有四间房屋，其中靠近线路最近的三间房屋已列入工程拆迁范围。另外一间未列入工程拆迁范围的房屋距线路边导线投影最近距离约 10 米，涉案工程线路运行时周围的电磁环境、声环境均符合相关环境保护标准要求。

国家电网公司在变动环境影响报告书编制过程中，委托环境影响评价单位在涉案工程沿线村庄及团体现场张贴信息公示，进行公众意见调查。

84 号文件第 3 条规定：建设单位应对照清单对在建且尚未通过竣工环保验收的输变电建设项目及时梳理，并按现行分级审批规定，于 2016 年 12 月 31 日前将变动情况报有审批权的环境保护主管部门。第 4 条规定：环评阶段，环境影响评价范围内明确属于工程拆迁的建筑物不列为环境敏感目标，不进行环境影响评价。竣工环保验收阶段，验收调查范围内有公众居住、工作或学习的建筑物都应列为环境敏感目标，确保满足有关环境标准要求。第 5 条规定：各级环境保护主管部门在清单试行过程中如发现新问题、新情况，请以书面形式反馈意见和建议，我部将根据实际情况进一步补充、调整和完善清单。84 号文件的附件《输变电建设项目重大变动清单（试行）》第 7 条规定：因输变电工程路径、站址等发生变化，导致新增的电磁和声环境敏感目标超过原数量的 30%。

【裁判结论】

北京市第一中级人民法院经审理，判决驳回张某某等四原告的诉讼请求。

【裁判观点】

一审法院认为：本案的判决是基于对以下焦点问题的分析判断：一是被诉行政行为依据的规范性文件是否合法；二是被诉行政行为是否合法。

关于被诉行政行为依据的规范性文件是否合法，首先要明确规范性文件审查的范围，排除对非被诉批复依据条款的审查。《行政诉讼法》第 53 条第 1 款规定，公民、法人或者其他组织认为行政行为所依据的国务院部门和地方人民政府及其部门制定的规范性文件不合法，在对行政行为提起诉讼时，可以一并请求对该规范性文件进行审查。84 号文件是针对不特定的对象制定、可以反复适用、具有普遍约束力的，属于国务院部门制定的规范性文件。被诉批复对涉案工程是否属于重大变动的认定依据是 84 号文件的第 3 条、第 4 条及附件第 6 条、第 7 条。84 号文件的第 5 条不是被诉批复作出的依据，该条不属于本案一并审查规范性文件的范畴。

其次要确定被诉批复依据的规范性文件条款是否违反上位法规定，是否存在违法情形。《环境影响评价法》第 24 条第 1 款规定，建设项目的环境影响评价文件经批准后，建设项目的性质、规模、地点、采用的生产工艺或者防治污染、防止生态破坏的措施发生重大变动的，建设单位应当重新报批建设项目的环境影响评价文件。但关于输变电建设项目何种变动情形构成上述规定的“重大变动”，并无相应的明确规定，环保部作为国务院环境保护行政主管部门，具有职权对构成“重大变动”的情形予以具体界定。84 号文件的第 3 条系对在建且尚未通过竣工环保验收的输变电建设项目作出的过渡性安排，该条规定与《环境影响评价法》第 24 条第 1 款规定的重新报批的目的一致，不违反上位法的规定。根据《环境影响评价法》第 2 条的规定，建设项目环境影响评价是对建设项目实施后可能造成的环境影响进行分析、预测和评估，建设项目实施后基于合理预期将不复存在的目标，则不属于环境影响评价的对象。84 号文件第 4 条中规定环评阶段，环境影响评价范围内明确属于工程拆迁的建筑物不列为环境敏感目标，不进行环境影响评价，该规定不违反环境影响评价法，不与上位法相冲突。84 号文件的附件第 7 条系构成“重大变动”的一种具体情形，亦不与上位法相冲突。故张某某等人关于 84 号文件相应条款违法的主张，本院不予支持。

关于被诉行政行为是否合法，首先，从实体来看，确定被诉批复是否侵犯张某某等人合法权益。本案中，涉案工程属于环保部作出 84 号文件之前已经在建且尚未通过竣工环保验收的输变电建设项目。国家电网公司根据 84 号文件的要求，对涉案工程变动情况进行梳理，于 2016 年 11 月 23 日向环保部报批涉案工程变动环境影响报告书，符合《环境影响评价法》第 24 条第 1 款、第 25 条第 1 款和 84 号文件的规定，涉案工程不属于未批先建的情形。

依据《电力设施保护条例》《电力设施保护条例实施细则》《1000KV 架空输电线路设计规范》的规定，张某某等人的三间房屋已列入工程拆迁计划，该三间房屋涉及的问题属于电力设施建设项目涉及的房屋工程拆迁问题，而非环境保护问题，故对张某某等人已列入工程拆迁范围的三间房屋，在环评阶段，依法无须进行环境影响评价，亦不属于环保部作出被诉批复应当审查的范围。根据国家电网公司报批的变动环境影响报告书及专家技术审评意见，涉案工程拆迁实施后，线路运行时周围敏感目标的电磁环境、声环境均符合相关环境保护标准要求，故对张某某等人未列入工程拆迁计划的一间房屋，环保部作出被诉批复亦未侵犯张某某等人合法权益。

最后，从程序来看，被诉批复及被诉复议决定亦符合法律规定。

法官评析

根据《行政诉讼法》第53条第1款的规定，公民、法人或者其他组织认为行政行为所依据的国务院部门和地方人民政府及其部门制定的规范性文件不合法，在对行政行为提起诉讼时，可以一并请求对该规范性文件进行审查。该条文创设了在行政诉讼中对规范性文件进行一并审查的制度。一并附带审查规范性文件，需要符合以下条件：一是行政行为是依据国务院部门和地方人民政府及部门制定的规范性文件作出。二是人民法院已经开始审查行政行为，不能在个案以外单独就规范性文件的合法性直接进行审查。三是能够提出审查请求的只是受依据该规范性文件作出的行政行为影响的公民、法人或者其他组织。《最高人民法院关于适用〈中华人民共和国行政诉讼法〉的解释》（以下简称《行诉解释》）第145条至第151条对规范性文件一并审查制度作了更为细致的规定，包括人民法院从哪些方面审查案件中的规范性文件、经审查认为规范性文件合法或者不合法的处理方式等内容。根据《行诉解释》第148条第1款的规定，人民法院对规范性文件进行一并审查时，可以从规范性文件制定机关是否超越权限或者违反法定程序、作出行政行为所依据的条款以及相关条款等方面进行，该条第2款列举了“规范性文件不合法”的五种情形。但在具体案件审理过程中，对规范性文件进行审查，仍然缺乏关于审查范围、审查标准等较为清晰可操作的裁判准则。本案结合全面审查行政行为合法性原则与尊重当事人审查请求进行综合分析，厘清规范性文件审查的范围和标准，为在行政案件中对规范性文件进行准确高效的审查提供思路。

一、确定规范性文件审查范围

首先，要明确《行政诉讼法》第53条第1款中“所依据的”含义。一并审查规范性文件目的在于审查被诉行政行为及相关行为的合法性，当事人申请一并审查的范围也应限于所诉行政行为依据的规范性文件。如果行政机关作出被诉行政行为时在执法依据中直接引用某规范性文件，则应推定该文件为“所依据的规范性文件”，如果缺乏引用或者没有全面引用，则应遵循实质审查原则对“所依据的”进行判断，不限于行政文书引用、法庭庭审陈述，应审查规范性文件对行政行为是否有实质拘束力。这种情况下，应由双方当事人就待审查规范性文件与被诉行政行为的关系，是否应当适用该规范性文件进行阐述、辩论，最终由法院判断该规范性文件是否为被诉行政行为作出的依据、是否属于一并审查的范畴。其次，一并审查规范性文件是对作出行政行为所依据的具体条款而非整个文本进行审查，这一观点已被《行诉解释》第148条第1款规定所明确。对具体条款审查符合一并审查制度的目的和精神，法院结合当事人的主张及行政文书，审查作为行政行为依据的具体条款，而不是盲目地对规范性文件完整文本进行全面审查，浪费司法资源，甚至造成与抽象独立审查的混淆。

本案中，张某某等人请求法院依法撤销被诉批复及复议决定，请求一并审查84号文件中第3条、第4条、第5条及其附件第7条的合法性。法院通过审查上述条款内容与被诉批复之间的关系，认定84号文件的第5条不是被诉批复作出的依据，该条不属于本案一并审查规范性文件的范畴。

二、确定规范性文件审查内容和标准

首先，一并审查是否要对规范性文件的制定程序和文件内容进行全面审查，实践中有不同的意见。有观点认为，全面审查行政行为合法性是行政诉讼基本原则，那么对规范性文件的审查亦应遵循该原则，从程序到实体进行全面审查。但在实践中，对规范性文件的制定程序缺少明确规定，主要依据正当程序的精神和一般原理进行判断，如果当事人并未主张规范性文件程序违法，那么一味地追求全面审查可能会导致程序审查流于形式。因此，在个案中应结合当事人的诉讼请求和相关主张决定审查内容，如果当事人对规范性文件制定程序没有异议，法院可以简要地进行程序审查。但对于明显违反正当程序精神和行政法律一般原理的程序违法，法院应主动审查予以纠正。其次,对照《行诉解释》第 148 条第 2 款规定的规范性文件不合法的五种情形,结合当事人的主张对规范性文件进行审查。与上位法规定相抵触是规范性文件实体违法的表现之一,在司法实践中,具体表现为缩小上位法规定的权利主体范围的、限制或者剥夺上位法规定的权利的、扩大上位法规定的义务或者义务主体的、扩大上位法规定的行政主体职权范围的、延长上位法规定的履行法定职责期限的、增设或者限缩上位法规定的适用条件、改变上位法已规定的违法行为的性质等情形。

本案中,结合当事人的诉讼请求及庭审陈述,其主张 84 号文件相关条款违法的主要理由是:认为部分条款违反《环境影响评价法》相关规定,部分条款于法无据。本案被诉行政行为涉及重大输变电工程,该工程设计方案发生变动,根据《环境影响评价法》第 24 条第 1 款规定,建设项目发生重大变动的,建设单位应当重新报批建设项目的环境影响评价文件。但关于输变电建设项目何种变动情形构成上述规定的"重大变动",并无相应的明确规定,被告作为国务院环境保护行政主管部门,具有职权对构成"重大变动"的情形予以具体界定。84 号文件的附件第 7 条系构成"重大变动"的一种具体情形,不存在缩小《环境影响评价法》等上位法规定的权利主体范围、限制或者剥夺上位法规定的权利、扩大上位法规定的义务主体等与上位法相抵触的情形。84 号文件的第 3 条系对在建且尚未通过竣工环保验收的输变电建设项目作出的过渡性安排,要求建设单位对照附件清单,限期将变动情况报环境保护主管部门,该条规定与《环境影响评价法》第 24 条第 1 款规定的重新报批的目的一致,不违反上位法的规定。

根据《环境影响评价法》第 2 条的规定,建设项目环境影响评价是对建设项目实施后可能造成的环境影响进行分析、预测和评估,建设项目实施后基于合理预期将不复存在的目标,则不属于环境影响评价的对象。84 号文件第 4 条中规定环评阶段,环境影响评价范围内明确属于工程拆迁的建筑物不列为环境敏感目标,不进行环境影响评价,该规定不违反《环境影响评价法》,不与上位法相冲突。故张某某等人关于 84 号文件相应条款违法的主张,法院不予支持。

【法律法规链接】

《行政诉讼法》第 53 条

《最高人民法院关于适用〈中华人民共和国行政诉讼法〉的解释》第 148 条

《环境影响评价法》(2016 年修正)第 24 条第 1 款

(撰稿人　范术伟　闵　雪)

03

行政程序合法性审查标准及法律适用

——孙某某诉中华人民共和国水利部行政批复及行政复议案

裁判规则

行政行为合法性审查是行政诉讼的基本原则，而行政程序的合法性审查是其中的一项重要内容。行政程序违法必然导致行政行为违法，但不一定导致该行政行为被判决撤销。具体而言，需要结合程序违法的情形予以考量。如果该程序违法事由对当事人的合法权益未造成实际影响，为保证行政效率，则应判决确认违法，保留其法律效力。反之，则需判决予以撤销。

案　情[1]

2013年7月3日至4日，水利部水土保持监测中心（以下简称监测中心）主持召开技术评审会，对《神华宁夏煤业集团有限责任公司双马一矿矿井及选煤厂水土保持方案报告书》进行评审。会后，神华宁夏煤业集团有限责任公司（以下简称神华公司）组织编制单位中煤西安设计工程有限责任公司根据会议形成的评审意见对报告书进行了修改。2013年8月9日，监测中心在对修改后的报告书进行审查后，作出《关于报送〈神华宁夏煤业集团有限责任公司双马一矿矿井及选煤厂水土保持方案报告书〉技术审查意见的报告》（水保监方案〔2013〕149号），表示基本同意该报告书，并向被告报送了《〈神华宁夏煤业集团有限责任公司双马一矿矿井及选煤厂水土保持方案报告书〉技术审查意见》。该审查意见主要包括以下内容：（1）主体工程水土保持分析与评价；（2）水土流失防治责任

〔1〕 北京市高级人民法院：（2016）京行终1063号。

范围；(3)水土流失预测；(4)水土流失防治目标；(5)防治分区及措施总体布局；(6)分区防治措施布设；(7)水土保持施工组织设计；(8)水土保持监测；(9)水土保持投资估算；(10)水土保持效益分析。2013年8月12日，神华公司向被告报送《神华宁夏煤业集团有限责任公司关于报批双马一矿矿井及选煤厂项目水土保持方案报告书的请示》，并将《神华宁夏煤业集团有限责任公司双马一矿矿井及选煤厂项目水土保持方案报告书(报批稿)》作为该请示的附件向被告水利部提交。2013年9月4日，被告依据上述技术审查意见作出《水利部关于神华宁夏煤业集团有限责任公司双马一矿矿井及选煤厂水土保持方案的批复》(水保函〔2013〕290号，以下简称被诉批复)，基本同意该水土保持方案。原告孙某某不服，于2014年12月19日向被告邮寄行政复议申请。2014年12月27日，被告收到该申请，并于2014年12月30日予以受理。2015年2月11日，被告作出被诉复议决定，决定维持本案被诉批复。2015年2月28日，被告向原告邮寄送达该复议决定。原告不服，诉至法院。一审法院经审理认为，判决确认被诉批复违法。被告不服，提起上诉。

【裁判结论】

北京市高级人民法院经审理，判决驳回上诉，维持一审判决。

【裁判观点】

法院生效裁判认为：根据《水土保持法》第25条第1款的规定，在山区、丘陵区、风沙区以及水土保持规划确定的容易发生水土流失的其他区域开办可能造成水土流失的生产建设项目，生产建设单位应当编制水土保持方案，报县级以上人民政府水行政主管部门审批，并按照经批准的水土保持方案，采取水土流失预防和治理措施。第2款规定，水土保持方案应当包括水土流失预防和治理的范围、目标、措施和投资等内容。《开发建设项目水土保持方案编报审批管理规定》第10条规定，水土保持方案报告的审批条件如下：(1)符合有关法律、法规、规章和规范性文件规定；(2)符合《开发建设项目水土保持方案技术规范》等国家、行业的水土保持技术规范、标准；(3)水土流失防治责任范围明确；(4)水土流失防治措施合理、有效，与周边环境相协调，并达到主体工程设计深度；(5)水土保持投资估算编制依据可靠、方法合理、结果正确；(6)水土保持监测的内容和方法得当。本案中,《关于报送〈神华宁夏煤业集团有限责任公司双马一矿矿井及选煤厂水土保持方案报告书〉技术审查意见的报告》(水保监方案〔2013〕149号)中,载明如下内容:(1)主体工程水土保持分析与评价;(2)水土流失防治责任范围;(3)水土流失预测;(4)水土流失防治目标;(5)防治分区及措施总体布局;(6)分区防治措施布设;(7)水土保持施工组织设计;(8)水土保持监测;(9)水土保持投资估算;(10)水土保持效益分析。基于上述内容均符合审批条件的规定,故水利部所作被诉批复的实体内容符合上述相关规定。参照《开发建设项目水土保持方案编报审批管理规定》第9条第2款规定,有审批权的水行政主管部门受理申请后,应当依据有关法律、法规和技术规范组织审查,或者委托有关机构进行技术评审。水行政主管部门应当自受理水土保持方案报告书审批申请之日起二十日内,或者应当自受理水土保持方案报告表审批申请之日起十日内,作出审查决定。但是,技术评审时间除外。对于特殊性质或者特大型开发建设项目的水土保持方案报告书,二十日内不能作出审查决定的,经本行政机关负责人批准,可以延长十日,并应当将延长期限的理由告知申请单位或者个人。本案中,依据现有证据证明水利部在受理神华公司提出的水土保持方案审批申请前,即已先行委托监测中心对该方案进行评审的事实,鉴于水利部并无证据证明其依照相关程序规定,依据神华公司的申请予以受理后方委托有关机构进行技术评审的事实,故一审法院认定水利部行政程序违法正确。

根据《行政诉讼法》(2014年修正)第74条第2项的规定,行政行为程序轻微违法,但对原告权利不产生实际影响的,人民法院判决确认违法,但不撤销行政行为。本案中,水利部所作被诉批复的实体内容,均符合相关审批条件的规定,仅存在行政程序违法的问题。根据法律规定,应予确认被诉批复违法。一审法院判决确认被诉批复违法,符合法律规定。

法官评析

在行政法学界,关于行政程序的争议由来已久。总体说来,主要存在两个方面的争论。一是程序独立与工具主义的冲突。20世纪以来,人们虽然认识到了行政程序的价值,但仍带有程序工具主义色彩。这是经济逻辑影响人们处世观念的结果。[1] 按照经济逻辑，功利是评判价值的主要标准，结果是评判行为价值的依据。这种结果至上的思想投影到法学领域，便导致了法律程序工具主义的盛行。与此同时，人们也认识到程序所具有的独立价值。这些价值包括人格尊严的维护、参与权的实现等。比如，听证的价值不仅在于帮助查清事实，还在于给当事人参与、陈诉意见之机会。秉持程序工具主义价值观，就会对程序违法现象较为宽容。反之，秉持程序独立价值观，则会对程序合法性有着十分严格的要求。二是程序合法与程序经济原则的冲突。“在国家支出日益庞大、财政日益困难的时代，行政行为之效率与效能的提升，已经成为主要的潮流”。[2] 因此，在行政程序的设计上，不得不给程序经济原则留下足够重要的位置。立法者一方面要坚持程序合法性原则，另一方面还要对程序违法采取较为灵活的态度。实际上，这种冲突本质上仍可追溯到公正和效率这一对永恒的矛盾上。

上述冲突和矛盾是立法者在制定法律时需要加以重点考虑的内容。在2017年《行政诉讼法》实施之前，法律规定的较为机械，程序违法属于法定的判决撤销情形，《行政诉讼法》并未对程序违法情形进行区分对待。但在实践中，人们也在反思，是否所有的程序违法情形均需判决撤销行政行为。如果行政机关在弥补程序问题后仍旧会作出同样结论的行政行为，且这种结果是完全可以预知的，即程序违法情形并未影响到行政行为实体内容的合法性。在此情形下，判决撤销行政行为就不太经济，也浪费大量的行政资源，同样也会给相对人造成困扰。例如，行政处罚决定送达超期，法院以此为由判决予以撤销，行政机关再次作出同样内容的行政处罚决定并于法定期限内送达。从形式上，满足了合法性要件。但这样做对于任何一方而言都没有益处。于是，在司法实践中，有的法院尝试扩大适用《最高人民法院关于适用〈中华人民共和国行政诉讼法〉若干问题的解释》第69条第10项这一兜底性条款，将其纳入驳回判决的适用情形，以此来平衡公正与效率的关系。这样的做法很快得到推广，但也面临很多质疑之声。在此次修改《行政诉讼法》的过程中，这个问题得到充分的重视，并最终在法律规定层面得

〔1〕 See Morris R. Cohen, *Law and the Social Order: Essays in Legal Philosophy*, NewYork, Harcount, Brace, 1993, p. 128.

〔2〕 林滕鹞：《行政法总论》，三民书局股份有限公司1999年版，第83页。

到解决。一方面,《行政诉讼法》第 70 条第 3 项规定,违反法定程序的行政行为,法院可以判决撤销;另一方面,该法第 74 条第 1 款第 2 项又规定,行政行为程序轻微违法,但对原告权利不产生实际影响的,法院判决确认违法,但不撤销行政行为。由此可知,出于行政成本和诉讼经济的考虑,对于程序轻微违法的行政行为法院仅判决确认违法而保留其效力,并不予以撤销。而对于违反听证程序等情形,则应判决撤销。"对于什么是轻微程序违法,各国有不同认识,如应当经过听证而未听证的程序违法,日本认为不属于程序轻微违法,而德国则规定为可以补正的程序轻微违法。我国立法和司法判例中将告知申辩权、听证等作为重要程序,一旦违反,属于重大程序违法应予撤销行政行为。"[1] 由此,在我国现行法律框架下,对于违反正当程序的行政行为,法院应当判决予以撤销。而对于超出法定期限、颠倒行政流程等不影响结论正确性的程序违法情形,则可判决确认违法,而不撤销行政行为。

本案系首例涉及水土保持行政许可领域的行政案件。本案中,被告作出的被诉批复实体结论并无不当,但存在程序问题,即在受理水土保持方案审批申请之前,即已先行委托监测中心对该方案进行技术评审,违反了《开发建设项目水土保持方案编报审批管理规定》第 9 条第 2 款之规定,也与行政许可的一般程序相悖。考虑到上述程序问题并未影响到实体结论,也不属于剥夺当事人陈述、申辩权利之重大程序违法情形,故法院依法认定为程序轻微违法,并依据《行政诉讼法》的规定判决确认被诉批复违法。一方面体现对行政许可程序的严格监督,另一方面也保证行政许可工作的实效,是适用《行政诉讼法》判决确认行政程序违法的典型案件。

【法律法规链接】

《水土保持法》第 25 条

《开发建设项目水土保持方案编报审批管理规定》第 8 条、第 9 条第 2 款、第 10 条

（撰稿人　赵　锋）

[1] 袁杰主编、全国人大常委会法制工作委员会行政法室编著:《中华人民共和国行政诉讼法解读》,中国法制出版社 2014 年版,第 205 页。

04

行政许可有效期届满后申请延期行为的法律处理

——孙某某等人诉北京市海淀区住房和城乡建设委员会(北京市海淀区人民政府房屋征收办公室)房屋拆迁许可行为案

裁判规则

行政许可有效期届满后,行政许可失效,申请人不得依据2004年7月1日实施的《行政许可法》[1]第50条规定,提出延续行政许可有效期的申请。符合新的行政许可条件的,当事人可以按照行政许可申请程序提出新的行政许可申请,行政机关依法予以审查,作出是否准予许可的决定。对于行政机关违法作出的延续行政许可决定,当事人、利害关系人不服诉至人民法院要求撤销或确认违法的,人民法院应当全面衡量案件事实,并将社会公共利益纳入考量范畴,最终作出适当的裁决。

案　情[2]

2008年8月4日,经原北京市海淀区建设委员会审核核发了海国土房管拆许字〔2003〕第036号房屋拆迁许可证(以下简称第036号拆迁许可证),拆迁期限为2008年7月16日至2009年1月15日,后经延期至2017年2月15日。由于在拆迁许可证规定的拆迁期限内未完成拆迁,恒盛阳光鑫地(北京)置业有限

〔1〕 最新版为2019年4月23日实施。

〔2〕 北京市第一中级人民法院:(2018)京01行终288号。

公司（以下简称恒盛阳光公司）于2017年7月12日向北京市海淀区住房和城乡建设委员会（北京市海淀区人民政府房屋征收办公室）［以下简称海淀区征收办，根据海政办发〔2016〕15号《北京市海淀区人民政府办公室关于印发〈北京市海淀区住房和城乡建设委员会（北京市海淀区人民政府房屋征收办公室）主要职责内设机构和人员编制规定〉的通知》，设立北京市海淀区住房和城乡建设委员会，挂北京市海淀区人民政府房屋征收办公室的牌子。海淀区征收办是负责本区建设行政管理、房屋征收与补偿工作的政府工作部门］提交拆迁许可证延期申请，请求办理第036号拆迁许可证的延期手续。经海淀区征收办审查，该许可证因拆迁人未及时申请延长拆迁期限，致使项目出现拆迁期限中断。2017年7月19日，海淀区征收办就此对恒盛阳光公司作出行政处罚决定。同日，海淀区征收办作出关于对第036号拆迁许可证进行延期的决定，内容如下："经查，该许可证因拆迁人未及时申请延长拆迁期限，致使项目出现拆迁期限中断。我办根据《关于延长拆迁期限有关问题的批复》（京国土房管拆〔2003〕17号）第二条、第三条，《城市房屋拆迁管理条例》（国务院令第305号）第五条规定，决定对该拆迁许可证进行延期。延期期限自2017年7月19日至2017年9月18日。"同日，海淀区征收办在第036号拆迁许可证上标明了延期的期限，并加盖了公章。靳某某、徐某某、孙某某不服，于同年8月11日向一审法院提起行政诉讼，请求法院确认海淀区征收办于2017年7月19日为恒盛阳光公司颁发的房屋拆迁许可证的行为违法，诉讼费由海淀区征收办承担。

【裁判结论】

北京市海淀区人民法院判决驳回了靳某某、徐某某、孙某某的诉讼请求。靳某某、徐某某、孙某某，上诉至北京市第一中级人民法院。北京市第一中级人民法院经审理，判决：（1）撤销一审判决；（2）确认海淀区征收办于2017年7月19日对海国土房管拆许字〔2003〕第036号房屋拆迁许可证进行延期的行为违法。

【裁判观点】

一审法院认为：海淀区征收办作为本市海淀区的房屋拆迁管理部门，具有在其行政区域内核发房屋拆迁许可证并核准延期的法定职责。《北京市城市房屋拆迁管理办法》第 11 条第 2 款规定，拆迁人在规定的拆迁期限内未完成拆迁的，应当在期限届满 15 日前向核发房屋拆迁许可证的区、县国土房管局申请延期，延期不超过 6 个月。本案中，拆迁人恒盛阳光公司经批准取得了第 036 号拆迁许可证。该许可证的拆迁期限为 2008 年 7 月 16 日至 2009 年 1 月 15 日，后经延期至 2017 年 2 月 15 日。后因恒盛阳光公司未及时申请延长拆迁期限，致使拆迁期限出现中断。2017 年 7 月 12 日，恒盛阳光公司向海淀区征收办申请延长拆迁期限。海淀区征收办对恒盛阳光公司未及时申请延长拆迁期限的行为进行了行政处罚，并于同年 7 月 19 日作出关于对第 036 号拆迁许可证进行延期的决定，核准延期期限自 2017 年 7 月 19 日至 9 月 18 日。海淀区征收办依据申请人提出的拆迁许可证延期申请，在审查批准延长拆迁期限前，对恒盛阳光公司予以行政处罚，并在法定期限内作出拆迁许可证延期核准行为，履行了法定程序，核准的延期期限适当，并无不当。

二审法院认为：《行政许可法》第 70 条第 1 项规定，行政许可有效期届满未延续的，行政机关应当依法办理有关行政许可的注销手续。《北京市城市房屋拆迁管理办法》第 11 条第 2 款规定，拆迁人在规定的拆迁期限内未完成拆迁的，应当在期限届满 15 日前向核发房屋拆迁许可证的区、县国土房管局申请延期，延期不超过 6 个月。本案中，拆迁人恒盛阳光公司经批准取得了第 036 号拆迁许可证，该许可证的拆迁期限为 2008 年 7 月 16 日至 2009 年 1 月 15 日，后经延期至 2017 年 2 月 15 日。但恒盛阳光公司迟至 2017 年 7 月 12 日方才再次向海淀区征收办申请延长拆迁期限，此时，第 036 号拆迁许可证已经过期，故海淀区征收办于 2017 年 7 月 19 日作出关于对第 036 号拆迁许可证进行延期的决定，违反了《行政许可法》第 70 条的规定，故此，被诉拆迁许可续证依法应予撤销。但被诉拆迁许可续证一旦被撤销，将可能导致部分已经签订的且无违法情形的拆迁补偿协议无效，当前已经趋于稳定的法律关系可能再次产生大量纠纷，属于对社会公共利益造成重大损害的情形，故本院确认海淀区征收办于 2017 年 7 月 19 日对第 036 号拆迁许可证进行延期的行为违法。

综上，靳某某、徐某某、孙某某所提上诉理由成立，对其上诉请求，本院予以支持。一审法院判决驳回上诉人靳某某、徐某某、孙某某的诉讼请求错误，本院予以纠正。

法官评析

行政许可是行政机关对经济和社会管理行为。根据《行政许可法》第2条的规定,行政许可是指行政机关根据公民、法人或者其他组织的申请,经依法审查,准予其从事特定活动的行为。被许可人一旦取得许可,需要延续依法取得的行政许可的有效期的,应当在行政许可有效期届满前一定期限内向作出行政许可决定的行政机关提出申请,由行政机关决定是否予以延期。[1] 行政许可的延期、撤销,均应依照法定条件和程序,考量社会公共利益。

一、关于行政许可有效期届满后被许可人是否可以申请延期

针对被许可人在行政许可有效期届满后,提出延长行政许可有效期的申请,行政机关应当如何处理的问题。一种观点认为,被许可人仍符合取得行政许可条件的,在对被许可人予以处罚后,行政机关可按照延期条件进行审查,为被许可人办理行政许可延期手续;另一种观点认为,行政许可有效期届满,行政许可失效,申请人应当按照行政许可申请程序提出新的行政许可申请,行政机关依法予以审查,作出是否准予许可的决定。这也是本案一审、二审判决分歧的本质所在。

产生这种分歧的原因在于我国《行政许可法》对此规定并不明确,而要解决这个问题,还需回到行政许可的本源上,从行政许可的概念入手,探究行政许可相关立法目的。《行政许可法》第2条对行政许可概念的规定包含三层含义:(1)存在法律一般禁止;(2)行政主体依照权限和程序对符合一定条件的相对人予以一般禁止的解除;(3)行政相对人因此获得了从事某种活动或实施某种行为的资格或权利。[2] 即被许可人在行政许可有效期内具备从事某种法律一般禁止的活动或实施某种法律一般禁止的行为的资格或权利,而行政许可有效期一旦届满,则法律之一般禁止恢复,该相对人不再具备从事被许可活动或实施被许可行为的资格或权利。据此,行政许可有效期届满意味着被许可人的行政许可失效,被许可人不再符合申请行政许可延续的条件。这一解读亦与《行政许可法》第70条规定的行政机

[1] 《行政许可法》第50条。

[2] 参见应松年主编:《行政法与行政诉讼法学》(第2版),法律出版社2009年版。

关应当依法办理有关行政许可的注销手续一脉相承。可见,上述第二种观点更符合《行政许可法》的立法本意。

具体到本案中,依据《北京市城市房屋拆迁管理办法》第11条第2款的规定,拆迁人在规定的拆迁期限内未完成拆迁的,应当在期限届满15日前向核发房屋拆迁许可证的区、县国土房管局申请延期,延期不超过6个月。涉案第036号拆迁许可证,经延期后,其期限至2017年2月15日。恒盛阳光公司2017年7月12日向海淀区征收办申请延长拆迁期限时,第036号拆迁许可证已经过期,恒盛阳光公司不符合申请许可证延期的条件。二审法院据此认定海淀区征收办于2017年7月19日作出关于对第036号拆迁许可证进行延期的决定,违反了《行政许可法》第70条的规定,被诉拆迁许可续证依法应予撤销,符合《行政许可法》的相关规定,亦符合《行政许可法》的立法精神。

二、关于行政许可有效期届满后被许可人提出延期申请行政机关作出准予延期决定的处理

被许可人在行政许可有效期届满后提出延期申请,不符合申请行政许可延续的条件,行政机关准予的,根据《行政许可法》第69条第1款第4项和第3款的规定,作出行政许可决定的行政机关或者其上级行政机关,根据利害关系人的请求或者依据职权,可以撤销行政许可;可能对公共利益造成重大损害的,不予撤销。行政机关对被许可人在行政许可有效期届满后提出的延期申请予以准许的,违反了《行政许可法》第50条、第70条的规定,根据《行政诉讼法》的规定,人民法院可以判决撤销行政行为。但行政许可违法限期后,被许可人继续从事该项许可相关的某种的活动或实施某种的行为,必然带来许多其他问题,主要集中在这些行为的效力和后果上。因此,对于违法延长行政许可有效期行为的判决方式,还要具体情况具体分析,不能一概而论,特别要关注其中是否涉及国家利益、社会公共利益。若撤销行政许可延期行为会给国家利益、社会公共利益造成重大损害的,人民法院应当作出确认违法判决。

本案中,海淀区征收办2017年7月19日作出的关于对第036号拆迁许可证进行延期的决定违反了相关法律规定,被诉拆迁许可证续证依法应予撤销。但被诉拆迁许可续证一旦被撤销,将可能导致部分已经签订的且

无违法情形的拆迁补偿协议无效，当前已经趋于稳定的法律关系可能再次产生大量纠纷，属于对社会公共利益造成重大损害的情形，故法院依法确认该延期行为违法。

【法律法规链接】

《行政许可法》第70条

（撰稿人　王　阳）

05

变更登记申请材料签字虚假不必然导致变更登记被撤销

——吴某某诉原海淀工商分局(现海淀市场监管局)工商登记案

裁判规则

有限责任公司发生股权转让事项且已经完成变更登记,如之前的转让协议和相关股东会决议能够证明原股东明知股权转让事项且未表示异议,则不能仅因为变更登记材料中原股东签字虚假而否认变更登记的效力。

案 情[1]

2012 年 1 月 6 日,天职公司向原北京市工商行政管理局海淀分局(以下简称海淀工商分局,现为北京市海淀区市场监督管理局)提交了企业变更登记申请书、天职公司章程、天职公司第二届第三次股东会决议、出资转让协议书等材料,申请办理变更登记。变更事项包括公司住所(经营场所、地址)、认缴的出资额、认缴的出资时间、认缴的出资方式、实缴的出资额、实缴的出资时间、实缴的出资方式、经营范围、投资人(股东、发起人、合伙人)等。其中,股东由陈某某、胡某某、张某、熊某、吴某某、刘某、鲍某某等七人变更为鲍某某、陈某某、刘某、熊某、张某等五人。同日,海淀工商分局作出了 0339614 号通知书,对上述申请决定准予变更登记。吴某某于 2013 年 3 月 12 日后得知上述准予变更登记,于同年 3 月 29 日向北京市工商行政管理局申请行政复议。2013 年 6 月 21 日,该局作出

[1] 北京市第一中级人民法院:(2013)一中行终字第 4065 号。

行政复议决定书,决定维持上述通知书。吴某某仍不服,向一审法院提起诉讼,要求确认0339614号通知书违法并予以撤销。

另查,经北京华夏物证鉴定中心鉴定,华夏物鉴中心〔2013〕文检字第76号文书检验司法鉴定意见书载明天职公司第二届第三次股东会决议及出资转让协议书中吴某某的签名字迹与样本上吴某某签名字迹不是由同一人所写。华夏物鉴中心〔2013〕文检字第128号文书检验司法鉴定意见书载明天职公司2011年度第一次股东大会决议、天职公司股权转让协议上吴某某签名字迹与样本上吴某某签名字迹是由同一人所写。且一审、二审诉讼期间,吴某某均认可上述签字为其本人所签。同时,上述决议和协议中明确约定了吴某某将其在天职公司29万元货币出资于2011年11月30日转让给陈某某,自转让之日起,转让方对已转让的出资不再享有出资人的权利和承担出资人的义务。该内容与天职公司在办理变更登记时提交的第二届第三次股东会决议及出资转让协议书中相关约定的内容一致。另外,吴某某在一审诉讼期间明确其只针对0339614号通知中涉及股东变更事项存在争议。

一审法院经过审理,判决驳回了吴某某的诉讼请求。

【裁判结论】

北京市第一中级人民法院经审理,判决驳回上诉,维持一审判决。

【裁判观点】

一审法院认为:依据《公司登记管理条例》第4条第1款之规定,工商行政管理机关是公司登记机关。海淀工商分局作为区一级的工商行政管理机关,享有依法对本辖区内的公司申请变更登记进行审查,并颁发企业法人营业执照的法定职权。

上述条例第27条第1款规定,公司申请变更登记,应当向公司登记机关提交下列文件:(1)公司法定代表人签署的变更登记申请书;(2)依照《公司法》作出的变更决议或者决定;(3)国家工商行政管理总局规定要求提交的其他文件。据此可知,公司变更登记行为系公司登记机关将公司内部已经形成的变更决议或者决定进行登记,以取得公示效力的法律行为。本案中,根据业已查明的事实可以看出,第三人天职公司在申请公司变更登记时,在该公司内部已经形成了相关的公司变更决议,在相关股东之间也已签订了股权转让协议。虽然天职公司提交的材料中吴某某的签字并非其本人所签,但该情形尚不足以推翻吴某某已经在相应的公司决议和股权转让协议中的真实意思表示。因此,本案被诉登记行为具备相应的事实基础,该事实基础并不因提交材料的签字虚假而消灭。同时,海淀工商分局在办理公司变更登记的过程中,依据《公司法》《公司登记管理条例》等规定当场作出了准予变更登记的决定,其作出的公司登记行为程序合法、适用法律法规正确。故吴某某的诉讼请求缺乏事实和法律依据,法院不予支持。综上,一审法院判决驳回了吴某某的全部诉讼请求。吴某某不服,提起上诉。

吴某某持一审理由提起上诉,二审法院经审理认为:根据《公司法》(2013 年修正)第 33 条[1]的规定,公司应当将股东的姓名或者名称及其出资额向公司登记机关登记;登记事项发生变更的,应当办理变更登记。未经登记或者变更登记的,不得对抗第三人。本案中,2011 年度第一次股东大会决议、天职公司股权转让协议上中明确约定了吴某某将其在天职公司 29 万元货币出资转让给陈某某,吴某某亦认可上述决议和协议中签字为其本人所签。且上述决议协议内容与天职公司在办理变更登记时提交的第二届第三次股东会决议及出资转让协议书中相关约定的内容一致。吴某某虽然在其认为陈某某不履行付款义务的情况下,起诉要求撤销 0339614 号通知书,但在上述决议和协议均为签字真实,且效力未被依法否定的情况下,被诉工商登记行为并无不当。吴某某主张股权转让协议应当解除应通过其他合法途径解决。综上,一审法院判决驳回吴某某的诉讼请求的并无不当。

法官评析

最高人民法院办公厅关于印发《关于审理公司登记行政案件若干问题的座谈会纪要》的通知中规定:因申请人隐瞒有关情况或者提供虚假材料导致登记错误的,登记机关可以在诉讼中依法予以更正。登记机关依法予以更正且在登记时已尽到审慎审查义务,原告不申请撤诉的,人民法院应当驳回其诉讼请求。原告对错误登记无过错的,应当退还其预交的案件受理费。登记机关拒不更正的,人民法院可以根据具体情况判决撤销登记行为、确认登记行为违法或者判决登记机关履行更正职责。公司法定代表人、股东等

---

〔1〕《公司法》(2018 年修正)为第 32 条。

以申请材料不是其本人签字或者盖章为由，请求确认登记行为违法或者撤销登记行为的，人民法院原则上应按照本条第1款规定处理，但能够证明原告此前已明知该情况却未提出异议，并在此基础上从事过相关管理和经营活动的，人民法院对原告的诉讼请求一般不予支持。由此可见，申请材料非其本人签字或者盖章，并不必然导致登记行为被撤销。

本案中，吴某某本人签字的2011年度第一次股东大会决议、天职公司股权转让协议中，明确约定了吴某某转让股份事项，且该约定与天职公司提交的转让申请材料中相关内容一致。根据2005年《公司法》第33条[1]的规定，有限责任公司应当将股东的姓名或者名称及其出资额向公司登记机关登记；登记事项发生变更的，应当办理变更登记。未经登记或者变更登记的，不得对抗第三人。吴某某签订了2011年度第一次股东大会决议、天职公司股权转让协议后，其股权已经全部转移，吴某某已不是天职公司股东。在上述协议未经有权机关确认无效的情况下，天职公司拿代签的与2011年度第一次股东大会决议、天职公司股权转让协议内容一致的协议、决议去办理变更登记，海淀工商分局予以登记，并未损害吴某某合法权益。同时，行政案件判决驳回吴某某的起诉，并不影响他针对股东协议本身提起民事诉讼。综上考虑，在未有民事判决认定2011年度第一次股东大会决议、天职公司股权转让协议无效的情况下，判决驳回吴某某的诉讼请求更为合理。另外需要注意的是，因行政诉讼中不能针对是否是当事人真实意思表示这一民事法律关系作出认定，故一审判决中"虽然天职公司提交的材料中吴某某的签字并非其本人所签，但该情形尚不足以推翻吴某某已经在相应的公司决议和股权转让协议中的真实意思表示"表述不当，二审判决已经予以纠正。

【法律法规链接】

《公司登记管理条例》第4条、第27条

《最高人民法院办公厅关于印发〈关于审理公司登记行政案件若干问题的座谈会纪要〉的通知》

（撰稿人　杨晓琼）

---

〔1〕《公司法》(2018年修正)为第32条。

06

业务主管单位年度检查初审职责的厘定

——电子商务协会诉工信部履行年检职责案

裁判规则

社会团体应当按照《社会团体登记管理》规定的时间提交年检材料，若社会团体存在超期提交年度工作报告、提交的年检材料不完整、内部管理混乱等情况，业务主管单位不予通过年度检查初审是否具有事实和法律依据。

从维护社会团体的合法权益的角度考量，业务主管单位将社会团体不予年检通过的情况及审查结果以书面形式向社会团体进行告知确实更为妥当，但相关法律、法规均未规定业务主管单位应当书面告知社会团体相应的审查意见。

案　情[1]

2018年6月21日，原告中国电子商务协会通过EMS邮寄的方式向被告中华人民共和国工业和信息化部(以下简称工信部)提交了2017年度工作报告。次日，工信部收到该邮件。中国电子商务协会提交的2017年度工作报告的目录中包含“机构设置情况”和“党组织建设情况”，但该两项内容在其后报告正文中均缺失。后中国电子商务协会认为工信部不履行法定职责，于2018年9月27日向法院提起诉讼。一审法院判决驳回了原告的诉讼请求，中国电子商务协会不服提起上诉。

另查：(1)2017年2月15日，民政部向中国电子商务协会作出行政处罚事先告知书，认为中国电子商务协会存在未按规定接受2013年度、2014年度、

〔1〕 北京市第一中级人民法院：(2018)京01行初1494号。

2015 年度全国性社会团体年度检查的违法行为，拟对其作出撤销登记的行政处罚。(2)中国电子商务协会的法定代表人张某某的出生日期为 1947 年 5 月 13 日。(3)中国电子商务协会社会团体法人登记证书的有效期限为 2010 年 8 月 29 日至 2015 年 8 月 29 日。(4)中国电子商务协会提交的 2017 年度报告"其他需要说明的情况"部分载明"党建问题。协会党支部一直没有完成换届，协会支部从 2011 年至今没有开展任何学习和活动，严重影响了协会的党建工作"。"协会秘书处陆续接到各地公安机关的协查来访和群众来访。反映协会的分支机构涉嫌诈骗和传销"。(5)《民政部办公厅关于就给予中国电子商务协会撤销登记行政处罚事宜再次征求意见的函》(民办函〔2018〕72 号)(以下简称民政部 72 号函)中载明"目前协会内部矛盾突出，近期我部不断接到对中国电子商务协会的举报投诉，为避免该会问题一再拖延，导致不可控的负面后果，现再次就给予中国电子商务协会撤销登记行政处罚一事征求你部意见"。

再查：双方当事人均认可中国电子商务协会于 2018 年 6 月 21 日通过 EMS 邮寄方式向工信部提交了 2017 年度工作报告，中国电子商务协会亦认可工信部收到申请材料后，与其工作人员联系告知了其申请日期超期、材料不齐全等情况。

【裁判结论】

北京市高级人民法院经审理，判决驳回上诉，维持一审判决。

【裁判观点】

一审法院认为：根据《社会团体登记管理条例》第 25 条第 1 款第 2 项、第 3 项的规定，业务主管单位监督、指导社会团体遵守宪法、法律、法规和国家政策，依据其章程开展活动并负责社会团体年度检查的初审。故本案中，被告作为原告的业务主管部门，具有对原告年度检查进行初审的职权。同时，被告亦具有监督、指导社会团体遵守宪法、法律、法规和国家政策，依据其章程开展活动的法定职责。故被告作为相关社会团体的业务主管单位，在履行对相关社会团体管理、监督、指导职责中，要依法规范全面履责。既要简政放权，优化服务，积极培育扶持，又要加强事中事后监管，促进社会组织健康有序发展。

针对原告、被告双方争议的原告起诉资格、工作报告提交是否超期、年检材料是否完整、原告内部管理是否混乱以及原告理事长资格等焦点问题，本院分别进行分析判断。

关于原告是否具有起诉资格一节，原告系经业务主管单位审查同意，并经登记管理机关登记核准的社会团体法人，在提起本案诉讼时，原告的社会团体法人亦未被有权机关予以注销，故其具有提起本案诉讼的原告主体资格。被告关于原告法定代表人的产生违反法定程序从而否定原告起诉资格的主张，缺乏事实及法律依据，本院不予支持。

关于原告是否超期提交2017年度工作报告一节，《社会团体登记管理条例》第28条第1款规定，社会团体应当于每年3月31日前向业务主管单位报送上一年度的工作报告，经业务主管单位初审同意后，于5月31日前报送登记管理机关，接受年度检查。社会团体依法成立后，按照该条规定接受年度监督检查属于社会团体应当履行的义务。而该条明确规定，社会团体向业务主管单位报告上一年度工作报告的时间为每年3月31日前。本案中，原告报送2017年度工作报告的时间为2018年6月21日，显然晚于2018年3月31日。原告主张其于2018年3月31日之前当面向被告提交过2017年度工作报告，被告对此予以否认，原告亦未提交证据对该事实予以证明，对原告的该项主张本院不予支持。故原告的该行为违反了前述法条规定。

关于原告提交的年检材料是否完整一节，《社会团体登记管理条例》第28条第1款规定，工作报告的内容包括本社会团体遵守法律法规和国家政策的情况、依照本条例履行登记手续的情况、按照章程开展活动的情况、人员和机构变动的情况以及财务管理的情况。原告提交的年度报告中缺少“机构设置情况”和“党组织建设情况”，缺少前述材料，被告亦不能对原告人员和机构变动的情况进行监督检查。故其提交的年度报告内容不完整，不符合《社会团体登记管理条例》第28条第1款的规定。但该条仅规定工作报告中应当包含财务管理情况，并未规定应当提交财务审计报告，且在案证据亦不能证明被告明确要求原告补充提交财务审计报告。故被告认为原告未提交年度财务审计报告而不能进行初审，缺乏事实及法律依据。

关于原告是否存在内部管理混乱一节，首先，原告提交的2017年度工作报告载明“原告党支部未完成换届且2011年至今没有开展任何学习和活动”。党建工作作为协会组织建设的重要环节，是原告完成其他各项工作的重要组织保障。原告的党建工作中存在的前述问题是其内部管理混乱的表现。其次,民政部72号函中载明原告被多次举报投诉等问题亦可印证原告存在内部管理混乱的问题。最后,《社会团体登记管理条例》第15条规定,依照法律规定,自批准成立之日起即具有法人资格的社会团体,应当自批准成立之日起60日内向登记管理机关提交批准文件,申领《社会团体法人登记证书》。登记管理机关自收到文件之日起30日内发给《社会团体法人登记证书》。故《社会团体法人登记证书》属于登记管理机关依社会团体的申请颁发的证书。本案中,原告的社会团体法人登记证书明确规定了有效期限,且现早已超过有效期限,原告并未向登记管理机关申请延期,亦属于内部管理混乱的表现。综上,被告认定原告内部管理混乱并无不当。

关于原告负责人超过70周岁一节,《工业和信息化部社会团体管理暂行办法》第10条第1款规定,部管社团及分支(代表)机构负责人任职年龄不得超过70岁,任职期限不得超过两届。本案中,原告的负责人张某某的出生日期为1947年5月13日,其2017年间并未超过70岁,故被告以该理由对原告2017年度工作报告不予初审缺乏事实及法律依据。

从上述分析可以看出,被告对于原告2017年度工作报告未予以同意,是被告对原告2017年度工作报告予以审查后的履责结果,其并不存在不履责的情形。鉴于原告提交2017年度工作报告超期、报告内容不完整且原告存在内部管理混乱等问题,被告对其年度工作报告不予初审同意并无不当。

此外,原告提出被告未书面告知审查意见一节。首先,本案中,在案证据表明,原告提交2017年度工作报告已晚于《社会团体登记管理条例》第28条第1款规定的期限,被告对于逾期提交的报告并无必须启动审查程序的法定义务;其次,报告内容亦不符合该条例第28条第1款的规定,且原告存在内部管理混乱等问题,被告未予初审同意的结论正确。从维护社会团体的合法权益的角度考量,被告将原告材料欠缺的情况及审查结果向原告进行告知确实更为妥当,但相关法律、法规均未规定被告作为业务主管机关应当书面告知原告相应的审查意见。原告的该项请求,本院不予支持。

二审法院认为:对于工信部具有对其主管的社会团体的年度检查进行初审的法定职责,本院同意一审法院的认定,不再赘述。因本案为要求履责之诉,针对工信部是否存在未履行法定职责情形以及是否应予初审同意并盖章这一焦点

问题,本院意见如下:

其一,根据《社会团体登记管理条例》第 28 条第 1 款的规定,社会团体应当于每年 3 月 31 日前向业务主管单位报送上一年度的工作报告,经业务主管单位初审同意后,于 5 月 31 日前报送登记管理机关,接受年度检查。本案中,中国电子商务协会于 2018 年 6 月 21 日才向工信部邮寄提交 2017 年度工作报告,晚于前述行政法规规定的 3 月 31 日的日期,也晚于报送登记管理机关接受年度检查的日期,明显不符合法定报送日期。中国电子商务协会主张的曾晚于法定期限提交材料通过初审的情况不是其 2018 年 6 月才提交申请材料的正当理由,其主张没有法律依据。

其二,申请人提交材料应当真实、完整,前述条例第 28 条同时规定了年度工作报告的内容包括本社会团体遵守法律法规和国家政策的情况、依照本条例履行登记手续的情况、按照章程开展活动的情况、人员和机构变动的情况以及财务管理的情况。中国电子商务协会提交的 2017 年度工作报告缺少“机构设置情况”和“党组织建设情况”,内容不完整,不符合法定要求。并且,2017 年度工作报告中亦说明该协会党支部一直没有完成换届,自 2011 年至今未开展任何学习和活动,同时该协会秘书处收到各地公安机关协查来访等,反映该协会的分支机构涉嫌诈骗和传销等问题。上述事实表明,中国电子商务协会提交申请材料内容不完整且其机构内部管理混乱,工信部不予初审同意并盖章,并无不当。

综上,工信部收取中国电子商务协会提交的年度报告材料后,进行了审查,并电话告知中国电子商务协会其提交申请材料超过法定期限且材料不完整等情况,工信部履行了《社会团体登记管理条例》所规定的法定职责,中国电子商务协会主张工信部未履行法定职责及应予初审同意并盖章的主张没有事实依据,本院不予支持。

法官评析

业务主管单位对于社会团体履行管理、监督、指导以及年度检查初审职责鲜少进入行政诉讼领域,本案是全国首例涉及全国性社团组织与业务主管机关行政纠纷案件。

因工信部不予通过年度检查的初审,故中国电子商务协会提起本案诉讼,要求工信部履行年度检查初审职责。在审理此类案件时,应当按照履责类案件的审理思路，从行政机关是否具有相关职责、申请人是否按照规定提起相应的履责申请以及行政机关是否履行相应职责以及履责程序合法性四个方面进行审查。根据《社会团体登记管理条例》第25条第1款第3项的规定，业务主管单位负责社会团体年度检查的初审，而中国电子商务协会亦向工信部提交了相应的年度报告和年检材料，故本案的审查焦点在于工信部对于中国电子商务协会的年度检查初审未予通过的合法性问题，即工信部以中国电子商务协会超期提交年度工作报告、提交的年检材料不完整、内部管理混乱等理由不予通过年度检查初审是否具有事实和法律依据。

关于中国电子商务协会是否超期提交2017年度工作报告的问题。《社会团体登记管理条例》第28条第1款规定，社会团体应当于每年3月31日前向业务主管单位报送上一年度的工作报告，经业务主管单位初审同意后，于5月31日前报送登记管理机关，接受年度检查。中国电子商务协会迟至2018年6月21日方才提交工作报告，显然晚于《社会团体登记管理条例》规定的时间节点。

关于中国电子商务协会提交的年检材料是否完整的问题。社会团体在提交年检材料时，应当严格按照《社会团体登记管理条例》的规定准确、完整的提交，年检材料缺失或者不准确，都可能面临不予年检通过的风险。而业务主管单位在进行年度检查时，亦应按照规定严格审查，而对于规定中没有涉及的材料，业务主管单位为了更好地履行对社会团体的监督、管理和指导职责，亦可以要求社会团体予以提交，若未提前要求社会团体提交，则在年度检查时不能以社会团体未提交该类材料而不予年检。具体到本案，中国电子商务协会提交的年度报告中缺少“机构设置情况”和“党组织建设情况”，缺少前述材料，工信部亦不能对中国电子商务协会人员和机构变动的情况进行监督检查，故其提交的年度报告内容不完整。同时，《社会团体登记管理条例》仅规定工作报告中应当包含财务管理情况，并未规定应当提交财务审计报告，且在案证据亦不能证明工信部明确要求中国电子商务协会补充提交财务审计报告，故工信部认为中国电子商务协会未提交年度财务审计报告而不能进行初审，缺乏事实及法律依据。

关于内部管理混乱的问题。虽然《社会团体登记管理条例》并未明确规定社会团体内部管理混乱的处理方式，但是业务主管单位负责监督、指导社会团体遵守宪法、法律、法规和国家政策,依据其章程开展活动。因此,在社会团体内部管理混乱时,业务主管单位应当履行监督职责,对于年度检查初审时仍未恢复管理秩序且对外已经产生较坏影响时,不予通过年度检查初审,是应有之义。而关于内部管理混乱的具体表现形式,中国电子商务协会具有一定的典型性。中国电子商务协会既存在党支部未完成换届且未开展任何学习活动的情况,亦未按照《社会团体登记管理条例》的规定,在《社会团体法人登记证书》超过有效期后,及时向登记管理机关申请延期。更为严重的是,内部管理的混乱已经具有一定的外部影响力,民政部已向工信部发函,认为目前协会内部矛盾突出,拟对中国电子商务协会撤销登记。综合上述方面,工信部认定中国电子商务协会内部管理混乱并无不当。

关于工信部未书面告知审查意见的问题。被告对于逾期提交的报告并无必须启动审查程序的法定义务,但是从维护社会团体的合法权益的角度考量,被告将原告材料欠缺的情况及审查结果向原告进行告知确实更为妥当,但相关法律、法规均未规定业务主管机关应当书面告知审查意见,所以工信部未书面告知审查意见未违反法律法规的规定。

【法律法规链接】

《社会团体登记管理条例》第 15 条、第 25 条第 1 款第 2 项、第 3 项、第 28 条第 1 款

(撰稿人　杨晓琼　祝飞宇)

07

公安交管部门注销机动车驾驶证应符合行政许可法规定的注销条件[1]

——田某某诉长春市公安局交通警察支队交通行政处罚案

裁判规则

公安机关交通管理部门注销机动车驾驶证的行为是对机动车驾驶员驾驶资格的否定，属于注销行政许可行为。交管部门适用公安部《机动车驾驶证申领和使用规定》关于注销最高准驾车型的规定，作出注销最高准驾车型行为时，应符合《行政许可法》第70条第4项规定的“行政许可依法被撤销、撤回，或者行政许可证件依法被吊销的”等条件或者符合《行政许可法》第70条第6项规定的“法律、法规规定的应当注销行政许可的其他情形”。

案　情[2]

2017年10月22日，田某某因使用其他车辆的机动车号牌的违法行为，被长春市公安局交通警察支队（以下简称市交警支队）德惠大队给予行政处罚，即罚款5000元，记12分。市交警支队依据《机动车驾驶证申领和使用规定》第78条第1款第2项的规定，于2017年11月23日作出编号为〔2017〕第220100201722×××号《注销最高准驾车型决定书》，决定注销田某某机动车驾驶证最高准驾

〔1〕 案例引自“行政法”公众号2018-10-10，原标题“长春中院裁判：公安机关交通管理部门注销机动车驾驶证应遵循《行政许可法》相关规定——田某某诉长春市公安交警支队道路交通行政许可案”。

〔2〕 长春市南关区人民法院：（2018）吉0102行初11号，长春市中级人民法院：（2018）吉01行终77号。

车型 A2 驾驶资格，注销后的准驾车型为 B1、B2。田某某对此不服，在法定起诉期限内提起行政诉讼。另外，市交警支队未向原审法院提供其所依据的规范性文件。

【裁判结论】

长春市南关区人民法院判决撤销市交警支队作出的编号为〔2017〕第 220100201722×××号注销最高准驾车型决定。长春市中级人民法院判决驳回上诉，维持原判。

【裁判观点】

一审法院认为：(1)关于市交警支队对田某某作出的注销最高准驾车型决定的性质问题。《行政许可法》第 2 条规定："本法所称行政许可，是指行政机关根据公民、法人或者其他组织的申请，经依法审查，准予其从事特定活动的行为。"由此可见，交通管理部门发放和注销机动车驾驶证的行为属于受《行政许可法》调整的行政许可行为。在发放驾驶证时，确定了机动车驾驶员的相应准驾车型，即对机动车驾驶员的驾驶资格作出了许可。本案中，市交警支队作出将田某某的机动车驾驶证的准驾车型由 A2 降为 B1、B2 的行为，是对田某某 A2 驾驶资格的否定，该行为属注销行政许可的行政行为。(2)《道路交通安全法》第 24 条规定："公安机关交通管理部门对机动车驾驶人违反道路交通安全法律、法规的行为，除依法给予行政处罚外，实行累积记分制度。公安机关交通管理部门对累积记分达到规定分值的机动车驾驶人，扣留机动车驾驶证，对其进行道路交通安全法律、法规教育，重新考试；考试合格的，发还其机动车驾驶证。"〔1〕该条款规定了对违反道路交通安全法律、法规的行为实行累积记分制度，同时规定对累积记分达到规定分值的机动车驾驶人应当采取相应的措施，即扣留机动车驾驶证，待接受道路交通安全法律、法规教育，考试合格后，可发还机动车驾驶证。由此可见，实施累积记分制度的目的在于保障道路交通安全，教育和约束违法、

〔1〕 此处指《道路交通安全法》(2011 年修正)第 24 条，新版为 2017 年 10 月 7 日实施第 23 条第 1 款，其规定："公安机关交通管理部门对机动车驾驶人的道路交通安全违法行为累积记分(以下简称记分)制度，记分周期为 12 个月。对在一个记分周期内记分达到 12 分的，由公安机关交通管理部门扣留其机动车驾驶证，该机动车驾驶人应当按照规定参加道路交通安全法律、法规的学习并接受考试。考试合格的，记分予以清除，发还机动车驾驶证；考试不合格的，继续参加学习和考试。"

违规行为人，并非对其最高驾驶资格的否定，故《道路交通安全法》并未以立法的形式规定对累积记分达到规定分值的机动车驾驶人可以注销其最高准驾车型，公安机关交通管理部门在注销机动车驾驶员最高准驾车型时，应符合《道路交通安全法》的立法目的。(3)如前所述，注销最高准驾车型行为属注销行政许可行为，公安机关交通管理部门依据《机动车驾驶证申领和使用规定》第78条第1款第2项，即"持有大型客车、牵引车、城市公交车、中型客车、大型货车驾驶证的驾驶人有下列情形之一的，车辆管理所应当注销其最高准驾车型驾驶资格，并通知机动车驾驶人在三十日内办理降级换证业务：(二)在一个记分周期内有记满12分记录的……"的规定，作出注销最高准驾车型决定时，还应当符合《行政许可法》的相应规定。根据《行政许可法》第70条第4项，即"有下列情形之一的，行政机关应当依法办理有关行政许可的注销手续：……(四)行政许可依法被撤销、撤回，或者行政许可证件依法被吊销的"的规定，机动车驾驶员的驾驶证被依法撤销、撤回或吊销等情形是公安机关交通管理部门注销机动车驾驶员驾驶证的准驾车型的前提条件。本案中，田某某实施了使用其他车辆的机动车号牌的违法行为，对该违法行为，根据《道路交通安全法》第96条第3款"……使用其他车辆的机动车登记证书、号牌、行驶证……由公安机关交通管理部门予以收缴，扣留该机动车，处两千元以上五千元以下罚款"的规定，市交警支队德惠大队对其给予了行政处罚，并未作出吊销或注销等机动车驾驶证的行政处罚。在田某某的机动车驾驶证未被撤销、撤回或吊销的情况下，市交警支队直接注销其驾驶证的A2准驾车型，不符合《行政许可法》第70条第4项的规定。并且本案在审理过程中，市交警支队未向原审法院提供据以作出行政行为的全部证据，亦未提出正当事由。综上，市交警支队在田某某的机动车驾驶证未被撤销、撤回或吊销的情况下，直接作出注销其最高准驾车型决定不当，适用法律错误，应予撤销。

二审法院认为：(1)《行政许可法》第2条规定："本法所称行政许可，是指行政机关根据公民、法人或者其他组织的申请，经依法审查，准予其从事特定活动的行为。"交通管理部门向机动车驾驶员发放机动车驾驶证属于准予机动车驾驶员对一定准驾车型的车辆从事驾驶活动行为，故注销机动车驾驶证的行为属于对机动车驾驶员驾驶资格的否定，该行为属于注销行政许可行为。据此，对上诉人市交警支队在上诉状中提出本案被诉行政行为，即上诉人市交警支队对被上诉人田某某作出的编号〔2017〕第220100201722×××号注销最高准驾车型决定行为属行政处罚行为的主张，本院予以指正。(2)既然被诉行政行为属于注销行政许可行为，交通管理部门在作出该行为时，不但要符合公安部制定的《机动车驾驶证申领和使用规定》，还要符合《行政许可法》的相关规定。《行政许可法》第70条规定了注销行政许可的相应情形，其中第4项规定，行政许可依法被撤销、撤回，或者行政许可证件依法被吊销的，行政机关应当依法办理有关行政许可的注销手续。由此可见，交通管理部门在根据《机动车驾驶证申领和使用规定》的规定注销机动车驾驶人相应准驾车型之前，还应当符合"行政许可依法被撤销、撤回，或者行政许可证件依法被吊销的"等条件，或者符合《行政许可法》第70条第6项规定的"法律、法规规定的应当注销行政许可的其他情形"。本案中，虽然被上诉人田某某的驾驶证因违法行为在一定周期内被计满12分，但根据上诉人市交警支队提供的证据，被上诉人田某某不存在《行政许可法》第70条规定的应当注销行政许可的情形，故上诉人市交警支队注销其最高准驾车型主要证据不足。关于上诉人市交警支队主张在没有明确的司法解释的情形下，《行政许可法》第70条第6项规定的"法律、法规"应当包括公安部制定的《机动车驾驶证申领和使用规定》，经审查，《立法法》第80条第1款规定："国务院各部、委员会、中国人民银行、审计署和具有行政管理职能的直属机构，可以根据法律和国务院的行政法规、决定、命令，在本部门的权限范围内，制定规章。"《机动车驾驶证申领和使用规定》系由公安部以公安部令的形式发布的，属于规章，故对于上诉人市交警支队提出的《机动车驾驶证申领和使用规定》包括在"法律、法规"范围内的主张，本院不予支持。

法官评析

公安机关交通管理部门向机动车驾驶员发放机动车驾驶证，属于准予机动车驾驶员对一定准驾车型的车辆从事驾驶活动行为，故注销机动车驾驶证的行为属于对机动车驾驶员驾驶资格的否定，该行为属于注销行政许可行为。

注销作为属于法定的行政许可概念，其含义由《行政许可法》第70条予以明确，任何组织和个人不能随意扩张或限缩，否则将构成违法。该条明确规定，注销行政许可的相应情形包括：(1)行政许可有效期届满未延续的；(2)赋予公民特定资格的行政许可，该公民死亡或者丧失行为能力的；

(3)法人或者其他组织依法终止的;(4)行政许可依法被撤销、撤回,或者行政许可证件依法被吊销的;(5)因不可抗力导致行政许可事项无法实施的;(6)法律、法规规定的应当注销行政许可的其他情形。根据规定可知,注销并不具备消灭行政许可效力的功能和法律后果,而是在行政许可效力因法律行为或法律事实灭失的情形下采取的一种后续管理措施,其目的在于清理行政许可资源中的"垃圾",以达到资源的最优化配置和最大化利用。因此,对于注销的使用应严格遵循上述法律规定。具体到本案,交通管理部门在作出注销驾驶证行为时应符合上述法定条件之一。本案中,当事人的驾驶证因违法行为在一定周期内被计满 12 分,根据《机动车驾驶证申领和使用规定》第 78 条第 1 款第 2 项的规定,车辆管理所应当注销其最高准驾车型驾驶资格,并通知机动车驾驶人在三十日内办理降级换证业务,但是该规定并非《行政许可法》第 70 条第 6 项规定的"法律、法规",因此适用该规定注销相对人最高准驾车型驾驶资格还应满足《行政许可法》第 70 条规定的其他撤销许可的条件。在交通管理部门不能举证证明相对人存在《行政许可法》第 70 条规定应当注销行政许可的情形,则交通管理部门注销该当事人最高准驾车型的主要证据不足。

【法律法规链接】

《行政许可法》第 70 条第 4 项

《机动车驾驶证申领和使用规定》第 78 条第 1 款第 2 项

(撰稿人　肖　克)

2

CHAPTER

第二章

行政处罚

01

分公司注销后行政许可效力的认定

——北京中西远大科技有限公司诉北京市海淀区食品药品监督管理局行政处罚决定案

裁判规则

分公司注销的，分公司取得的许可一般不可转移给本公司。获得行政许可的法人或其他组织终止，或许可到期未办理延期，许可失效。本公司仍从事须许可事项的，属于未经许可擅自从事相关活动，应依法追究相关责任。

案　情[1]

2015年6月2日，北京市海淀区食品药品监督管理局（以下简称海淀区食药局）到北京中西远大科技有限公司（以下简称中西远大公司）位于北京市海淀区上地三街1号中黎科技园2号楼D201的经营地点进行现场检查。经检查发现中西远大公司开具的一次性注射器的销售发票，上面盖有该公司的发票专用章。现场未发现一次性使用无菌注射器等医疗器械。中西远大公司无《医疗器械经营企业许可证》。海淀区食药局现场检查发现的货物名称为一次性注射器的北京增值税专用发票共6份，开票日期从2014年8月27日跨度到2015年3月5日，总金额为9140元。2015年6月12日和7月28日，中西远大公司委托代理人杨某到海淀区食药局接受调查询问。调查询问过程中，杨某对北京增值税专用发票等材料的真实性予以确认，其亦无法提供《医疗器械经营企业许可

[1] 北京市第一中级人民法院：(2016)京01行终945号。

证》。2015年6月12日,海淀区食药局对中西远大公司涉嫌未经许可从事第三类医疗器械经营活动案予以立案。同年7月29日,海淀区食药局向中西远大公司送达行政处罚事先告知书、听证告知书,并作出陈述申辩笔录,中西远大公司表示没有陈述申辩意见,不要求听证,愿意接受处罚。同年8月18日,海淀区食药局对中西远大公司作出(京海)食药监械罚〔2015〕100007号行政处罚决定书(以下简称被诉处罚决定)并于同年8月24日向该公司直接送达。

被诉处罚决定主要内容为:2015年6月2日海淀区食药局执法人员到北京市海淀区上地三街1号中黎科技园D201进行现场检查,在该地址的会计室发现中西远大公司的发票专用章及该单位开具的一次性注射器的销售发票,现场未发现一次性使用无菌注射器等医疗器械。中西远大公司无《医疗器械经营企业许可证》。《营业执照》显示住所为北京市平谷区滨河工业区零号区22号317室,但中西远大公司实际经营活动在上地,财务发票也在上地开具,该公司在上地三街1号中黎科技园D201未经许可从事第三类医疗器械经营活动。经调查,中西远大公司的上述行为属于违反许可类行政审批事项且持续半年以上,该单位从2014年8月至2015年3月共销售第三类医疗器械一次性使用无菌注射器货值金额共计人民币9140元,违法所得共计人民币9140元。中西远大公司的上述行为违反了《医疗器械监督管理条例》第31条第1款的规定,依据《医疗器械监督管理条例》第63条第1款第3项的规定,决定对中西远大公司给予以下行政处罚:(1)没收违法所得人民币9140元;(2)处罚款人民币90,000元;罚没共计人民币99,140元。

中西远大公司对上述处罚决定不服,于同年9月17日向市食药局申请行政复议。市食药局于2015年10月30日作出京食药监复决字〔2015〕143号行政复议决定书(以下简称被诉复议决定),维持被诉处罚决定。中西远大公司仍不服,提起行政诉讼,请求法院依法撤销海淀区食药局作出的被诉处罚决定,重新从轻作出处罚,撤销市食药局作出的被诉复议决定,判令海淀区食药局、市食药局承担诉讼费用。

另查明:中西远大公司分公司的《医疗器械经营企业许可证》(证号:京082151)的许可期限是2007年12月28日至2012年12月27日。中西远大公司第一分公司的《医疗器械经营企业许可证》(证号:京082792)的许可期限是2009年10月15日至2014年10月14日;中西远大公司第一分公司于2013年9

月5日注销。

【裁判结论】

北京市海淀区人民法院依照《行政诉讼法》第69条的规定,判决驳回中西远大公司的全部诉讼请求。

北京市第一中级人民法院判决驳回上诉,维持原判。

【裁判观点】

一审法院认为:依据《医疗器械监督管理条例》的规定,县级以上地方人民政府食品药品监督管理部门负责本行政区域的医疗器械监督管理工作。据此,海淀区食药局具有对辖区内经营单位销售医疗器械的情况实施行业监督管理的法定职责。

《医疗器械监督管理条例》第31条第1款规定,从事第三类医疗器械经营的,经营企业应当向所在地设区的市级人民政府食品药品监督管理部门申请经营许可并提交其符合本条例第29条规定条件的证明资料。该条例第63条第1款第3项规定,未经许可从事第三类医疗器械经营活动的,由县级以上人民政府食品药品监督管理部门没收违法所得、违法生产经营的医疗器械和用于违法生产经营的工具、设备、原材料等物品;违法生产经营的医疗器械货值金额不足1万元的,并处5万元以上10万元以下罚款。《北京市食品药品监督管理局行政处罚自由裁量权适用规定(试行)》(以下简称《处罚适用规定》)第15条第6项规定,违法行为持续半年以上或者连续12个月内已收到2次以上(含2次)罚款处罚的,应当从重处罚。该规定第16条第9项规定,违法行为属于违反许可类行政审批事项的,可以从重处罚。本案中,根据海淀区食药局提交的现场检查笔录、询问笔录、北京增值税专用发票等相关证据,能够认定中西远大公司存在没有《医疗器械经营企业许可证》销售第三类医疗器械且持续半年以上的违法行为。海淀区食药局根据中西远大公司存在的上述违法行为,对其作出行政处罚并无不当。

根据《行政处罚法》第4条第2款的规定,设定和实施行政处罚必须以事实为依据,与违法行为的事实、性质、情节以及社会危害程度相当。本案中,海淀区食药局依据《医疗器械监督管理条例》第63条第1款第3项规定,在法定裁量幅度内对中西远大公司处以没收违法所得9140元,罚款90,000元,与中西远大公司的违法事实、情节相当,处罚数额亦无不当。

海淀区食药局在对中西远大公司进行行政处罚的过程中,履行了调查取证、告知、送达等行政程序,符合法律规定。

综上所述,海淀区食药局对中西远大公司作出的被诉处罚决定认定事实清楚,程序合法,适用法律正确,处罚额度适当。现中西远大公司请求撤销海淀区食药局作出的上述处罚决定,缺乏事实和法律依据,本院不予支持。市食药局在行政复议过程中,履行了行政复议的相应程序,复议决定亦无不当。

二审法院认为:《医疗器械监督管理条例》第31条第1款规定,从事第三类医疗器械经营的经营企业,应取得经营许可。该条例第63条第1款第3项规定未经许可从事第三类医疗器械经营活动的,应予处罚。本案中,2014年8月27日前,中西远大公司分公司的医疗器械经营企业许可期限已届满,其第一分公司的医疗器械经营企业许可亦因企业注销而失效。且在2014年8月27日至2015年3月5日,中西远大公司并未取得有效的医疗器械经营企业许可。故中西远大公司在上述期间从事涉案医疗器械经营活动,属于前法所称未经许可从事第三类医疗器械经营活动的情形,应予处罚。

《医疗器械监督管理条例》第63条第1款第3项规定,未经许可从事第三类医疗器械经营活动的,由县级以上人民政府食品药品监督管理部门没收违法所得、违法生产经营的医疗器械和用于违法生产经营的工具、设备、原材料等物品;违法生产经营的医疗器械货值金额不足1万元的,并处5万元以上10万元以下罚款。《处罚适用规定》第15条第6项规定,违法行为持续半年以上或者连续12个月内已收到2次以上(含2次)罚款处罚的,应当从重处罚;该规定第16条第9项规定,违法行为属于违反许可类行政审批事项的,可以从重处罚。经审查,中西远大公司从事涉案医疗器械经营活动属于前述规定情形。海淀区食药局根据上述规定作出被诉处罚决定,对中西远大公司决定没收违法所得9140元、罚款90,000元,并无不当。海淀区食药局在对中西远大公司进行行政处罚的过程中,履行了调查取证、告知、送达等行政程序,符合法律规定。

综上所述,海淀区食药局对中西远大公司作出的被诉处罚决定认定事实清楚,程序合法,适用法律正确,处罚额度适当。市食药局在行政复议过程中,履行了行政复议的相应程序,复议决定亦无不当。现中西远大公司请求撤销海淀区食药局作出的被诉处罚决定及被诉复议决定,缺乏事实和法律依据,不予支持。

法官评析

本案系未经许可擅自从事相关活动处罚的案件。而认定是否构成“未经许可”，系本案的焦点问题。行政许可，是指行政机关根据公民、法人或者其他组织的申请，经依法审查，准予其从事特定活动的行为。须经许可方可从事的活动，未经许可，擅自从事，则构成涉足一般禁止从事的活动，即构成违法。就本案而言，根据《医疗器械监督管理条例》第 31 条第 1 款的规定，从事第三类医疗器械经营的，经营企业应当向所在地设区的市级人民政府食品药品监督管理部门申请经营许可，方可从事相关活动。

本案被诉处罚决定认定的违法行为期间(2014 年 8 月 27 日至 2015 年 3 月 5 日)的许可相关情形是：(1)作为总公司即本案原告的中西远大公司无《医疗器械经营企业许可证》；(2)中西远大公司分公司曾取得过《医疗器械经营企业许可证》(证号：京 082151)，许可期限是 2007 年 12 月 28 日至 2012 年 12 月 27 日，但此期间内已无许可；(3)中西远大公司第一分公司具有《医疗器械经营企业许可证》(证号：京 082792)，许可期限是 2009 年 10 月 15 日至 2014 年 10 月 14 日，但该分公司于 2013 年 9 月 5 日注销。原告(本公司)在处罚决定认定的违法行为期间无相应许可；其分公司曾有许可，但因其许可有效期届满而未延期，故该许可亦失效，自不待言。其第一分公司许可期限与违法行为期间尚有重合，该许可效力是否存续与本案涉案行为是否构成未经许可擅自从事医疗器械经营活动有直接关联。

本案中，其第一分公司的医疗器械经营企业许可期限是 2009 年 10 月 15 日至 2014 年 10 月 14 日，但该分公司于 2013 年 9 月 5 日已注销。考察被诉处罚决定认定违法行为期间，许可是否有效直接关系到是否构成“未经许可”之认定。该认定须考虑如下问题：(1)分公司注销后，其取得的许可，是否可视为对本公司的许可；(2)作为许可相对人的法人或者其他组织注销后，对许可效力的影响。

关于问题(1)，属于行政许可对人效力的认定。虽然法律并无直接规定，但考察行政许可设立的意义，则在于准予特定相对人从事特定活动。《行政许可法》第 9 条亦规定，依法取得的行政许可，除法律、法规规定依照法定条件和程序可以转让的外，不得转让。《医疗器械监督管理条例》第 29 条规定，从事医疗器械经营活动，应当有与经营规模和经营范围相适应的经营场所和贮存条件，以及与经营的医疗器械相适应的质量管理制度和质量管理机构或者人员。就设立经营许可的目的而言，旨在通过场所、贮存条件、质量管理制度、人员等的要求，保证医疗器械在经营过程中的安全性。上述规定表现出相关许可较强的属人属性。因此，严格说来，在本公司与分公司可单独申请许可的情况下，分公司具备相应要求取得许可的，并不意味着分公司注销后，本公司即具备相应资质。故，在法律没有明文规定的情形下，相关许可不可视为对本公司的许可，此即行政许可属人效力之体现。

关于问题(2)，属于行政许可时间效力的认定。此问题与附期限行政行为失效类似，亦属于行政行为效力存续之认定。从《行政许可法》第70条第3项规定中，可推出许可相对人注销后，许可失效之意。该项规定，法人或者其他组织依法终止的，行政机关应当依法办理有关行政许可的注销手续。所谓注销许可，即行政机关依职权在法定情形出现的情况下，将许可行为从形式上使之消灭的行为。而法人或者其他组织依法终止的，行政许可的相对人已不复存在，亦即可依照许可从事特定活动的行为人已不复存在，故作为对人生效的许可已无效力继续存在的意义。因此，一方面，行政机关可直接予以注销，其前提实为许可已经失效；另一方面，即便行政机关未依照上述规定注销相关许可，只是形式上还未经有权机关使之消灭，并不影响相关许可亦已失效之认定。

综上，行政许可法人、其他组织终止，或者许可到期未办理延期的，均可导致行政许可失效。本案中，分公司所取得的医疗器械经营许可已经在被诉处罚决定确定的违法行为期间因上述原因失效，本公司亦无相应许可，故，构成《医疗器械监督管理条例》第63条第1款第3项规定的未经许可从事第三类医疗器械经营活动之情形。

【法律法规链接】

《行政许可法》第70条

《医疗器械监督管理条例》第31条、第63条

（撰稿人　李赟乐）

02

过罚相当原则在《行政许可法》第 78 条中的理解和适用

——科诺公司诉原国家质监局(现国家市场监管总局)行政处罚案

裁判规则

过罚相当作为《行政处罚法》的基本原则,要求对行政相对人的违法行为进行处罚时,应分别按照其违法情节的轻重,适用不同的处罚。对于未预留裁量范围的情形,除非法律明确禁止,否则仍应根据具体情况作出适当调整。行政机关应综合考虑违法行为的情节轻重、当事人违法故意的主观恶性程度及社会危害性等因素,在裁量行政处罚幅度时做到过罚相适应。《行政许可法》第 78 条规定的“申请人在一年内不得再次申请该行政许可”在性质上属于行政处罚,相较于《行政处罚法》而言,该条款应属于特别法的范畴。在特别法未给行政机关预留裁量范围,没有规定处罚幅度、情节严重或轻微等情况下,行政机关在对行政相对人作出行政处罚时应适用《行政处罚法》的过罚相当原则。

案　情[1]

北京科诺锅炉有限公司(以下简称科诺公司)系一家锅炉制造企业,已经取得了原中华人民共和国国家质量监督检验检疫总局(以下简称原国家质检总局)颁发的相关锅炉制造许可。许可证即将到期,科诺公司于 2017 年 2 月 21 日向原国家质检总局提交包括该公司许可证书扫描件在内的申请材料,申请锅炉

〔1〕 北京市第一中级人民法院:(2017)京 01 行初 680 号。

制造换证许可。而后,原国家质检总局发现,科诺公司提供的许可证扫描件与原许可证有三处不同的地方。一是扫描件使用的字体与原许可证使用的字体不一致。二是扫描件将原许可证载明的制造地址"北京市大兴区采育经济开发区育政街十四号"的大写"十四"改为阿拉伯数字"14"。三是扫描件把原许可证的有效期至"2017 年 7 月 7 日"改为有效期至"2017 年 9 月 27 日"。2017 年 3 月 9 日,原国家质检总局对科诺公司提供虚假许可证扫描件的行为进行了立案,并于同年 3 月 28 日作出特种设备行政处罚告知书,告知科诺公司,根据《行政许可法》第 78 条的规定,对科诺公司作出不予受理本次锅炉制造换证申请,一年内不得再次申请该行政许可的行政处罚;并告知科诺公司有陈述、申辩和要求听证的权利,且应在收到行政处罚告知书之日起三日内向原国家质检总局提出听证的要求,逾期未提出的,视为放弃权利。科诺公司于 2017 年 3 月 31 日收到该行政处罚告知书,未提出陈述、申辩和要求听证。2017 年 5 月 10 日,原国家质检总局对科诺公司作出(国)质检特罚决字〔2017〕第 002 号《质量监督检验检疫行政处罚决定书》(以下简称被诉处罚决定),认为科诺公司在提交锅炉制造换证申请中,网上提交公司证书扫描件与原国家质检总局核发的原证书相比,证书有效日期及地址表述发生了变化,属于在申请时制作假证提供虚假材料的行为。依据《行政许可法》第 78 条的规定,给予科诺公司以下行政处罚:不予受理本次锅炉制造换证申请,科诺公司一年内不得再次申请锅炉制造许可。科诺公司请于收到本决定书之日起十日内,将原资质证书正本、副本全部交回原国家质检总局特种设备安全监察局,逾期未收到,原国家质检总局将予以公告。如对本决定不服,可于收到本决定书之日起六十日内,依法向原国家质检总局申请行政复议,也可以于三个月内依法向本院提起行政诉讼。原国家质检总局于 2017 年 5 月 25 日通过 EMS 向科诺公司寄送被诉处罚决定,科诺公司于同年 5 月 26 日签收。科诺公司收到被诉处罚决定后不服,提起行政诉讼,请求法院判决撤销被诉处罚决定。

【裁判结论】

北京市第一中级人民法院经审理,判决撤销被告原中华人民共和国国家质量监督检验检疫总局 2017 年 5 月 10 日作出的(国)质检特罚决字〔2017〕第 002 号《质量监督检验检疫行政处罚决定书》中"北京科诺锅炉有限公司一年内不得再次申请锅炉制造许可”部分。

【裁判观点】

《行政许可法》第78条规定，行政许可申请人隐瞒有关情况或者提供虚假材料申请行政许可的，行政机关不予受理或者不予行政许可，并给予警告；行政许可申请属于直接关系公共安全、人身健康、生命财产安全事项的，申请人在一年内不得再次申请该行政许可。本案中，原告提供的材料确实存在虚假，被告基于对该事实的认定不予受理许可，并无不当。

根据《行政处罚法》第4条第2款的规定，设定和实施行政处罚必须以事实为依据，与违法行为的事实、性质、情节以及社会危害程度相当。该法第27条规定，当事人有下列情形之一的，应当依法从轻或者减轻行政处罚：(1)主动消除或者减轻违法行为危害后果的；(2)受他人胁迫有违法行为的；(3)配合行政机关查处违法行为有立功表现的；(4)其他依法从轻或者减轻行政处罚的。违法行为轻微并及时纠正，没有造成危害后果的，不予行政处罚。过罚相当作为《行政处罚法》的基本原则，要求对行政相对人的违法行为进行处罚时，应分别按照其违法情节的轻重，适用不同的处罚。对于未预留裁量范围的情形，除非法律明确禁止，否则仍应根据具体情况作出适当调整。行政机关应综合考虑违法行为的情节轻重、当事人违法故意的主观恶性程度及社会危害性等因素，在裁量行政处罚幅度时做到过罚相适应。《行政许可法》第78条所规定的对于行政许可申请人提交虚假材料的行为进行处罚，其立法本意在于申请人提供虚假材料，可能扰乱行政机关正常的审查活动，甚至会导致行政机关作出错误的许可决定，并进而危害社会利益和公共利益。本案中，原告对于涉案许可证所作两处变造之情节，对其申请本次行政许可延期产生的影响，是被告作出行政处罚决定时确定处罚幅度应予考虑的因素。原告变造证件行为本身是否构成违法以及是否使用变造证件从事其他活动，不应作为被告作出本案行政处罚时应予考量的因素。根据过罚相当的原则，本案被告在作出被诉处罚决定时并未全面考量原告的违法行为情节，其作出的被诉处罚决定属于认定事实不清，适用法律错误。

被告在未对原告是否存在从轻、减轻或免予处罚的情节作出认定的情况下，未对原告作出警告处罚，违反了《行政许可法》第78条并给予警告的规定，亦属于适用法律错误。且上述法律所规定的行政机关不予受理或者不予行政许可不属于行政处罚事项，被告将该事项在被诉行政处罚决定中予以列明亦属不当。

关于被诉处罚决定程序的合法性，《质量技术监督行政处罚程序规定》第12条第1款规定，质量技术监督部门对依据监督检查职权或者通过举报、投诉、其他部门移送、上级部门交办等途径发现的违法行为线索，应当自发现之日起十五日内组织核查，并决定是否立案。本案被告发现违法行为线索并非通过该条规定之途径，且被告并非于收到原告申请材料当日即应进行审查。故原告认为应当从其提交申请材料的2017年2月21日认定为被告发现违法行为线索之日无事实依据。《行政处罚法》第31条规定，行政机关在作出行政处罚决定之前，应当告知当事人作出行政处罚决定的事实、理由及依据，并告知当事人依法享有的权利。本案中，被告仅向原告告知了拟作出处罚决定的法律依据、结论和当事人享有的权利，未明确告知拟作出处罚决定的事实及理由，不符合上述规定。《行政处罚法》第40条规定，行政处罚决定书应当在宣告后当场交付当事人；当事人不在场的，行政机关应当在七日内依照民事诉讼法的有关规定，将行政处罚决定书送达当事人。被诉处罚决定作出后既未当场交付，被告亦未提供证据证明七日内依法送达当事人，构成处罚决定送达程序违法。原告认为被诉处罚决定必须当面送达并制作送达回证的诉讼主张，与《行政处罚法》第40条规定不符，不予支持。

根据《行政诉讼法》第46条第1款的规定，被诉处罚决定告知的起诉期限为三个月与前述法律规定不符，在此予以指正。

综上，被诉处罚决定认定事实不清、适用法律错误、程序违法，依法应予撤销。

法官评析

本案中，被诉处罚决定中列明："不予受理本次锅炉制造换证申请，科诺公司一年内不得再次申请锅炉制造许可。"然而该决定实际包含两个不同的行政行为。一是不予受理本次锅炉制造换证申请，二是科诺公司一年内不得再次申请锅炉制造许可。至于第一部分，不予受理行政许可实际上不属于行政处罚事项，属于行政许可行为，原国家质检总局将该事项列明在被诉处罚决定中，实属不当。且双方当事人对该部分并未争议，争议的内容为行政处罚事项，即科诺公司一年内不得再次申请锅炉制造许可。双方当事人争议的内容主要涉及行为的性质及处罚是否合法两个方面。

一、被诉行为的性质

被诉行为中决定科诺公司"在一年内不得再次申请锅炉制造许可"是什么性质的行为？该行为的定性直接决定法院对该行为合法性审查标准的确定。

《行政许可法》第78条规定的"申请人在一年内不得再次申请该行政许可"指的是，行政许可申请人因为在申请行政许可过程中存在隐瞒有关情况或提供虚假材料的不诚信行为，其申请行政许可的资格将在一定期限内被剥夺。对行政许可申请人申请资格的剥夺属于什么性质的行为？一种观点认为，对行政许可申请人在一定期限内申请资格的剥夺不属于《行政处罚法》规定的行政处罚的种类，不属于行政处罚。由于《行政许可法》第78条的规定在"法律责任"这一章中，而法律责任并不能等同于行政处罚，一年内不得再次申请许可只是对申请人资格的一种限制，限制并不等于就是行政处罚。另一种观点认为，一年内不得再次申请许可作为行政许可中的资格罚，与警告、罚款等一样，属于行政处罚的一种，虽然《行政处罚法》中没有具体列明行政许可申请资格罚，但它属于《行政处罚法》第8条第7项规定的"法律、行政法规规定的其他行政处罚"。

我们倾向于认同第二种观点。行政处罚与其他行政行为相比不同的是，它具有对违法者的制裁性，对相对人权利义务的处分性和不利性，以及必须依法设定和依法实施的法定性。而一年内不得再次申请许可体现了对资格的剥夺，体现为对授意行政处分之废止，性质上应当属于行政处罚。该处罚实际上剥夺了科诺公司在一年内不得再次申请锅炉制造换证许可申请的资格。

二、过罚相当原则的适用

如前所述，科诺公司在一年内不得再次申请锅炉制造换证许可申请的性质属于行政处罚，就要考虑科诺公司是否具有从轻减轻或免予处罚的情节。原国家质检总局作出被诉处罚决定依据的是《行政许可法》第78条的规定，该条仅规定了一年内不得再次申请行政许可这一具有行政处罚性质的内容，并没有规定幅度、情节严重或轻微的情况。也就是说，《行政许可法》第78条的规定未给行政机关预留裁量的范围。在这种情况下我们认为,相较于《行政处罚法》而言,《行政许可法》第 78 条的规定应属于特别法的范畴。在特别法没有规定幅度、情节严重或轻微的情况下,应当适用《行政处罚法》一般的规定予以考量,做到过罚相当。

过罚相当作为《行政处罚法》的基本原则,要求对行政相对人的违法行为进行处罚时,应分别按照其违法情节的轻重,适用不同的处罚。对于未预留裁量范围的情形,除非法律明确禁止,否则仍应根据具体情况作出适当调整。行政机关应综合考虑违法行为的情节轻重、当事人违法故意的主观恶性程度及社会危害性等因素,在裁量行政处罚幅度时做到过罚相适应。《行政处罚法》第 4 条第 2 款规定,设定和实施行政处罚必须以事实为依据,与违法行为的事实、性质、情节以及社会危害程度相当。该法第 27 条规定,当事人有下列情形之一的,应当依法从轻或者减轻行政处罚:(1)主动消除或者减轻违法行为危害后果的;(2)受他人胁迫有违法行为的;(3)配合行政机关查处违法行为有立功表现的;(4)其他依法从轻或者减轻行政处罚的。违法行为轻微并及时纠正,没有造成危害后果的,不予行政处罚。而《行政许可法》第 78 条所规定的对于行政许可申请人提交虚假材料的行为进行处罚,其立法本意在于申请人提供虚假材料,可能扰乱行政机关正常的审查活动,甚至会导致行政机关作出错误的许可决定,并进而危害社会利益和公共利益。本案中,在原国家质检总局颁发原许可证有效期内,科诺公司具备相应的许可条件,而科诺公司对原有许可证的三处变造并未对本次申请延期许可产生实质性的影响,提供虚假申请材料的主观目的并非是在不具备申请许可条件下获取许可。原国家质检总局应当区分科诺公司提供虚假申请材料的目的与《行政许可法》第 78 条规定的提供虚假申请材料应承担法律责任的目的是否一致,以及该行政是否造成了危害结果。同时,从法律后果上讲,对科诺公司处以一年内不得再次申请锅炉制造换证许可申请的处罚,科诺公司在一年内便失去了再次申请锅炉制造换证许可申请的资格,面临着不再具备生产相关产品资质的困境。在竞争激烈的市场经济条件下,这可能会导致公司损失众多订单,承担较重的违约责任,甚至会导致公司破产,多人失业的后果。综合上述因素考量,法院认为行政机关在作出相应的处罚决定时,并未考虑前文提到的原告是否存在减轻、从轻或免予处罚的情节,所以最终撤销了被诉处罚决定。而法院作出该判决,既可以引导行政机关在实施行政处罚时全面考量相关因素，自觉依法行政，又可以使企业申请许可的权利恢复到申请换证时的状态，避免因此可能导致企业破产、大量职工失业等情形，最大限度降低处罚对企业正常生产经营活动的不利影响，实质化解了行政争议，依法保护了非公有制企业的产权，实现了法律效果与社会效果的统一。

【法律法规链接】

《行政许可法》第 78 条

《行政处罚法》第 4 条第 2 款、第 27 条、第 31 条 、第 40 条

《行政诉讼法》第 70 条

《质量技术监督行政处罚程序规定》第 12 条第 1 款

（撰稿人　杨晓琼　王素南）

03

非法结汇案件中交易真实性的判断标准

——中轨融资租赁有限公司诉国家外汇管理局天津市分局、国家外汇管理局行政处罚及行政复议案

裁判规则

1. 认定当事人存在违法行为应当满足客观和主观两个要件，即一方面存在违反行政法律规范的客观行为，另一方面主观上应当存在过错。虽然存在违法行为原则上应当由处罚机关予以证明，但主观要件往往只能通过客观事实予以反映。因此，如果能够证明存在违法的客观行为，又没有相反证据能够排除当事人的主观过错，应当推定当事人存在主观过错。

2. 所谓未按用途使用，包括两种情况，一是虽然交易真实，但实际用途与批准的用途不符；二是交易本身不真实，则所谓按批准的用途使用无从谈起。对于交易真实的认定，应当综合在案证据进行分析。相关事实作为整个证据链中的一个环节，用以佐证交易虚假，不能作为一个孤立的事实予以分析。

案　情[1]

中轨融资租赁有限公司（以下简称中轨公司）系2014年3月20日成立的台港澳侨投资企业，于2014年6月20日到资3000万美元，出资人为中国中轨股份有限公司（系中国香港地区公司）。2014年6月17日，中轨公司与中轨融资租赁有限公司（以下简称中轨公司）签订《医疗设备购货合同》，约定中轨公司向

[1] 北京市海淀区人民法院：（2017）京0108行初974号，北京市第一中级人民法院：（2018）京01行终652号。

珠海华盛德公司购买19,546万元人民币的医疗设备,中轨公司于签订合同之日起七个工作日内先预付19,000万元,送货安装检测后30个工作日支付余款546万元,但并未约定交货时间。2014年6月24日,中轨公司以支付货款名义向农行凤凰支行申请办理3000万美元的资本金结汇,并提交验资报告、支付命令函、明细表及25份发票等材料。2014年6月26日,农行凤凰支行核准中轨公司的结汇申请,并将结汇所得18,677.4万元人民币汇给珠海华盛德公司。2015年7月至12月,天津外汇管理分局通过向珠海市国家税务局、深圳外汇管理分局等单位发函协查、现场调查及询问调查等方式查明,中轨公司申请结汇时提交的25份发票系虚假发票;珠海华盛德公司在结汇当日即将全部结汇资金汇付给深圳市港隆盛投资有限公司(以下简称深圳港隆盛公司),而深圳港隆盛公司又将资金分别汇给福建省超盛化工工贸有限公司(以下简称福建超盛公司)及揭某某、徐某某等个人,该笔资金最终汇入四个个人账户;珠海华盛德公司一直未实际履行《医疗设备购货合同》,亦未将资金退还给中轨公司;珠海华盛德公司注册地址无人办公,其经营范围不包括经营医疗设备;深圳港隆盛公司被列入"经营异常名录";福建超盛公司与深圳港隆盛公司仅存在民间借贷关系。2016年1月8日,国家外汇管理局天津市分局(以下简称天津外汇管理分局)认为中轨公司涉嫌非法结汇,决定立案查处。经调查、听证、审议等程序,2017年5月24日,天津外汇管理分局作出《行政处罚决定书》(津汇罚〔2017〕1号,以下简称被诉处罚决定),认定中轨公司假借合同名义行非法结汇之实,违反了《外汇管理条例》第23条、《国家外汇管理局关于印发〈外国投资者境内直接投资外汇管理规定〉及配套文件的通知》(汇发〔2013〕21号)附件1、《外国投资者境内直接投资外汇管理规定》第9条的规定,构成非法结汇行为。根据《外汇管理条例》第41条第2款的规定,决定对中轨公司上述非法结汇行为处374万元的罚款。中轨公司不服,向国家外汇管理局申请行政复议,国家外汇管理局于2017年10月18日作出《行政复议决定书》(汇发〔2017〕22号,以下简称被诉复议决定),决定维持被诉处罚决定。中轨公司仍不服提起本案诉讼,请求撤销被诉处罚决定和被诉复议决定。北京市海淀区人民法院判决驳回了中轨公司的诉讼请求。中轨公司不服,提起上诉。

【裁判结论】

北京市第一中级人民法院判决驳回上诉,维持原判。

【裁判观点】

法院生效裁判认为:

认定当事人存在违法行为应当满足客观和主观两个要件,即一方面存在违反行政法律规范的客观行为,另一方面主观上应当存在过错。虽然存在违法行为原则上应当由处罚机关予以证明,但主观要件往往只能通过客观事实予以反映。因此,如果能够证明存在违法的客观行为,又没有相反证据能够排除当事人的主观过错,应当推定当事人存在主观过错。

1. 本案中,上诉人明显存在违反《外汇管理条例》第23条规定的违法行为。《外汇管理条例》第23条规定,“资本项目外汇及结汇资金,应当按照有关主管部门及外汇管理机关批准的用途使用”。所谓未按用途使用,包括两种情况,一是虽然交易真实,但实际用途与批准的用途不符;二是交易本身不真实,则所谓按批准的用途使用无从谈起。上诉人主张的用途是用于向珠海华盛德公司购买医疗设备,相应的证据是《医疗设备购货合同》以及发票等,但基于业已查明的事实可以认定上述交易实际上是虚假交易,而非单纯的交易对方不履行合同问题。第一,《医疗设备购货合同》中没有约定产品的具体型号、品牌、交货时间,购货合同本身就不具有可履行的具体内容。合同中没有约定违约责任等重大事项,也与一般交易习惯不符。第二,珠海华盛德公司实缴资本为零,不在注册地经营,经营范围不包括经营医疗设备,没有生产、销售医疗设备的资质和能力,不具备履约能力。第三,上诉人结汇时使用的25份发票均系假发票,且上述所谓购买医疗设备款项分解流入个人账户及与真实交易无关的公司账户内,并未用于合同履行。综合上述情节,足以认定该交易是虚假交易。至于上诉人所持珠海华盛德公司实缴资本为零、不在注册地经营等属于工商机关管理事项之主张,本院认为上述事实是作为整个证据链中的一个环节,用以佐证交易虚假,不能作为一个孤立的事实予以分析,对上诉人的上述主张法院不予采纳。

2. 基于本案查明的事实可以认定上诉人存在实施违法行为的主观故意。上诉人主张是珠海华盛德公司不履行合同,而非上诉人存在违法故意,这一主张显然不能成立。第一,购货合同欠缺明确的合同标的和交货时间等内容,是上诉人当然应当明知的。上诉人称涉案交易是融资租赁,但其作为专业的融资租赁公司,无法提供融资租赁合同,亦无法说明承租方的情况等信息,上诉人无法证明其存在真实的交易意图。第二,关于发票的真实性,上诉人主张其通过税务机关的相关网站进行了核验,在办理结汇时,银行同样对真实性进行了核验,故不能认定上诉人存在恶意。首先,仅就发票虚假一节,上诉人是否存在恶意并不影响本案的认定;其次,税务机关的核验结论并没有确认发票本身的真实性,因此也不足以作为上诉人抗辩的理由,而且上诉人迄今为止仍不能提供发票的原件。第三,购货合同的标的额为 1.95 亿元,约定的预付款就达到 1.9 亿元,且无任何担保。在上诉人向珠海华盛德公司支付预付款约 1.87 亿元以后,珠海华盛德公司一直没有履行合同。而上诉人除了在听证程序中提供了一份《购货合同终止协议》外,没有提供其他证据证明其为保障交易安全采取过任何实质性措施,上述情节均有悖一般商业交易活动的常理,足可佐证上诉人在本案中存在主观故意。

关于上诉人主张资金最终打入个人账户与其无关,不能用来证明其存在主观恶意的主张。本院认为,主观故意的认定应当结合全案的事实予以综合分析,而非就某个具体事实进行孤立判断。上诉人就资金流入个人账户一节是否存在直接的主观故意,不影响对其行为性质的认定。

综上,被诉处罚决定认定事实清楚,适用法律正确,经审查被诉处罚决定及被诉复议决定作出程序均无违法之处,一审法院判决驳回上诉人的诉讼请求并无不当,应予维持。

法官评析

本案的核心在于非法结汇案件中交易真实性的判断标准。

《外汇管理条例》明确规定,对经常项目外汇收支应当具有真实、合法的交易基础。资本项目外汇及结汇资金,则应当按照有关主管部门及外汇管理机关批准的用途使用。虽然《外汇管理条例》对于资本项目结汇没有像经常项目结汇那样表述为应当具有真实、合法的交易基础。但是,如果没有真实的交易基础,实际上所谓"按照批准的用途使用"自然也无从谈起。因此,在资本项目结汇上,逻辑上仍然应当以真实的交易作为基础。而本案的核心就在于,如何判断上诉人所称的交易是否真实。

交易真实性的判断往往存在较大的难度，因为在这种案件中，交易双方通常都会存在合谋，交易协议、资金的划转都是真实的，在这些表面真实的交易证据之下，如何认定交易实质上是虚假的，就尤其需要执法机关和司法机关对于市场交易方式要有基本的了解。既要能够发现掩藏于交易行为背后的真实意图，也要避免因为主观臆断而造成冤案。

一、证明责任的分配原则

在这种案件中，证明责任的分配尤为重要。一般会认为行政处罚应当由行政机关承担证明责任，即由行政机关来证明交易是虚假的，但这种证明责任的分配方式其实并不符合证明责任分配的规律。在证明责任的分配原则中，一个非常重要的原则就是"生活范围原则"，即由了解和掌握案件事实的一方来承担证明责任。对于交易的真实性而言，虽然主张交易不真实的是行政机关，但交易本身是否真实发生，却是当事人才最为了解的事实。因此，行政机关应当就交易真实性存在合理怀疑提出主张，再由当事人对这些疑点提供证据予以合理说明。因此，在这种案件中对交易是否真实承担证明责任的，其实是被处罚的当事人。

就本案而言，原告所主张的交易确实存在诸多疑点，无论是被诉行政处罚决定还是一审、二审判决均予以了详细的列举。就证明责任的角度而言，并不是基于这些疑点就能够当然证明交易不真实，而是在存在这些疑点的情况下，如果被处罚人不能提供证据予以合理说明，则由被处罚人来承担不利的法律后果，这就是证明责任分配的核心要义所在。如果对这一证明责任分配把握不当，就极有可能导致案件的处理结果产生偏差，比如认为行政机关只是提出了合理的怀疑，还没有充分证据证明交易是虚假，从而认为处罚决定事实不清，等等。

二、证据的综合判断原则

原告的诉讼技巧之一，就是将整个交易当中存在的诸多疑点切割为一个又一个孤立的疑点，从而让每一个疑点所反映出来的问题都显得不是太严重。但是，如果从综合判断的角度来分析，当一个交易同时存在许多有悖常理的疑点时，这个交易的真实性就值得高度怀疑。

本案中，从交易合同开始就存在疑点，包括合同缺少基本的合同条款，标的物、交易时间等均未予规定，如此巨额的交易合同，欠缺这些基本的合同条款显然是有悖常理的。进一步讲,一个标的额近两亿元的合同,预付款就达到 1.9 亿元,这也不符合常理,而且当原告将预付款转给合同对方之后,一直没有要求对方履行交货义务,且直到行政机关立案,合同仍未实际履行。对于交易对方根本不具备履约能力等问题,原告也从来没有进行过必要的审查,对于一个能够签订如此巨额标的合同的公司来说,也是不符合常理的。预付款转给对方之后,对方出具的是虚假发票,而原告自己甚至没有保留发票的原件,资金迅速转到了个人账户,所有这些疑点综合起来,足以让人对此次交易的真实性产生合理怀疑。而原告并未提供证据证明交易真实发生,也不能合理说明存在的诸多疑点。因此,综合全案证据,可以认定交易是不真实的,原告的真实目的在于逃避监管,非法结汇。因此,行政机关对原告作出处罚,一审法院判决驳回原告的诉讼请求都是正确的,二审法院应予维持。

【法律法规链接】

《外汇管理条例》第 23 条

(撰稿人 龙 非 张婷婷)

04

行政处罚中的证明标准

——解某某诉北京市规划和国土资源管理委员会(现为北京市规划和自然资源委员会)行政处罚决定、国土资源部(现为自然资源部)行政复议决定案

裁判规则

在认定不同类型行政行为合法性时,所依据的证明标准不尽相同。行政机关在作出行政处罚时,至少应符合“优势证据标准”,即依据现有证据及相关执法经验、生活常识,可以证明基本违法事实成立。否则,将承担举证不能的不利后果。

案 情[1]

2016年5月27日,原告解某某因在涉案地点非法开采砂石料被查获。经被告北京市规划和国土资源管理委员会(以下简称市规土委)工作人员询问,原告承认盗采砂石料一车的违法事实,且指认了盗采地点,市规土委对原告指认的盗采地点进行了现场勘查。同日,被告市规土委制作了《国土资源违法线索登记表》(编号:20163002)、《国土资源违法案件核查报告》《国土资源违法案件现场勘测笔录》、询问笔录并拍摄了非法开采现场的照片。后根据市规土委的委托,北京市地质工程设计研究院对涉案地点非法开采建筑用砂石矿开展调查工作,调查开采矿石量情况。

[1] 北京市第一中级人民法院:(2017)京01行初1241号。

2016年6月2日，北京市地质工程设计研究院作出《北京市密云区河南寨镇两河村西南非法开采建筑用砂石矿资源调查报告》，该报告结论为：涉案地点非法开采建筑用砂石矿矿石量共计4834.38立方米，含沙量25%，砂石矿体积为实方体积。

2016年6月6日，被告市规土委对原告盗采砂石料一案立案查处。2016年6月16日，北京市密云区价格认证中心对《北京市密云区河南寨镇两河村西南非法开采建筑用砂石矿资源调查报告》所涉及的4834.38立方米，含沙量25%的砂石料作出密发改认（土）字〔2016〕1号《关于砂石料价格认定结论书》，认定上述标的价值为人民币135,360元。2017年3月3日，被告市规土委向原告送达京规划国土（密）矿告字〔2016〕第3002号《行政处罚告知书》，原告拒绝签收该文书。

2017年4月9日，被告市规土委根据原告签字的询问笔录、非法开采砂石现场勘测照片、查扣的非法运输车辆等证据，作出京规划国土（密）矿罚字〔2016〕第3002号《行政处罚决定书》（以下简称被诉处罚决定），认定原告于2016年5月27日未经批准，擅自在涉案地点非法开采砂石料的行为，违反了《矿产资源法》第3条第3款、《北京市矿产资源管理条例》（以下简称《矿产资源管理条例》）第13条第1款的规定。根据《矿产资源法》第39条第1款和《矿产资源管理条例》第32条第1款的规定，决定处罚如下：责令停止开采，没收违法开采的矿产品和违法所得，并处5万元人民币罚款。同日，市规土委向原告送达被诉处罚决定，原告以没钱交罚款为由拒绝签字。次日，原告领取了被诉处罚决定。后原告不服该处罚决定，向中华人民共和国国土资源部（以下简称国土部）申请复议。其复议请求为：撤销被诉处罚决定；退还查扣的运输车辆（车牌号：京AT79××）。

2017年4月20日，被告国土部收到原告提出的行政复议申请书等材料后，于2017年4月25日向被告市规土委发出国土资复议〔2017〕647号行政复议通知书。被告市规土委于2017年5月4日依据该通知作出了答复并提交了相关证据材料。

2017年6月19日，被告国土部经审查作出国土资复议〔2017〕1006号《行政复议决定书》（以下简称被诉复议决定），认为被诉处罚决定认定事实清楚，证据确凿，依据正确，程序合法，内容适当，决定维持被诉处罚决定；认为原告关于退还查扣车辆的请求不符合行政复议受理条件,决定予以驳回。同日,国土部向原告邮寄了被诉复议决定,原告于2017年6月21日收到被诉复议决定。原告不服于2017年7月4日提起本案诉讼,请求撤销被诉处罚决定及被诉复议决定。

【裁判结论】

北京市第一中级人民法院判决:(1)撤销被诉处罚决定;(2)撤销被诉复议决定中关于维持被诉处罚决定的部分;(3)驳回原告解某某的其他诉讼请求。

一审判决作出后,双方当事人均未上诉。

【裁判观点】

一审法院认为:《矿产资源法》第3条第3款规定,勘查、开采矿产资源,必须依法申请,经批准取得探矿权、采矿权。该法第39条对未取得采矿许可证等违法行为规定了相应的罚则。砂石属于非金属矿种,根据上述规定,开采砂石应当经过许可。本案中,原告解敬友未经批准,擅自开采砂石料的行为违法,应当受到行政处罚。

《行政处罚法》第30条规定,公民、法人或者其他组织违反行政管理秩序的行为,依法应当给予行政处罚的,行政机关必须查明事实;违法事实不清的,不得给予行政处罚。《最高人民法院关于行政诉讼证据若干问题的规定》第53条规定,人民法院裁判行政案件,应当以证据证明的案件事实为依据。本案中,被告市规土委认定原告未经批准,非法开采价值135,360元的砂石料。被告市规土委提交的证据能够证明原告在涉案地点实施了盗采砂石料的行为,以及在涉案地点被盗采的砂石料经测绘部门测绘共计4834.38立方米,并经价格评估机构鉴定总价值为135,360元。但被告提交的证据不足以证明上述价值135,360元的砂石料全部为原告所盗采。故被告市规土委作出的被诉处罚决定所依据的事实不清,证据不足,本院依法应予撤销。根据《行政诉讼法》第79条的规定,被告国土部所作被诉复议决定中关于维持被诉处罚决定的部分亦应一并撤销。根据本案查明的事实,被告市规土委并未扣押车辆,故被告国土部以原告提出的退还查扣车辆的复议请求不符合行政复议受理条件为由,驳回原告该项复议请求的决定正确,且程序符合法律规定,本院依法予以支持。综上,原告提出的部分诉讼请求,符合法律规定,本院予以支持。

法官评析

本案的核心法律问题是行政诉讼中证明标准的适用。证明标准是当事人为完成其举证责任，所要达到的说明对象证明真实性的标准。虽然，《行政诉讼法》第 69 条规定行政行为符合证据确凿等要件的，判决驳回原告的诉讼请求。但该法第 70 条第 1 项规定行政行为主要证据不足的，应当予以撤销。可见，行政诉讼中的证明标准并不唯一，而是从"主要证据不足"到"证据确凿"的区间标准。

就学理上而言，证明标准大体分为合理根据标准、优势证据标准和排除合理怀疑标准。合理根据标准要求行政机关对行政行为的作出是基于一定的事实根据，多用于行政调查、检查、扣押、查封及其他临时性强制措施。法律表述大多为"有……嫌疑""有……迹象"等。

证明标准的另一端则是排除合理怀疑标准，该标准比优势证据证明标准更高，即所谓的"证据确凿"。原则上讲，越是对当事人影响大的行政处罚等负担行为，对行政机关的证明义务就越严苛，相应的证明标准就越高。此类标准是刑事诉讼中的主要标准，但是在拘留等剥夺人身自由、吊销证照等对相对人权益影响重大的行政处罚等行政活动中，适用的证明标准则更为接近该类标准。

证明标准谱系较为居中的则是优势证据标准。该标准是指行政机关对事实所作的认定，依据现有证据及相关执法经验、生活常识即可证明，具有很大的盖然性，比较可信。此标准一般适用于一般的行政处罚、行政裁决、程序性行为、受害人损害事实认定等，是行政案件中适用最广的证明标准。在一般的行政活动中，并不要求行政机关对于执法的方方面面均做到事无巨细、确凿无疑，而是行政行为作出的核心、主要事实必须清楚，且有证据支持。行政处罚案中关于违法行为的事实举证至少应当符合优势证明标准。否则，可能构成《行政诉讼法》第 70 条第 1 项的"主要证据不足的"。

本案被诉处罚决定的核心事实主要是两点：(1) 原告实施了未经许可盗采矿产资源的行为；(2) 原告盗采砂石的数量和违法的程度。对于第二点，虽然市规土委委托的市地质研究院对涉案地点矿产资源的破坏情况进行调查，且该院出具的调查报告认定涉案地点非法开采砂石矿的矿石量为 4834.38 立方米。其后，北京市密云区价格认证中心在价格认定结论书中亦对上述砂石矿鉴定总价值为135,360元。但是,原告在接受询问时仅承认其在涉案地点实施了盗采运输一车砂石的事实。由于原告自认盗采的砂石量与被诉处罚决定所依据的事实悬殊较大,且根据在案证据,结合车辆的运载能力,原告、被告无争议的运载时间等事实及相关生活经验,无法得出被诉处罚决定所涉上述砂石料全部为原告所盗采的结论。被诉处罚决定所依据的证据尚不符合优势证据标准,故,被告据以处罚的主要事实并不清楚。被诉处罚决定最终因主要证据不足,被法院撤销。

【法律法规链接】

《行政处罚法》第30条

（撰稿人　张　悦）

05

海域使用许可与海事行政许可的区别

——茂湛铁路有限责任公司诉国家海洋局行政处罚案

裁判规则

海域使用许可与海事行政许可两者虽有联系,但分属不同管理领域,两者的功能和调整范围均不相同,被许可人获得海事行政许可并不意味着其可以豁免遵守海域使用管理法律规范之义务。

案　情[1]

原告茂湛铁路有限责任公司系湛江东海岛铁路通明海特大桥和红星水库特大桥工程建设单位,依法取得海域使用权证,宗海面积为8.1968公顷,用海方式为跨海桥梁。该项目海域使用论证报告书第2.3.2“施工方法”中载明,大桥的海中墩桩基础及墩身施工期间,采用钢管桩及型钢搭设便桥及平台进行钢护筒钻孔方法施工。该报告书第2.3.1“施工工艺”中载明,施工期间铺设施工栈桥,栈桥宽6m,通明海特大桥栈桥长4.0km,红星水库特大桥栈桥长0.8km。栈桥施工由岸边向河中延伸,采用边打桩边架梁的方法施工。施工完成后有栈桥中心向两侧拆卸,边拆卸栈桥桥面,边拔除支撑管桩。

在湛江东海岛铁路红星水库特大桥工程建设过程中,施工单位经原告同意,于2015年6月开始沿线路走向修筑了宽约18m的非透水施工便道,涉海部分长约650m,仅在中间搭设两座28m长的栈桥。2015年10月28日,中国海监第七支队执法人员在对红星水库特大桥工程施工现场进行检查时发现上述情况。

---

〔1〕北京市高级人民法院:(2017)京行终2839号。

2016年1月22日,中国海监第七支队向原告作出依法用海告知书,告知其严格按照批准的方式用海,擅自改变海域用途的,将承担相应的法律责任。同年3月12日,执法人员在对该工程进行现场检查时发现施工便道依然存在。

2016年3月21日,被告国家海洋局对原告的上述行为进行立案调查,于同年3月29日向原告送达《检查通知书》,提取证据材料12件,制作《提取证据材料登记表》2份,制作询问笔录2份。同年4月1日,被告委托具有甲级测绘资质的中交广州航道局有限公司对涉案施工便道非法占用海域面积进行测量。同年4月7日,被告向原告送达《检查通知书》《责令停止违法行为通知书》,同日会同中交广州航道局有限公司测量人员和原告授权代表对涉案施工便道非法占用海域面积进行测量,制作现场笔录1份。同年4月26日,被告召开案件会审会,一致通过对原告的违法行为进行处罚的建议。同年4月27日,被告召开行政办公会议,一致通过案件拟处罚意见。同年4月28日,被告向原告送达《行政处罚听证告知书》,并告知了听证权利。同年5月4日,原告提出听证申请。同年5月13日,被告向原告发出听证通知书,决定于同年5月25日举行听证会。后该听证会延期至同年6月15日举行,原告在听证会上进行陈述与申辩,并对证据进行质证。同年7月12日,被告作出本案被诉处罚决定,并于同年7月14日向原告送达。原告不服,诉至法院。一审法院经审理,判决驳回原告诉讼请求。原告不服,提起上诉。

【裁判结论】

北京市高级人民法院经审理,判决驳回上诉,维持一审判决。

【裁判观点】

法院生效裁判认为:本案的争议焦点在于上诉人之行为是否符合《海域使用管理法》第46条的适用条件,即上诉人的行为是否构成擅自改变经批准的海域用途及国家海洋局的罚款处罚是否合法。关于上诉人的行为是否构成擅自改变经批准的海域用途。该问题涉及如下三个焦点问题:

一是国家海洋局认定上诉人所建施工便道属于非透水构筑物用海是否正确。因国家海洋局援引的《海域使用分类》属于中华人民共和国海洋行业标准,并非上诉人主张之单纯学术标准,故该分类可以作为本案的认定参考。该分类

第 2.7 部分及第 2.8 部分规定,非透水构筑物用海是指采用非透水方式构筑不形成围填海事实或有效岸线的码头、突堤、引堤、防波堤、路基等构筑物的用海方式,透水构筑物用海则是指采用透水方式构筑码头、海面栈桥、高脚屋、人工鱼礁等构筑物的用海方式。本案中,在案证据可以证明上诉人所建施工便道采取的是土料堆填、压实的施工工艺,上诉人对此并不持异议,该施工方式明显有别于该项目海域使用论证报告书中有关施工栈桥的施工工艺,用海方式亦有别于跨海桥梁。故国家海洋局认定上述施工便道属于非透水构建物用海,具备事实及规范基础。

二是国家海洋局认定上诉人构成改变海域用途是否正确。根据《海域使用管理法》第 3 条第 2 款及第 28 条的规定,单位和个人使用海域,必须依法取得海域使用权,海域使用权人负有不得擅自改变经批准的海域用途的法律义务。本案中,上诉人依法获得批准的用海方式为跨海桥梁,该用海方式属于上述《海域使用分类》第 2.8 部分规定的透水构筑物用海。根据本院上述有关上诉人所建施工便道属于非透水构筑物用海之认定,在上诉人并未就建设施工便道另行申请海域使用证的情形下,国家海洋局认定上诉人构成擅自改变海域用途,具有事实及规范依据。

三是上诉人取得的《水上水下活动许可证》是否赋予其施工便道用海方式的合法性。根据《海上交通安全法》第 1 条的规定,该法的制定目的在于加强海上交通管理,保障船舶、设施和人命财产的安全,维护国家权益。《海域使用管理法》第 1 条则规定,该法的制定目的在于加强海域使用管理,维护国家海域所有权和海域使用权人的合法权益,促进海域的合理开发和可持续利用。故水上水下活动许可的目的在于维护海上交通安全,管制不同海域的使用审批,上诉人主张水上水下活动许可赋予了其施工便道用海方式的合法性,缺乏法律根据。

故上诉人建设施工便道的行为构成《海域使用管理法》第 46 条规定的擅自改变经批准的海域用途的情形,国家海洋局之相关认定具有事实及规范根据。上诉人主张其所建施工便道并非非透水构筑物、其不存在改变海域用途及建设施工便道具有合法性的主张,缺乏事实及法律依据。

法官评析

本案涉及海域使用许可和海事行政许可两个相近的概念。关于海域使用许可,《海域使用管理法》第 1 条规定,该法的制定目的在于加强海域使用管理,维护国家海域所有权和海域使用权人的合法权益,促进海域的合理开发和可持续利用。该法第 2 条第 3 款规定,在中华人民共和国内水、领海持续使用特定海域三个月以上的排他性用海活动,适用本法。第 28 条规定,海域使用权人不得擅自改变经批准的海域用途;确需改变的,应当在符合海洋功能区划的前提下,报原批准用海的人民政府批准。第 46 条规定,违反本法第 28 条规定,擅自改变海域用途的,责令限期改正,没收违法所得,并处非法改变海域用途的期间内该海域面积应缴纳的海域使用金五倍以上十五倍以下的罚款;对拒不改正的,由颁发海域使用权证书的人民政府注销海域使用权证书,收回海域使用权。据此,对于擅自改变经批准的海域用途的行为,海洋行政处罚实施机关可以依据《海域使用管理法》第 46 条之规定进行处罚。

那么,海洋行政处罚实施机关具体指哪个部门呢? 对此,《海域使用管理法》第 7 条第 1 款规定,国务院海洋行政主管部门负责全国海域使用的监督管理。沿海县级以上地方人民政府海洋行政主管部门根据授权,负责本行政区毗邻海域使用的监督管理。第 50 条规定,本法规定的行政处罚,由县级以上人民政府海洋行政主管部门依据职权决定。但是,本法已对处罚机关作出规定的除外。《海洋行政处罚实施办法》第 3 条规定,县级以上各级人民政府海洋行政主管部门是海洋行政处罚实施机关(以下简称实施机关)。实施机关设中国海监机构的,海洋行政处罚工作由所属的中国海监机构具体承担;未设中国海监机构的,由本级海洋行政主管部门实施。中国海监机构以同级海洋行政主管部门的名义实施海洋行政处罚。据此,被告对于违法使用海域的行为具有管辖权,中国海监第七支队作为被告所属的海监机构,由其具体承担海洋行政处罚工作,并以被告的名义实施海洋行政处罚并无不当。

关于海事行政许可,《海上交通安全法》第 1 条规定,该法的制定目的在于加强海上交通管理,保障船舶、设施和人命财产的安全,维护国家权益。《海域使用管理法》第 7 条第 3 款规定,海事管理机构依照《海上交通安全法》,对海上交通安全实施监督管理。本案涉及的是海域使用管理领域,并非海事行政许可,两者的功能和调整范围均不相同,被许可人获得海事行政许可并不意味着其可以豁免遵守海域使用管理法律规范之义务。因此，原告取得的《水上水下活动许可证》并不能证明其施工便道用海方式的合法性。故原告提出的上述抗辩主张缺乏法律依据，法院未予支持。

【法律法规链接】

《海上交通安全法》第1条

《海域使用管理法》第1条、第2条第3款、第28条

《海洋行政处罚实施办法》第3条

（撰稿人　赵　锋）

06

行政处罚“情节严重”之理解

——北京腾跃凯龙金属制品有限公司诉北京市昌平区环境保护局、北京市昌平区人民政府行政处罚决定及行政复议决定案

裁判规则

在空气严重污染蓝色预警期间实施大气污染违法行为，构成2014年《北京市大气污染防治条例》第108条第1款规定的情节严重的情形。

案　情[1]

2014年10月20日上午，北京市昌平区环境保护局（以下简称昌平环保局）接到电话投诉举报，举报人称北京腾跃凯龙金属制品有限公司（以下简称腾跃凯龙公司）正在进行生产作业，产生强烈喷漆异味，请求环保部门进行查处。昌平环保局接到举报后，当日即到腾跃凯龙公司实际经营地址进行检查，经检查发现腾跃凯龙公司喷漆车间门窗开启，产生含挥发性有机物废气的生产，未在密闭空间或设备中进行，涉嫌违反2014年《北京市大气污染防治条例》（以下简称2014年《防治条例》）第57条第1款的规定，故昌平环保局于当日对腾跃凯龙公司涉嫌违法行为予以立案。经调查询问、集体讨论等程序，昌平环保局于2014年12月16日对腾跃凯龙公司作出昌环罚决字〔2014〕241号《行政处罚决定书》（以下简称被诉处罚决定），主要内容为：“我局于2014年10月21日对你单位进行了调查，发现你单位在北京市昌平区马池口镇横桥村南的经营地址从事铝制金属

〔1〕 北京市第一中级人民法院：（2015）一中行终字第1921号。

幕墙板的加工,喷漆过程中产生挥发性有机物废气,喷漆作业未在密闭空间或设备中进行。以上事实,有现场照片及调查询问笔录等证据为凭。你单位的上述行为违反了《北京市大气污染防治条例》第五十七条第一款的规定。我局于2014年11月6日以送达《行政处罚事先听证告知书》(昌环罚告〔2014〕241号)的形式告知你单位陈述申辩权和要求举行听证的权利,你单位逾期未提出陈述申辩意见,也未要求举行听证。依据《北京市大气污染防治条例》第一百零八条第一款的规定,我局对你单位作出如下处理决定:责令停止违法行为,处以罚款人民币叁拾万元整。"腾跃凯龙公司不服该处罚决定,于2015年2月10日向北京市昌平区人民政府(以下简称昌平区政府)申请复议。昌平区政府于2015年4月2日作出昌政复决字〔2015〕6号《行政复议决定书》(以下简称6号复议决定),维持昌平环保局作出的处罚决定。腾跃凯龙公司仍不服,故于2015年5月5日向一审法院提起行政诉讼,请求撤销上述处罚决定。

二审法院另查明,2014年10月18日18时,北京市空气重污染应急指挥办公室发布空气严重污染蓝色预警。2014年10月20日23时50分北京市气象台解除霾黄色预警信号,空气重污染蓝色预警信号自动解除。

【裁判结论】

北京市第一中级人民法院经审理,判决驳回上诉,维持一审判决。

【裁判观点】

一审法院认为:通过本案的庭审调查,昌平环保局提交的证据包括调查询问笔录和现场检查光盘等可以证明腾跃凯龙公司实施了未在密闭空间或设备中进行产生含挥发性有机物废气的生产和服务活动的违法行为,昌平环保局的处罚决定事实认定清楚,证据确凿。昌平环保局依据2014年《防治条例》第108条对腾跃凯龙公司作出处罚适用法律依据正确。在本案的处罚程序中,昌平环保局履行了立案、调查取证、询问、集体讨论等程序,并向腾跃凯龙公司告知了对其所作处罚决定认定的事实、理由、依据及享有的权利,履行了告知义务,处罚程序合法。关于腾跃凯龙公司认为昌平环保局处罚过重的诉讼意见,法院认为,大气污染是人民群众重点关切的社会问题。在首都大气污染形势较为严峻的情况下,2014年《防治条例》确立了环境优先、严防严治等大气污染防治的原则。本案中,腾跃凯龙公司自2012年以来,多次因环境违法问题被群众举报,并被环境保护行政主管部门多次给予行政处罚并责令其改正违法行为,但腾跃凯龙公司始终未完全纠正其违法行为。腾跃凯龙公司的环境违法行为已经给其周边的小学和居民身体健康造成不利影响,此次违法行为更是发生在北京市空气重污染蓝色预警期间,其行为被认定为情节严重并无不当。昌平环保局对腾跃凯龙公司作出罚款30万元的行政处罚在法定的裁量幅度之内,也符合从严治污的立法精神。腾跃凯龙公司不服昌平环保局的处罚决定向昌平区政府提起复议,昌平区政府依法受理了腾跃凯龙公司的申请,并在法定期限内将申请书副本送达被申请人,根据被申请人提出的书面答复和相关证据,复议机关经书面审查,在法定期限内复议决定维持昌平环保局的处罚决定,复议程序合法。

二审法院认为:2014年《防治条例》第57条第1款规定,产生含挥发性有机物废气的生产和服务活动,应当在密闭空间或者设备中进行,并按照规定安装、使用污染防治设施;无法密闭的活动除外。第108条第1款规定,违反该条例第57条第1款规定,未在密闭空间或者设备中进行产生含挥发性有机物废气的生产和服务活动或者未按规定安装并使用污染防治设施的,由环境保护行政主管部门责令停止违法行为,限期改正,处2万元以上10万元以下罚款;情节严重的,处10万元以上30万元以下罚款。本案中,昌平环保局提交的现场检查笔录、现场照片、现场检查光盘、调查询问笔录能够证明腾跃凯龙公司存在违反2014年《防治条例》第57条第1款的行为,属于该条例第108条第1款规定的应予处罚的情形。故昌平环保局对腾跃凯龙公司进行处罚于法有据。关于被诉处罚决定的处罚幅度是否适当及6号复议决定程序的合法性问题,本院同意原审法院的认定意见,不再赘述。

法官评析

《行政处罚法》第4条第2款规定,设定和实施行政处罚必须以事实为依据,与违法行为的事实、性质、情节以及社会危害程度相当。这一规定即"过罚相当原则",约束行政机关的自由裁量权,即行政处罚不仅要合法,还应当适当。这就要求行政机关实施行政处罚时,综合考虑处罚相对人的主观过错程度、违法行为的情节、性质、后果及危害程度等因素行使自由裁量权,在保证行政管理目标实现的同时,兼顾保护行政相对人的合法权益,行政处罚以达到行政执法目的和目标为限。[1] 正是基于这一原则，法院对于行政机关显失公正的行政处罚不仅可以撤销，还可以判决予以变更。实质上，行政处罚是否符合过罚相当原则，可以引入比例原则作为参考的标准。虽然《行政处罚法》第4条第2款规定，行政法上比例原则与行政处罚中的过罚相当原则的关系存在一定探讨空间，但是两者总体还是自洽的，纵使认为两者系不同原则的观点，亦认为过罚相当原则可以借鉴比例原则来作为其判断标准。[2] 参考比例原则、适当性原则、损害最小原则、狭义比例原则，过罚相当原则可以理解为：一是行政处罚设定与实行要有助于目的实现，二是有多种处罚种类或额度可以使用时，应选择维持秩序必要的，对相对人权益损害最小的种类或额度，三是设定处罚维持的秩序与处罚相对人侵害的法益不能不成比例。在本案讨论相对人行为是否构成"情节严重"时，主要考量的第三点，即认定相对人的行为构成"情节严重"，对其加重处罚与维持的秩序是否不成比例。

一、关于"情节严重"的"情节"的理解

本案行政处罚相对人的行为依据当时生效的2014年《防治条例》第108条第1款规定认定为大气污染行为不存过大争议，核心争点在于是否构成上述条款的"情节严重"情形，对相对人的处罚是否过重，是否违反过罚相当原则。

因第108条第1款加重的情形只有"情节"，此时若仅将其理解为《行政处罚法》第4条第2款规定的"情节"易使加重情形考虑因素过于单一，结合法条本身并未另设"事实严重"、"性质严重"或者"社会危害严重"的情况，而在这些情形严重的情况下，确有加重处罚的必要，且通常不会超过相对人与社会大众的期待可能性，所以不妨将此时的"情节严重"理解为《行政处罚法》第4条第2款中的"事实"严重，在设定行政处罚时，综合分析其违法事实、性质、危害后果、主观过错程度等方面综合判断，进行个案分析。

此种分析进路，在行政机关制定的关于自身自由裁量权行使的规范性

[1] 江苏省高级人民法院(2011)苏知行终字第4号《行政判决书》，载《最高人民法院公报》2013年第10期。

[2] 参见杨登峰、李晴：《行政处罚中比例原则与过罚相当原则的关系之辨》，载《交大法学》2017年第4期。

文件中也有所体现:原环境保护部制定的《规范环境行政处罚自由裁量权若干意见》(以下简称《意见》),规定环保部门在行使自由裁量权时,需综合考虑环境违法行为的具体方法或者手段、危害的具体对象、环境污染、生态破坏程度以及社会影响、态度和所采取的改正措施及其效果、环境违法行为人是初犯还是再犯、过错程度六个"情节",可见行政机关考量的"情节"更类似于上述广义的情节。

二、本案中的情节严重性

《意见》虽未具体规定行政机关"情节严重"的认定方式,但是规定了应从重处罚的四种情形,即"主观恶意""后果严重""区域敏感""屡罚屡犯",随后2019年生态环境部发布的《生态环境部关于进一步规范适用环境行政处罚自由裁量权的指导意见》又进一步规定了六种情形(包括兜底情形),其中就包括"重污染天气预警期间超标排放大气污染物的"。虽然法不溯及既往,但是可以探寻从重处罚的原意,论证对相对人从重乃至加重处罚的正当性。当然,从重处罚情节并不能直接推出"情节严重"而将处罚升档,但是存在从重处罚情形更易论证此种情形下"情节严重",从而更易论证对其处罚加重的正当性。

本案中,处罚相对人的行为毫无疑问侵犯了环境法益,而环境法益在党的十八大之后日益得到重视,整个社会更加重视环境法益的保护,因此社会对保护环境为牺牲的法益将具有更大的承受力,为保护环境法益而对公民权利限制的狭义比例原则更易证明。在本案中,相对人侵犯的环境法益具而言之是大气环境法益,其行为破坏了环境保护秩序,也侵犯了周围居民的健康法益,其严重性从如下三个方面进行认定:

首先,腾跃凯龙公司自2012年以来,多次因环境违法问题被群众举报,并被环境保护行政主管部门多次给予行政处罚并责令其改正违法行为,但腾跃凯龙公司始终未完全纠正其违法行为,可见其违法行为频次高,持续时间长,存在"屡罚屡犯"的情形,主观故意更大。

其次,污染地点周边并非空旷无人地带,而是小学和居民生活区,人流量大,举报人数较多,其生产带来的挥发性有机物废气对周围环境及居民的身体健康带来了较大危害,造成的危害后果较大。

最后,当时正值北京市空气重污染期间,根据2014年《防治条例》第21

条规定，北京市人民政府应当制定空气重污染应急预案并向社会公众公布，“在大气受到严重污染，发生或者可能发生危害人体健康和安全的紧急情况时，市人民政府应当及时启动应急方案，按照规定程序，通过媒体向社会发布空气重污染的预警信息，并按照预警级别实施相应的应对措施，包括：责令有关企业停产或者限产……有关排污单位应当执行本条第二款规定的应对措施”。又依据根据当时有效的《北京市空气重污染应急预案（试行）》（以下简称《应急预案》），在蓝色预警期间，“排污单位进一步采取措施，减少污染物排放”。可见，在空气重污染期间，北京市有关机关有义务发布预警并根据预警级别采取预案规定的有关措施，有关企业应停产停业或者采取相应措施来降低排污。本案的企业在空气蓝色预警发布的情况下，并未采取任何措施减少排污，重污染天气的排污行为将使得空气质量维持在较恶劣的状态，不利于空气质量的改善，对生活其中的居民的健康法益带来更大的侵害，因此比在空气质量非重污染天气排污的行为，对环境法益和人民健康法益带来的危害更大，对于环境保护秩序的侵犯也更甚，因此情节更为严重。

本案中，腾跃凯龙公司还提出当时并不知空气污染蓝色预警的抗辩，所以未在重污染预警期间停产停业的行为不具有主观故意，不能将其作为情节严重的考虑因素。根据《应急预案》安排，当空气发生重污染时，北京市有关机关会通过电视、广播、网站、手机等途径发布预警信息，且根据庭审中昌平环保局、昌平区政府提交的证据可证实蓝色预警信息确已经通过报纸等多种渠道发布。在此情况下，应推定相对人能够知晓蓝色预警信息。再者大气污染不似其他无色无味难以辨认的污染，当时除空气蓝色预警外还伴有霾黄色预警，可见当时的空气污染程度应是人肉眼可识别的，腾跃凯龙公司作为污染单位，更有主动了解是否存在空气预警信息的义务，而不能以自己不知预警信息为由无所作为。

三、现行法条下的借鉴意义

2018 年 3 月 30 日北京市第十五届人民代表大会常务委员会第三次会议审议修改了上述 2014 年《防治条例》，通过了新的《北京市大气污染防治条例》（以下简称《防治条例》），2014 年《防治条例》第 57 条和第 108 条相应修改为《防治条例》第 56 条和第 105 条，且在第 105 条第 1 款取消了原第

108 条第 1 款“情节严重”处罚档，将处罚幅度统一为“二万元以上二十万元以下”。

但这并不意味着上述分析对现行法条已不具借鉴意义。首先，“二万元以上二十万元以下”仍是一个处罚幅度，存在行政机关自由裁量的空间，空气重污染期间违反规定预案的排污行为，虽已不能被适用“情节严重”处罚，但是可以从重处罚甚至顶格处罚；其次，《防治条例》第 92 条、第 95 条、第 113 条和第 117 条仍有“情节严重”的规定，且上述法条关涉的空气污染行为均不利于空气重污染天气的改善，与空气重污染存在较为密切的联系，前文分析进路可以作为其“情节严重”的论证思路。

【法律法规链接】

《行政处罚法》第 4 条

《北京市大气污染防治条例》(2018 年)第 56 条第 1 款、第 105 条第 1 款

(撰稿人　何君慧　徐志文)

07

对将非有机农产品加贴有机认证标识销售适用法律进行认定和处罚问题研究

——中国有机绿色食品实业有限公司诉国家市场监督管理总局行政复议案

裁判规则

农产品质量安全法对本案所涉违法行为作出了由县级以上人民政府农业主管部门予以决定处理、处罚的规定。《有机产品认证管理办法》亦将本案所涉违法行为的处罚权赋予了地方认证监管部门。因此,就本案而言,有权针对涉案违法行为作出处罚的行政主体并不相同,故只要在对同一违法行为不重复处罚的前提下,原北京市质量技术监督局(以下简称原北京市质监局)若依据《有机产品认证管理办法》的相关规定针对违法行为进行处罚则并不违反上位法的规定,本案亦不存在应当优先适用何种法律规定的情况。

案　情[1]

2018年5月7日,原北京市质监局根据中央电视台“焦点访谈”栏目曝光的案件线索对中国有机绿色食品实业有限公司(以下简称有机绿色食品公司)立案进行调查。2018年5月11日,原北京市质监局调查终结,并向有机绿色食品公司作出《行政处罚告知书》,告知其作出行政处罚决定的事实、理由、依据以及依法享有陈述申报的权利。2018年5月11日,有机绿色食品公司提交陈述申辩

〔1〕 北京市第一中级人民法院:(2018)京01行初1671号。

意见。同日,原北京市质监局对陈述意见进行复核后,向有机绿色食品公司作出京(稽)质监罚字〔2018〕5号《行政处罚决定书》(以下简称5号行政处罚决定),认定有机绿色食品公司将普通西红柿加贴有机认证标志后,充作“有机西红柿”销售的行为,属于生产、销售以次充好的有机蔬菜的行为,违反了《产品质量法》第32条的规定,依据《产品质量法》第50条的规定,责令其停止生产、销售以次充好的有机蔬菜,给予以下行政处罚:(1)罚款17,505.09元;(2)没收违法所得4650.6元。罚没合计22,155.69元。

有机绿色食品公司获得有机产品认证证书编号为129OP1200211,有效期至2019年2月28日,认证类别为植物生产(获证蔬菜包括西红柿等23种),生产基地名称为中绿北京顺义有机基地,地址为北京市顺义区龙湾屯史中坞村西。2018年5月7日,有机绿色食品公司的有机认证证书已经被依法撤销。有机绿色食品公司与北京翠微家园超市连锁经营有限责任公司牡丹园店为联营关系,由有机绿色食品公司员工负责在超市中销售其产品。2018年7月9日国家市场监督管理总局(以下简称市场监管总局)收到有机绿色食品公司的行政复议申请,复议请求为:撤销5号行政处罚决定,责令原北京市质监局向有机绿色食品公司退还罚没款22,155.69元。2018年8月19日市场监管总局作出被诉复议决定后送达有机绿色食品公司,有机绿色食品公司收到后不服(国)质检复决字〔2018〕58号《国家市场监督管理总局行政复议决定书》(以下简称被诉复议决定),诉至法院,要求撤销被诉复议决定。

被诉复议决定认为:关于本案行政处罚主体是否适格问题。本案有机绿色食品公司将从批发市场购买的普通“西红柿”“千禧”“黄圣女”进行分装、加贴有机认证标志后,冒充为有机产品进行销售。有机绿色食品公司上述违法行为明显违反了《有机产品认证管理办法》第33条第1款关于“中国有机产品认证标志应当在认证证书限定的产品类别、范围和数量内使用”等相关规定。《有机产品认证管理办法》第4条第2款规定:“地方各级质量技术监督部门和各地出入境检验检疫机构(以下统称地方认证监管部门)按照职责分工,依法负责所辖区域内有机产品认证活动的监督检查和行政执法工作。”根据该规定,原北京市质监局对有机绿色食品公司违反《有机产品认证管理办法》规定在非有机“西红柿”“千禧”等加贴有机标志销售的行为有权进行监督管理并作出相应行政处罚。

关于5号行政处罚决定认定事实是否错误问题。根据《民法总则》第170条第 1 款规定,"执行法人或者非法人组织工作任务的人员,就其职权范围内的事项,以法人或者非法人组织的名义实施民事法律行为,对法人或者非法人组织产生效力"。本案违法行为发生时,胡某某系有机绿色食品公司商超部经理,虽无证据证明其要求生产加工人员在非有机西红柿等加贴有机认证标志并销售的行为经有机绿色食品公司许可或收益,但该行为是在胡某某职权范围内,对外以有机绿色食品公司名义组织实施发货及销售等行为,且售后违法所得 4650.6 元也归有机绿色食品公司所有,因此其产生的法律责任应当由有机绿色食品公司承担。故有机绿色食品公司认为原北京市质监局认定事实错误,混同员工与公司行为的观点,缺乏事实和法律依据,市场监管总局不予认可。

关于本案法律适用是否正确问题。原北京市质监局将有机绿色食品公司将非有机西红柿等加贴有机认证标志后,充作"有机西红柿"等销售的行为,认定为"属于生产、销售以次充好的有机蔬菜的行为",认为有机绿色食品公司违反了《产品质量法》第 32 条"生产者生产产品,不得掺杂、掺假,不得以假充真、以次充好,不得以不合格产品冒充合格产品"的规定。有机绿色食品公司作为曾依法获得有机认证证书的生产经营企业,通过从批发市场采购非有机西红柿等加贴有机认证标志销售的方式谋取不当利益,明显违反了《有机产品认证管理办法》第 33 条第 1 款"中国有机产品认证标志应当在认证证书限定的产品类别、范围和数量内使用",第 42 条"有机产品销售单位和个人在采购、贮藏、运输、销售有机产品的活动中,应当符合有机产品国家标准的规定,保证销售的有机产品类别、范围和数量与销售证中的产品类别、范围和数量一致"等有关规定,属于违法使用有机认证标志行为。该违法使用认证标志行为损害了消费者合法权益,扰乱有机产品认证管理秩序,区别于一般意义上的生产销售不符合农产品质量安全标准农产品的行为,因此本案应当优先适用《有机产品认证管理办法》等相关规定。根据《有机产品认证管理办法》第 55 条的规定,未依照该办法第 33 条第 1 款的规定使用认证标志的,由地方认证监管部门责令改正,处 1 万元以上 3 万元以下罚款。另外,有机绿色食品公司将非有机西红柿等加贴有机认证标志充作"有机西红柿"等销售的行为,也违反了《消费者权益保护法》第 23 条第 2 款"经营者以广告、产品说明、实物样品或者其他方式表明商品或者服务的质量状况的,应当保证其提供的商品或者服务的实际质量与表明的质量状况相符"等相关规定。根据《消费者权益保护法》第 56 条"经营者有下列情形之一,除承担相应的民事责任外，其他有关法律、法规对处罚机关和处罚方式有规定的，依照法律、法规的规定执行；法律、法规未作规定的，由工商行政管理部门或者其他有关行政部门责令改正，可以根据情节单处或者并处警告、没收违法所得、处以违法所得一倍以上十倍以下的罚款，没有违法所得的，处以五十万元以下的罚款；情节严重的，责令停业整顿、吊销营业执照：……（二）在商品中掺杂、掺假、以假充真，以次充好，或者以不合格商品冒充合格商品的……”的规定，原北京市质监局作为市场监管部门亦有权据此作出相应行政处罚。因此，原北京市质监局依据《产品质量法》第32条、第50条等规定，认定有机绿色食品公司存在“生产、销售以次充好的有机蔬菜的行为”，并作出罚款17,505.09元，没收违法所得4650.6元等行政处罚，该认定及行政处罚适用法律不准确。鉴于上述事实和理由，根据《行政复议法》第28条第1款第3项的规定，决定：确认原北京市质监局作出的行政处罚适用依据错误，决定撤销5号行政处罚决定，责令原北京市质监局重新作出行政处罚。

庭审中，有机绿色食品公司明确表示对市场监管总局作出被诉复议决定的程序没有异议。

另查明，因本市行政机关机构改革，新组建的北京市市场监督管理局承继行使原北京市质监局的相应职权。

【裁判结论】

北京市第一中级人民法院经审理，判决驳回有机绿色食品公司的诉讼请求。

北京市高级人民法院经审理，判决驳回上诉，维持一审判决。

【裁判观点】

一审法院认为：第一，本案行政处罚主体是否适格；第二，5号行政处罚决定认定事实是否清楚；第三，本案行政处罚法律适用是否正确。

关于焦点问题之一，本案行政处罚主体是否适格。《有机产品认证管理办法》第3条规定，本办法所称有机产品，是指生产、加工和销售符合中国有机产品国家标准的供人类消费、动物食用的产品。本办法所称有机产品认证，是指认证机构依照本办法的规定，按照有机产品认证规则，对相关产品的生产、加工和销售活动符合中国有机产品国家标准进行的合格评定活动。《有机产品认证管理办法》第4条第2款规定，地方各级质量技术监督部门和各地出入境检验检疫机构按照职责分工，依法负责所辖区域内有机产品认证活动的监督检查和行政执法工作。

《有机产品认证管理办法》第33条第1款规定，中国有机产品认证标志应当在认证证书限定的产品类别、范围和数量内使用。该办法第55条第2项规定认证委托人有未依照本办法第33条第1款的规定使用认证标志情形的，由地方认证监管部门责令改正，处1万元以上3万元以下罚款。本案有机绿色食品公司将普通西红柿加贴有机认证标志后，充作"有机西红柿"进行销售的行为，属于未在认证证书限定的产品类别、范围和数量内使用中国有机产品认证标志的情形，依据上述规定，原北京市质监局有权针对上述行为进行处罚。

关于焦点问题之二，5号行政处罚决定认定事实是否清楚。有机绿色食品公司认可存在涉案违法事实，但上诉主张该违法事实均为有机绿色食品公司员工胡某某个人行为，与有机绿色食品公司公司无关。对此部分焦点问题，一审法院同意被诉复议决定的相关认定，涉案违法行为是在胡某某职权范围内行使，对外亦是以有机绿色食品公司名义组织实施发货及销售等行为，且售后违法所得归有机绿色食品公司所有，其所产生的法律后果自然也应当由有机绿色食品公司承担，有机绿色食品公司关于5号行政处罚决定混同员工个人行为及公司行为的上诉主张，缺乏事实和法律规定，一审法院不予认可。因有机绿色食品公司将普通西红柿加贴有机认证标志，充作"有机西红柿"销售的行为确实存在，被诉复议决定认定5号行政处罚决定适用依据错误，责令原北京市质监局重新作出行政处罚并无不当。

关于焦点问题三，本案行政处罚法律适用是否正确。5号行政处罚决定中认为有机绿色食品公司将普通西红柿加贴有机认证标志后，充作"有机西红柿"销售的行为，属于生产、销售以次充好的有机蔬菜的行为，违反了《产品质量法》第32条的规定，即生产者生产产品，不得掺杂、掺假，不得以假充真、以次充好，不得以不合格产品冒充合格产品。故原北京市质监局依照《产品质量法》第50条的规定作出行政处罚。一审法院认为行政处罚的法律适用不正确，原因如下：《产品质量法》第2条第1款规定，本法所称产品是指经过加工、制作，用于销售的产品。经过"加工、制作"的产品，不包括内在质量主要取决于自然因素的产品。因此，按照本条的规定，各种直接取之于自然界，未经加工、制作的产品，如西红柿等种植业、养殖业的初级产品，不适用《产品质量法》的规定。本案中西红柿等蔬菜确不属于《产品质量法》第2条第1款所规定之产品范畴。本案5号行政处罚决定依据《产品质量法》的规定作出处罚适用法律确属不当。

需要指出的是，被诉复议决定认为本案中所涉违法行为也违反了《消费者权益保护法》第23条第2款的规定，“经营者以广告、产品说明、实物样品或者其他方式表明商品或者服务的质量状况的，应当保证其提供的商品或者服务的实际质量与表明的质量状况相符”，根据《消费者权益保护法》第56条第1款第2项的规定，原北京市质监局有权作出行政处罚。一审法院认为被诉复议决定中的该部分认定对法律适用的理解不正确，《消费者权益保护法》第56条第1款第2项规定，经营者有下列情形之一的，除承担相应的民事责任外，其他有关法律、法规对处罚机关的处罚方式有规定的，依照法律、法规的规定执行；法律、法规未作规定的，由工商行政管理部门或者其他有关行政部门责令改正，可以根据情节单处或者并处警告、没收违法所得、处以违法所得1倍以上10倍以下的罚款，没有违法所得的，处以五十万元以下的罚款；情节严重的，责令停业整顿、吊销营业执照：……(2)在商品中掺杂、掺假，以假充真，以次充好，或者以不合格产品冒充合格产品的。

根据上述法律规定，工商行政管理部门或者其他有关行政部门责令改正，作出处罚是在法律、法规未作规定的情况下，但本案属于其他法律、法规对处罚机关的处罚方式有规定，应当依照法律、法规的规定执行的情形，即《农产品质量安全法》对本案所涉违法行为作出了应当予以处罚的规定。《农产品质量安全法》第2条规定，本法所称农产品，是指来源于农业的初级产品，即在农业活动中获得的植物、动物、微生物及其产品。本法所称农产品质量安全，是指农产品质量符合保障人的健康、安全的要求。《农产品质量安全法》第32条规定，销售农产品必须符合农产品质量安全标准，生产者可以申请使用无公害农产品标准。农产品质量符合国家规定的有关优质农产品标准的，生产者可以申请使用相应的农产品质量标志。禁止冒用前款规定的农产品质量标志。《农产品质量安全法》第51条规定，违反本法第32条规定，冒用农产品质量标志的，责令改正，没收违法所得，并处2000元以上20，000万元以下罚款。该法第52条第1款规定上述处理、处罚由县级以上人民政府农业行政主管部门决定。《农产品质量安全法》所称农产品质量标志，是指由国家有关部门制定并发布，加施于获得特定质量认证的农产品的证明性标识，如无公害农产品、绿色食品、名牌农产品、有机农产品的标志。标志的使用涉及政府对农产品质量安全的保证和防止欺诈行为的监管,关系到生产者、经营者及消费者合法权益的维护,是国家有关部门对农产品质量安全进行有效监督和管理的重要手段。因此,本案中有机绿色食品公司将普通西红柿加贴有机认证标志后,充作"有机西红柿"销售的行为在《农产品质量安全法》中作出了应当予以处罚的规定。在此情况下,工商行政管理部门或者其他有关行政部门不宜再依据《消费者权益保护法》第 56 条第 1 款第 2 项对上述违法行为作出处罚。

本案中,《农产品质量安全法》对本案所涉违法行为作出了由县级以上人民政府农业主管部门予以决定处理、处罚的规定。《有机产品认证管理办法》亦将本案所涉违法行为的处罚权赋予了地方认证监管部门。因此,就本案而言,有权针对涉案违法行为作出处罚的行政主体并不相同,故只要在对同一违法行为不重复处罚的前提下,原北京市质监局若依据《有机产品认证管理办法》的相关规定针对违法行为进行处罚则并不违反上位法的规定,本案亦不存在应当优先适用何种法律规定的情况。据此,本案 5 号行政处罚决定依据《产品质量法》的规定作出处罚适用法律确属不当,在违法事实实际存在的情况下,北京市市场监督管理局可以根据案件调查情况,法律法规适用规则对本案的法律适用问题作出自主判断后,作出决定,被诉复议决定基于此撤销 5 号行政处罚决定结论正确。

关于行政复议程序,有机绿色食品公司明确表示对市场监管总局作出被诉复议决定的行政程序无异议。一审法院经审查,对该行政程序的合法性予以确认。

综上,被诉复议决定结论正确,程序合法,有机绿色食品公司要求撤销被诉复议决定的上诉主张,均缺乏事实及法律依据,其诉讼请求一审法院不予支持。依据《行政诉讼法》第 69 条之规定,一审法院判决驳回了有机绿色食品公司的诉讼请求。

二审法院认为:本案二审的焦点问题为涉案违法行为的法律适用问题。结合双方当事人的诉辩意见,分论如下:

第一,有机绿色食品公司主张本案不属于《有机产品认证管理办法》的适用范围、一审适用法律前后冲突是否成立。本院认为,《有机产品认证管理办法》系依据《产品质量法》《认证认可条例》等法律、行政法规的规定而制定的现行有效的部门规章。该办法第 3 条第 1 款规定,本办法所称有机产品,是指生产、加工和销售符合中国有机产品国家标准的供人类消费、动物食用的产品。本案中,有机绿色食品公司认可其公司取得的有机产品认证证书系依据《有机产品认证管理办法》而颁发，有机产品目录中亦包含西红柿等蔬菜产品，且并不存在有机农产品的专门目录或分类，故本案属《有机产品认证管理办法》的适用范围，有机绿色食品公司的上述主张没有法律依据，本院不予支持。

第二，涉案违法行为是否应适用《有机产品认证管理办法》第55条第2项的规定。本院认为，《有机产品认证管理办法》第55条第2项规定，认证委托人未依照本办法第33条第1款、第34条的规定使用认证标志的，由地方认证监管部门责令改正，处1万元以上3万元以下罚款；该办法第33条第1款同时规定，中国有机产品认证标志应当在认证证书限定的产品类别、范围和数量内使用。本案中，有机绿色食品公司已取得有机产品认证证书，其将普通西红柿加贴该公司有机认证标志后销售的行为属于前述未在认证证书限定的产品类别、范围和数量内使用的情形，不属于《有机产品认证管理办法》第47条规定的冒用认证标志的情形，市场监管部门有权依据前述规定进行处罚。有机绿色食品公司关于一审法律适用冲突等主张均不能成立，本院不予支持。

对于被诉复议决定履行程序的合法性，本院同意一审法院的相关认定，不再赘述。

综上，有机绿色食品公司的上诉请求不能成立，本院不予支持。依据《行政诉讼法》第89条第1款第1项的规定，判决：驳回上诉，维持一审判决。

法官评析

本案是涉及有机产品行政处罚、专业性较强的一个典型案例。表面上当事人双方主要的争议焦点是有机产品是属于农产品还是属于一般产品，但实质上其中包含当事人对法律规范的理解以及人民法院在审理案件过程中对法律规范的解释、适用等一系列的问题。

一、法律规范的选择适用

（一）本案行政处罚能否依据产品质量法作出

《产品质量法》第32条规定，生产者生产产品，不得掺杂、掺假，不得以假充真、以次充好，不得以不合格产品冒充合格产品。故原北京市质监局依照《产品质量法》第50条的规定作出行政处罚。但是该行政处罚的法律适用不正确，因为《产品质量法》第2条第1款规定，本法所称产品是指经过加工、制作，用于销售的产品。经过“加工、制作”的产品，不包括内在质量主要取决于自然因素的产品。因此，按照本条的规定，各种直接取之于自然界，未经加工、制作的产品，如西红柿等种植业、养殖业的初级产品，不适用《产品质量法》的规定。本案中西红柿等蔬菜确不属于《产品质量法》第2条第1款所规定之产品范畴，故本案5号行政处罚决定不能依据《产品质量法》的规定作出。

（二）本案行政处罚能够依据《有机产品认证管理办法》的规定作出

《有机产品认证管理办法》第55条第2项规定，认证委托人未依照本办法第33条第1款、第34条的规定使用认证标志的，由地方认证监管部门责令改正，处1万元以上3万元以下罚款；该办法第33条第1款同时规定，中国有机产品认证标志应当在认证证书限定的产品类别、范围和数量内使用。本案中，有机绿色食品公司其将普通西红柿加贴该公司有机认证标志后销售的行为属于前述未在认证证书限定的产品类别、范围和数量内使用的情形，市场监管部门有权依据前述规定进行处罚。

（三）有机绿色食品公司的行为是否违反了农产品质量法的规定

《农产品质量安全法》第32条规定，销售农产品必须符合农产品质量安全标准，生产者可以申请使用无公害农产品标准。农产品质量符合国家规定的有关优质农产品标准的，生产者可以申请使用相应的农产品质量标志。禁止冒用前款规定的农产品质量标志。

《农产品质量安全法》所称农产品质量标志，是指由国家有关部门制定并发布，加施于获得特定质量认证的农产品的证明性标识，如无公害农产品、绿色食品、名牌农产品、有机农产品的标志。冒用农产品质量安全标志包括很多情况，如未经认证擅自在产品上使用质量安全标志；擅自扩大、改变质量安全标志的使用范围；质量安全认证到期或被撤销后继续使用质量安全标志。因此本案中有机绿色食品公司将普通西红柿加贴有机认证标志后，充作“有机西红柿”销售的行为属于擅自扩大、改变质量安全标志使用范围的情形，《农产品质量安全法》该行为应当予以处罚。

从我国的法律位阶来看，法律的位阶和效力高于地方性法规、规章，地方性法规、规章的规定不得与法律相冲突和抵触。2004年出台的《最高人民法院关于审理行政案件适用法律规范问题的座谈会纪要》中，对此类法律规范冲突指明了方向，该座谈会纪要明确了下位法不符合上位法的判断和适用，规定了下位法的规定不符合上位法的，原则上应当适用上位法。需特别说明的是，法律位阶虽不同，《有机产品认证管理办法》与《农产品质量安全法》对涉案应予处罚的行为的规定并不存在法律规定相冲突之处，也不存在下位法不符合上位法规定的情形，拥有处罚权的机关不同，所以没有优先适用哪一个法条的问题，但是是否能够由两个部门都对当事人进行处罚，还应当注意不能违反“一事不二罚”的原则。

二、“一事不二罚”原则在本案中的体现

在行政法领域，“一事不二罚”是一个重要的法律原则，是指对违法行为人的同一违法行为，不得以同一事实和同一依据给予两次或者两次以上的处罚，其目的在于防止重复处罚，体现过罚相当，保护当事人的合法权益。如前所述，本案当事人有机绿色食品公司在本案中只有一个行为：将非有机农产品加贴有机认证标识销售，但是处罚依据却有两个。对于这个情况，要以《行政处罚法》中的规定作为依据。我们知道，《行政处罚法》规定的种类中，警告是给予当事人严肃告诫的一种行政处罚，主要适用于情节比较轻微，尚未造成严重社会危害的违法行为，对当事人同一违法行为进行两次以上的警告没有太大意义。而没收、责令停产停业、暂扣或者吊销许可证、行政拘留等处罚则通常意义上只能执行一次，不可能重复进行，只有罚款这一处罚最有可能被重复使用。对此《行政处罚法》第 24 条规定，对当事人的同一违法行为，不得给予两次以上的罚款的行政处罚。也就是说对于同一违法行为，如果不同法律法规规定了不同种类的行政处罚，则法律并不禁止并用，但是对于罚款的行政处罚只能给予一次。

本案情况实际是行政违法行为的法条竞合，所谓法条竞合是指一个行为同时违反了多个法律条文，从而在法律上构成了多个具有可罚性的违法行为，通常而言有权的行政机关可以分别作出处罚决定，只是不能再作两次以上同样类型的行政处罚，本案中依照《有机产品认证管理办法》第 55 条第 2 项规定认证委托人有未依照本办法第 33 条第 1 款的规定使用认证标志情形的，由地方认证监管部门责令改正，处 1 万元以上 3 万元以下罚款。而依照《农产品质量安全法》第 51 条规定，违反本法第 32 条规定，冒用农产品质量标志的，责令改正，没收违法所得，并处 2000 元以上 20，000 元以下罚款。《农产品质量安全法》对本案所涉违法行为作出了由县级以上人民政府农业主管部门予以决定处理、处罚的规定。《有机产品认证管理办法》亦将本案所涉违法行为的处罚权赋予了地方认证监管部门。就本案而言，有权针对涉案违法行为作出处罚的行政主体并不相同，但根据《行政处罚法》第 24 条的规定，罚款的处罚只能作出一次。本案中，在农业部门没有针对涉案行为作出过处罚的情况下，工商行政部门依据《有机产品认证管理办法》对当事人进行处罚符合法律规定。

三、本案的延伸与思考

1. 提高立法质量，明确行政管理权限，力求将行政职权和行政法律规范的重叠和交叉情况降到最低，完善罚缴法规制度；强化法律解释，对法律、法规和规章的文义进行解释。同时，由于执法冲突多为无法律明确规定和行政执法规则造成，考虑到司法诉讼的终局性和行政执法多头难以统一，建议对当前冲突的司法解释进行调整，并成为所有执法机关的执法参考依据。

2. 部门协调，防止争权与扯皮现象发生。由于实践中发生违法行为涉及多个行政机关，且适用行政法律规范不同的事实时有发生，为防止发生争权、推诿、扯皮现象，协调部门间法律、法规适用的同一性、协调性，维护行使公权力的权威，建议建立部门协调机制，加强行政机关相互配合和相互监督制约的机制。

3. 规范执法，防止行政权力滥用。由于目前理论和实践中均存在分歧，为防止行政机关和行政执法人员对行政权力的乱用、滥用，建议进一步强化执法规范提升执法理论水平、规范自由裁量适用规定，完善执法廉政监督机制。

【法律法规链接】

《产品质量法》第 32 条

《有机产品认证管理办法》第 33 条第 1 款

《有机产品认证管理办法》第 55 条第 2 项

《农产品质量安全法》第 32 条

《农产品质量安全法》第 51 条

（撰稿人　徐钟佳）

08

食品安全违法行为减轻处罚的认定标准及裁量幅度

——北京快乐三六五商店诉北京市延庆区食品药品监督管理局、北京市延庆区人民政府行政处罚及行政复议案

裁判规则

行政处罚应遵循过罚相当原则,行政处罚所适用的处罚种类和处罚幅度要与违法行为的性质、情节及社会危害程度相适应。行政处罚兼具惩罚和教育的双重功能,通过处罚既应达到纠正违法行为的目的,也应起到教育违法者及其他公民自觉守法的作用。对违法行为施以适度的处罚,既能纠正违法行为,又能使违法者自我反省,同时还能教育其他公民自觉守法。如果处罚过度,则非但起不到教育的作用,反而会使被处罚者产生抵触心理,甚至采取各种手段拖延或抗拒执行处罚,无形中增加了行政机关的执法成本,也不利于树立行政处罚的公信力。对于销售超过保质期食品的违法行为,如果涉案货值金额小,未造成实际危害后果,且在现场检查时未发现销售过期食品,应当减轻处罚。

案　情[1]

2017 年 6 月 14 日,北京市延庆区食品药品监督管理局(以下简称延庆区食药监局)接到"12345"转来《北京市食品药品监督管理局举报登记表》显示,投诉人冯某反映其 2017 年 6 月 12 日在北京快乐三六五商店购买了一袋超过保质期

[1] 北京市第一中级人民法院:(2018)京 01 行终 763 号。

的徽记牌蜜汁山核桃味瓜子，生产日期是 2016 年 9 月 18 日，保质期 8 个月，售价 12.8 元。2017 年 6 月 15 日，延庆区食药监局予以立案。2017 年 6 月 17 日，延庆区食药监局执法人员对北京快乐三六五商店进行现场检查。现场检查发现该店货架上摆放有徽记蜜汁山核桃味瓜子，但没有投诉人投诉的涉案生产日期批次食品，货架上摆放的徽记蜜汁山核桃味瓜子均未超过保质期。北京快乐三六五商店不承认其经营过期食品，延庆区食药监局工作人员向其店长白某某告知应提供相应证据。2017 年 6 月 29 日，延庆区食药监局执法人员对投诉人冯某进行询问调查，投诉人冯某向延庆区食药监局出示了购物小票与超过保质期的涉案食品，延庆区食药监局留存了购物小票及涉案食品的照片。此后投诉人又通过电子邮箱向延庆区食药监局提供了购物当天投诉人录制的视频资料。2017 年 7 月 12 日，延庆区食药监局对店主车某某进行询问调查，车某某承认投诉人提供的购物小票由其店里出具，该店也经营过涉案食品，但其称照片上的该袋瓜子不是其店里经营的。车某某称商店内有监控，但十天就覆盖，当天已经超过十天无法调取。在延庆区食药监局于 2017 年 6 月 17 日到北京快乐三六五商店处进行现场检查时，距离投诉人 6 月 12 日购买瓜子时间还未超过十天，延庆区食药监局询问为何当时没有调取监控，车某某回答因重视不够。2017 年 8 月 4 日，延庆区食药监局再次对店主车某某进行询问调查，车某某向延庆区食药监局提供了 2017 年 4 月 5 日之后的进货台账，而投诉人投诉的过期瓜子生产日期为 2016 年 9 月 18 日，车某某称 2017 年 4 月 5 日之前没有记录台账。2017 年 9 月 6 日，延庆区食药监局延长办案期限 30 个工作日。2017 年 9 月 28 日，延庆区食药监局作出《行政处罚事先告知书》以及《听证告知书》并直接送达车某某，同日车某某进行陈述申辩，其称能够证明投诉人投诉的瓜子不是从其店里购买的证据都找不到了。2017 年 10 月 23 日，延庆区食药监局作出责令改正通知书，同日作出（京延）食药监食罚〔2017〕200068 号《行政处罚决定书》（以下简称被诉处罚决定），认定北京快乐三六五商店的行为违反了《食品安全法》（2015 年修订）第 34 条第 10 项的规定，依据《食品安全法》第 124 条第 1 款第 5 项的规定，对北京快乐三六五商店处以没收违法所得 12.8 元、罚款 50,000 元的行政处罚。北京快乐三六五商店不服延庆区食药监局作出的被诉处罚决定，于 2017 年 10 月 31 日，向北京市延庆区人民政府（以下简称延庆区政府）申请行政复议。延庆区政府当日受理后，向北京快乐三六五商店送达了《行政复议申请受理通知书》，向延庆区食药监局送达了《行政复议答复通知书》,此后延庆区食药监局向延庆区政府提交了答复书及相关证据依据材料。2017 年 11 月 28 日,延庆区政府召开行政复议听证会。2017 年 12 月 21 日,延庆区政府作出延政复字〔2017〕第 28 号行政复议决定书(以下简称被诉复议决定),决定维持延庆区食药监局的行政处罚决定。2018 年 1 月 5 日,北京快乐三六五商店向北京市延庆区人民法院(以下简称延庆区法院)提起行政诉讼,请求依法撤销延庆区食药监局作出的被诉处罚决定及延庆区政府作出的被诉复议决定。延庆区法院于 2018 年 6 月 25 日作出(2018)京 0119 行初 11 号行政判决,判决驳回原告的诉讼请求。判决后,北京快乐三六五商店上诉至北京市第一中级人民法院。

【裁判结论】

北京市第一中级人民法院经审理,判决:(1)撤销延庆区法院作出的(2018)京 0119 行初 11 号行政判决;(2)撤销延庆区政府作出的延政复字〔2017〕第 28 号行政复议决定;(3)变更延庆区食药监局作出的(京延)食药监食罚〔2017〕200068 号行政处罚决定中“罚款五万元”为“罚款一万元”。

【裁判观点】

一审法院认为:本案的争议焦点主要在于原告是否存在销售超过保质期的食品的行为,延庆区食药监局作出原告销售过期食品的认定事实是否清楚,证据是否确凿。延庆区食药监局在对投诉批准立案后进行调查过程中,根据投诉人以及原告各自提供的证据材料的证明力大小,依据其调查取证的相关证据材料,认定原告存在经营过期食品的行为,其认定并无不当。由于原告售卖的涉案瓜子货值较低,并且从原告提供的 2017 年 4 月 5 日后的台账看原告进货量不大,因此延庆区食药监局根据《北京市食品药品监督管理局行政处罚自由裁量权适用规定(试行)》第 6 条第 3 项过罚相当原则对原告作出没收违法所得 12.8 元、罚款 50,000 元的最低限行政处罚决定,处罚幅度并无不当。延庆区食药监局 2017 年 6 月 15 日立案,办案过程中申请延长办案期限 30 个工作日,于 2017 年 10 月 23 日作出《行政处罚决定书》,其办案期限亦符合上述规定。综上,被诉行政处罚决定,认定事实清楚,适用法律正确,执法程序正当;延庆区政府受理了原告的复议申请后,履行了受理、告知、送达等程序,作出维持处罚决定的复议决定,亦无不当。

二审法院认为:食品安全关系国计民生,国家实行严格的食品安全监管制度,其目的在于保障公众的身体健康和生命安全,维护社会稳定。被上诉人延庆区食药监局作为食品安全监督管理部门,对投诉人反映的上诉人销售过期食品的行为及时进行查处,履行了其法定职责,对此应予以肯定。

1. 关于延庆区食药监局对上诉人违法事实的认定是否正确的问题。根据已查明的事实,投诉人向被上诉人延庆区食药监局出示了涉案过期食品及购物小票,上述证据已构成认定上诉人销售过期食品的初步证据。上诉人主张其并未销售过期食品,但其仅提交了 2017 年 4 月 5 日之后的进货台账,未能提供完整有效的进货及销售记录以推翻延庆区食药监局所作的认定。因此,延庆区食药监局认定违法事实存在并无不当。至于上诉人针对视频资料提出的异议,因上诉人店内有监控录像且能保存十日,而延庆区食药监局于 2017 年 6 月 17 日现场检查时距离 6 月 12 日还未超过十日,上诉人完全可以通过核查当日监控录像的方式来证明其并未销售过期食品,但其未提交该监控录像,故应承担举证不能的后果。因此,上诉人所提异议不能成立,不足以否定延庆区食药监局的相关认定。

2. 关于处罚幅度是否适当的问题。《行政处罚法》是规范行政处罚的种类、设定及实施的基本法律,《食品安全法》是规范食品生产经营活动及其监督管理的基本法律。在处罚食品安全违法行为方面,二者之间是一般法与特别法的关系,通常应优先适用《食品安全法》,但在《食品安全法》没有明确规定时,可以适用《行政处罚法》。

《行政处罚法》(2017 年修订)第 4 条第 2 款规定,“设定和实施行政处罚必须以事实为依据,与违法行为的事实、性质、情节以及社会危害程度相当”。《行政处罚法》第 5 条规定,“实施行政处罚,纠正违法行为,应当坚持处罚与教育相结合,教育公民、法人或者其他组织自觉守法”。行政处罚应遵循过罚相当原则,行政处罚所适用的处罚种类和处罚幅度要与违法行为的性质、情节及社会危害程度相适应。行政处罚兼具惩罚和教育的双重功能,通过处罚既应达到纠正违法行为的目的,也应起到教育违法者及其他公民自觉守法的作用。对违法行为施以适度的处罚,既能纠正违法行为,又能使违法者自我反省,同时还能教育其他公民自觉守法。如果处罚过度,则非但起不到教育的作用,反而会使被处罚者产生抵触心理,甚至采取各种手段拖延或抗拒执行处罚,无形中增加了行政机关的执法成本,也不利于树立行政处罚的公信力。

《行政处罚法》第27条第1款规定,"当事人有下列情形之一的,应当依法从轻或者减轻行政处罚:(一)主动消除或者减轻违法行为危害后果的;(二)受他人胁迫有违法行为的;(三)配合行政机关查处违法行为有立功表现的;(四)其他依法从轻或者减轻行政处罚的"。其中,"从轻处罚"是指在法定幅度内选择较低限度予以处罚,"减轻处罚"是指在法定幅度最低限以下予以处罚。

《食品安全法》第124条第1款第5项规定,生产经营标注虚假生产日期、保质期或者超过保质期的食品、食品添加剂,尚不构成犯罪的,由县级以上人民政府食品药品监督管理部门没收违法所得和违法生产经营的食品、食品添加剂,并可以没收用于违法生产经营的工具、设备、原料等物品;违法生产经营的食品、食品添加剂货值金额不足1万元的,并处5万元以上10万元以下罚款;货值金额1万元以上的,并处货值金额10倍以上20倍以下罚款;情节严重的,吊销许可证。

本案中,上诉人销售的涉案过期瓜子仅有一袋,货值金额仅为12.8元,未造成任何实际危害后果,且在现场检查时未发现上诉人销售被投诉的同类过期食品,依据《行政处罚法》第27条第1款第4项的规定,应当予以减轻处罚。若依据《食品安全法》对上诉人处以5万元罚款,在处罚幅度上存在明显不当。《行政诉讼法》第77条第1款规定,"行政处罚明显不当,或者其他行政行为涉及对款额的确定、认定确有错误的,人民法院可以判决变更",故法院将罚款数额变更为1万元。

法官评析

《食品安全法》是规范食品生产经营活动及其监督管理的基本法律,在对违反《食品安全法》的行为进行行政处罚时应当以该法为依据。但在该法没有明确规定时,应适用规范行政处罚的基本法律即《行政处罚法》,作为处罚的依据。由于《食品安全法》对于"从轻""减轻"处罚的条件并没有明确规定,故可适用《行政处罚法》。

《行政处罚法》第4条第2款和第5条分别规定了"过罚相当原则"及"惩罚和教育相结合原则"。"过罚相当原则"要求行政处罚所适用的处罚种类和处罚幅度要与违法行为的性质、情节及社会危害程度相适应。"惩罚和教育相结合原则”则强调的是行政处罚兼具惩罚和教育的双重功能，即通过处罚既应达到纠正违法行为的目的，也应起到教育违法者及其他公民自觉守法的作用。作为总则条款，这两个条款的立法精神应体现在整部法律之中。

2015 年修订的《食品安全法》对于销售过期食品违法行为的罚款额度较高，处罚的起点就是 5 万元，这样的处罚额度确实能对违法行为起到一定震慑作用，但在实践中也产生了一些问题。一是执行难，一些小食品店经营的所有商品货值总额加起来都不到 5 万元，一旦被处以 5 万元罚款，基本就处于倒闭的状态，导致经营者宁愿关门歇业以逃避处罚，也不愿缴纳罚款。即使没有倒闭，经营者也会采取各种手段拖延或抗拒执行处罚。这都在无形中增加了行政机关的执法成本，不利于树立行政处罚的公信力。二是一些“职业打假人”以“打假”为幌子敲诈、勒索经营者。这些人通常采用“调包”的手法得到所谓的“违法证据”，再以向行政机关举报来恐吓经营者。考虑到一旦被举报后所面临的高额罚款，这些经营者往往会选择“私了”，即向“打假人”支付一笔低于罚款数额的“封口费”以换回“违法证据”。一些“职业打假人”靠此盈利，获利颇丰，甚至有人年入百万。这些“职业打假人”的出现，将《食品安全法》变成了其进行敲诈勒索的“价目单”。

针对现行《食品安全法》存在的上述问题，深圳市市场稽查局在 2016 年 8 月出台了“关于对销售过期食品情节轻微的指导意见”。该意见规定，销售过期食品同时符合以下三个条件，可减轻处罚，罚款额度为过期食品货值金额的十倍，最低处 500 元罚款：(1) 涉案过期食品货值金额不足 300 元；(2) 被投诉举报后，在现场调查时未发现销售被投诉举报的过期食品；或发现销售过期食品但主动清查整改，三个工作日后现场复查未发现销售过期食品；(3) 未造成消费者食物中毒或其他严重危害后果。该意见体现了“过罚相当原则”及“惩罚和教育相结合原则”的要求，符合《行政处罚法》的立法精神，在一定程度上解决了此类行政处罚执行难的问题。但该意见仅仅是一个行政机关内部的指导意见，对外尚未形成统一的标准，作用十分有限。尽管如此，该意见的出台为解决此类案件的处罚标准问题提供了有益的探索和借鉴。

就本案而言，涉案过期瓜子仅有一袋，货值金额仅为 12.8 元，未造成任何实际危害后果，且在现场检查时未发现过期食品，如果依据现行《食品安全法》规定的起罚点处以5万元罚款，不仅被处罚者不服，恐怕连执法者也会觉得于心不忍，试问这样的处罚如何体现过罚相当，更何谈教育被处罚者。因此，二审法院认为该罚款数额在处罚幅度上存在明显不当，应依据《行政处罚法》第27条第1款第4项的规定，予以减轻处罚。至于具体数额，二审法院依据《行政诉讼法》（2017年修订）第77条第1款的规定，将罚款数额变更为1万元。从被处罚者的承受能力来看，1万元的罚款对于一个小食品店而言还是属于其能够承受的范围；从惩罚力度上看，虽从5万元减为1万元，但也已达到涉案过期食品货值金额的七百八十多倍，超过“假一罚百”的惩罚标准七倍有余，惩罚力度不可谓不大，这样的处罚幅度对被处罚者而言容易接受，对行政机关而言也易于执行，有效降低了执法成本，实现了法律效果和社会效果的统一。

【法律法规链接】

《行政处罚法》第4条第2款、第5条、第27条第1款

《食品安全法》第124条第1款第5项

《行政诉讼法》第77条第1款

（撰稿人　李　茜）

3

CHAPTER

第三章

信息公开

01

行政机关应当对涉及商业秘密的政府信息进行审查并承担举证责任

——李某诉国家外汇局信息公开案

裁判规则

对涉及商业秘密的政府信息，行政机关负有依法审查的职权。对于第三方主张相关信息涉及商业秘密的，行政机关应审查该主张是否成立，不能径行采纳第三方的主张而对该信息不予公开。同时，诉讼中，行政机关主张该信息涉及商业秘密的，应举证证明。

案　情[1]

2013年12月25日，原告李某通过邮寄的方式向被告国家外汇管理局（以下简称外汇局）提交了政府信息公开申请表，所需信息的内容描述为：中国银行股份有限公司（以下简称中国银行）、中国建设银行股份有限公司（以下简称建设银行）、中国工商银行股份有限公司（以下简称工商银行）、中国农业银行股份有限公司（以下简称农业银行）、交通银行股份有限公司（以下简称交通银行）对其各上海分行、支行对外担保的授权方式及管理办法在贵局的备案情况：(1)是否在贵局备案？如已备案，则(2)办理备案的具体时间，(3)备案的具体内容，包括授权方式和管理办法。“申请公开信息原因”一栏主要内容为：根据《境内机构对外担保管理办法实施细则》第13条规定，中国银行、建设银行、工商银行、农

[1] 北京市第一中级人民法院：(2014)一中行初字第10188号。

业银行、交通银行(以下统称五家银行)对其各上海分行、支行对外担保的授权方式及管理办法应在被告处备案,且五大银行是否具有对外担保资格及涉案信息,均是对外担保所涉其他各方主体进行商业风险评估的考虑因素,亦是申请人作为一名律师在日常工作中判定对外担保合同的效力、管理基础交易风险、出具法律意见、处理相关业务的必备信息。《最高人民法院关于审理独立保函纠纷案件若干问题的规定(征求意见稿)》中,对于不具备担保经营业务资质的主体开立的独立保函的处理结果作出了明确规定,在此背景下,任何一个中国公民均有权利知晓目前各中资金融机构对其分支机构进行对外担保的授权方式及管理办法的现状,以便综合考量该意见稿的合法性、完备性和可行性,力求形成一部既与国际接轨又契合我国经济发展需求的高质量的司法解释,为我国的法制建设做出贡献。2014 年 1 月 8 日,被告受理了原告提出的上述政府信息公开申请。

2014 年 1 月 13 日,被告向五家银行分别发出《国家外汇管理局综合司关于政府信息公开有关问题征求意见的函》(汇综便函〔2014〕16 号),具体内容如下:“我局收到上海普世律师事务所李某提交的《国家外汇管理局政府信息公开申请表》(附后),要求我局公开你行对各上海分行、支行对外担保的授权方式及管理办法。根据《中华人民共和国政府信息公开条例》第二十三条的规定,‘行政机关认为申请公开的政府信息涉及商业秘密、个人隐私,公开后可能损害第三方合法权益的,应当书面征求第三方意见;第三方不同意公开的,不得公开。’鉴此,请你行就是否同意公开上述内容书面回复意见。”同时,被告向原告发出汇政信复〔2014〕2 号《国家外汇管理局政府信息公开告知书》,告知原告其依据《政府信息公开条例》第 23 条规定向五家银行征求意见。

针对上述被告的征求意见函,五家银行分别作出了回复。2014 年 1 月 29 日,中国银行回复如下:“根据《境内机构对外担保管理办法实施细则》(汇政发字第 10 号),‘中资金融机构总部应当制定其对各分支机构对外担保的授权方式及管理办法,并报国家外汇管理局备案。中资金融机构分支机构应当将其总部的授权方式及管理办法报其所辖外汇局备案’。就我行根据该文件规定已向贵局报备的相关授权方式及管理办法,因涉及我行商业秘密,建议不予公开。后根据《关于境内机构对外担保管理问题的通知》(汇发〔2010〕39 号),已不再要求银行履行相关备案手续。”2014 年 2 月 13 日,交通银行回复如下:“一、该信息不属于我国现行法律法规、监管规定强制要求商业银行披露的信息范围。二、对分支行的授权情况属于交通银行明文规定的商业秘密范畴,不能作为公开信息对外公布。”2014 年 2 月 24 日,农业银行回复如下:“我行相关文件规定,重点业务管理办法、操作规程及政策调整属我行商业秘密,如泄密会使我行的经济利益、公众信誉遭受损害。根据行内上述规定,我行对外担保的授权方式及管理办法属我行商业秘密。因此,我行不同意贵司向上海普世律师事务所李某公开我行对外担保的授权方式及管理办法。”2014 年 2 月 25 日,工商银行回复如下:“考虑到我行对上海分行及其辖属各支行对外担保授权方式及管理办法属于我行经营管理内部规章制度,相关信息涉及商业竞争和我行商业秘密,公开后有可能损害我行合法权益,因此,建议贵局不对外公开这些相关信息。”2014 年 3 月 12 日,建设银行回复如下:“我行对外担保内部授权方式和管理办法涉及我行商业秘密,不属于依法公开披露的范畴,我行不同意公开。”

2014 年 3 月 27 日,被告作出汇政信复〔2014〕5 号《国家外汇管理局政府信息公开告知书》(以下简称被诉告知书)并向原告邮寄送达。被诉告知书的内容为:“一、1997 年发布《境内机构对外担保管理办法实施细则》后,上述五家银行将其分支机构对外担保的授权方式及管理方法在国家外汇管理局进行了备案。二、根据《中华人民共和国政府信息公开条例》第二十三条的规定,‘行政机关认为申请公开的政府信息涉及商业秘密、个人隐私,公开后可能损害第三方合法权益的,应当书面征求第三方的意见;第三方不同意公开的,不得公开。’我局征求了上述五家银行的意见,五家银行表示,因涉及银行商业秘密,不同意我局对外公开。三、近几年来,我局大力推动简政放权,转变管理思路和管理方式,对上述对外担保管理要求进行了调整。2010 年,我局对外发布《国家外汇管理局关于境内机构对外担保管理问题的通知》(汇发〔2010〕39 号,已在我局政府网站公布),对境内银行提供融资性对外担保实行余额管理,并允许银行将指标分解给境内分支机构使用。我局已不再要求境内银行提供对各分支机构对外担保的授权方式及管理方法。”原告收到被诉告知书后,向被告提出同级行政复议申请。被告于 2014 年 6 月 19 日作出汇发〔2014〕32 号行政复议决定书,维持了被诉告知书。原告不服,向本院提起本案之诉,请求:(1)撤销被诉告知书,并责令被告限期公开原告向被告申请公开的政府信息;(2)诉讼费用由被告承担。

【裁判结论】

北京市第一中级人民法院于2015年1月12日作出(2014)一中行初字第10188号行政判决,依照《行政诉讼法》第54条第2项第1目、《最高人民法院关于执行〈中华人民共和国行政诉讼法〉若干问题的解释》第56条第4项的规定,判决:(1)撤销被诉告知书;(2)被告对原告李某的政府信息公开申请重新作出答复;(3)驳回原告李某的其他诉讼请求。

【裁判观点】

法院生效判决认为:《政府信息公开条例》第14条第4款[1]规定,行政机关不得公开涉及国家秘密、商业秘密、个人隐私的政府信息。但是,经权利人同意公开或者行政机关认为不公开可能对公共利益造成影响的涉及商业秘密、个人隐私的政府信息,可以予以公开。同时,第23条[2]规定,行政机关认为申请公开的政府信息涉及商业秘密、个人隐私,公开后可能损害第三方合法权益的,应当书面征求第三方意见;第三方不同意公开的,不得公开。因此,行政机关在对涉案信息是否为商业秘密不作审查的情况下,径行征求第三方关于是否公开的意见,并以第三方不同意公开作为信息不予公开的理由,于法无据。根据上述规定,行政机关对涉及商业秘密的信息具有进行审查的法定职权,并对此应当负有举证责任。本案中,被告在被诉告知书中明确,其对五家银行及其分支机构在被告处备案的对外担保的授权方式及管理办法不予公开的理由为:“我局征求了上述五家银行的意见,五家银行表示,因涉及银行商业秘密,不同意我局对外公开。”但被告在诉讼中未提交证据证明其在作出被诉告知书时对上述信息是否属于商业秘密进行过审查,亦未提交证据证明上述信息属于商业秘密,故被告对原告申请公开的五家银行及其分支机构对外担保的授权方式及管理办法不予公开,缺乏证据支持。五家银行在本案开庭审理时均提出,原告申请公开的信息涉及商业秘密,属于不予公开的情形,但均未提交证据佐证。因此,被告作出被诉告知书缺乏事实依据。

---

〔1〕 最新版为2019年5月15日施行。第14条规定:“依法确定为国家秘密的政府信息,法律、行政法规禁止公开的政府信息,以及公开后可能危及国家安全、公共安全、经济安全、社会稳定的政府信息,不予公开。”第15条规定:“涉及商业秘密、个人隐私等公开会对第三方合法权益造成损害的政府信息,行政机关不得公开。但是,第三方同意公开或者行政机关认为不公开会对公共利益造成重大影响的,予以公开。”

〔2〕 最新版为2019年5月15日施行,为第32条。

关于原告提出被告对其信息公开申请遗漏答复内容之诉讼理由。经审查，原告在信息公开申请书中明确要求被告公开涉案信息办理备案的时间，但被诉告知书中对该申请内容未予答复，属认定事实不清。原告的相关诉讼理由成立，法院应予支持。关于原告针对被告作出被诉告知书署名并加盖“国家外汇管理局综合司”印章的争议，法院认为，依据《政府信息公开条例》第4条第1款规定，各级人民政府及县级以上人民政府部门应当建立健全本行政机关政府信息公开工作制度，并指定机构负责本行政机关政府信息公开的日常工作。据此，《国家外汇管理局政府信息公开指南》第5条规定，外汇局政府信息公开受理机构为外汇局综合司。《国家外汇管理局依申请公开政府信息工作规程》第2条规定，外汇局政府信息公开申请受理机构为外汇局综合司。同时该规程第10条第2款明确规定：“外汇局以书面形式答复的，应下发《国家外汇管理局政府信息公开告知书》(见附3)，并加盖外汇局综合司印章。”因此，被告认可，且以外汇局综合司的名义作出被诉告知书，并加盖“国家外汇管理局综合司”印章并无不当，故对原告的相关诉讼理由法院不予支持。

法官评析

本案的焦点在于被告主张涉及商业秘密而不予公开涉案信息的理由是否成立。而判断该理由是否成立，实质是对于涉及商业秘密的政府信息，行政机关是否负有审查义务以及司法审查的标准问题。

我们认为，行政机关对涉及商业秘密的政府信息负有依法审查的职权。对于第三方主张相关信息涉及商业秘密时，行政机关应审查该主张是否成立，而不能径行采纳第三方的主张而对该信息不予公开。同时，诉讼中，行政机关主张该信息涉及商业秘密的，应举证证明。

原《政府信息公开条例》对涉及第三方权利的政府信息，明确规定了公开的条件和程序。原《政府信息公开条例》第14条第4款规定，行政机关不得公开涉及国家秘密、商业秘密、个人隐私的政府信息。但是，经权利人同意公开或者行政机关认为不公开可能对公共利益造成影响的涉及商业秘密、个人隐私的政府信息，可以予以公开。

2019年修订的《政府信息公开条例》秉持了原《政府信息公开条例》的规定。2019年修订的《政府信息公开条例》第15条规定，涉及商业秘密、个人隐私等公开会对第三方合法权益造成损害的政府信息，行政机关不得公开。但是，第三方同意公开或者行政机关认为不公开会对公共利益造成重大影响的，予以公开。

据此，某一涉及第三方权利的政府信息，能否公开取决于如下两个条件：其一，原则上，涉及商业秘密、个人隐私的信息，不予公开。其二，虽涉及商业秘密、个人隐私，但权利人同意公开或者行政机关认为不公开可能对公共利益造成影响的，可以公开。行政机关由此负有如下审查职责：第一，政府信息是否涉及商业秘密、个人隐私，初步审查和判断权在行政机关，而不是第三方。行政机关经审查认为政府信息涉及国家秘密，毋庸赘言，自然不予公开；经审查认为政府信息涉及商业秘密、个人隐私的，方进入下一步，即判断能否予以公开。第二，政府信息如涉及商业秘密、个人隐私，则需要行政机关进一步判断是否具有可以公开的情形，即权利人同意或不公开可能对公共利益造成影响。

相较于原《政府信息公开条例》第 23 条，2019 年修订的《政府信息公开条例》第 32 条对涉及第三方权利的信息公开的程序进行更为明确、严格的规定。该条规定：依申请公开的政府信息公开会损害第三方合法权益的，行政机关应当书面征求第三方的意见。第三方应当自收到征求意见书之日起 15 个工作日内提出意见。第三方逾期未提出意见的，由行政机关依照本条例的规定决定是否公开。第三方不同意公开且有合理理由的，行政机关不予公开。行政机关认为不公开可能对公共利益造成重大影响的，可以决定予以公开，并将决定公开的政府信息内容和理由书面告知第三方。据此，对于行政机关经审查认为可能涉及商业秘密、个人隐私的政府信息，行政机关应当书面征求第三方意见。同时，政府信息是否公开，不能简单以权利人的意见为依据。行政机关不能仅以经征求第三方意见、第三方不同意公开为由，对该政府信息不予公开。

具体到商业秘密的审查判断。无论是原《政府信息公开条例》，还是 2019 年修订的《政府信息公开条例》规范下对涉及商业秘密信息的保护，不同于一般商业秘密案件保护私益之目的，《政府信息公开条例》在保障民众知情权的同时，还有着公共利益之考量。因此，行政机关在审查某一信息是否涉及商业秘密、能否公开时，应严格依据《政府信息公开条例》中有关涉及第三方权利的信息的规定，履行审查职责。

《反不正当竞争法》第 10 条第 3 款[1]对何为商业秘密进行了明确规定："本条所称的商业秘密，是指不为公众所知悉、能为权利人带来经济利益、具有实用性并经权利人采取保密措施的技术信息和经营信息。"行政机关应依据这一规定，对是否涉及商业秘密进行实质审查，应要求主张商业秘密的一方提交相关证据。诉讼中，行政机关则需要举证证明其经审查，政府信息确系涉及商业秘密，经过书面征求第三方意见，第三方不同意公开，且不存在不公开会影响公共利益之情形。

本案中，被告以涉案政府信息涉及商业秘密为由不予公开。法院经审查，首先，被告在诉讼中未提交证据证明其在作出被诉告知书时，对涉案政府信息是否属于商业秘密进行过审查。其次，被告亦未提交证据证明涉案政府信息涉及商业秘密。五家银行作为本案第三人，在诉讼中虽也主张涉案政府信息涉及商业秘密，但亦未提交证据证明。因此，依据有效证据及当事人无争议之陈述，被告仅以五家银行均主张涉及商业秘密不同意公开为由，对原告申请公开的五家银行及其分支机构对外担保的授权方式及管理办法不予公开，缺乏事实和法律依据，被告不仅没有尽到审查职责，亦未尽到举证责任。

考虑到被告在行政程序中尚未对涉案政府信息是否涉及商业秘密予以审查，兼之还存在对原告的信息公开申请遗漏答复内容等问题，法院不宜在诉讼中代替行政机关决策，故法院最终判决撤销被诉告知书，责令被告在法定期限内对原告的信息公开申请重新作出答复。判决作出后，原告、被告双方均未提出上诉。

【法律法规链接】

《政府信息公开条例》(2007 年)第 14 条第 4 款、第 23 条

《政府信息公开条例》(2019 年)第 15 条、第 32 条

《反不正当竞争法》第 10 条第 3 款

（撰稿人　梁　菲　张婷婷）

---

[1] 最新版为 2019 年 4 月 23 日实施。第 9 条第 4 款规定："本法所称的商业秘密，是指不为公众所知悉，具有商业价值并经权利人采取相应保密措施的技术信息、经营信息等商业信息。"

02

信息公开案件中内部管理信息的判定

——陈某某诉国土资源部（现自然资源部）政府信息公开案

裁判规则

政府信息，是指行政机关在履行职责的过程中制作或者获取的，以一定形式记录、保存的信息。《国务院办公厅关于做好政府信息依申请公开工作的意见》以“日常工作”为内部管理信息之限定，区别于政府信息的“履行职责”要素，其目的在于将行政机关非履行法定职责，为维持内部运作、无涉公益的内部性事务排除在政府信息公开的范畴之外。由此，凡与行政机关履行职责相关的信息，无论其是否具有外部效力，均应认定为政府信息。

案　情[1]

2014 年 12 月，陈某某向中华人民共和国国土资源部（以下简称国土部）邮寄了两份《政府信息公开申请表》，申请公开浙江省政府的浙土字 A2003.10697 号、浙土字 B2005－10041 号农转用和征地批文上报国土部备案的文号、时间、存档时间文号（包括上报文号、上报时间）等材料（以下简称涉案信息）。国土部于 2015 年 1 月 4 日收到该申请，后作出延期通知，并于 2015 年 2 月 12 日作出国土资公开告知〔2015〕74 号《国土资源部政府信息公开告知书》。陈某某不服，于 2015 年 2 月 26 日向国土部邮寄了《行政复议申请书》。国土部于 2015 年 3 月 2 日收到陈某某的《行政复议申请书》，2015 年 3 月 3 日作出《行政复议受理通知书》，2015 年 4 月 28 日作出国土资复议〔2015〕350 号《行政复议决定书》。后向

〔1〕 北京市第一中级人民法院：（2015）一中行初字第 1497 号。

陈某某送达。陈某某不服国土部作出的国土资公开告知〔2015〕74号《国土资源部政府信息公开告知书》(以下简称被诉告知书)及国土资复议〔2015〕350号《行政复议决定书》(以下简称被诉复议决定),向北京市第一中级人民法院提起行政诉讼,请求撤销被诉告知书及被诉复议决定,责令国土部向陈某某公开涉案信息。

【裁判结论】

北京市第一中级人民法院经审理,判决:(1)撤销被诉告知书及被诉复议决定;(2)责令国土部于法定期限内对陈某某的政府信息公开申请予以重新答复;(3)驳回陈某某的其他诉讼请求。宣判后,国土部向北京市高级人民法院提起上诉。北京市高级人民法院判决驳回上诉,维持一审判决。

【裁判观点】

一审法院认为:《政府信息公开条例》第2条〔1〕规定,本条例所称政府信息,是指行政机关在履行职责的过程中制作或者获取的,以一定形式记录、保存的信息。《土地管理法》第5条第1款〔2〕规定,国务院土地行政主管部门统一负责全国土地的管理和监督工作。本案中,国土部作为全国土地的管理和监督部门,要求省级政府将批准用地情况报其备案,相关的备案信息是在其履行职责过程中制作的并以一定形式记录、保存的信息,应属政府信息。被诉告知书认定涉案信息属于内部管理信息,不属于国土部信息公开范围,属于认定事实不清,依法应当撤销被诉告知书。陈某某关于撤销被诉告知书的诉讼请求符合法律规定,本院予以支持。

二审法院认为:国土部作为全国土地的监管部门,要求省级部门将批准用地情况报其备案,相关的备案信息是在其履行监管职责过程中,制作或者获取的并以一定形式记录、保存的信息,应属政府信息。国土部作出的被诉告知书,认定涉案信息属于内部管理信息,不属于国土部信息公开的范围,缺乏法律依据,属于认定事实不清,依法应予撤销。鉴于国土部对陈某某提出的政府信息公开申

〔1〕 最新版为2019年5月15日实施。第2条规定:“本条例所称政府信息,是指行政机关在履行行政管理职能过程中制作或者获取的,以一定形式记录、保存的信息。”

〔2〕 最新版为2020年1月1日实施。第5条第1款规定:“国务院自然资源主管部门统一负责全国土地的管理和监督工作。”

请，尚需调查、裁量，国土部应在一定期限内对陈某某的政府信息公开申请重新答复。对于陈某某请求法院直接判令国土部公开其申请涉案信息的诉讼请求，本院不予支持。鉴于国土部作出的本案被诉告知书被依法撤销，其所作的被诉复议决定结论错误，亦应一并撤销。综上，一审法院判决正确，本院应予维持，国土部的上诉理由和请求缺乏事实和法律依据，本院不予支持。

法官评析

2010年《国务院办公厅关于做好政府信息依申请公开工作的意见》（以下简称《意见》）中，将“行政机关在日常工作中制作或者获取的内部管理信息”，列为“一般不属于《政府信息公开条例》所指应公开的政府信息”。然而，对于内部管理信息的判定，该《意见》并未作出进一步解释；实践中，行政机关亦倾向于通过对“内部管理信息”的扩大化解释规避该类信息公开职责。

从政府信息与内部管理信息的内涵看，2019年修订的《政府信息公开条例》第2条规定，政府信息“是指行政机关在履行行政管理职能过程中制作或者获取的，以一定形式记录、保存的信息”，其中将“履行职责”限缩为“履行行政管理职能”；而《意见》中将内部管理信息表述为，“行政机关在日常工作中制作或者获取”的信息。即政府信息因其“履行职责”要素，与内部管理信息产生于“日常工作”相区分。且2019年修订的《政府信息公开条例》第16条明确规定，行政机关的内部事务信息，包括人事管理、后勤管理、内部工作流程等方面的信息，可以不予公开。也就是说，2019年修订的《政府信息公开条例》新增了内部事务信息这一概念，将之前实践中的通行做法吸纳，明确规定在豁免公开的范围之内。虽法不溯及既往，但新条例中对于政府信息和内部事务信息的规定并未与旧条例相抵触，而且在实践中得到制定机关的认可，实际上成为一种通行规则，新条例只不过是将这一规则加以明确而已。因此，新条例的相关规定可以作为我们评析该案的一个参考。

所谓“履行行政管理职能”，有观点将其与“行政行为”相等同。该观点认为，行政机关只有作出对外发生法律效力行为的过程中产生的信息，才属于履行职责过程中产生的政府信息；否则为《意见》规定之内部管理信息。

而事实上，行政机关的内部行为并非全部与其职责无关，由内部行为产生的信息亦不能完全归于不应公开之范畴。例如，有学者按照行政机关内部行为的对象将产生的信息分为上下级机关之间的请示、报告、批复、意见等；同级机关之间的往来函件、意见、通报等；机关内部的工作资料及管理信息。以此观之，行政机关诸多内部行为皆为其对外履行职责的准备或基础，是行政机关履行职责过程的必然组成部分，因此产生的信息，若具备 2019 年修订的《政府信息公开条例》规定的其他要素，则当然属于政府信息范畴。《意见》以“日常工作”为内部管理信息之限定，其目的亦在于仅将行政机关与履行职责无关，为维持内部运作、无涉公益的内部性事务排除在政府信息公开的范围之外。这些信息一般与依法行政无密切关联，且难以符合对公众的“服务作用”，如《意见》所述，该类信息即使提供给申请人，亦不能满足“申请人可以在生产、生活和科研中正式使用，也可以在诉讼或行政程序中作为书证使用”的需求，因而不属于《政府信息公开条例》所指应公开的政府信息。

本案中，根据《土地管理法》第 5 条第 1 款[1]的规定，原国土部负全国土地之管理与监督职责，其要求省级政府将批准用地情况上报备案的行为，虽是原国土部为了解掌握省级政府审批用地情况所采取的系统内部管理措施，不影响审批（审核）行为的合法性，但该行为与其法定职责直接相关，由此获得的备案信息属于原国土部履行职责过程中制作、获取的以一定形式记录、保存的信息。因此，原国土部以该信息属于内部管理信息为由，答复陈某某该信息不属于其信息公开范围不能成立。

【法律法规链接】

《土地管理法》第 5 条

《政府信息公开条例》第 2 条、第 16 条

（撰稿人　杨晓琼　李　蓓）

---

〔1〕 最新版为 2020 年 1 月 1 日实施。第 5 条第 1 款规定：“国务院自然资源主管部门统一负责全国土地的管理和监督工作。”

03

证券监管信息的公开途径

——刘某某诉中国证券监督管理委员会政府信息公开案

裁判规则

1.《证券法》上信息公开的核心在于公开的平等性，即或者不公开，或者应同时向不特定投资者平等公开，而不得仅向个别投资者公开。《政府信息公开条例》所规定的依申请公开制度并不考虑社会公众是否平等获取信息的问题，因此与《证券法》上的信息公开在制度旨趣上存在实质性差别。

2. 基于《证券法》的立法目的，证券监管机关在履行监管职责过程中制作或者获取的与上市公司相关的信息的公开范围、方式、途径和程序等，均应当适用《证券法》关于证券信息披露的相关规定，不属于《政府信息公开条例》依申请公开制度的调整范畴。

案　情[1]

原告刘某某请求确认《监管信息告知书》（证监信息公开〔2016〕364 号，以下简称被诉告知书）违法并予以撤销，判令被告中国证券监督管理委员会（以下简称中国证监会）重新作出答复。其诉讼理由略为：(1)被告程序违法，未向原告出具登记回执，未依法提供申请信息公开场所，未按照原告要求的形式提供信息，能够当场答复却未予当场答复。(2)被告作出的《监管信息告知书》（证监信息公开〔2016〕364 号，以下简称被诉告知书），其中第 1 项答复内容，根据《政府

〔1〕 北京市第一中级人民法院：(2016)京 01 行初 1322 号，北京市高级人民法院：(2017)京行终 3926 号。

信息公开条例》等规定,被告应予公开;第 2 项答复内容,原告进行实名举报,该信息被告处存在,应予公开;第 3 项答复内容,该信息被告处存在,应予公开,不应建议原告向中国证监会广东监管局(以下简称广东证监局)咨询;第 4 项答复内容,原告不是重复举报,即便是重复举报,被告也应公开该项信息;第 5 项答复内容,原告两次举报,被告应做两次答复,且被告也未说明对两次举报一并答复。该项信息被告处存在,应予公开。

被告中国证监会答辩请求驳回原告刘某某的诉讼请求。其答辩理由略为:(1)被诉告知书适用法律正确、程序合法。(2)原告所提出的诉讼请求缺乏事实和法律依据,不能成立。

法院经审理查明:原告刘某某于 2016 年 7 月 25 日、28 日向被告中国证监会提交 9 份信息公开申请,申请公开其 2014 年向中国证监会举报某上市公司违法违规、虚假陈述、财务造假、侵占上市公司资产十多亿元的相关信息:(1)2 月 26 日举报的调查经过;(2)4 月 21 日举报的调查经过、调查笔录、经办人员;(3)5 月 15 日举报的调查经过、调查笔录、讯问笔录;(4)5 月 15 日举报回复;(5)5 月 19 日举报的调查经过;(6)5 月 19 日举报回复;(7)6 月 10 日举报的调查经过;(8)8 月 2 日举报的调查经过、调查笔录;(9)8 月 13 日的调查经过。被告中国证监会于 2016 年 8 月 26 日作出被诉告知书,主要答复内容为:(1)2014 年 2 月 26 日、4 月 21 日、5 月 15 日和 5 月 19 日 4 次举报的相关信息,根据《国务院办公厅关于做好政府信息依申请公开工作的意见》(国办发〔2010〕5 号),行政机关在日常工作中制作或者获取的内部管理信息以及处于讨论、研究或者审查中的过程性信息,一般不属于《政府信息公开条例》所指应公开的政府信息,故决定不予公开。(2)中国证监会未收到 2014 年 6 月 10 日举报的相关信息。(3)2014 年 8 月 8 日,中国证监会举报中心收到刘某某于 2014 年 8 月 3 日举报某上市公司的相关材料,已于 8 月 15 日转广东证监局办理,并回复“您的材料已转广东证监局”。其他情况,建议刘某某向广东证监局进行咨询。(4)2014 年 8 月 13 日举报的相关信息,与 8 月 8 日收到的举报信息相同,中国证监会未予受理,已于 8 月 15 日作出回复,告知刘某某属于“重复举报”。(5)刘某某于 2014 年 5 月 15 日及 19 日提出的举报申请,中国证监会已于 2014 年 7 月 15 日一并向其作出答复,文号为证监信复字〔2014〕410 号。

北京市第一中级人民法院经审理,裁定驳回了原告刘某某的起诉。刘某某不服,向北京市高级人民法院提起上诉。

【裁判结论】

北京市高级人民法院裁定驳回上诉,维持一审裁定。

【裁判观点】

一审法院认为:

原告刘某某所提申请,不属于政府信息公开条例依申请公开制度所调整的范畴。

1.《证券法》第3条规定:“证券的发行、交易活动,必须实行公开、公平、公正的原则。”如果个人可以通过政府信息依申请公开的途径独立于其他投资者获取与上市公司有关的信息,就会破坏证券市场的信息公平,进而可能扰乱证券市场的正常秩序。由此,个人依据《政府信息公开条例》申请获取相关信息的请求权基础已不存在,无论相关信息是否已经通过信息披露或者其他法律途径向社会公开,均不涉及个人再行依申请公开的问题。

虽然《证券法》中信息披露的直接义务主体是上市公司,但证券监管机关在对上市公司履行监管职责过程中制作、获取的证券监管信息,不可避免地包含与上市公司相关的内容,证券监管机关仅应将上述信息用于履行监管职责,其无权向个别公民、法人或者其他组织予以公开,否则同样会破坏《证券法》所维护的公开、公平、公正的证券市场秩序。因此,基于《证券法》的立法目的,证券监管机关在履行监管职责过程中制作或者获取的与上市公司相关的信息的公开范围、方式、途径和程序等,均应当符合《证券法》关于证券信息公开的基本原则和要求,不应属于政府信息公开条例依申请公开制度的调整范畴。

2.本案中,原告所申请的信息均是与上市公司相关的信息,无论上述信息是否为证券监管机关制作或者获取,也无论是否客观上已经通过其他法律途径向社会公众公开,均不属于政府信息公开条例中依申请公开制度的调整范畴。被告针对原告的申请作出的被诉告知行为应属于便民答复,对原告的权利义务不产生实际影响。原告提起的本案诉讼不符合法定起诉条件,依法应予驳回。

二审法院对一审法院的前述理由予以认同。二审期间,原告提出中国证监会负责人未出庭应诉,违反《行政诉讼法》规定的主张。法院认为,《最高人民法院关于适用〈中华人民共和国行政诉讼法〉若干问题的解释》第 3 条第 2 款规定,人民法院经过阅卷、调查和询问当事人,认为不需要开庭审理的,可以迳行裁定驳回起诉。本案中,一审法院迳行驳回起诉,符合法律规定。故本案一审不涉及证监会负责人出庭应诉问题,刘某某的前述主张缺乏事实根据,法院不予支持。

法官评析

本案对于厘清政府信息公开制度与证券信息披露制度之间的关系,廓清政府信息依申请公开制度的适用边界具有重要的探索价值,也是通过司法裁判弥补法律制度漏洞的一个典型案件。

一、政府信息公开的请求权基础

虽然在许多国内的行政法理论中,通常都认为政府信息公开申请权的基础是公民的知情权,这一理论其实并不成立。即使在美国或者欧洲等信息公开制度比较成熟的国家和地区,基本上也没有专门的"知情权"这一概念。所谓的知情权,其实通常只在新闻传媒中使用,并非是一个严谨的法律概念。

如果严格意义上讲政府信息公开的申请权,可以称为"获取信息的权利"或者"信息公开请求权"。信息公开请求权也不是一种宪法权利,而是基于信息自由法所赋予的法律权利。在美国,一般认为获取信息的权利应当包括三个层次:第一个层次是受众自由地接收信息传播者所提供的信息;第二个层次是传播者将其已经获取的政府信息加以传播;第三个层次则是政府负有将其涉及政府活动或公共政策的信息提供给公众。显然,就申请政府信息公开而言,涉及的是第三个层次的所谓"知情权"问题。

德国法上没有所谓知情权这样的概念,而是区分"信息自由权"和"获取信息请求权"。所谓信息自由权,是依据德国《基本法》第 5 条第 1 款之规定,任何人均有通过口头、书面或者图片的方式表达观点的自由,并有权不受阻碍地获取信息。其中,任何人有权不受阻碍地获取信息,就被称为"信息自由权"。

关于信息自由权的权利性质,德国宪法法院认为信息自由权是一种防御请求权,保护的是任何人都可以自由地获取已经处于公共领域的信息的权利，对上述自由国家公权力不得随意限制；而获取信息请求权则是要求国家公权力机关向其提供尚未进入公共领域的政府信息的权利，获取政府信息并非任何人的自由，因此宪法不能成为公民请求国家向其公开政府信息的依据。公民是否享有申请政府信息公开的权利以及权利的界限，完全取决于立法者的意图，宪法上找不到权利依据。立法者既没有必须赋予公民以获取信息请求权的宪法义务；同时，立法者对于获取信息请求权设置权利界限，也不构成对公民基本权利的限制。

基于信息公开申请权这一属性，《政府信息公开条例》所确定的申请权，并非当然适用于所有行政管理领域的普遍性权利，而是必须在符合相关行政管理制度目的的前提下，才能基于政府信息公开条例取得申请权。

二、政府信息公开与其他信息公开制度的关系

政府信息公开制度脱胎于档案阅览制度，因此政府信息公开从其产生之初就存在与其他信息查阅制度之间的关系协调问题。最早的行政案件卷宗阅览制度可以称为是政府信息公开制度的早期形态，但其阅览的主体仅限于案件的当事人，阅览的范围也仅限于卷宗当中允许查阅的部分。尽管主体和范围都存在诸多限制，但毕竟是将行政信息对外公开的一种方式，因此通常在学理上将其视为是政府信息公开制度的原始形态。

在一般性的政府信息公开制度产生之前，许多行政管理领域也都已经产生了一些类似的信息公开制度，比如不动产登记领域的查询制度，工商行政管理领域的企业信息查询制度，以及行政处罚、行政许可领域的卷宗查询制度，等等。在政府信息公开制度产生之后，这些各个行政管理领域的特殊信息公开制度与一般性的政府信息公开制度之间的关系，就一直是信息公开理论中的一个疑难问题。理论上认为二者存在两种关系：

第一种是平行关系，即政府信息公开与特殊领域的信息公开各自平行适用。对于同一信息，无论是否属于其中某一个制度的调整范畴，均不能以此排斥同时还可以适用其他的信息公开制度。以不动产登记为例，假如采取平行关系理论，那么当事人无论是通过政府信息公开途径申请还是通过专门的不动产信息查询途径申请公开，均具有法律所赋予的申请权。当然，基于不同的公开途径，申请人的申请条件、能够获取的信息范围是不完全相同的。比如，如果当事人通过不动产信息查询途径要求公开他人的不动产

登记信息,那么申请的资格条件就会比较严格,需要提供证明材料证明自己与查询的不动产之间已经具有利害关系,比如法院的立案材料等。而基于政府信息公开途径则不需要这样的证明材料,只要符合政府信息公开的申请条件即可。但是,如果符合不动产查询的条件,那么能够获取的信息范围是比较广的,原则上符合查询资格的申请人就有权查询到不动产登记的完整信息,而无须考虑是否涉及他人隐私权的问题。政府信息公开途径虽然查询门槛比较低,但是受保护的信息比较多,比如涉及他人的个人隐私可能就不会予以公开。如果采取平行制度,那么申请人选择哪一个途径申请公开是申请人自己评估选择的结果,不能否认申请人同时具有两种申请权。

第二种是排他关系,即同一信息或者适用一般政府信息公开制度,或者适用特殊领域的信息公开制度。如果某一信息属于其中一个制度的调整范畴,无论基于该制度这一信息能否公开,均排斥适用其他的信息公开制度。在这种关系之下,政府信息公开制度与其他领域的特别规定构成一般法与特别法的关系,基于特别法优于一般法的原则,对于这些特殊的政府信息不再适用一般的政府信息公开制度。同样以不动产登记信息的查询为例,如果采取排他关系,那么只要存在不动产登记查询制度,则不再适用政府信息依申请公开制度。申请人只能通过不动产登记查询途径申请查询,而无权再通过信息公开制度申请不动产登记信息的公开。由于二者之间没有补充性的关系,因此即使申请人通过不动产登记查询不能获取相关信息,比如不符合申请资格,或者特别制度排除了特定信息的公开,申请人仍然无权针对这些在特别查询制度下不公开的信息,转而通过政府信息公开制度申请公开。

在不同的行政管理领域,信息公开制度与一般政府信息公开制度的关系,需要结合该领域信息的具体特点以及该领域信息公开制度的目的等予以综合分析判断。目前在司法解释和国务院办公厅的一些答复中,已经涉及了这一问题。比如,《最高人民法院关于审理政府信息公开案件若干问题的规定》第 2 条第 4 项规定:“公民、法人或者其他组织对下列行为不服提起行政诉讼的,人民法院不予受理:……(四)行政程序中的当事人、利害关系人以政府信息公开名义申请查阅案卷材料,行政机关告知其应当按照相关法律、法规的规定办理的。”该规定实际上将行政程序中的案卷材料查阅制度作为信息公开制度的特别制度,从而排斥了特定主体另行通过政府信息公开途径查阅相关信息。2016年，在国务院办公厅政府信息与政务公开办公室对国土资源部办公厅作出的国办公开办函〔2016〕206号回函中，国务院办公厅认为，“不动产登记资料查询，以及户籍信息查询、工商登记资料查询等，属于特定行政管理领域的业务查询事项，其法律依据、办理程序、法律后果等，与《政府信息公开条例》所调整的政府信息公开行为存在根本性差别。当事人依据原《政府信息公开条例》申请这类业务查询的，告知其依据相应的法律法规规定办理”。这一回函就将“不动产登记资料”、“户籍信息”以及“工商登记资料”的查询，与一般的政府信息公开制度区分开，并且明确认为二者是排他的关系，即上述信息适用特殊的查询制度，不再适用政府信息公开制度。

当然，在法律和法理上承认排他关系的存在，只是从理论上提供了一种可能性，并不等于任何一个行政管理领域的特殊信息公开制度都与政府信息公开制度存在排他关系，关键还是要分析各个行政管理领域信息公开的特点。

三、证券监管信息的公开途径

证券监管信息是指证券监管机关在履行监管职责过程中制作或者获取的直接与被监管对象相关的信息。从域外的政府信息公开制度来看，包括证券监管信息在内的金融监管信息的公开方式，通常都不适用于信息公开制度。

例如，在美国、英国、德国等主要西方国家的政府信息公开法律规定中，包括证券监管信息在内的金融监管信息均予以豁免公开。《美国法典》第5章第552条(5 U.S. Code § 552，又称《信息自由法》)(b)款第8项规定，“本章规定不适用于以下信息：(8)负有规制或监督金融机构的行政机关制作的，或以其名义制作的，或为其使用的各种核查、经营或者情况报告等，相关信息包含于上述材料或者与上述材料相关”。上述规定将金融监管机关在履行对监管对象的监管职责的过程中所形成的所有信息，均排除于信息公开的范围之外。在德国《信息自由法》中也有类似的规定，该法第3条第1款第d项明确规定，金融监管机关履行其监管职责而形成的信息，不予公开。

并且，从发展的方向来看，将金融监管信息豁免公开的趋势还在不断扩大。例如,在美国2010年的《多德－弗兰克法案》第929I条款中,美国国会曾经一度试图将美国证券委员会(SEC)制作或者获取的监管信息排除于美国《信息自由法》的适用范围,也就意味着美国证券委不再受美国《信息自由法》的调整。这一修改毫无疑问力度极大,不过也迅速遭到了各界的猛烈批评。在此背景下,美国国会同年又重新制定了所谓的3717条款,这一条款一方面废除了第929I条款,但同时也将最早的第552条中可以豁免的金融监管信息的范围进一步作了扩大,以满足金融监管的需要。

豁免公开的理由有两个方面,第一,金融监管机关为了监管的需要,必须要从监管对象处获取大量信息,这些信息大部分都不能达到"商业秘密"的标准,但是如果监管机关对于这些信息都按照信息公开制度予以公开或者可能会导致对监管对象的经营活动产生损害,或者监管对象就不愿意再向监管机关如实、全面地提供信息了。因此,无论是证券监管、银行业监管还是保险业监管,其监管信息原则上都予以豁免。第二,在证券领域还有一定特殊性,就是证券信息的披露制度,这一制度要求与上市公司相关的信息必须同时向市场公开,即确保信息公开的平等性。而这一要求,恰恰是政府信息依申请公开制度所不能满足的,因此对于证券监管信息按照政府信息依申请公开制度来公开,可能会对《证券法》中的信息披露制度造成破坏。

四、路径选择——豁免公开还是排除适用

路径选择是在本案审理的过程中争议较大的问题。尽管大部分观点也都认可,对于金融监管信息的公开应当要充分考虑其特殊性。但是反对的观点认为,即使在美国、德国等国家的《信息自由法》中,金融监管信息也是豁免公开,而非不适用于《信息自由法》,因此如果认为金融监管信息与政府信息公开制度是纯粹的排他关系,也存在问题。

这种观点并非没有道理,但是在我国的政府信息公开条例之中,对于金融监管信息并没有提供任何豁免公开的渠道,这与我国原《政府信息公开条例》的立法模式有密切的关系。西方国家在立法时更关注的是免予公开条款,通常称为例外条款或豁免条款。有一些豁免条款为各国立法所通用,比如涉及军事安全、外交安全、经济安全、国家秘密、第三人权益保护的政府信息免予公开等,但也有很多条款,是各国基于自己的国情而设置的。

比如,美国《信息自由法》关于豁免情形的规定总共有9条,其中第9条将"有关矿井的地质学和地球物理学的情报和资料,包括地图"作为豁免公开的情形之一,在其他西方国家就不多见。德国《信息自由法》中的例外条款为第3条至第6条,共计4条。其中第3条"特殊公共利益的保护"又进一步细分为8项。该法第6条基于对知识产权的保护而免予公开的规定,在美国《信息自由法》中就没有明确规定。挪威《信息自由法》第3章共计15条例外条款。其中的第22条将"对于各部拟订的与政府预算事项有关的文件"豁免公开,在西方国家也很少见。英国虽然一直标榜在欧洲最具自由主义传统,其《信息自由法》设置的豁免条款却多达24条,且每一条都包含了若干细化条款,豁免公开的范围远远超过其他西欧国家。

我国原《政府信息公开条例》对于政府信息免予公开的规定则显得十分简陋,严格意义上能够直接作为法律依据的免予公开情形只有"国家秘密"、"商业秘密"和"个人隐私",第8条[1]关于"三安全一稳定"的规定则太过笼统而难以适用,而且由于部分适用"三安全一稳定"的案件引起了非常负面的社会影响,实际上也导致该条款在实践中几乎被虚置。总体来说,如果与西方主要国家的信息自由法作了比较,原《政府信息公开条例》的豁免条款确实不能适应政府信息公开实践的需要。

政府信息公开范围的法定性,对于司法机关来说是把"双刃剑"。原《政府信息公开条例》在公开范围方面的立法缺陷,导致行政机关和司法机关在面临棘手的政府信息公开申请时没有足够的法律依据予以应对。

司法解释无权在原《政府信息公开条例》之外对政府信息作实质性的限缩解释或设置其他豁免条款。《最高人民法院关于审理政府信息公开行政案件若干问题的规定》第2条虽然规定了四种不予受理的情形,但如果仔细分析起来,这些不予受理的情形都是政府信息公开制度的题中应有之义。换言之,在现有的法律框架之内,这些问题并不存在法律上或法理上的障碍,司法解释只是予以进一步明确,完全属于司法解释的权限范围之内。但真正涉及对政府信息作实质性限缩或设置豁免条款时,司法解释则无权予以规定。

因此,对于金融监管信息特殊性考虑的不足,是原《政府信息公开条例》在公开范围方面的立法缺陷。2019年新修订的《政府信息公开条例》依

〔1〕《政府信息公开条例》(2019年修订)为第14条。

然没有解决这一问题，只能期待于未来的立法修订。在现有的条例框架下，司法机关不可能通过创新设置一个专门针对金融监管信息的免于公开规则来解决当前所面临的问题。

五、与上市公司相关的监管信息的特殊性

在金融监管信息当中，与上市公司相关的监管信息确实又具有更为特殊的属性。在2014年《证券法》的第三章第三节专门规定了上市公司的“持续信息公开”制度，2019年《证券法》更是在第五章以专章方式对上市公司的信息披露制度进行了规定。证券法的这一制度要比政府信息公开制度产生时间早得多。证券信息的披露制度被称为证券制度的基础性制度，由于证券市场本质上是一个自由交易的市场，因此确保交易公平的核心就在于信息的公开和透明。证券市场所强调的信息公开透明，其核心要旨在于任何对市场波动产生重大影响的信息，要么不公开，要么必须同时向不特定的市场主体同时公开。

2014年《证券法》第3条规定：“证券的发行、交易活动，必须实行公开、公平、公正的原则。”如果个人可以通过政府信息依申请公开的途径独立于其他投资者获取与上市公司有关的信息，就会破坏证券市场的信息公平，进而可能扰乱证券市场的正常秩序。由此，个人依据政府信息公开条例申请获取相关信息的请求权基础已不存在，无论相关信息是否已经通过信息披露或者其他法律途径向社会公开，均不涉及个人再行依申请公开的问题。

虽然《证券法》中信息披露的直接义务主体是上市公司，但证券监管机关在对上市公司履行监管职责过程中制作、获取的证券监管信息，不可避免地包含与上市公司相关的内容，证券监管机关仅应将上述信息用于履行监管职责，其无权向个别公民、法人或者其他组织予以公开，否则同样会破坏《证券法》所维护的公开、公平、公正的证券市场秩序。因此，基于证券法的立法目的，证券监管机关在履行监管职责过程中制作或者获取的与上市公司相关的信息的公开范围、方式、途径和程序等，均应当符合《证券法》关于证券信息公开的基本原则和要求，不应属于依申请公开制度的调整范畴。

因此，二者在制度目的上存在明显的冲突，政府信息依申请公开制度与证券信息披露制度无法平行适用，而只能是采取特别法优于一般法的原则，适用《证券法》中关于信息披露的特别规定。就与上市公司相关的监管信息而言，将证券信息披露与政府信息公开制度作排他性认定，是完全符合两种制度的目的和功能的。

六、本案裁判规则适用的界限

首先，本案的裁判规则目前只能适用于证券监管类信息，而不能直接适用于银行、保险等其他金融监管领域。从域外信息公开豁免的通行规定来看，一般都会对金融监管信息豁免公开。但是，对于金融监管信息的一般性豁免需要有明确的法律依据。本案是从证券信息披露和政府信息依申请公开之间的制度区别角度，认为证券信息不能直接适用政府信息依申请公开规定予以公开，尚不涉及其他金融监管信息。对于银行、保险等其他金融监管信息的公开途径以及与政府信息依申请公开制度的关系等，尚未充分的法律依据，因此这些问题都还有待进一步研究。

其次，本案裁判认定的证券监管信息不适用政府信息依申请公开制度，但不影响证券监管机关按照政府信息主动公开的规定公开相关信息。政府信息的主动公开，并不违反证券信息公开的平等性，因此政府信息主动公开与证券信息披露是可以并行的，从这个角度，不能认为证券信息披露与整个政府信息公开制度不具有交叉关系，而只是与其中的依申请公开存在制度冲突。在实践当中，中国证监会经常将大量的证券监管信息通过其指定的网站或者媒体向社会公开，既是证券信息披露的一种途径，也是政府信息主动公开的一种方式。只是从行政审判的权限范围而言，证券监管机关是否主动公开证券监管信息不属于行政诉讼的审查范围。

最后，证券监管信息主要是指证券监管机关对监管对象履行职责过程中形成的信息，不包括证券监管机关自己的一般工作信息，比如证券监管机关制定的规范性文件的公开，证券监管机关法定职责、机构设置的公开，等等。这些证券监管机关自己的工作类信息，并不涉及被监管对象的情况，并不会与证券信息披露制度产生冲突。当然，并非所有的证券监管工作类信息都应当予以公开，但其是否免予公开仍然应当按照政府信息公开条例的规定予以分析，不属于证券信息披露制度的调整范畴。

【法律法规链接】

《政府信息公开条例》(2008 年) 第 13 条

《政府信息公开条例》(2019 年修订) 第 14 条

(撰稿人　龙　非)

04

针对咨询申请作出的答复不属于政府信息公开行为

——冯某诉国家新闻出版广电总局(现为国家广播电视总局)政府信息公开案

裁判规则

申请人所提起的申请,若实质上是就相关问题进行咨询,并非《政府信息公开条例》所规定的政府信息公开申请。行政机关是否履行答复职责均不会对申请人合法权益产生实际影响。原告针对该项申请提起的诉讼,不属于人民法院行政诉讼的受案范围。

案　情[1]

原告冯某于2015年1月17日向被告中华人民共和国国家新闻出版广电总局提出政府信息公开申请,申请公开:(1)被告对电视剧《武媚娘传奇》颁发的拍摄许可证;(2)2014年12月被告责令该剧暂停播出及重新剪辑的相关理由及法律依据。针对原告的第一项政府信息公开申请,被告在原告起诉前未作出处理决定。针对原告的第二项政府信息公开申请,被告于2015年1月22日作出被诉答复,内容为:"该剧开播后,总局收到各地观众投诉,反映该剧存在一些有害未成年人身心健康的画面,希望总局采取措施。经检查,发现该剧确实存在一些依法应予进一步修改的画面。根据总局《电视剧内容管理规定》(总局令第63

[1] 北京市第一中级人民法院:(2015)一中行初字第1532号。

号)及相关细则的规定,通知该剧播出机构和制作机构对相关画面进行必要修改处理后再播出。"同年2月11日,原告认为被告未履行政府信息公开法定职责,向被告提出行政复议申请,复议请求为:(1)确认被告拒绝履行《政府信息公开条例》《国家新闻出版广电总局政府信息公开指南》规定的信息公开职责行政不作为违法;(2)责令被告按《政府信息公开条例》《国家新闻出版广电总局政府信息公开指南》的规定履行公开拍摄许可证、明确的法律依据等政府信息职责。被告于同年2月27日收到该申请后,于同年4月20日作出被诉复议决定,以被告不存在不履行法定职责的情形为由,驳回了原告的行政复议申请。原告仍不服,向法院提起本案诉讼。请求法院:(1)确认被告拒绝履行《政府信息公开条例》《国家新闻出版广电总局政府信息公开指南》规定的信息公开职责行政不作为违法;(2)责令被告按照《政府信息公开条例》《国家新闻出版广电总局政府信息公开指南》规定履行公开原告所申请的两项政府信息的法定职责。

【裁判结论】

北京市第一中级人民法院经审理,判决驳回原告冯某关于确认被告不履行政府信息公开法定职责违法,并责令被告公开其责令电视剧《武媚娘传奇》暂停播出及重新剪辑的相关理由及法律依据政府信息的起诉;责令被告对原告关于公开电视剧《武媚娘传奇》拍摄许可证政府信息的申请进行答复;撤销被告作出的被诉复议决定中驳回原告关于确认被告不履行政府信息公开法定职责违法,并责令被告中华人民共和国国家新闻出版广电总局公开电视剧《武媚娘传奇》拍摄许可证政府信息的复议申请的决定内容。

【裁判观点】

北京市第一中级人民法院经审理认为,依照《政府信息公开条例》第21条及第24条第1款、第2款规定,被告收到原告关于公开电视剧《武媚娘传奇》拍摄许可证政府信息的申请后,至原告提起本案诉讼前未依前引《政府信息公开条例》第21条之规定作出答复,亦未提出延长答复期限的主张及证据,已构成不履行政府信息公开答复的法定职责之违法情形。鉴于被告尚需调查、裁量,其应于本判决生效后的法定期限内对原告的该项政府信息公开申请进行答复。原告关于直接判令被告公开电视剧《武媚娘传奇》拍摄许可证政府信息的诉讼请求,法院不予支持。

根据《最高人民法院关于适用〈中华人民共和国行政诉讼法〉若干问题的解释》(以下简称《适用解释》,现已被废止)第3条第1款第8项[1]及《政府信息公开条例》第2条之规定,原告关于公开被告责令电视剧《武媚娘传奇》暂停播出及重新剪辑的相关理由及法律依据政府信息的申请实质上是就相关问题进行咨询,并非《政府信息公开条例》所规定的政府信息公开申请。因此,被告是否履行答复职责均不会对原告合法权益产生实际影响。原告针对该项申请提起的诉讼,不属于人民法院行政诉讼的受案范围。对其该项起诉,本院依法应予驳回。

《适用解释》第9条第1款规定,复议机关决定维持原行政行为的,人民法院应当在审查原行政行为合法性的同时,一并审查复议程序的合法性。该解释第10条第1款同时规定,人民法院对原行政行为作出判决的同时,应当对复议决定一并作出相应判决。本案中,被告于2015年2月27日收到原告的行政复议申请,于同年4月20日作出被诉复议决定,符合《行政复议法》第31条第1款关于复议期限的规定,被诉复议决定的作出程序合法。但鉴于被告未对原告关于公开电视剧《武媚娘传奇》拍摄许可证政府信息的申请进行答复,构成违法不履行法定职责,被诉复议决定认定被告针对原告的该项申请不存在不履行法定职责之情形并驳回原告的该项复议申请错误,法院依法应予撤销。

法官评析

对于名为政府信息公开实为咨询的案件,法院以行政机关是否履行答复职责均不会对申请人的合法权益产生实际影响为由,裁定驳回其起诉,已经是现行普遍接受的裁判标准。2019年《政府信息公开条例》的修订,虽然没有将该标准所确立的事项纳入规范中,但是亦未否定该标准的可适用性,故名为政府信息公开实为咨询,仍然不属于政府信息公开调整的范围。在此标准之下,案件的焦点问题仍是判断申请人提交的申请是否属于咨询。

行政诉讼受理条件的审查本来就与民事诉讼比较形式层面的审查模式不同,究竟作为受理条件审查还是作为实体问题审查,应该取决于案件本身

〔1〕 2018年《最高人民法院关于适用〈中华人民共和国行政诉讼法〉的解释》为第69条第1款第8项。

有无进入实体审理的必要性，而不必纠缠于受理条件环节是否“审多了”。

进一步需要分析的问题即是政府信息公开申请和咨询事项之间的界限。由于“咨询”的形式千差万别，因此难以对“咨询”本身进行界定，而只能就原《政府信息公开条例》所指的“政府信息公开申请”进行界定。政府信息公开的工作部门在审查公开申请时，应当主要是就其申请的信息是否存在以及能否公开进行审查，如果行政机关针对其申请的事项不能通过提供信息的方式来予以准确地回应，而必须是进一步的分析审查后才能作出答复，则该申请即属于咨询事项。或者，行政机关虽然可以通过提供信息的方式来回应，但提供信息的范围需要行政机关对信息本身以外的其他法律关系进行实体审查后才能判断，则相关申请亦属于咨询事项。

【法律法规链接】

《政府信息公开条例》(2008 年)第 2 条、第 21 条

《政府信息公开条例》(2019 年修订)第 2 条、第 36 条

《最高人民法院关于适用〈中华人民共和国行政诉讼法〉的解释》第 69 条第 1 款第 8 项

（撰稿人　祝飞宇）

05

政府信息公开案件中公共企事业单位诉讼主体之判定

——杨某某诉中国铁路总公司政府信息公开案

裁判规则

2008年《政府信息公开条例》进行信息公开的前提条件是国务院有关主管部门或者机构制定了具体办法。鉴于铁路运输的相关主管部门或机构目前尚未制定相应的具体办法,故中国铁路总公司参照《政府信息公开条例》进行信息公开的条件并不充足。此外,中国铁路总公司既非行政机关,在信息公开法律关系中亦不属于依据法律、法规或规章的授权行使行政管理职权的组织,其不具备行政诉讼的被告资格。

案　情[1]

2015年12月28日,杨某某向中国铁路总公司以邮寄的方式提出政府信息公开申请,要求公开"2011年3月铁道部对动车车票发售政策进行调整前、后动车车票发售政策的文件"。2015年12月30日,中国铁路总公司收到杨某某的政府信息公开申请。杨某某认为中国铁路总公司对其已经签收的信息公开申请不予答复,未履行法定职责,遂向一审法院提起行政诉讼。

2013年,国务院进行机构改革,撤销原铁道部,组建中国铁路总公司,承担原铁道部的企业职责。中国铁路总公司属于中央管理的独资企业。同时,根据

[1] 北京市第一中级人民法院:(2016)京01行终1003号。

杨某某提交的证据，国家铁路局政府信息公开办公室于2015年12月23日针对杨某某的政府信息公开申请作出的答复（国铁公开办函〔2015〕26号），杨某某申请公开的“2011年3月铁道部对动车车票发售政策进行调整前、后动车车票发售政策的文件”事项，属于企业职责。

【裁判结论】

北京市第一中级人民法院经审理，裁定：（1）撤销北京市海淀区人民法院（2016）京0108行初227号行政判决；（2）驳回杨某某的起诉。

【裁判观点】

一审法院认为：2008年《政府信息公开条例》第37条规定，教育、医疗卫生、计划生育、供水、供电、供气、供热、环保、公共交通等与人民群众利益密切相关的公共企事业单位在提供社会公共服务过程中制作、获取的信息的公开，参照本条例执行，具体办法由国务院有关主管部门或者机构制定。中国铁路总公司作为与人民群众利益密切相关的公共企事业单位，根据申请人的申请，具有公开相关在提供社会公共服务过程中制作、获取的信息的法定职责。

同时，根据本案业已查明的事实，杨某某申请公开的“2011年3月铁道部对动车车票发售政策进行调整前、后动车车票发售政策的文件”事项，属于企业职责。因此，中国铁路总公司对于杨某某的信息公开申请具有答复的法定职责。

2008年《政府信息公开条例》第24条第1款、第2款规定，行政机关收到政府信息公开申请，能够当场答复的，应当当场予以答复。行政机关不能当场答复的，应当自收到申请之日起15个工作日内予以答复；如需延长答复期限的，应当经政府信息公开工作机构负责人同意，并告知申请人，延长答复的期限最长不得超过15个工作日。本案中，中国铁路总公司于2015年12月30日收到杨某某提出的信息公开申请后，至杨某某提起本案诉讼之时，尚未对申请事项作出相关答复，明显超过了上述条文中关于期限的规定，对此法院应当予以纠正。鉴于该政府信息是否存在，以及是否能公开尚需中国铁路总公司调查、裁量，法院判决责令其依上述政府信息公开条例的规定，履行相应法定答复义务。

综上所述，一审法院依照《最高人民法院关于审理政府信息公开行政案件若干问题的规定》第10条的规定，判决责令中国铁路总公司于本判决生效之日起法定期限内，对杨某某提出的政府信息公开申请作出答复。

二审法院认为：2008 年《政府信息公开条例》第 37 条规定，教育、医疗卫生、计划生育、供水、供电、供气、供热、环保、公共交通等与人民群众利益密切相关的公共企事业单位在提供社会公共服务过程中制作、获取的信息的公开，参照本条例执行，具体办法由国务院有关主管部门或者机构制定。

本案中，一审法院认为，中国铁路总公司作为与人民群众利益密切相关的公共企事业单位，根据申请人的申请，具有公开相关在提供社会公共服务过程中制作、获取的信息的法定职责。但是，依据上述规定可知，公共企事业单位参照 2008 年《政府信息公开条例》进行信息公开的前提条件是国务院有关主管部门或者机构制定了具体办法。鉴于铁路运输的相关主管部门或机构目前尚未制定相应的具体办法，故中国铁路总公司参照 2008 年《政府信息公开条例》进行信息公开的条件并不成就，一审法院依据 2008 年《政府信息公开条例》第 37 条之规定判决中国铁路总公司履行信息公开职责属适用法律错误，依法予以纠正。

此外，中国铁路总公司既非行政机关，在信息公开法律关系中亦不属于依据法律、法规或规章的授权行使行政管理职权的组织，其不具备行政诉讼的被告资格。因此，在 2008 年《政府信息公开条例》第 37 条这一特别规定不能适用的情形下，杨某某以中国铁路总公司作为被告提起本案行政诉讼，不符合法定起诉条件，对其起诉依法应予驳回。

综上，二审法院依照《行政诉讼法》第 89 条第 1 款第 2 项、《最高人民法院关于执行〈中华人民共和国行政诉讼法〉若干问题的解释》第 79 条第 1 项之规定，裁定：(1)撤销北京市海淀区人民法院(2016)京 0108 行初 227 号行政判决；(2)驳回杨某某的起诉。

法官评析

依据 2008 年《政府信息公开条例》第 37 条之规定，公共企事业单位原则上不能直接作为政府信息公开诉讼案件的被告，除非国务院有关主管部门或者机构制定了参照适用的具体办法。

1. 依据行政诉讼的一般原理，行政诉讼的被告只能是行政主体，其包括行政机关和法律法规授权的组织。公共企事业单位不是行政机关，如果属于法律、法规授权的组织，则应当有部门法的授权，即赋予其一定的行政管理职权。作为法律、法规授权的组织，其信息公开应当依据2008年《政府信息公开条例》第36条之规定进行，即"法律、法规授权的具有管理公共事务职能的组织公开政府信息的活动，适用本条例。"2008年《政府信息公开条例》既然单列第37条，显然该条所指之情形应当有别于第36条。因此，不能简单地将第37条视为一个授权性条款，从而直接依据该条将公共企事业单位列为政府信息公开诉讼的被告。

2. 从新条例的规定来看，这一点更为明确。2019年修订后的《政府信息公开条例》第55条规定，教育、卫生健康、供水、供电、供气、供热、环境保护、公共交通等与人民群众利益密切相关的公共企事业单位，公开在提供社会公共服务过程中制作、获取的信息，依照相关法律、法规和国务院有关主管部门或者机构的规定执行。全国政府信息公开工作主管部门根据实际需要可以制定专门的规定。前款规定的公共企事业单位未依照相关法律、法规和国务院有关主管部门或者机构的规定公开在提供社会公共服务过程中制作、获取的信息，公民、法人或者其他组织可以向有关主管部门或者机构申诉，接受申诉的部门或者机构应当及时调查处理并将处理结果告知申诉人。上述条文旨在促进公共企事业单位公开其在提供社会公共服务过程中制作、获取的信息。关于具体的公开路径，其明确规定，具体办法由国务院有关主管部门或者机构制定。这意味着，公共企事业单位公开相关信息需要依据主管部门制定的具体办法来进行。同时，为了避免与行政诉讼被告理论相冲突，对于公共企事业单位公开或者拒绝公开信息不服的，应当向主管部门提出投诉，由主管部门依据具体公开办法来予以监督。对于主管部门的处理决定不服的，申请人可以提出诉讼，此时公共企事业单位作为第三人参加诉讼，这样的制度设计不仅能够实现公共服务信息公开的目的，也能够与行政诉讼的基本原理相契合。从实践经验来看，这样的制度涉及已经在若干公共服务信息公开领域得以验证。例如，教育部制定的《高等学校信息公开办法》第26条规定："公民、法人和其他组织认为高等学校未按照本办法规定履行信息公开义务的，可以向学校内设监察部门、省级教育行政部门举报；对于中央部委所属高等学校，还可向其上级主管部门举报。收到举报的部门应当及时处理，并以适当方式向举报人告知处理结果。"原《医疗卫生服务单位信息公开管理办法（试行）》第25条规定："公民、法人或其他组织认为医疗卫生服务单位未依法履行信息公开义务的，可以向医疗卫生服务单位相关部门或者上级主管部门投诉举报。收到投诉举报的部门应当予以调查处理，并书面向投诉举报人告知处理结果。”从上述主管部门制定的信息公开办法来看，其均将公共企事业单位公开公共服务信息纳入行政监管的范畴，而不是由申请人直接起诉公共企事业单位。

【法律法规链接】

《行政诉讼法》第 89 条第 1 款第 2 项

《政府信息公开条例》(2008 年) 第 37 条

《政府信息公开条例》(2019 年修订) 第 55 条

(撰稿人　赵　锋)

4

CHAPTER

第四章

教育管理

01

行政法正当程序原则之理解与适用

——于某某诉北京大学撤销博士学位决定案

裁判规则

正当程序原则的要义在于，作出任何使他人遭受不利影响的行使权力的决定前，应当听取当事人的意见。正当程序原则是裁决争端的基本原则及最低的公正标准，其在我国《行政处罚法》《行政许可法》等基本行政法律规范中均有体现。作为最基本的公正程序规则，只要成文法没有排除或另有特殊情形，行政机关都要遵守。即使法律中没有明确的程序规定，行政机关也不能认为自己不受程序限制，甚至连最基本的正当程序原则都可以不遵守。应当说，对于正当程序原则的适用，行政机关没有自由裁量权。只是在法律未对正当程序原则设定具体的程序性规定时，行政机关可以就履行正当程序的具体方式作出选择。

案　情〔1〕

于某某系北京大学历史学系2008级博士研究生，于2013年7月5日取得历史学博士学位。2013年1月，于某某将其撰写的论文《1775年法国大众新闻业的"投石党运动"》（以下简称《运动》）向《国际新闻界》杂志社投稿。同年5月31日，于某某向北京大学提交博士学位论文答辩申请书及科研统计表。于某某将该论文作为科研成果列入博士学位论文答辩申请书，注明"《国际新闻界》，2013年待发"。于某某亦将该论文作为科研论文列入研究生科研统计表，注明"《国际新闻界》于2013年3月18日接收"。同年7月23日，《国际新闻界》

〔1〕 北京市第一中级人民法院：（2017）京01行终277号。

(2013年第7期)刊登《运动》一文。2014年8月17日,《国际新闻界》发布《关于于某某论文抄袭的公告》,认为于某某在《运动》一文中大段翻译原作者的论文,直接采用原作者引用的文献作为注释,其行为已构成严重抄袭。随后,北京大学成立专家调查小组对于某某涉嫌抄袭一事进行调查。同年9月1日,北京大学专家调查小组召开第一次会议,决定聘请法国史及法语专家对于某某的博士学位论文、《运动》一文及在校期间发表的其他论文进行审查。同年9月9日,于某某参加了专家调查小组第二次会议,于某某就涉案论文是否存在抄袭情况进行了陈述。其间,外聘专家对涉案论文发表了评审意见,认为《运动》一文"属于严重抄袭"。同年10月8日,专家调查小组作出调查报告,该报告提到审查小组第三次会议中,审查小组成员认为《运动》一文"基本翻译外国学者的作品,因而可以视为严重抄袭,应给予严肃处理"。同年11月12日,北京大学学位评定委员会召开第117次会议,对于某某涉嫌抄袭事件进行审议,决定请法律专家对现有管理文件的法律效力进行审查。2015年1月9日,北京大学学位评定委员会召开第118次会议,全票通过决定撤销于某某博士学位。同日,北京大学作出校学位〔2015〕1号《关于撤销于某某博士学位的决定》(以下简称《撤销决定》)。该决定载明:"于某某系我校历史系2008级博士研究生,2013年7月获得博士学位,证书号为1000122013000×××。经查实,其在校期间发表的学术论文《1775年法国大众新闻业的'投石党运动'》存在严重抄袭。依据《中华人民共和国学位条例》《国务院学位委员会关于在学位授予工作中加强学术道德和学术规范建设的意见》《北京大学研究生基本学术规范》等规定,经2015年1月9日第118次校学位评定委员会审议批准,决定撤销于某某博士学位,收回学位证书。"该决定于同年1月14日送达于某某。于某某不服,于同年1月20日向北京大学学生申诉处理委员会提出申诉。同年3月16日,北京大学学生申诉处理委员会作出〔2015〕3号《北京大学学生申诉复查决定书》,决定维持《撤销决定》。同年3月18日,于某某向北京市教育委员会(以下简称市教委)提出申诉,请求撤销上述《撤销决定》。同年5月18日,市教委作出京教法申字〔2015〕6号《学生申诉答复意见书》,对于某某的申诉请求不予支持。于某某亦不服,于同年7月17日向一审法院提起行政诉讼,请求撤销北京大学作出的《撤销决定》,并判令恢复于某某博士学位证书的法律效力。

【裁判结论】

北京市第一中级人民法院经审理,判决驳回上诉,维持一审判决。

【裁判观点】

一审法院认为:《学位条例》及相关法律法规虽然未对撤销博士学位的程序作出明确规定,但撤销博士学位涉及相对人重大切身利益,是对取得博士学位人员获得的相应学术水平作出否定,对相对人合法权益产生极其重大的影响。因此,北京大学在作出被诉《撤销决定》之前,应当遵循正当程序原则,在查清事实的基础上,充分听取于某某的陈述和申辩,保障于某某享有相应的权利。本案中,北京大学虽然在调查初期与于某某进行过一次约谈,于某某就涉案论文是否存在抄袭陈述了意见;但此次约谈系北京大学的专家调查小组进行的调查程序;北京大学在作出《撤销决定》前未充分听取于某某的陈述和申辩。因此,北京大学作出的对于某某不利的《撤销决定》,有违正当程序原则。虽然北京大学当庭辩称此次约谈有可能涉及撤销学位问题,但北京大学未能提供相关证据予以证明。因此,本院对北京大学的上述辩称意见不予采信。

此外,北京大学作出的《撤销决定》中仅载明"依据《中华人民共和国学位条例》《国务院学位委员会关于在学位授予工作中加强学术道德和学术规范建设的意见》《北京大学研究生基本学术规范》等规定",未能明确其所适用的具体条款,故其作出的《撤销决定》没有明确的法律依据,适用法律亦存有不当之处。

二审法院认为:结合双方当事人的诉辩主张,本案的争议焦点在于:(1)北京大学作出《撤销决定》时是否应当适用正当程序原则;(2)北京大学作出《撤销决定》的程序是否符合正当程序原则;(3)北京大学作出《撤销决定》时适用法律是否准确。

关于焦点一,正当程序原则的要义在于,作出任何使他人遭受不利影响的行使权力的决定前,应当听取当事人的意见。正当程序原则是裁决争端的基本原则及最低的公正标准,其在我国《行政处罚法》《行政许可法》等基本行政法律规范中均有体现。作为最基本的公正程序规则,只要成文法没有排除或另有特殊情形,行政机关都要遵守。即使法律中没有明确的程序规定,行政机关也不能认为自己不受程序限制,甚至连最基本的正当程序原则都可以不遵守。应当说,对于正当程序原则的适用,行政机关没有自由裁量权。只是在法律未对正当程序原则设定具体的程序性规定时，行政机关可以就履行正当程序的具体方式作出选择。本案中，北京大学作为法律、法规授权的组织，其在行使学位授予或撤销权时，亦应当遵守正当程序原则。即便相关法律、法规未对撤销学位的具体程序作出规定，其也应自觉采取适当的方式来践行上述原则，以保证其决定程序的公正性。

关于焦点二，正当程序原则保障的是相对人的程序参与权，通过相对人的陈述与申辩，使行政机关能够更加全面把握案件事实、准确适用法律，防止偏听偏信，确保程序与结果的公正。而相对人只有在充分了解案件事实、法律规定以及可能面临的不利后果之情形下，才能够有针对性地进行陈述与申辩，发表有价值的意见，从而保证其真正地参与执法程序，而不是流于形式。譬如，《行政处罚法》在设定处罚听证程序时就明确规定，举行听证时，调查人员提出当事人违法的事实、证据和行政处罚建议，当事人进行申辩和质证。本案中，北京大学在作出《撤销决定》前，仅由调查小组约谈过一次于某某，约谈的内容也仅涉及《运动》一文是否涉嫌抄袭的问题。至于该问题是否足以导致于某某的学位被撤销，北京大学并没有进行相应的提示，于某某在未意识到其学位可能因此被撤销这一风险的情形下，也难以进行充分的陈述与申辩。因此，北京大学在作出《撤销决定》前由调查小组进行的约谈，不足以认定其已经履行正当程序。北京大学对此程序问题提出的异议理由不能成立，本院不予支持。

关于焦点三，作为一个对外发生法律效力的行政行为，其所依据的法律规定必须是明确的，具体法律条款的指向是不存争议的。唯有如此，相对人才能确定行政机关的确切意思表示，进而有针对性地进行权利救济。公众也能据此了解行政机关适用法律的逻辑，进而增进对于相关法律条款含义的理解，自觉调整自己的行为，从而实现法律规范的指引、教育功能。本案中，北京大学作出的《撤销决定》虽载明了相关法律规范的名称，但未能明确其所适用的具体条款，而上述法律规范的条款众多，相对人难以确定北京大学援引的具体法律条款，一审法院据此认定北京大学作出的《撤销决定》没有明确的法律依据并无不当，二审法院应予支持。

法官评析

一、关于正当程序的理解

（一）陈述权与申辩权是正当程序保护的核心权利

正当程序原则起源于英国古老的自然公正原则，20 世纪初逐步被适用于行政机关，其最为核心的要素是避免偏私和听取意见。避免偏私要求行政行为必须由没有利益牵连的人作出;[1]听取意见至少包括三项具体内容:公民有在合理时间以前得到通知的权利;了解行政机关论点的根据的权利;为自己辩护的权利。[2] 正当程序原则的要义在于，作出任何使他人遭受不利影响的行使权力的决定前，应当听取当事人的意见。正当程序原则是裁决争端的基本原则及最低的公正标准。目前，我国尚未制定统一的行政程序法典，该原则主要体现在我国《行政处罚法》《行政许可法》等基本行政法律规范中。比如，《行政处罚法》第41条规定:“行政机关及其执法人员在作出行政处罚决定之前，不依照本法第三十一条、第三十二条的规定向当事人告知给予行政处罚的事实、理由和依据，或者拒绝听取当事人的陈述、申辩，行政处罚决定不能成立;当事人放弃陈述或者申辩权利的除外。”应当说，作为最基本的公正程序规则，只要成文法没有排除或另有特殊情形，行政机关都要遵守。即使法律中没有明确的程序规定，行政机关也不能认为自己不受程序限制，甚至连最基本的正当程序原则都可以不遵守。对于正当程序原则的适用，行政机关没有自由裁量权。只是在法律未对正当程序原则设定具体的程序性规定时，行政机关可以就履行正当程序的具体方式作出选择。本案中，北京大学作为法律、法规授权的组织，其在行使学位授予或撤销权时，亦应当遵守正当程序原则。即便相关法律、法规未对撤销学位的具体程序作出规定，其也应自觉采取适当的方式来践行上述原则，以保证其决定程序的公正性。

(二)知情权是正当程序的必然要求

正当程序原则保障的是相对人的程序参与权，通过相对人的陈述与申辩，使行政机关能够更加全面把握案件事实、准确适用法律，防止偏听偏信，确保程序与结果的公正。而相对人只有在充分了解案件事实、法律规定以及可能面临的不利后果之情形下，才能够有针对性地进行陈述与申辩，发表有价值的意见，从而保证其真正地参与执法程序，而不是流于形式。譬如，《行政处罚法》在设定处罚听证程序时就明确规定，举行听证时，调查人员提出当事人违法的事实、证据和行政处罚建议，当事人进行申辩和质证。

---

[1] 参见周佑勇:《行政法的正当程序原则》，载《中国社会科学》2004年第4期。
[2] 参见王名扬:《英国行政法》，北京大学出版社2007年版，第118页。

唯有“知”,方能“言”,这是一个自然的逻辑规则。这一逻辑规则在信息公开制度的发展史上也能得以印证。顾名思义,信息公开制度保障的是公民的知情权,但信息公开原则最早却确立于瑞典1766年的《出版自由条例》之中。一个是信息公开(知情权),一个是出版自由(表达权),两者之间是何种逻辑联系呢?从该条例第10~12条的规定可知,为了“出版”,法律规定任何人可以自由获取档案。由此可知,信息公开原则最初的目的与出版联系在一起,即为了能够充分的表达,必须保证自由的获取信息。就正当程序而言,为了能够真正实现陈述权和申辩权,就必须充分保障知情权,可以说知情权是正当程序的必然要求和应有之义。这一点也可以与上文所引的“了解行政机关论点的根据的权利”相对应。本案中,北京大学在作出《撤销决定》前,仅由调查小组约谈过一次于某某,约谈的内容也仅涉及《运动》一文是否涉嫌抄袭的问题。至于该问题是否足以导致于某某的学位被撤销,北京大学并没有进行相应的提示,于某某在未意识到其学位可能因此被撤销这一风险的情形下,也难以进行充分的陈述与申辩,其未能享有“了解行政机关论点的根据的权利”。因此,北京大学在作出《撤销决定》前由调查小组进行的约谈,不足以认定其已经履行正当程序。北京大学对此程序问题提出的异议理由不能成立,本院不予支持。

二、正当程序背后的价值冲突及路径选择

(一)正当程序背后的价值冲突

“重实体、轻程序”是我国执法领域长期以来存在的顽疾,在法治国家和法治政府推进过程中,程序合法不断得以强调,程序的独立价值也逐渐得以认可,强化行政程序监督成为行政法的新趋势。但同时也出现了不同的声音,认为过分强调程序会导致程序空转,难以实质性化解争议,浪费行政资源和司法资源。正当程序作为一种严格的程序规制制度,不可避免地受到这种声音的质疑。概括而言,正当程序背后存在着两种价值冲突。

一是程序独立与工具主义的冲突。20世纪以来,人们虽然认识到了行政程序的价值,但仍带有程序工具主义色彩。这是经济逻辑影响人们处世观念的结果。[1] 按照经济逻辑,功利是评判价值的主要标准,结果是评判

---

〔1〕 See Morris R. Cohen, *Law and the Social Order: Essays in Legal Philosophy*, NewYork, Harcount, Brace, 1993, p. 128.

行为价值的依据。这种结果至上的思想投影到法学领域,便导致了法律程序工具主义的盛行。在程序工具主义者看来,“程序法的唯一目的,或者其力所能及的范围,就是最大限度地执行实体法”。[1] 与此同时,人们也认识到程序所具有的独立价值。这些价值包括人格尊严的维护、参与权的实现等。比如,听证的价值不仅在于帮助查清事实,还在于给当事人参与、陈诉意见之机会。秉持程序工具主义价值观,就会对程序违法现象较为宽容。反之,秉持程序独立价值观,则会对程序合法性有着十分严格的要求。

二是程序合法与程序经济原则的冲突。“在国家支出日益庞大、财政日益困难的时代,行政行为之效率与效能的提升,已经成为主要的潮流”。[2] 因此,在行政程序的设计上,不得不给程序经济原则留下足够重要的位置。立法者一方面要坚持程序合法性原则,另一方面还要对程序违法采取较为灵活的态度。实际上,这种冲突本质上仍可追溯到公正和效率这一对永恒的矛盾上。

(二)价值冲突之间的路径选择

对于不同价值之间的冲突,比较理智的选择是根据现实需求加以平衡,而不是绝对地择一而立。从世界各国的立法和司法实践来看,这种平衡的手法得到广泛的应用。比如,德国和我国台湾地区采取了程序补正制度。对程序或形式违法行政行为采取补救措施后,该行政行为可转化为自始合法的行政行为,任何人不得再以程序违法为由撤销该行政行为。日本则采用程序治愈制度,但这一制度并未规定在行政程序法典中,而是体现在判例上。而且,判例对程序治愈的态度也不一致。日本学界对治愈则持谨慎的赞同意见。比如,室井力认为:“无限制地对它做出承认则有可能违反法治主义的要求,所以,只有在瑕疵轻微,不侵害相对人的利益,而且尽管符合法治主义的要求,但同一行为的反复被认为不合理,在这种例外的情形才可予以承认。”[3] 在英国和美国,对程序违法的态度更为灵活,均认可事后听证,即如果法律没有规定,单就宪法上正当法律程序的听证而言,只要不损害当

---

[1] J. Bentham, The Principle of Judicial Procedure, p. 6. See Gerald J. Posterna, “The Principle of Utility and the law of procedure: Bentham' Theory of Adjudication”, 11 Georgia Law Review 1422, 1977.

[2] 林滕鹞:《行政法总论》,三民书局股份有限公司1999年版,第83页。

[3] [日]室井力主编:《日本现代行政法》,吴微译,中国政法大学出版社1995年版,第110页。

事人的权利,完全可以事后进行。在美国,听证不仅可以事后进行,甚至在对当事人的权利不产生重大不利影响时,可由法院的审查代替。

由上可知,各个国家和地区对于程序违法的态度不尽一致,这与各国的法律传统、法治状况、法治观念等因素密切相关。从我国《行政诉讼法》的规定来看,对程序违法亦采取了区分处理的态度。我国《行政诉讼法》第70条第3项明确规定,行政行为违反法定程序的,法院应判决撤销,并可判决行政机关重新作出行政行为。同时,该法第74条第1款第2项规定,行政行为程序轻微违法,但对原告权利不产生实际影响的,人民法院判决确认违法,但不撤销行政行为。由此可知,出于行政成本和诉讼经济的考虑,对于程序轻微违法的行政行为法院仅判决确认违法而保留其效力,并不予以撤销。而对于违反听证程序等情形,则应判决撤销。"对于什么是轻微程序违法,各国有不同认识,如应当经过听证而未听证的程序违法,日本认为不属于程序轻微违法,而德国则规定为可以补正的程序轻微违法。我国立法和司法判例中将告知申辩权、听证等作为重要程序,一旦违反,属于重大程序违法应予撤销行政行为。"[1]由此,在我国现行法律框架下,对于违反正当程序的行政行为,法院应当判决予以撤销。

【法律法规链接】

《行政诉讼法》(2014年修正)第70条第3项

(撰稿人 赵 锋)

〔1〕 袁杰主编、全国人大常委会法制工作委员会行政法室编著:《中华人民共和国行政诉讼法解读》,中国法制出版社2014年版,第205页。

02

扩大解释和目的解释冲突时的法律适用

——谢某某诉北京电影学院取消硕士学位案

裁判规则

对于条文的解释,应当以条文保护的权益为指导,实现处罚的妥当性以及处罚范围的合理性,而并不能将有利于当事人作为解释的唯一原则。如果进行扩大解释,诚然对上诉人有利,其可以获得一年后重新申请学位的机会,但是这样使得论文复制百分比畸高者仍可以获得一年后重新申请学位的机会,显然对于规范学位论文管理和推进建立良好学风不利,也不利于实现处罚的妥当性,并最终违背法律条文的目的解释原则。

案　情[1]

谢某某原系北京电影学院文学系2012级在职艺术硕士(MFA)研究生,于2012年9月至2015年6月在职在北京电影学院文学系电影领域电影剧本创作方向学习。2015年5月27日及28日,北京电影学院文学系安排2012级研究生(电影剧作专业、电视剧剧作专业)进行毕业论文答辩。谢某某的硕士学位论文题目为《论电影剧作中的心理学应用及实践》。同年5月27日,北京电影学院文学系答辩委员会作出答辩委员会决议书,表决结果为五票赞成建议不授予谢某某硕士专业学位,零票反对。该决议书中"答辩委员会评语"处载明:"关于谢某某的论文审核,经过答辩委员会合议,鉴于其论文在体例上不具备论文规范,无论点论据,仅以图书摘抄形式充斥全文,且抄袭内容超过70%,严重违反学生最

〔1〕 北京市第一中级人民法院:(2018)京01行终614号。

基本学术规范要求,影响极其恶劣,特决定停止其答辩资格,终止培养。"2015年5月28日,谢某某进入答辩现场后,被当场告知因其毕业论文存在抄袭,取消其答辩资格。同年6月9日,北京电影学院文学系作出《关于取消谢某某答辩资格决定的补充材料》,就谢某某的论文涉嫌抄袭之处作出如下说明:"……他的整篇文章分为五部分:绪论。简单的540字开场,有少量原文的抄袭。第一章,剧作心理学。从体例到文字、到片例完全是照抄《编剧心理学:在剧本中建构冲突》一书。论点、论据、片例剽窃率超过了70%。第二章,人物心理学。主要剽窃自百度百科和相关的心理学专著。剽窃率高达90%。第三章,观众心理学。主要剽窃自百度百科和相关的心理学专著。剽窃率高达90%。结语。共300字,100%剽窃自《编剧心理学》导论部分……"同年7月2日,北京电影学院作出取消硕士学位决定。谢某某不服该决定,于2016年2月23日向一审法院提起行政诉讼。2017年2月20日,一审法院作出(2016)京0108行初115号行政判决,认定北京电影学院作出的取消硕士学位决定违反法定程序,且适用法律存在不当之处,判决撤销北京电影学院于2015年7月2日作出的关于对谢某某取消硕士学位的决定。

2017年3月16日,北京电影学院研究生院向谢某某作出关于取消谢某某学位申请资格的通知,告知谢某某:"根据北京电影学院文学系答辩委员会意见,经北京电影学院学术委员会学术道德与学术仲裁专门委员会认定,你于2015年5月所提交的硕士学位论文《论电影剧作中的心理学应用与实践》存在严重抄袭行为,违反学术道德和学术规范要求,依据《中华人民共和国学位条例》(以下简称学位条例)第八条,《学位论文作假行为处理办法》第二条、第七条,以及《北京电影学院学位授予细则》、《北京电影学院关于学位论文学术不端行为检测及处理办法》等规定,经北京电影学院学位评定委员会讨论,决定拟取消你的学位申请资格。根据《学位论文作假行为处理办法》第十三条的规定,在北京电影学院学位评定委员会作出最终决定前,你有陈述和申辩的权利。如有异议,请在收到本通知30日内提出。"谢某某收到该通知后,未在30日内提出异议。2017年6月26日,北京电影学院召开校学位评定委员会全体会议,认定谢某某的学位申请材料存在严重抄袭、剽窃行为。次日,北京电影学院学位评定委员会作出北京电影学院学位评定委员会决议,决定取消谢某某学位申请资格。谢某某对该决定不服,向一审法院提起行政诉讼。一审法院经过审理,判决驳回了谢某某的诉讼请求。

【裁判结论】

北京市第一中级人民法院经审理,判决驳回上诉,维持一审判决。

【裁判观点】

一审法院认为:根据《学位条例》第 8 条及《学位论文作假行为处理办法》第 7 条规定,北京电影学院作为学位授予单位,依法具有取消学位申请资格的行政职权。

《学位论文作假行为处理办法》第 2 条规定:"向学位授予单位申请博士、硕士、学士学位所提交的博士学位论文、硕士学位论文和本科学生毕业论文(毕业设计或者其他毕业实践环节)(统称为学位论文),出现本办法所列作假情形的,依照本办法的规定处理。"第 7 条规定:"学位申请人员的学位论文出现购买、由他人代写、剽窃或者伪造数据等作假情形的,学位授予单位可以取消其学位申请资格。"第 13 条规定:"对学位申请人员、指导教师及其他有关人员做出处理决定前,应当告知并听取当事人的陈述和申辩。当事人对处理决定不服的,可以依法提出申诉、申请行政复议或者提起行政诉讼。"根据上述规定,学位申请人员的学位论文出现剽窃等作假情形的,学位授予单位可以通过法定程序取消其学位申请资格。本案中,经北京电影学院审查,谢某某提交的学位论文存在严重的抄袭、剽窃行为。北京电影学院对谢某某作出处理决定前,向谢某某告知拟取消其学位申请资格,并告知其享有陈述和申辩的权利。谢某某未向北京电影学院提出陈述和申辩意见。北京电影学院根据其调查认定情况,决定取消谢某某学位申请资格,符合上述规定,并无不当。谢某某的诉讼请求缺乏事实和法律依据,法院不予支持。

二审法院认为:根据双方当事人在二审期间的诉辩意见,本案的争议焦点在于:(1)是否能以毕业论文存在抄袭问题,直接取消上诉人的学位申请资格;(2)被上诉人作出本案被诉行为是否违反《行政诉讼法》第 71 条的规定;(3)本案能否适用《北京电影学院关于学位论文学术不端行为检测及处理办法》(2016 年版)(以下简称 2016 年版处理办法)第 9 条第 4 项的规定;(4)本案能否适用《北京电影学院关于学位论文不端行为检测及处理办法》(试行)(以下简称

2015年版处理办法)第6条的规定及被诉决定是否正确。

关于争议焦点一,《学位条例》第5条规定,高等学校和科学研究机构的研究生,或具有研究生毕业同等学力的人员,通过硕士学位的课程考试和论文答辩,成绩合格,达到下述学术水平者,授予硕士学位。《学位论文作假行为处理办法》第7条规定,学位申请人员的学位论文出现购买、由他人代写、剽窃或者伪造数据等作假情形的,学位授予单位可以取消其学位申请资格;已经获得学位的,学位授予单位可以依法撤销其学位,并注销学位证书。根据前述规定,课程考试合格和论文答辩成绩合格,均属于获得硕士学位的必要要件。且学位论文出现作假情形的,作为学位授予单位的被上诉人有权取消其学位申请资格。故本案中,上诉人主张被上诉人不应当仅以毕业论文存在抄袭,就直接取消上诉人的学位申请资格的上诉理由不能成立。

关于争议焦点二,《行政诉讼法》第71条规定,人民法院判决被告重新作出行政行为的,被告不得以同一的事实和理由作出与原行政行为基本相同的行政行为。《最高人民法院关于适用〈中华人民共和国行政诉讼法〉的解释》第90条第2款规定,人民法院以违反法定程序为由,判决撤销被诉行政行为的,行政机关重新作出行政行为不受《行政诉讼法》第71条规定的限制。本案中,一审法院作出的(2016)京0108行初115号行政判决是以未告知上诉人陈述申辩权利违反法定程序、原取消硕士学位申请资格决定未载明所依据的具体规定为由,撤销原取消硕士学位决定的,故被上诉人在原决定被撤销后,通知上诉人陈述和申辩,经过学位评定委员会再次讨论,作出本案取消上诉人硕士学位申请资格的决定,并不违反《行政诉讼法》第71条的规定。

关于争议焦点三,《立法法》第93条规定,法律、行政法规、地方性法规、自治条例和单行条例、规章不溯及既往,但为了更好地保护公民、法人和其他组织的权利和利益而作的特别规定除外。该条确立了"从旧兼有利的"法律适用原则。对于规范性文件的适用亦应当遵守该原则。本案中,被上诉人制定的2016年版处理办法第9条第4项规定,论文相似比(去除本人已发表的论文及著作)超过60%(含)以上,视为严重学术不端行为,可依据国家学术不端行为的相关规定,取消学位申请资格。该办法于2016年6月27日校长办公会审议通过,同年7月5日印发。而上诉人的行为发生于2015年,故不应当适用2016年版处理办法的规定。

关于争议焦点四,2015 年版处理办法第 6 条第 3 项规定,使用论文相似性检测软件对学位论文进行技术性查重,检测文字总的复制百分比在 30%(含)以上者,一般不能进行本次学位论文答辩,研究生须在导师指导下对论文进行重大修改或重新选题,一年后重新申请学位。若再次申请学位的论文相似比仍超过 30%(含),则取消其申请学位的资格。首先,该条针对的情况为使用论文相似性检测软件对论文进行检测的情况,而本案中上诉人抄袭的并非论文,而是他人著作。其次,是否可以对该条作出扩大解释即将该条规定的抄袭论文的情形扩大适用于上诉人抄袭他人著作的行为。本院认为,对于条文的解释,应当以条文保护的权益为指导,实现处罚的妥当性以及处罚范围的合理性,而并不能将有利于当事人作为解释的唯一原则。具体到本案中,如果将 2015 年版处理办法第 6 条第 3 项的规定扩大适用到上诉人抄袭他人著作的行为中,诚然对上诉人有利,其可以获得一年后重新申请学位的机会。然而,作为 2015 年版处理办法上位法的《学位论文作假行为处理办法》第 7 条明确规定,学位申请人员的学位论文出现购买、由他人代写、剽窃或者伪造数据等作假情形的,学位授予单位可以取消其学位申请资格。根据该条规定作为学位授予单位的被上诉人有权根据学位申请人员的学位论文情况,作出是否直接取消其学位申请资格的决定,并未规定学位授予单位必须给予学位申请人员一年后重新申请学位的机会。且该办法第 1 条规定,该办法制定的目的是规范学位论文管理,推进建立良好学风,提高人才培养质量,严肃处理学位论文作假行为。被上诉人制定的 2015 年版处理办法第 6 条第 3 项规定对检测文字总的复制百分比在 30%(含)以上者并未进行区分处理,这样使得论文复制百分比畸高者仍可以获得一年后重新申请学位的机会,显然对于规范学位论文管理和推进建立良好学风不利。正基于此,被上诉人在制定 2016 年版处理办法时,对此予以修订,规定对于论文相似比超过 60% 的情形,学校可以直接取消其学位申请资格。如果对 2015 年版处理办法第 6 条第 3 项作出扩大解释,则不利于实现处罚的妥当性。最后,根据本案查明的事实,上诉人的论文复制比为 66.4%,故在此情况下,被上诉人可以根据《学位论文作假行为处理办法》第 7 条的规定,直接取消上诉人学位申请资格,且非明显不当。综上,一审法院判决驳回谢某某的诉讼请求正确,本院应予维持。上诉人谢某某关于撤销一审判决等上诉理由,均缺乏事实和法律依据,其上诉请求法院不予支持。

法官评析

本案的核心问题在于对于谢某某的抄袭行为应当作出何种程度的决定,是直接取消其学位申请资格还是按照2015年版处理办法第6条第3项的规定,给予其一年后重新申请学位的机会。

首先,《学位论文作假行为处理办法》第7条规定,学位申请人员的学位论文出现购买、由他人代写、剽窃或者伪造数据等作假情形的,学位授予单位可以取消其学位申请资格;已经获得学位的,学位授予单位可以依法撤销其学位,并注销学位证书。该条规定的是可以取消其学位申请资格,而非必须。故何种情况下学校可以作出取消学位申请资格的决定,属于自由裁量的事项。而针对该自由裁量事项,本案的被上诉人北京电影学校制定过两版处理办法,分别为2016年版处理办法和2015年版处理办法。故接下来需要考量,两个处理办法能否在该案件中适用。

其次,该案能否适用2016年版处理办法第9条第4项规定。《立法法》第93条规定,法律、行政法规、地方性法规、自治条例和单行条例、规章不溯及既往,但为了更好地保护公民、法人和其他组织的权利和利益而作的特别规定除外。这一规定体现了在新旧法适用方面"法不溯及既往"的基本原则,同时从保护当事人利益的角度出发,又有条件地采取了从新原则,可以归纳为"从旧兼有利"原则。该原则主要表现在新法施行后对旧法下发生的行为仍然适用旧法。

在本案中,被上诉人制定的2016年版处理办法第9条第4项规定,论文相似比(去除本人已发表的论文及著作)超过60%(含)以上,视为严重学术不端行为,可依据国家学术不端行为的相关规定,取消学位申请资格。该办法于2016年6月27日校长办公会审议通过,同年7月5日印发。而上诉人的行为发生于2015年,且新的规定对上诉人来讲,并不存在有利的情形,故不应当适用2016年版处理办法的规定。

再次,本案能否适用2015年版处理办法第6条第3项的规定。该条规定,使用论文相似性检测软件对学位论文进行技术性查重,检测文字总的复制百分比在30%(含)以上者,一般不能进行本次学位论文答辩,研究生须在导师指导下对论文进行重大修改或重新选题,一年后重新申请学位。若再次申请学位的论文相似比仍超过30%(含),则取消其申请学位的资格。

本案上诉人的论文抄袭行为能否适用该条的规定，涉及法律解释学的问题。

法的解释贯穿于法律适用的全过程。按照严格法治理论，法律的解释应当严格按照字面含义来进行。但是如果在每一个案件中都这样，不仅法官的创造性难以得到发挥，而且还可能造成法律的僵化，达不到法律用以调整和规范社会行为的目的。在限制法官权力之外，现代法治理念也要求法官更多地关注对法律价值的追求，还要求法律应用者在解释法律时可以根据法律的日的进行缩小或扩大。当然，根据不同的分类标准，法的解释方法有多种，本案主要运用到扩大解释和目的解释两种方法。

扩大解释是指根据立法精神，结合社会的现实需要，将法律条文的含义作扩大范围的解释。在此种情况下，解释的内容已经超出了法律条文的字面含义，这种解释之所以是合法的，是因为所解释的法律条文上的概念与被解释的事实上的概念之间具有法律性质的联系。在本案中，2015 年版处理办法中规定的处理措施主要针对的是抄袭论文的情况，并未涉及抄袭著作的情况。然而，抄袭论文和抄袭著作，并没有实质上的差别。故运用扩大解释的方法，本案的情形，应当是可以适用 2015 年版处理办法第 6 条第 3 项的规定。

而目的解释，主要是指从指定某一部法律的目的来解释法律。对于条文的解释，应当以条文保护的权益为指导，实现处罚的妥当性以及处罚范围的合理性，而并不能将有利于当事人作为解释的唯一原则。具体到本案中，如果将 2015 年版处理办法第 6 条第 3 项的规定扩大适用到上诉人抄袭他人著作的行为中，诚然对上诉人有利，其可以获得一年后重新申请学位的机会。然而，作为 2015 年版处理办法上位法的《学位论文作假行为处理办法》第 7 条明确规定，学位申请人员的学位论文出现购买、由他人代写、剽窃或者伪造数据等作假情形的，学位授予单位可以取消其学位申请资格。而 2015 年版处理办法制定的初衷也是为了规范学位论文管理，推进建立良好学风。如果对学生的造假行为不予区分，即使情节恶劣，仍然给予其一年后重新申请学位的机会，显然有违 2015 年版处理办法制定的初衷。

最后，当两种解释方法得出的结论相冲突时，确保法律之间相协调是最好的解释方法。对于条文的解释，应当以条文保护的权益为指导，实现处罚的妥当性以及处罚范围的合理性，而并不能将有利于当事人作为解释的唯一原则。如果进行扩大解释，诚然对上诉人有利，但是这样使得论文复制百分比畸高者仍可以获得一年后重新申请学位的机会，显然对于规范学位论文管理和推进建立良好学风不利，也不利于实现处罚的妥当性。故判决最终选择了目的解释，而未进行扩大解释。

本案判决最大的意义在于重申和明确了当对法律的解释产生冲突的时候应当如何选择的具体应用。判决说理通俗易懂，说理透彻，将抽象的法律规则以判例的形式具体化、形象化，有助于全社会对于法的解释乃至法律适用的准确把握，实质性化解行政争议，对于推进行政机关依法行政和当事人通过行政诉讼维护自身权益具有强烈的启示意义。

【法律法规链接】

《行政诉讼法》第71条

《立法法》第93条

《最高人民法院关于适用〈中华人民共和国行政诉讼法〉的解释》第90条第2款

（撰稿人　杨晓琼　刘　娜）

03

高校颁发学位证行为的可诉性及正当程序的适用原则

——田某诉北京科技大学履行办法学位证职责案

裁判规则

高等学校对受教育者有进行学籍管理、实施奖励或处分的权力，有代表国家对受教育者颁发相应的学业证书、学位证书的职责，教育者在对受教育者实施管理中，虽然有相应的教育自主权，但不得违背国家法律、法规和规章的规定。受教育者针对教育者学籍管理行为不服提起诉讼，属于行政诉讼的受案范围。

高校退学处理的决定涉及当事人的受教育权利，从充分保障当事人权益原则出发，高校应将此决定直接向本人送达、宣布，允许当事人提出申辩意见。

案　情[1]

田某于1994年9月考取北京科技大学，取得本科生的学籍。1996年2月29日，田某在电磁学课程补考过程中，随身携带写有电磁学公式的纸条。考试中，其去上厕所时纸条掉出，被监考老师发现。监考老师按考场纪律，当即停止了田某的考试。同年3月5日，北京科技大学根据校发(94)第068号《关于严格考试管理的紧急通知》(以下简称068号通知)，认定田某的行为属于夹带作弊行为，对其作出按退学处理决定，并于同年4月10日填发了学籍变动通知。但该处理决定和变更学籍通知未直接向田某宣布、送达，也未实际给田某办理有关

---

[1] 北京市第一中级人民法院：(1999)一中行终字第73号。

退学的手续，田某继续在校以该校大学生的身份参加正常学习及学校组织的活动。1996年3月，田某因学生证丢失未进行1995学年至1996学年第二学期的注册，1996年9月北京科技大学为田某补办了学生证，之后每学年均继续收取田某缴纳的学宿费，并为田某进行学籍注册、发放大学生补助津贴、安排参加大学生毕业实习设计。其间，北京科技大学安排田某重修了电磁学课程并考试合格。田某还以该校大学生的名义参加有关考试，先后取得了大学英语四级、计算机应用水平考试BASIC语言成绩合格证书。田某在该校四年学制学习中成绩全部合格，毕业实习、设计及论文答辩均予通过，毕业论文成绩为优秀，毕业总成绩为全班第九名。1998年6月，田某所在院系向北京科技大学报送田某所在班级授予学士学位表时，北京科技大学以田某已按退学处理，不具有北京科技大学学籍为由，拒绝为其颁发毕业证，亦未向有关教育行政部门呈报毕业派遣资格表。田某所在应用学院及物理化学系认为田某符合大学毕业和授予学士学位的条件，但由于当时田某的毕业问题正在与学校交涉，故学院暂时未在授予学位表中签字，待学籍问题解决后再签。北京科技大学因此未将田某列入授予学士学位资格的名单交该校学位评定委员会审核。另外，因北京科技大学的部分教师为田某一事向原国家教委申诉，国家教委高校学生司于1998年5月19日致函北京科技大学，认为北京科技大学对田某违反考场纪律一事处理偏重，建议复查。同年6月5日，北京科技大学复查后，仍然坚持原结论。田某不服，向法院提起本案诉讼，请求法院判令北京科技大学：(1)为其颁发毕业证书、学位证书；(2)及时有效地为其办理毕业派遣手续；(3)赔偿经济损失3000元；(4)在校报上公开向原告赔礼道歉并为其恢复名誉。一审法院经审理，判决北京科技大学在本判决生效之日起30日内向田某颁发大学本科毕业证书；北京科技大学在本判决生效之日起60日内组织本校有关院、系及学位评定委员会对田某的学士学位资格进行审核；北京科技大学于本判决生效后30日内履行向当地教育行政部门上报有关田某毕业派遣的有关手续的职责；驳回田某的其他诉讼请求。北京科技大学不服提起上诉。

【裁判结论】

北京市第一中级人民法院经审理，判决驳回上诉，维持一审判决。

【裁判观点】

一审法院认为：根据我国法律规定，高等学校对受教育者有进行学籍管理、实施奖励或处分的权力，有代表国家对受教育者颁发相应的学业证书、学位证书的职责，受教育者在经过考试合格被教育者录取后，即享有该校的学籍，取得了在学校学习的资格。教育者在对受教育者实施管理中，虽然有相应的教育自主权，但不得违背国家法律、法规和规章的规定。本案田某在补考中随身携带纸条的行为属于违反考场纪律的行为，北京科技大学可以按照有关法律、法规、规章及学校的有关规定处理，但其依本校制定的“068号通知”的有关内容对田某作退学处理，直接与1990年《普通高等学校学生管理规定》[1]第29条规定的法定退学条件相抵触。而且退学处理的决定涉及田某的受教育权利，从充分保障当事人权益原则出发，北京科技大学应将此决定直接向本人送达、宣布，允许当事人提出申辩意见。而北京科技大学既未依此原则处理，尊重当事人的权利，也未实际给田某办理注销学籍、迁移户籍、档案等手续。田某在1995学年至1996学年第二学期虽因丢失学生证未能注册，但北京科技大学1996年9月又为其补办了学生证并注册的事实行为，应视为北京科技大学改变了其对田某所作的按退学处理的决定，恢复了田某的学籍。北京科技大学又安排田某修满四年学业，参加考核、实习及作毕业设计并通过论文答辩等。上述一系列工作虽系北京科技大学及其所属院、系的部分教师具体实施，但因他们均是在北京科技大学领导下完成的职务工作，故北京科技大学应承担上述行为所产生的法律后果。

国家实行学业证书制度，北京科技大学作为国家批准设立的高等学校，对取得普通高等学校学籍、接受正规教育、学习结束达到一定水平和要求的受教育者，应当为其颁发相应的学业证明，以承认该学生具有的相当学历。田某符合上述高等学校毕业生的条件，北京科技大学应当依《教育法》(1995年施行，现已修订，下同)第28条第1款第5项及1990年《普通高等学校学生管理规定》第35条的规定，为田某颁发大学本科毕业证书。

国家实行学位制度，学位证书是评价个人学术水平的尺度。北京科技大学作为国家授权的高等学校学士学位授予机构，应依法定程序对达到一定学术水平或专业技术水平的人员授予相应的学位，颁发学位证书。依《学位条例暂行实

---

[1] 1990年1月20日国家教育委员会令第7号发布，现已被修订，最新为2017年9月1日起施行，下同。

施办法》第4条、第5条、第18条第3项规定的颁发学士学位证书的法定程序要求，北京科技大学首先应组织有关院、系审核田某的毕业成绩和毕业鉴定等材料，确定田某是否已较好地掌握本门学科的基础理论、专业知识和基本技能，是否具备从事科学研究工作或担负专门技术工作的初步能力；再决定是否向学位评定委员会提名列入学士学位获得者的名单，学位评定委员会方可依名单审查通过后，由北京科技大学对田某授予学士学位。

关于高等院校的毕业生派遣问题，国家实施的是由各省、自治区、直辖市的主管毕业生调配的部门按照教育行政部门下达的就业计划，签发本地区内普通高等学校《毕业生就业派遣报到证》。根据《普通高等学校毕业生就业工作暂行规定》第9条的规定，教育者在办理毕业生就业中应当履行的职责是将取得毕业资格的大学毕业生的有关毕业分配资料上报其所在地的高校行政主管部门，以供当地教育行政部门审查和颁发毕业派遣证。田某取得大学毕业生资格后，北京科技大学理应按上述程序履行其职责。

虽然田某因北京科技大学的行为未能按时办理毕业手续，致使田某失去与同学同期获得就业的机会，可能失去取得一定劳动收入。但是，根据《国家赔偿法》第3条、第4条的规定，国家赔偿的范围应当是违法的行政行为对当事人的人身权或财产权造成的实际侵害。本案北京科技大学拒绝颁发证书的行为，未对田某形成人身权和财产权的实际损害。并且，国家目前对于大学生毕业分配实行双向选择的就业政策，田某以北京科技大学未按时颁发毕业证书致使其既得利益造成损害的主张不成立，北京科技大学不承担赔偿责任。北京科技大学对田某作出退学决定虽然无法律依据，但田某在考试中违反考场纪律，携带与考试有关纸条的事实客观存在。北京科技大学依此事实认定田某违纪，未对其名誉权造成实际损害。因此对于田某起诉要求法院判令北京科技大学赔礼道歉并在校报上为其恢复名誉的诉讼主张法院不予支持。

二审法院认为：根据我国法律规定，国家实行学业证书制度和学位制度。高等学校作为法律授权机构有代表国家对受教育者颁发相应的学业证书、学位证书的职责。北京科技大学作为国家批准设立的高等学校及作为国家授权的高等学校学士学位授予机构，其对于取得本校学籍，接受正规教育，通过了全部学科考试及毕业论文答辩，符合毕业水平和要求的受教育者，应当依法为其颁发相应的学业证明，以承认其具有的相当学历；并应依法定程序对达到一定学术水平或专业技术水平的人员授予相应的学位,颁发学位证书。北京科技大学在田某取得该校学籍并在校学习期间,确曾因田某在电磁学补考中随身携带了与考试有关的纸条,而作出认定田某夹带作弊,并给予其退学的处理决定。但该处理决定由于未向田某宣布、送达,北京科技大学也未给田某办理注销学籍、迁移户籍、档案等退学的手续,故该处理决定实际未予执行。此后北京科技大学允许田某继续在校以该校大学生的身份参加正常学习、考试及学校组织的活动,其间北京科技大学还为田某补办了丢失的学生证,收取了其缴纳的历学年学宿费,为其进行学籍注册,发放大学生补助津贴、毕业设计结业费等。上述行为均证明北京科技大学的退学决定因其没有执行而实际没有生效,北京科技大学应对田某按有学籍的毕业生对待。原判认定事实清楚、证据充分,适用法律正确,审判程序合法,本院应予维持。北京科技大学认为田某已不具有北京科技大学学籍,没有事实根据,本院不予采纳。学校有权制定校规、校纪,并有权对在校学生进行教学管理和违纪处理,因此而引起的争议不属于行政诉讼受理范围。北京科技大学提交的从教学档案中调取的客观记录不属于在行政诉讼中未经法院同意自行向证人调取的证言,但因其不能证明上述证据是于作出退学处理决定时形成的,故法院不予认定。

法官评析

田某诉北京科技大学拒绝颁发学位证一案,足可以载入行政诉讼的史册,并非仅因其入选了最高人民法院指导性案例,而是开创性地将高校侵犯受教育者合法权益的行为纳入行政诉讼受案范围,同时厘清了司法审查与高校自主管理的界限,并将正当程序原则作为审查行政行为合法性的重要部分。20 年的时间,高校能够作为行政诉讼的被告得到了司法实务界的广泛认同,甘某不服暨南大学开除学籍决定等案件的不断出现就是最好的证明,同时,在于某某诉北京大学撤销学位决定一案中,法院再次用正当程序原则对高校的行为给予了否定性评价,这更像是一种司法的传承。

回到本案,有几个问题需要进一步阐释。

一是关于高校的行政诉讼被告资格问题。在当时有效的《行政诉讼法》仅规定公民、法人或者其他组织可以对行政机关或者行政机关工作人员作出的行政行为可以提起行政诉讼的情况下,两审法院将高校认定为法律、法规授权的组织，并认为高等学校对受教育者所进行学籍管理、实施奖励或处分行为具有行政权的性质。因此，高校拒绝颁发学位证的行为属于行政诉讼受案范围，高校可以作为行政诉讼的被告，这个论证逻辑与2015年修订的《行政诉讼法》[1]的观点不谋而合，在第2条新增加了一款，即“前款所称行政行为，包括法律、法规、规章授权的组织作出的行政行为”，使得高校具有行政诉讼被告资格有了更为直接、明确的法律依据。

二是正当程序问题。关于程序问题，田某诉北京科技大学拒绝颁发学位证一案是如此阐述的：“退学处理的决定涉及田某的受教育权利，从充分保障当事人权益原则出发，北京科技大学应将此决定直接向本人送达、宣布，允许当事人提出申辩意见”，以朴素的言语阐述了正当程序原则，即虽然没有相应的规范性文件对处理程序予以规定，但是仍然应当保障当事人陈述、申辩的权利。在于某某诉北京大学撤销学位决定案件中，正当程序原则被进一步予以了阐释，判决书中如此阐述：“作出任何使他人遭受不利影响的行使权力的决定前，应当听取当事人的意见。正当程序原则是裁决争端的基本原则及最低的公正标准，只要成文法没有排除或另有特殊情形，行政机关都要遵守。即使法律中没有明确的程序规定，行政机关也不能认为自己不受程序限制，甚至连最基本的正当程序原则都可以不遵守。应当说，对于正当程序原则的适用，行政机关没有自由裁量权。只是在法律未对正当程序原则设定具体的程序性规定时，行政机关可以就履行正当程序的具体方式作出选择。”正当程序原则不仅成为司法审查的重要原则，亦通过行政诉讼逐渐传导至行政领域，抑或是在行政执法时注重当事人陈述、申辩权利的保护，抑或是直接制定规范性文件明确相应程序。同时，正当程序原则适用的广泛性，亦使其从教育管理领域扩宽至各个行政管理领域。

三是信赖利益保护。田某诉北京科技大学拒绝颁发学位证一案在作弊事件发生后，并未实际给田某办理注销学籍、迁移户籍、档案等手续，亦为其补办了学生证并注册，并安排田某修满四年学业，参加考核、实习及作毕业设计并通过论文答辩。该案判决认为应当视为北京科技大学改变了其对田某所作的按退学处理的决定，恢复了田某的学籍。亦朴素地阐述了信赖利

---

[1] 2017年6月27日第十二届全国人民代表大会常务委员会第二十八次会议《关于修改〈中华人民共和国民事诉讼法〉和〈中华人民共和国行政诉讼法〉的决定》第二次修正。

益保护原则，只可惜未详细予以论述。就信赖利益保护原则而言，行政机关因其权威性而为行政相对人所信赖，行政相对人基于对公权力的信任而作出一定的行为，此种行为所产生的正当利益应当予以保护。就本案而言，北京科技大学在作出处理决定后，仍然为田某补办了学生证并注册等行为，使得田某可以像其他学生一样在学校生活、学习、考试，此种因信赖学校同意其继续攻读学位而所取得可以获取学位的利益，应当予以保护。

【法律法规链接】

《教育法》第 29 条第 1 款第 5 项

《普通高等学校学生管理规定》(1990 年) 第 29 条、第 35 条

《普通高等学校学生管理规定》(2017 年) 第 30 条

《学位条例暂行实施办法》第 4 条、第 5 条、第 18 条第 3 项

(撰稿人　祝飞宇)

04

高校录取行为的司法审查边界

——程某诉清华大学不予录取案

裁判规则

受教育权是《宪法》赋予每一个公民的基本权利,若公民认为受到了侵害,提起行政诉讼是其维护自身权利的重要方式。将高考招录行为纳入行政诉讼的审查范围,既能够保护考生的合法权益,也能够规范高考招录工作的开展,保护与规范并行,是行政诉讼的宗旨所在。程某与清华大学因高考不予录取上诉案中明确的几个标准,对于高校招录行为具有十分重大的参考和借鉴意义。首先是高校招生章程的合法性标准,招生章程内容必须合法、真实、准确、表述规范,且经教育部审核备案后方能向社会公布,高校对于招生简章具有解释权,但进行解释时,不能违反国家关于教育考试法律、政策的规定,亦应公平适用于同一考试模式省份的考生;其次是艺术考试类高考分数计算的问题,应当对于分数计算方式进行严格的规定,避免规定不细化引发争议;最后是高校对于确定招生人数的自由裁量权问题,一方面,应当严格按照招生简章中关于各省市录取人数比例的规定;另一方面,对于符合招生简章规定的且高校具有自由裁量权的行为,人民法院也应当予以尊重。

案　情[1]

程某系江苏省2016年高考往届考生,报考志愿为清华大学设计学类,其高考成绩为:艺术类文化总分为316分,美术专业分为254分,专业总成绩为552.5

〔1〕 北京市第一中级人民法院:(2018)京01行终73号。

分。2016 年,江苏省普通高校招生艺术类(不分文理)文化课统考总分为 440 分,普通类(包括文科类和理科类)文化课统考总分为 480 分。2016 年江苏省普通高校招生录取最低控制分数线的文科类第一批本科线为 355 分,理科类第一批本科线为 353 分。经折算,程某的综合成绩为 203.78 分,未达到清华大学设计学类其他省份的统一录取线,未被清华大学美术学院录取。

后程某认为清华大学行为违反法律规定,不符合其招生简章内容,有失公平、公正,故向法院提起本案诉讼,请求法院依法确认清华大学对其不予录取为 2016 年清华大学美术学院(以下简称清华美院)本科生的行为违法,并要求清华大学为其补发本科录取通知书。

【裁判结论】

北京市第一中级人民法院经审理,判决驳回上诉,维持一审判决。

【裁判观点】

一审法院认为:根据《教育法》及《高等教育法》的相关规定,我国实行教育考试制度。经国家有权机关批准的普通高等院校具有相应的招收学生、自主办学的资格和权力。据此,清华大学作为教育行政主管部门批准的全日制普通高等教育学校,具有通过高考选拔招收本科学生的资格。

本案原告程某因参加 2016 年度普通高等院校招生考试,报考清华美院设计类专业未被录取提起本次诉讼。因此清华大学不予录取程某的事实依据和法律依据是否合法、充分是本案审查的重点。

1. 关于法律依据。关于清华大学开展 2016 年度普通高等院校招生工作的法律依据,一审法院认为,除《教育法》及《高等教育法》的相关原则性规定外,教育部及其相关主管部门制发了《2016 年普通高等学校招生工作规定》及《2016 年普通高等学校部分特殊类型招生基本要求》等,也是 2016 年普通高等院校招生工作应依据的规则。

本案中,清华大学公开发布了《清华大学 2016 年本科招生章程》(以下简称《清华大学招生章程》),公布了清华大学本科招生的组织机构、计划和录取等内容。此后按照教育部要求的时间,清华大学公布了向教育部报送并审核通过的《清华大学美术学院 2016 年本科招生简章》(以下简称《清华美院招生简章》)。

对此一审法院认为,首先,上述两份文件的发布程序符合法律及规范性文件的规定;其次,关于《清华大学招生章程》和《清华美院招生简章》的内容,符合国家关于高考的法律及政策的规定。具体结合程某报考的清华美院设计类专业,《清华大学招生章程》和《清华美院招生简章》在对该专业录取的条件、方式、各省录取比例等事项的规定上是一致的,且不违反国家法律及有关政策的规定,上述文件中与本案相关部分的内容是合法有效的,能够作为判断程某是否符合清华美院设立的设计类专业录取条件的依据。

2. 关于事实依据。按照《清华美院招生简章》规定,清华大学通过折算的方法计算考生的综合成绩,即"综合成绩 = 专业课成绩 ÷ 专业入围线 ×100 + 文化课成绩 ÷ 所在省本科(文/理)一批线 ×100"。因江苏省没有单独划定艺术类考生本科一批线成绩,且艺术类与普通类文化课满分值不同,故在折算程某的综合成绩前首先需要确定其所在的江苏省艺术类考生本科一批线成绩,清华大学采用同比计算公式进行江苏省艺术类一本线折算,即"艺术类文化科总分 ÷ 普通类文化科总分 = 艺术类一批线(折算) ÷ 普通类一批线"。经折算,程某的综合成绩为 203.78 分,未达到清华大学设计学类其他省份的统一录取线,故清华大学未对其予以录取,并无不当。

二审法院认为:根据《教育法》及《高等教育法》的相关规定,我国实行教育考试制度。经国家有权机关批准的普通高等院校具有相应的招收学生、自主办学的资格和权力。清华大学作为教育行政主管部门批准的教育部直属高等学校,具有通过高考选拔招收本科学生的资格。

教育部发布的《2016 年普通高等学校招生工作规定》第 23 条、第 24 条规定,高校依据《教育法》《高等教育法》和教育部有关规定制定本校的招生章程。高校的招生章程是高校向社会公布有关招生信息的必要形式,其内容必须合法、真实、准确、表述规范,经主管部门依据国家有关法律和招生政策规定进行审核备案后方能向社会公布。一经公布,不得擅自更改。……高校依据招生章程开展招生工作。《关于做好 2016 年高校部分特殊类型招生工作的通知》及其附件《2016 年普通高等学校部分特殊类型招生基本要求》对特殊类型招生工作作出具体规定。本案中,清华大学按照教育部上述规定的要求,在"阳光高考"平台上公布了经教育部审核备案的《清华大学招生章程》。该章程同时规定清华美院根据教育部有关招生规定制定艺术类专业招生实施细则。清华大学亦发布了

《清华美院招生简章》,公布了报考条件、招生专业及人数、录取方式等事项。因此,上述招生章程及简章可以作为判断程某是否符合录取条件的依据。

《清华美院招生简章》对于艺术类考生与普通文理类考生的文化课满分值不同的省份,规定了"省本科(文/理)一本线按相应比例折算"。江苏省统考科目为语文、数学、英语三门。文理科考生统考总分为480分,艺术类考生统考总分为440分。属于上述简章规定的"艺术类考生与普通文理类考生的文化课满分值不同"的情形。清华大学在计算江苏省艺术类考生综合成绩时,使用同比公式折算江苏省艺术类一本线,即"江苏省艺术类考生统考总分(440分)÷文理科考生统考总分(480分)=该省艺术类一本线(折算)÷普通类一本线"。该计算方法并未违反该院招生简章的规定。

具有招生权力的高等院校对于其制订的招生规则享有解释权。但相关高等院校进行解释时,不能违反国家关于教育考试法律、政策的规定,亦应当公平适用于同一考试模式省份的考生。《清华大学招生章程》及《清华美院招生简章》中未对按照前述同比公式折算后的江苏省一本线如何取值作出明确规定,国家有关教育考试法律、招生政策亦未对此作出强制性规定。清华大学对折算后的一本线采用四舍五入取整方式取值,该折算结果不违背法律、高考政策的有关规定,且该结果对于报考该校的江苏省考生统一适用,并无不当。即便按照程某所主张的上述折算结果保留两位小数计算其综合成绩,所得分数203.91分仍低于清华大学2016年设计学类专业录取的最低分204.13分。程某关于清华大学上述折算后一本线结果取值违背《清华大学招生章程》及《清华美院招生简章》的规定,降低其综合成绩、排名等上诉意见,本院不予采纳。

清华美院设计学类2016年招生人数为170人。该院属于经教育部批准可不编制分省分专业招生计划的院校。为保证全国生源就学,清华大学在《清华美院招生简章》中规定了"北京市考生各专业录取人数占全国计划招生人数的15%左右"。按照该年度招生人数和前述比例计算,清华美院设计学类在北京招生人数为25.5人,并非整数。而2016年北京综合成绩排序在该市第26名的考生,其成绩位于全国考生综合成绩排序的前170名范围内,清华大学确定2016年该专业在北京录取26人,未违反上述简章规定的录取比例要求以及综合成绩从高到低顺序录取的原则。程某关于清华大学上述做法未提前公示以及直接侵占了其他省考生的招生名额等上诉意见,法院不予采纳。

经过教育部批准,《江苏省2008年普通高校招生考试方案》中确定了江苏省的高考模式为“3+学业水平测试+综合素质评价”。上述方案以及江苏省教育厅发布《关于微调我省08高考方案的通知》中规定,参加必修科目成绩达到A级,在划线前加1分计入统考成绩;如4门必修科目成绩达到A级,在划线前奖励1分,即加5分计入统考成绩。《江苏省2016年普通高等学校招生工作意见》录取部分的照顾政策中对于应届考生学业水平测试规定了“可在其统考成绩总分的基础上加分投档,由高校审查决定是否录取”。《清华大学招生章程》及《清华美院招生简章》亦规定,清华大学在调档时,承认各省(区、市)招生主管部门根据教育部相关政策给予考生的政策性加分。且从江苏省教育考试院于2016年11月29日出具了《关于江苏省2016年普通高等学校招生有关情况的说明》看,上述加分计入学生投档成绩,适用于包括清华大学在内的全国高校。因此,上述加分项系经教育部批准,并非江苏省自行增加超出规定范围的加分项,可以适用于清华大学的高考招生,并计入江苏省考生的投档成绩中。

从《清华美院招生简章》公示的计算公式看,该公式中文化课成绩相对于专业课成绩,均应当是考生在文化课以及专业课方面的最终成绩。按照普通高等学校招生惯例,各省招办给各高校投档时,考生投档成绩包括考生统考总分以及加分。如前所述,江苏省学业水平测试加分可以适用于清华大学的高考招生,并计入江苏省考生的投档成绩中。清华大学在计算考生的综合成绩时,均采用相同的计算标准,即将各省招办投档成绩作为文化课成绩带入上述计算公式,符合公平原则,并无不当。程某依据《清华大学招生章程》第15条规定,提出文化课成绩应当为考试成绩的上诉意见,因该条规定是学校在按专业志愿进行具体专业录取时采用的原则,不适用本案情形。其针对综合成绩计算公式中文化课成绩提出的其他上诉意见,依据不足,本院亦不予采纳。程某提出清华大学录取综合成绩低于自己的江苏考生的上诉意见,因程某是根据两人专业课成绩、文化课统考成绩所计算出的综合成绩进行比较后提出的该理由。如前所述,文化课成绩并非仅指统考成绩,故程某提出的该理由缺乏事实依据,法院不予采纳。

法官评析

1. 高校招生行为应纳入司法审查范围

高校的招生权,是国家授予学校的一项权力,属于高校办学自主权范畴,[1]应当由高校独立行使,一般不受其他机关和社会组织的干涉。高校的招生行为是高校行使招生权的表现形式。在当前我国高校的招生录取实践中,高校有权根据社会需求、办学条件和国家核定的办学规模,制定招生方案、自主调节系科的招生比例;在高校招生计划数 120% 的投档总比例内,对考生的录取和专业的录入,均由高校自主决定;高校可以招收保送生、特长生、高水平运动员;可以对优秀三好学生、班干部加分或优先录取等。

应当说,高校的招生行为是考生接受高等教育的起点,也是考生实现高等教育受教育权的途径。在现实中,考生进入高校特别是知名高校,要经历一个选拔的过程,只有优秀的考生才能享受高等教育受教育权。高校的招生行为不仅决定了考生受教育权的实现,还决定了考生受教育权的实现程度。

受教育权作为我国《宪法》规定的公民的一项基本权利,不仅是公民有对接受高等教育与否进行选择的自由,有要求提供公平的受教育机会的权利,也有在其受教育权受到侵害时请求予以保护的权利。《行政诉讼法》已经将其明确纳入行政诉讼的权利保护范围。特别是在优质高等教育资源还很有限的情形下,要特别防止权力滥用,维护考生受教育权和高校的合法权益,确保高校招生行为的公平与公正,司法审查是其中的一个有效的方法。因此,高校的招生行为应当纳入司法审查的范围。

2. 法院对于高校招生行为进行审查时,应当把握一定的“度”,在高校办学自主权与法院司法审查之间求得平衡

就高校高考招生而言,高校的招生行为包括发布招生简章,确定录取规则、组织自主招生的笔试及面试、录取考生等一系列行为。法院对于高校招生行为进行审查时,应当坚持有限审查的原则,既要有效监督这种自主权的行使,又要对高校办学自主权给予必要的尊重,避免对高校招生行为的过度干预。审查高校高考招生行为的重点应当着重审查招生行为是否违反其公布的招生简章确定的录取原则,是否存在不公平对待的问题。

招生章程是高校根据教育法律法规制定的,向考生和社会公布招生人数与选拔录取规则等信息的规范性文件,是高校开展招生工作的依据,对高

---

[1] 参见劳凯声主编:《高等教育法规概论》,北京师范大学出版社 2000 年版,第 244 页。

校的招生行为具有约束力。对于综合性大学而言，学校内部各院、系还会就本院系具体的招生工作制定简章、细则，这些简章、细则同样对高校的招生行为具有约束力。因此，对于高校高考招生行为的审查重点应当在于高校的行为是否违背其公布的招生原则和方式。

(1)对于章程或简章、细则规定不明确的，具有招生权力的高校对于其制订的招生规则享有解释权。但相关高等院校进行解释时，首先，不能违反国家法律以及有关招生政策的规定；其次，解释的内容符合文义及惯例；最后，规则的使用应体现无差别对待原则，即应当适用于同一考试模式省份的所有考生。

本案中，《清华大学招生章程》及《清华美院招生简章》中未对按照计算考生文化课、专业课成绩的同比公式折算后的江苏省一本线如何取值作出明确规定，国家有关教育考试法律、招生政策亦未对此作出强制性规定。清华大学在计算时采用四舍五入取整的方式确定江苏省一本线，这种计算方式并非仅适用于程某一人，而是对于所有江苏省报考清华大学的考生均予以采用，是无差别对待原则的一种体现，即所有江苏省考生都平等的享受权利，并承担义务。

对于文化课中计算公式的理解——从《清华美院招生简章》公示的计算公式看，该公式中文化课成绩相对于专业课成绩，均应当是考生在文化课以及专业课方面的最终成绩。按照普通高校招生惯例，各省招办给各高校投档时，考生投档成绩包括考生统考总分以及加分。江苏省学业水平测试加分可以适用于清华大学的高考招生，并计入江苏省考生的投档成绩中。清华大学在计算考生的综合成绩时，均采用相同的计算标准，即将各省招办投档成绩作为文化课成绩带入上述计算公式，符合公平原则，并无不当。

(2)不同省份生源的确定是否违背简章既定的计划或原则。由于高校招生的公平性问题是一个很复杂的社会问题，而不是一个纯粹的法律问题。影响高校招生生源计划的因素除了各省、自治区、直辖市人口数量、考生数量外，高校还会考虑各地生源的素质、高校所在地地方政府的财政支持以及其他政策支持、学生的就业等因素。对于高校已经确定分省招生计划的，法院进行审查时应当严格审查实际招生是否按照计划进行招生；对于未编制分省招生计划的，则应当审查实际招生人数是否符合既定原则或标准。

本案中,清华大学经教育部批准不编制分省分专业招生计划。为保证全国生源就学,清华大学在《清华美院招生简章》中规定了“北京市考生各专业录取人数占全国计划招生人数的15%左右”。按照该年度招生人数和前述比例计算,清华美院设计学类在北京招生人数为25.5人,并非整数。而该年度清华大学实际录取北京考生26名。从清华大学提供的成绩排名看,2016年北京综合成绩排序在该市第26名的考生,其成绩位于全国考生综合成绩排序的前170名范围内,而招生简章确定的录取总原则是综合成绩由高到低的顺序进行录取。因此,清华大学确定2016年该专业在北京录取26人,未违反上述简章规定的录取比例要求以及综合成绩从高到低顺序录取的原则。

(3)加分的使用是否违背公平原则。高校招生章程内容必须合法、真实、准确、表述规范,且经教育部审核备案后方能向社会公布。加分的使用亦应公平适用于同一考试模式省份的考生,不能违反公平原则。首先,江苏2008高招考试方案经过教育部批准;其次,《清华大学招生章程》及《清华美院招生简章》规定,清华大学在调档时,承认各省(区、市)招生主管部门根据教育部相关政策给予考生的政策性加分;最后,从江苏省教育考试院于2016年11月29日出具了《关于江苏省2016年普通高等学校招生有关情况的说明》看,上述加分计入学生投档成绩,适用于包括清华大学在内的全国高校。综上,上述加分项系经教育部批准,并非江苏省自行增加超出规定范围的加分项,可以适用于清华大学的高考招生,并计入江苏省考生的投档成绩中,加分的使用没有违背公平原则。

【法律法规链接】

《2016年普通高等学校招生工作规定》第23条、第24条

《行政诉讼法》第89条第1款第1项

(撰稿人　何君慧)

05

高校对受教育者的处分应严格依法进行

——甘某诉暨南大学开除学籍案

裁判规则

高等学校学生应当遵守《高等学校学生行为准则》《普通高等学校学生管理规定》，并遵守高等学校依法制定的校纪校规。学生在考试或者撰写论文过程中存在的抄袭行为应当受到处理，高等学校也有权依法给予相应的处分。但高等学校对学生的处分应遵守2005年《普通高等学校学生管理规定》[1]第55条规定，做到程序正当、证据充足、依据明确、定性准确、处分恰当。特别是在对违纪学生作出开除学籍等直接影响受教育权的处分时，应当坚持处分与教育相结合原则，做到育人为本、罚当其责，并使违纪学生得到公平对待。违纪学生针对高等学校作出的开除学籍等严重影响其受教育权利的处分决定提起诉讼的，人民法院应当予以受理。人民法院在审理此类案件时，应依据法律法规、参照规章，并可参考高等学校不违反上位法且已经正式公布的校纪校规。

案　情[2]

甘某原系暨南大学华文学院语言学及应用语言学专业2004级硕士研究生。2005年甘某在两次提交现代汉语语法专题科目的考试论文时，均被任课老师发现存在抄袭行为。2006年3月8日，暨南大学作出暨学〔2006〕7号《关于给予硕士研究生甘某开除学籍处理的决定》，给予甘某开除学籍的处分。甘某不服，向

〔1〕《普通高等学校学生管理规定》已于2016年12月16日修订，自2017年9月1日起施行。

〔2〕最高人民法院：(2011)行提字第12号。

广东省教育厅提出申诉，广东省教育厅于2006年5月16日作出粤教法〔2006〕7号《学生申诉决定书》，认为暨南大学对甘某作出处分的程序违反《暨南大学学生违纪处分实施细则》第33条的规定，影响甘某的陈述权、申诉权及听证权的行使，不符合2005年《普通高校学生管理规定》第55条、第56条的规定，责令暨南大学对甘某的违纪行为重新作出处理。暨南大学收到广东省教育厅的决定书后，于2006年6月1日将调查谈话通知单送达给甘某母亲赵某某，并于当天就甘某违纪事件进行调查。2006年6月2日，暨南大学华文学院向暨南大学学生违纪处理委员会办公室建议给予甘某开除学籍的处分。6月6日，暨南大学研究生部向学校领导提交有关给予硕士研究生甘某开除学籍处理报告，建议对甘某作出开除学籍的处理。6月7日，暨南大学将违纪处理告知书送达给甘某母亲赵某某，并制作了告知笔录。2006年6月13日，赵某某将陈述、申辩材料交暨南大学。暨南大学也对甘某陈述申辩作了记录。2006年6月15日，暨南大学学生违纪处理委员会召开会议，决定给予甘某开除学籍的处分，并将给予甘某开除学籍处分的意见提交校长办公会议进行讨论。6月19日，暨南大学召开2006年第16次校长办公会议，会议决定同意给予甘某开除学籍的处分，并制作了暨学〔2006〕33号《关于给予硕士研究生甘某开除学籍处分的决定》（以下简称《开除学籍决定》），对甘某作出开除学籍处分。6月21日，暨南大学将处分决定送达给赵某某。6月23日，暨南大学又通过特快专递EMS将开除学籍决定寄送给甘某。2007年6月11日，甘某以暨南大学作出的开除学籍决定没有法律依据及处罚太重为由，向广州市天河区人民法院提起行政诉讼，请求撤销暨南大学作出的开除学籍决定并承担案件诉讼费。

【裁判结论】

广州市天河区人民法院判决维持了开除学籍决定。甘某不服提起上诉，广东省广州市中级人民法院判决驳回甘某上诉，维持原判。后甘某向广东省高级人民法院申请再审再次被驳回。

最高人民法院经再审，判决撤销一审、二审法院判决并确认暨南大学暨学〔2006〕33号《开除学籍决定》违法。

【裁判观点】

广东省广州市中级人民法院终审判决认为，根据《教育法》的规定，暨南大学有权对受教育者进行学籍管理，实施奖励或者处分。2005年《普通高等学校学生管理规定》第54条第5项规定，剽窃、抄袭他人研究成果，情节严重的，学校可以给予开除学籍处分。第68条第1款规定，高等学校应当根据本规定制定或修改学校的学生管理规定，报主管教育行政部门备案，并及时向学生公布。《暨南大学学生管理暂行规定》第53条第5项、原《暨南大学学生违纪处分实施细则》第25条规定，剽窃、抄袭他人研究成果，情节严重的，可给予开除学籍处分。本案中，甘某两次抄袭他人论文作为自己的考试论文，其行为属于抄袭他人研究成果，在任课老师已经指出其错误行为后，甘某仍然再次抄袭欺骗老师，这种治学态度是很不严谨的。暨南大学认为甘某违规行为属情节严重，主要证据充分，甘某认为其行为属考试作弊的理由不成立，不予采纳。在学校处理过程中甘某书面表达了自己的意见，也委托母亲接受了暨南大学的调查、进行了申辩，暨南大学处理程序并未影响甘某行使法定权利，甘某认为开除学籍决定程序违法的主张缺乏依据，不予支持。在适用法律方面，暨南大学根据法律授权制定了本校的学生管理规定，并依照该规定对甘某作出开除学籍决定，并无违反法律、法规和规章规定。需要指出的是，在2005年《普通高等学校学生管理规定》第54条已对开除学籍情形作出规定的情况下，暨南大学在开除学籍决定中没有引用该规定不妥，但该瑕疵不足以影响开除学籍决定的合法性。综上，广东省广州市中级人民法院认为，广州市天河区人民法院(2007)天法行初字第62号行政判决维持暨南大学的开除学籍决定正确。因此，广东省广州市中级人民法院判决驳回甘某上诉，维持原判。

最高人民法院判决认为，高等学校学生应当遵守《高等学校学生行为准则》、2005年《普通高等学校学生管理规定》，并遵守高等学校依法制定的校纪校规。学生在考试或者撰写论文过程中存在的抄袭行为应当受到处理，高等学校也有权依法给予相应的处分。但高等学校对学生的处分应遵守2005年《普通高等学校学生管理规定》第55条规定，做到程序正当、证据充足、依据明确、定性准确、处分恰当。特别是在对违纪学生作出开除学籍等直接影响受教育权的处分时，应当坚持处分与教育相结合原则，做到育人为本、罚当其责，并使违纪学生得到公平对待。违纪学生针对高等学校作出的开除学籍等严重影响其受教育权利的处分决定提起诉讼的,人民法院应当予以受理。人民法院在审理此类案件时,应依据法律法规、参照规章,并可参考高等学校不违反上位法且已经正式公布的校纪校规。

《暨南大学学生管理暂行规定》第53条第5项规定,剽窃、抄袭他人研究成果,情节严重的,可给予开除学籍处分。《暨南大学学生违纪处分实施细则》第25条规定,剽窃、抄袭他人研究成果,视情节轻重,给予留校察看或开除学籍处分。暨南大学的上述规定系依据2005年《普通高等学校学生管理规定》第54条第5项的规定制定,因此不能违背2005年《普通高等学校学生管理规定》相应条文的立法本意。2005年《普通高等学校学生管理规定》第54条列举了七种可以给予学生开除学籍处分的情形,其中第4项和第5项分别列举了因考试违纪可以开除学籍和因剽窃、抄袭他人研究成果可以开除学生学籍的情形,并对相应的违纪情节作了明确规定。其中第5项所称的"剽窃、抄袭他人研究成果",系指高等学校学生在毕业论文、学位论文或者公开发表的学术文章、著作,以及所承担科研课题的研究成果中,存在剽窃、抄袭他人研究成果的情形。所谓"情节严重",系指剽窃、抄袭行为具有非法使用他人研究成果数量多、在全部成果中所占的地位重要、比例大,手段恶劣,或者社会影响大、对学校声誉造成不良影响等情形。甘某作为在校研究生提交课程论文,属于课程考核的一种形式,即使其中存在抄袭行为,也不属于该项规定的情形。因此,暨南大学开除学籍决定援引《暨南大学学生管理暂行规定》第53条第5项和《暨南大学学生违纪处分实施细则》第25条规定,属于适用法律错误,应予撤销。一审、二审法院判决维持,显属不当,应予纠正。鉴于开除学籍决定已生效并已实际执行,甘某已离校多年且目前已无意返校继续学习,撤销开除学籍决定已无实际意义,但该开除学籍决定的违法性仍应予以确认。甘某在法院再审期间提出的其在原审期间未提出的赔偿请求,法院依法不予审查。

法官评析

受教育权是宪法和法律赋予公民的基本权利,而开除学籍则是高校对学生作出的一种最为严厉的身份性惩戒,[1]这种惩戒不仅改变了在校学生

〔1〕参见易招娣、周湖勇:《高校学生纪律处分纠纷的解决机制探究》,载《温州大学学报》(社会科学版)2018年第3期。

的身份，一定程度上剥夺学生的受教育权，而且会对学生的学业、就业乃至以后的人生都产生极其严重影响。因此，高校在对学生作出开除学籍行政处分行为时，应严格按照法律法规的规定，做到程序正当、证据充足、依据明确、定性准确、处分恰当。

一、高校自治与司法审查的界限

基于复杂的社会实践，法律、法规、规章等不可能对于高校管理中存在的各种问题进行事无巨细的规定，仅仅确定了框架性的原则，这就需要高校在法律规定的框架内，结合教育理念、教学实践等，对相关的校纪校规等管理办法进行细化，使其在具备合法性标准的前提下，充分发挥高校的自主管理空间。出于对高校自主管理权的尊重，在一般情况下，在校学生发生违规违纪行为时，应按照校规校纪的规定，接受学校给予的相应处分如记过、留校察看等。但当学校给予开除学籍处分时，有可能侵害学生的在校生身份，一定程度上剥夺学生的在校生身份权，当涉及学生受教育权的基本权利受到根本性影响的时候，司法就应摒弃谦抑性并介入审查其合法性。

在本案中最高人民法院也明确了这一点，即违纪学生针对高等学校作出的开除学籍等严重影响其受教育权利的处分决定提起诉讼的，人民法院应当予以受理。同时因校纪校规在教学实践、学校管理中的基础性作用，在相关案件的审理时，人民法院可以参考高等学校校规校纪，即有条件地赋予高等学校校纪校规“参考”适用的地位。能够作为“参考”的校纪校规必须同时符合以下条件：(1)不违反上位法，(2)已经正式公布。

二、高校作出开除学籍等处分时要严格依法进行

当高校管理规范与法律法规规章的规定不一致时，应遵循上位法优于下位法的原则予以适用，高校作出开除学籍等处分时要严格依法进行。在适用法律的过程中，不能仅仅生硬地依据法律条文的字面意思，尤其是在法律仅有原则性规定的时候。探究立法本意，合法、科学、合理的解释更能体现司法的公正性。

本案历经一审、二审，最终经最高人民法院提审后，撤销了一审、二审判决，并最终确认暨南大学作出的开除学籍决定违法，主要原因在于适用法律错误。最高人民法院认为暨南大学的《暨南大学学生管理暂行规定》第53条第5项、《暨南大学学生违纪处分实施细则》第25条系依据2005年《普通

高等学校学生管理规定》第 54 条第 5 项的规定制定，因此不能违背 2005 年《普通高等学校学生管理规定》相应条文的立法本意。

在甘某将别人的著作作为己用的事实无异议的前提下，“剽窃、抄袭他人研究成果”以及“情节严重”认定标准就显得尤为重要，因这两种情况一旦被认定都会给学生造成严重的后果。但 2005 年《普通高等学校学生管理规定》中没有具体地对这两种情况进行限定，最高人民法院基于对立法目的的考量，在裁判文书中指明：“剽窃、抄袭他人研究成果”，系指高等学校学生在毕业论文、学位论文或者公开发表的学术文章、著作，以及所承担科研课题的研究成果中，存在剽窃、抄袭他人研究成果的情形。所谓“情节严重”，系指剽窃、抄袭行为具有非法使用他人研究成果数量多、在全部成果中所占的地位重要、比例大，手段恶劣，或者社会影响大、对学校声誉造成不良影响等情形。通过这种解释，甘某在提交的课程论文中的抄袭行为便排除在 2005 年《普通高等学校学生管理规定》第 54 条规定之外，因此不应适用此条规定的开除学籍的处分。因此，暨南大学开除学籍决定援引《暨南大学学生管理暂行规定》第 53 条第 5 项和《暨南大学学生违纪处分实施细则》第 25 条规定，属于适用法律错误。相对于一审、二审采用的形式上和文意上的解释，最高人民法院对“剽窃、抄袭他人研究成果”“情节严重”其实采取的是一种限缩性的解释，缩小了这两种情况的适用范围。借助这样的解释，一方面使法律本身有了更强的适用性，另一方面也保障了学生受教育权免受恣意侵害。这一解释也被 2016 年修订的《普通高等学校学生管理规定》所吸收，2016 年修订的《普通高等学校学生管理规定》第 52 条对学校可以给予学生开除学籍处分的涉及考试违纪及抄袭等学术不端的行为进行了细化，其中第 4 项、第 5 项规定：代替他人或者让他人代替自己参加考试、组织作弊、使用通讯设备或其他器材作弊、向他人出售考试试题或答案牟取利益，以及其他严重作弊或扰乱考试秩序行为的；学位论文、公开发表的研究成果存在抄袭、篡改、伪造等学术不端行为，情节严重的，或者代写论文、买卖论文的，学校可以给予开除学籍处分。

对于开除学籍的处分，《普通高等学校学生管理规定》修订前后规定的均为“可以”而非“应当”，这也显示出教育立法的本意。开除学籍处分只是在规定范围内情节严重的情况下，学校对学生采取的最为严重的处分。谨慎作出开除学籍处分，让在校生不至于因为一两次违纪问题，就直接丧失在校继续学习、接受教育的机会。但这并不意味着学生在校有违纪行为就能逃避处罚。在校规校纪和司法审查的双重约束下，学生要遵守学校校纪校规的规定，学校则在相关损益性行政行为的作出应慎之又慎，以此维护教学秩序和保障学生权益之间的平衡，达到法律效果和社会效果的统一。

【法律法规链接】

《普通高等学校学生管理规定》(2005 年)第 16 条、第 54 条、第 55 条

《普通高等学校学生管理规定》(2016 年)第 52 条

（撰稿人　李晓林）

06

高校履行查处学术不端职责是否属于行政诉讼受案范围

——喻某诉中南大学履行查处学术不端职责案

裁判规则

判断高等学校管理行为是否属于行政诉讼范围应围绕以下三个方面进行：一是管理行为是否对管理对象(包括教师和学生)的切身权益产生重要影响；二是管理行为是否是高校基于法律授权行使行政职权的行为；三是管理行为涉及学术自治，应尊重高校有关学术评价的自主判断，审慎判断相关管理行为是否属于司法审查权限范围。举报人针对高校教师学术不端行为进行举报，高校对相关学术不端行为进行调查和处理，系其履行对所属人员学术行为的管理职责，是高校基于被举报人所在单位地位进行的内部管理，并非基于法律授权行使行政职权，高校对涉及学术行为的举报事项予以处理或不处理，均与行政职权无关，不属行政行为。

案　情[1]

喻某系中南大学机电工程学院退休副教授。喻某诉称2005年其与同院教师朱某某竞聘教授职称，朱某某在填报竞聘材料时填报虚假材料通过资格审查，并最终在竞聘投票中胜出获得教授职称。为此喻某多次向中南大学举报、申诉未果。2016年11月2日，喻某向中南大学提交朱某某2005年申报教授职称的

[1] 湖南省长沙市中级人民法院(2017)湘01行终827号。

评审材料涉嫌学术不端行为的实名举报材料。中南大学于2017年8月2日向喻某送达了《关于实名举报朱某某学术不端行为调查结论的回复函》,认为朱某某不存在学术不端行为。之后,喻某就上述回复函向中南大学提出复核申请,中南大学未予以回复。喻某认为上述回复函作出的结论错误,违反《高等学校预防与处理学术不端行为办法》(教育部令第40号)的规定。据此,喻某向法院提起行政诉讼,请求撤销《关于实名举报朱某某学术不端行为调查结论的回复函》,判令中南大学重新作出调查结论;判令中南大学向喻某提供关于朱某某学术不端行为专家调查组调查结论、专家组信息以及朱某某竞聘教授职称的相关申报资料。一审法院认定喻某不具备提起本案诉讼的原告主体资格,裁定驳回其起诉。喻某不服,向二审法院提起上诉,上诉称:喻某具有行政诉讼中利害关系人的资格,作为原告是适格的。回复函是中南大学针对喻某的举报行为作出的,是具体行政行为,喻某作为相对人,提起的诉讼属于行政诉讼的受案范围,故请求撤销一审裁定,撤销中南大学对涉案举报调查结论的回复函,改判该大学重新作出调查结论、向其提供调查结果及相关资料。

【裁判结论】

湖南省长沙市中级人民法院经审理,裁定驳回上诉,维持一审裁定。

【裁判观点】

一审法院认为:根据《高等学校预防与处理学术不端行为办法》第1条的规定,该规章的宗旨在于有效预防和严肃查处高等学校发生的学术不端行为,维护学术诚信,促进学术创新和发展。高等学校作为学术不端行为预防与处理的主体,其履行查处学术不端行为的职责是出于对公共利益的保护,而非为保护某个特定举报人的权益,也不会对举报人个人的合法权益造成侵害,故喻某作为举报人与中南大学查处他人学术不端行为的行政行为不具有利害关系。根据《行政诉讼法》第25条第1款和第49条的规定,行政诉讼的原告应当是行政行为的相对人或者与行政行为有利害关系的公民、法人或者其他组织。综上所述,喻某不具备提起本案诉讼的原告主体资格,裁定驳回喻某的起诉。

二审法院认为:根据《行政诉讼法》第2条第1款的规定,对不属行政行为的行为提出的起诉,不属行政诉讼的受案范围。高校对其所属教师的学术行为进行管理，系内部管理行为，与行政职权无关，不属行政行为。本案中，中南大学对所属人员学术行为的管理职责，系基于被举报人所在单位的地位，不是基于行政管理职能，其对涉及学术行为的举报事项予以处理或不处理，均与行政职权无关，不属行政行为。喻某认为被诉行为属行政行为，无法律依据，理由不成立，其起诉不符合《行政诉讼法》第49条第4项的规定，依法应驳回起诉。喻某对被中南大学的处理不服，可依法向有关主管部门申诉。所诉行为不是行政行为的，行政诉讼的审理中不涉及起诉人与所诉行为是否具有利害关系的判断，一审裁定的理由不当，但驳回起诉的结果是正确的。故裁定驳回上诉，维持原裁定。

法官评析

2019年年初，演员翟某被网友曝光公开发表论文查重结果为文字复制比高达40%，其博士学位授予学校经调查最终作出撤销其博士学位的处理决定，这一事件激起了社会对于“学术不端”“学术造假”现象的热议。实际上，近些年来学位授予单位基于学术不端而撤销学位的事件并非鲜见，教育部门及高校也在不断完善相关规章制度，强化对学术不端的监督查处。在司法实践中，于某某诉北京大学撤销博士学位决定案、李某诉华南理工大学撤销博士学位决定案等多个案件中，法院对高校基于学术不端问题作出行政行为的合法性进行了全面审查。本案中，喻某向中南大学举报同校教师朱某某申报教授职称的评审材料涉嫌学术不端，喻某诉请撤销中南大学对上述举报调查结论的回复函并责令该大学重新作出调查结论、向其提供调查结果。本案一审、二审法院均认定应驳回喻某的起诉，但裁定理由不同。

一审法院将本案的争议焦点定位在喻某与中南大学履行查处学术不端的职责之间是否具有利害关系上。喻某的诉讼目的实质上是要求中南大学对其举报重新进行处理，故本案从诉讼类型上应当属于履责之诉的范畴。履责之诉，不同于撤销之诉——被诉行为本身是行政机关针对相对人作出的不利处分，相对人与该行政行为之间具有利害关系，也就当然具备原告资格。履责之诉即便包含了撤销某个具体行政行为的内容，但原告最终目的是要求行政机关作出某种“给付”，此时需要判断原告是否具有请求行政机关作出“给付”的法定权利。因此，并非所有履责的答复或者回复相对人都具有原告资格，只有具有请求权基础的履责申请人才具备原告资格。对于履责类案件中原告主体资格的审查，应当从以下三个方面进行：首先，原告的合法权益是否因行政机关针对其履责申请作出的处理受到侵害。其次，如果涉及原告利益受到侵害，这种权利或者利益是否属于特定的行政法律规范所明确保护的合法权益。最后，还要考察特定的行政法律规范所提供的权利保护是否属于个别性保护，而不是基于行政管理秩序的维护所产生的针对不特定公众所提供的一般性权利保护。

本案中，结合喻某的诉称及相关案件事实，中南大学履行查处学术不端的职责的确可能影响到喻某在获得教授职称方面的相关权益，但该权益并不属于特定行政法律规范所明确保护的合法权益。另外，《高等学校预防与处理学术不端行为办法》第 1 条规定，为有效预防和严肃查处高等学校发生的学术不端行为，维护学术诚信，促进学术创新和发展，根据《高等教育法》《科学技术进步法》《学位条例》等法律法规，制定本办法。故高等学校作为学术不端行为预防与处理的主体，其履行查处学术不端行为的职责是出于对公共利益的保护，而非为保护某个特定举报人的权益，也不会对举报人个人的合法权益造成侵害。即便高等学校的上述履责行为因有利于维护公共利益、促进学术公平，进而在客观上起到保护不特定的学术领域相关人员合法权益的功能，对于具体个人而言，则只是获得一种“反射利益”，其诉请履行查处职责仍不具有原告主体资格。综上，喻某作为举报人与中南大学查处他人学术不端行为的行政行为不具有利害关系，喻某不具备提起本案诉讼的原告主体资格，法院应当裁定驳回其起诉。

二审法院将本案的争议焦点定位在高校对其所属教师的学术行为进行监督管理是否属于行政诉讼的受案范围。关于高校哪些行为具有可诉性的问题，长期以来在理论界和实务界都存在争议，其中涉及高校基于“特别权力关系”享有的一定范围内不受司法干预的自治权利与司法审查范围的有限扩张之间的博弈与平衡。一般来说，高校行为分为高校对学生的管理行为和高校对教师的管理行为。[1] 在高校对学生管理行为过程中产生的纠纷，主要集中在招生录取纠纷、开除学籍纠纷和学历与学位证书纠纷。这些关涉学生受教育权和发展权的纠纷逐渐被纳入行政诉讼的审查范围，主要

〔1〕 参见芮雪晴：《高校行为行政可诉性的法理依据与审判趋势研究》，载《福建行政学院学报》2017 年第 3 期。

有两方面原因：一是涉及学生的重大切身利益，二是高校对学生的相关管理行为是行使法律授权的行政职权的行为。相比之下，司法实践鲜对高校与教师间的行政诉讼敞开大门，主要理由是传统行政法学把高校与教师之间的管理行为视为内部行政行为，认为不属于行政诉讼受案范围。理论界则不断有学者对教师资格认定、聘任及职称评定等学校对教师管理行为的可诉性进行论证，认为上述行为具有司法审查的必要与可能。不管是高校对学生的管理行为还是高校对教师的管理行为，判断高校行为是否属于行政诉讼范围都应围绕以下三个方面进行：第一，管理行为是否对师生切身权益产生重要影响，比如对人身权、财产权、受教育权等基本权利产生实质损害。第二，管理行为是否是高校基于法律授权行使行政职权的行为。第三，管理行为涉及学术自治，应尊重高校有关学术评价行为以及评价标准的高低设置等行为，将高校学术自主判断行为排除在行政诉讼受案范围之外。

本案中，喻某系针对学术不端行为进行举报，中南大学对其所属教师学术行为进行管理，开展对教师学术不端行为的调查和认定，属于内部管理行为。中南大学对所属人员学术行为的管理职责，系基于被举报人所在单位的地位，并非基于法律授权行使行政职权，其对涉及学术行为的举报事项予以处理或不处理，均与行政职权无关，不属行政行为。喻某认为被诉行为属行政行为，无法律依据，理由不成立，依法应驳回起诉。喻某对被中南大学的处理不服，可依法向有关主管部门申诉。故裁定驳回上诉，维持原裁定。

一审、二审法院均认定应驳回喻某的起诉，但裁定理由不同。在判断当事人起诉是否符合行政诉讼起诉条件时，应先考虑行政行为的可诉性，对于不可诉的行为则不涉及当事人与所诉行为是否具有利害关系的判断。故本案二审法院采用的裁定驳回起诉理由更为妥当。

【法律法规链接】

《行政诉讼法》第 2 条第 1 款、第 49 条第 4 项

（撰稿人　闵　雪）

5

CHAPTER

第五章

房屋征收补偿

01

行政协议案件中行民交叉问题的处理

——张某某诉北京市门头沟区人民政府房屋征收办公室、北京市门头沟区龙泉镇人民政府房屋征收补偿安置协议纠纷案

裁判规则

如果某一民事法律关系构成行政协议履行的先决条件,原告应通过民事诉讼先行解决民事争议,再提起行政诉讼来解决行政协议的履行问题。但是,如果先行解决民事争议的诉讼途径存在法律障碍,法官可以在审理行政协议案件时一并解决该民事争议,但解决的方式有所区别。民事争议的处理结果以案件事实的形式予以体现,而行政协议的处理结果则以判决主文的形式予以体现。

案　情[1]

2012 年6 月15 日,张甲作为被征收人与北京市门头沟区房屋征收事务中心(以下简称门头沟征收事务中心)、北京市门头沟区龙泉镇人民政府(以下简称龙泉镇政府)签订 LQ－24－东西龙门 B－0021 号《房屋征收补偿安置协议》(以下简称被诉协议)。2015 年 5 月 11 日,张甲与门头沟征收事务中心、龙泉镇政府签订 LQ－24－东西龙门 B－0021 号补《房屋征收补偿安置补充协议》(以下简称被诉补充协议),约定安置张甲两居室一套、一居室一套,其中石门营两居室安置房已交付被征收人。2015 年6 月26 日,由张乙代张甲选择了北京市门头沟区小白楼安置地块×号楼×单元×号房屋(以下简称涉案安置房屋)。现张甲

---

[1] 北京市第一中级人民法院:(2017)京01 行终375 号。

已死亡,房屋尚未交付。张乙向一审法院提起行政诉讼,主张其为张甲的唯一合法继承人,要求向其交付涉案安置房屋。

另,张甲系北京市门头沟区龙泉镇滑石道村村民。1967年6月,张甲与李某某申请结婚,婚后育有两子:张丙、张乙。1985年4月,张甲之妻李某某死亡。1987年11月,其母彭某某死亡。1989年11月,其父张丁死亡。1999年,张甲申请宅基地并新建被诉协议涉及的被征收房屋,该房屋属张甲一人所有。张甲于2015年12月7日死亡,张丙于2016年7月2日死亡。

一审法院经审理,判决驳回原告张乙的诉讼请求。原告不服,提起上诉。

【裁判结论】

北京市第一中级人民法院经审理,判决撤销一审判决,并判令被上诉人向上诉人交付涉案安置房屋。

【裁判观点】

法院生效裁判认为:2005年《最高人民法院关于适用〈中华人民共和国行政诉讼法〉若干问题的解释》第15条第1款规定,原告主张被告不依法履行、未按照约定履行协议或者单方变更、解除协议违法,理由成立的,人民法院可以根据原告的诉讼请求判决确认协议有效、判决被告继续履行协议,并明确继续履行的具体内容。该解释第14条规定,人民法院审查行政机关是否依法履行、按照约定履行协议或者单方变更、解除协议是否合法,在适用行政法律规范的同时,可以适用不违反行政法和行政诉讼法强制性规定的民事法律规范。《合同法》第107条规定,当事人一方不履行合同义务或者履行合同义务不符合约定的,应当承担继续履行、采取补救措施或者赔偿损失等违约责任。

本案中,结合上诉人提交的证据以及本院调取的证据材料,可以认定被征收房屋属张甲一人所有,在张甲死亡后,不存在与上诉人处于同等地位的继承人,且被上诉人门头沟征收办与龙泉镇政府对此亦不持异议。自张甲死亡时起,上诉人作为其继承人,可以继承张甲在被诉协议和被诉补充协议中享有的合同权利,故对其提出的要求门头沟征收办与龙泉镇政府向其交付涉案安置房屋的诉讼请求,本院应予支持。但是,如果事后出现新的证据,能够证明张甲尚存在与上诉人处于同等地位的其他继承人,该继承人亦有权向上诉人主张涉案安置房屋的相关权利,有权要求与上诉人共同分割该部分利益。

法官评析

一、行政协议案件审理的一般思路

2017 年《行政诉讼法》将行政协议纳入行政诉讼的受案范围,行政协议案件作为一种新类型行政案件得以确立。虽然最高人民法院在对 2017 年《行政诉讼法》的司法解释中对行政协议案件的审理方式进行了规范,但仅仅数条规定难以解决实践中遇到的审理难题。行政协议作为兼具公私法特点的行政行为,其请求权必然包含公法上的请求权类型。也就是说,原告对行政协议的请求权呈现出公法上请求权与合同法上请求权重合交织的特征。行政协议的"双重性格"使行政协议案件变得十分复杂,在审理此类案件的首要任务是确定一个科学合理的审理思路。

总体说来,相对于一般民事协议而言,行政协议最大的特质在于作为协议一方的行政机关享有行政优益权,而行政优益权的行使"破坏"了民事合同所尊崇的平等。因此,对于这种因行使行政优益权而产生的纠纷不能再遵循民事合同案件的思路去审理。结合实践中行政协议案件原告常见的诉讼请求分析,原告所针对的行政机关在行政协议订立、履行过程中的行为总体上可区分为两类。一类是行使行政优益权的行为;另一类是合同行为,包括订立、履行过程中的行为。行政机关行使行政优益权的行为包括明显超出合同约定范围的单方变更、解除合同行为,或者就协议履行过程中原告的行为进行的处罚等,此类行为属于高权行为,与一般的行政行为无异。原告实体法上的请求权属公法上的请求权,原告可以此为基础,提起撤销之诉,也可以提起确认之诉。此类诉讼属于典型的行政诉讼,对其审查应适用行政诉讼法律规范。

还有一类行为系除行使行政优益权之外的其他行政行为,此类行为更多地体现协议各方的合意性,在协议订立、履行的各个阶段均广泛存在。典型的行为是履行协议过程中出现的怠于履行或违约行为,此类行为可以在协议条款框架下进行规制,属于合同各方意思自治领域,均可以视为合同行为,也更应当由合同法等民事法律规范进行调整。主要考虑的理由包括:(1)《合同法》上的请求权较行政法上的请求权体系更为完备,能够为原告提供整体无漏洞的救济；(2)行政机关的此类行为更能体现行政协议的“契约自由”原则，也能够通过协议条款加以规制；(3)如果适用公法请求权对原告诉请进行审理，不可避免会与《合同法》上的请求权产生交织，进而导致法律适用上的混乱，过分注重对合同行为以公共利益等原则进行不适当的考量，不利于平等主体的平等保护；(4)民事法律规范已经对行政协议案件中公共利益原则的考量提供了充分的制度供给。鉴于此，我们认为，原告针对此类行为提起诉讼的请求权基础属于《合同法》上的请求权，对其审查应优先适用《合同法》等民事法律规范的规定。而当民事法律规范的适用会明显导致公共利益受损的情况下，行政法律规范可补充适用。对于本案而言，因案件争议焦点是行政协议的履行问题，不牵涉行政优益权的行使，所以法官援引了《合同法》的相关规定进行审理。

二、行政协议案件中涉及的民事争议的解决思路

本案中，被告拒绝履行房屋征收补偿协议的理由是，张乙不能证明其是被征收人唯一的继承人。显而易见，继承问题属于民事争议，而且是审理本案的先决性条件，所以应通过民事诉讼途径先行解决该问题，以确定张乙是否为被征收人的唯一继承人，即先民后行。

但是，本案的特殊之处在于，张乙先行提起民事诉讼存在法律障碍。适格的被告是原告提起民事诉讼的必要条件。在继承权纠纷中，适格的被告指的是与原告存在继承权纠纷的人。而在本案中，张乙与他人并不存在继承权纠纷，所以无法单独提起继承权纠纷诉讼。值得注意的是，对张乙的继承权提出异议的人本身并不享有继承权，其并非继承权纠纷的当事人，但其提出的异议却导致张乙的继承权无法实现。如果不解决这个问题，就会导致当事人的合法权益无法通过诉讼予以救济，有悖诉讼定分止争的基本功能。

既然不能通过独立的民事诉讼来确认张乙唯一继承人的身份，而该问题又确属解决行政协议的先决条件，那么就可以考虑将这一问题作为行政协议案件的事实予以审查，即在行政协议案件的审理过程中，运用证据规则对继承的事实进行推定，进而判断原告是否为唯一的继承人。当然，这一认定结论只能作为定案事实，而不能作为裁判结果，即只在判理部分予以确认，不记载于判决主文。

当然，这样的处理方式会有风险。一旦基于现有证据推定出的事实存在偏差，整个案件的判决结果就会被全盘推翻。正因如此，公证处不愿给张乙做公证，政府部门也不愿自行认定，而一审法院也回避了该问题的审查，从而导致张乙陷入如何证明“我就是我”的困局，纠纷始终得不到解决。但张乙已经穷尽其举证能力，如果此时仍然将皮球往外踢，势必损害其合法权益，造成无法解决的矛盾。特别是对于法院而言，诉讼的功能就在于定分止争，法官则不能拒绝裁判。

受限于人的认知能力，法官不可能还原客观真实，此时就只需要法官遵循法律确定证据规则，根据相关的案件证据来确认法律真实，从而对案件进行裁判。不能因为怕错认案件事实而将矛盾纠纷推出去。

三、如何证明“我就是我”

在本案起诉之前，张乙与政府部门曾做过协商。只要张乙能够拿到证明其是唯一继承人的公证书或是司法文书，政府部门就同意向其交付房屋。但公证处认为其无法确信张乙就是其父亲的唯一继承人，不肯出具公证书。张乙想通过继承诉讼来确认其身份，但因缺少适格的被告，这条路也走不通。无奈之下，张乙直接将政府部门诉至法院，要求法院判决政府部门履行协议。在诉讼中，张乙提供了户籍证明、死亡证明、房屋证明等证据材料来证明其唯一继承人的身份。一审法院经审查认为，这些证据不足以证明其唯一继承人的身份，因此判决驳回其诉讼请求。至此，张乙陷入“绝境”，公证、民事诉讼以及行政诉讼等通道都被关闭。二审承办人拿到这个案件，心里感觉很矛盾：虽然各部门的拒绝理由都有一定道理，但张乙的权利该如何救济呢？此时的张乙面临着一个难题：如何证明“我就是我”？

秉持上文的所述的审理思路，法官将张乙是否为唯一继承人这一问题作为行政协议案件的事实进行审查。在张乙提交证据的基础上，法官又到东辛房派出所调查上诉人的家庭成员户籍信息，通过户籍信息来分析张甲的继承人情况。同时考虑相关人员的配偶可能不在同一户籍，承办法官又走访了区民政局，查询相关人员的婚姻状况。当得知北京市婚姻登记信息于 2005 年后才实现网络信息化管理这一情况后，承办法官担心遗漏相关婚姻登记信息，又走访了区档案馆，查询 2005 年之前的婚姻登记信息。此外，承办法官还向当事人所在的村委会了解相关情况。在所有能考虑到的环节都逐一验证后，法院最终认定，结合目前的证据和调查核实情况，张乙就是张甲的唯一法定继承人，具备代为主张合同权利的资格，从而破解了如何证明“我就是我”的困局。

当然，也可能存在事后出现新的法定继承人主张权利的情形，但这不应成为裁判的障碍！对此，本案判决中明确记载，如果事后出现新的证据，能够证明张甲尚存在其他法定继承人，该法定继承人亦有权向张乙主张涉案安置房屋的相关权利，有权要求共同分割该部分利益。这样一方面避免因不确定的事实拖延纠纷的解决，另一方面也为潜在权利人留下了维护权利的路径。这样的解决方式兼具公平与效率双重价值！

【法律法规链接】

《行政诉讼法》第 89 条第 1 款第 2 项

《合同法》第 107 条

《继承法》第 2 条、第 3 条、第 10 条

（撰稿人　赵　锋）

02

违法拆迁行政赔偿案件中赔偿范围应包括补偿利益

——苏某某诉北京市昌平区北七家镇人民政府行政赔偿案

裁判规则

1. 在征收或拆迁中,行政机关违法强制拆除被征收或被拆迁房屋,原有的补偿问题可以通过行政赔偿途径一并解决。

2. 在征收或拆迁中,行政机关违法强制拆除被征收或被拆迁房屋引发的行政赔偿案件,赔偿的范围除直接损失外,还应当包括拆迁和征收过程中的补偿利益。

3. 人民法院审理因行政机关违法强制拆除被征收或被拆迁房屋引发的行政赔偿案件,使得被拆迁人因行政机关侵权所得到的赔偿不低于其依照拆迁补偿方案应当获得、也可以获得的拆迁补偿。

案 情[1]

苏某某系王某某之女,与王某某共同经营北京鲁曈宝红养殖场(以下简称涉案养殖场),后王某某于2009年去世。

涉案养殖场属于未来科技城项目拆迁范围内的非住宅房屋,按照北七家镇政府、北京未来科技城开发建设有限公司作出《致被拆迁人的一封公开信》载明的内容,"本次非住宅房屋拆迁实行一次性货币补偿"。苏某某与拆迁方就补偿

---

〔1〕 北京市第一中级人民法院:(2019)京01行终500号。

问题未达成一致意见。

2011年6月30日,北七家镇政府向苏某某作出镇拆字2011第165号限期拆除违法建设的通知书(以下简称165号限拆通知),认定在北七家镇鲁疃村土地上所建农业设施附属设施属违法建设。要求其于2011年7月8日前自行拆除全部违法建设,将土地恢复原状。如到期未自行拆除全部违法建设,本机关将依法予以强制拆除。

2011年7月10日,苏某某发现涉案养殖场被强行拆除,后向北京市公安局昌平分局北七家派出所(以下简称北七家派出所)报警。

2011年10月10日,苏某某不服165号限拆通知,向北京市昌平区人民法院(以下简称昌平法院)提起行政诉讼。昌平法院于2011年12月20日作出(2011)昌行初字第189号行政判决书,判决确认165号限拆通知违法。苏某某提起上诉。2012年3月31日,北京市第一中级人民法院(以下简称一中院)作出(2012)一中行终字第841号行政判决书(以下简称841号行政判决),驳回上诉,维持一审判决。

2013年8月29日,苏某某向昌平法院提起诉讼,请求确认北七家镇政府于2011年7月10日拆除其房屋的行政强制行为(以下简称涉案强拆行为)违法。2014年12月19日,昌平法院作出(2014)昌行初字第41号行政判决(以下简称41号行政判决),确认涉案强拆行为违法。北七家镇政府提起上诉。2015年3月20日,一中院作出(2015)一中行终字第527号行政判决(以下简称527号行政判决),驳回上诉,维持一审判决。

2015年8月9日,苏某某向北七家镇政府邮寄国家赔偿申请,要求北七家镇政府赔偿其因强制拆除涉案养殖场而遭受的损失,共计14,921,470.76元人民币。因北七家镇政府在法定期限内未作出答复,苏某某向昌平法院提起行政赔偿诉讼,请求法院判决北七家镇政府赔偿其因涉案强拆行为而遭受的损失,具体包括房屋和附属物赔偿、停产停业综合补助费、土地补偿费、设备搬迁补偿、搬迁配合奖、司法鉴定费用、强拆导致的丢失物品损失、律师费用,共计14,921,470.76元。昌平法院作出(2015)昌行初字第278号行政判决,判决:一、北七家镇政府于本判决生效之日起60日内赔偿苏某某房屋及附属物、停产停业损失、室内物品损失合计人民币1,289,646元;二、驳回苏某某的其他赔偿请求。苏某某不服该判决,上诉至一中院。

【裁判结论】

北京市第一中级人民法院经审理,判决驳回上诉,维持一审判决。

【裁判观点】

一审法院认为:根据《国家赔偿法》第 2 条、第 36 条第 3 项、第 8 项规定,本案中,补诉强拆行为已被本院 41 号行政判决确认违法。因此,北七家镇政府对其违法行为给涉案养殖场带来的损害依法应当承担赔偿责任。

1. 关于苏某某主张的房屋和附属物赔偿。公民取得国家赔偿,应以其合法权益受到国家机关和国家机关工作人员行使职权行为的侵害为前提条件。一中院 841 号行政判决书中指出,仅凭在案证据并不能认定涉案养殖场的房屋为违法建设。考虑到本案背景,本院确定的北七家镇政府所承担之赔偿责任不应低于因拆迁涉案养殖场房屋应支付的补偿对价。此外,本院在确定北七家镇政府的赔偿责任时,还应考虑其他已签约被拆迁人的比较正义问题。如苏某某获得之赔偿明显高于已签约被拆迁人获得之补偿,则既对已签约之被拆迁人不公平。关于涉案养殖场房屋的重置成新价补偿问题,苏某某和未来科学城集团公司均提交了在拆迁时由北京汇联房地产评估事务所出具的房屋和附属物重置成新价格估价结果通知单,根据该评估结果,房屋价格为 539,720 元,附属物价格为 141,926 元,两项总计 681,646 元。苏某某对该通知单载明的建筑面积 1246.12 平方米不认可,认为附属物部分有遗漏,但并未提交证据证明,因此对于涉案养殖场房屋重置成新价的补偿应以该评估报告为准,北七家镇政府应当支付涉案养殖场的房屋重置成新价补偿共计 681,646 元。

2. 关于苏某某主张的强拆导致的物品损失。根据《行政诉讼法》第 38 条第 2 款之规定,在行政赔偿、补偿的案件中,原告应当对行政行为造成的损害提供证据。因被告的原因导致原告无法举证的,由被告承担举证责任。本案中,由于北七家镇政府和未来科学城集团公司均未提交在实施强制拆除前,对室内物品进行清登的证据,因此,对于苏某某主张的损失是否存在、具体损失情况,依法应由北七家镇政府来举证。涉案养殖场的房屋系用于养殖,房屋内存放的物品应当与养殖有关,苏某某提供的丢失物品清单中除自动饮水器、水箱、水罐、粉碎机、电暖气、电机、潜水泵、冰箱、冰柜、手推车等物品外,均与养殖无关,对苏某某《丢失物品清单》中的其他物品的赔偿主张,本院不予支持。对于与养殖有关的物品,因苏某某未提交相关物品的照片及票据,根据一般生产需要,结合原告、被告的相关证据及当事人各方的陈述,对苏某某主张的室内物品损失酌情确定赔偿数额为8000元。

3.关于苏某某主张的停产停业综合补助费、设备搬迁补偿和搬迁配合奖的赔偿。根据《国家赔偿法》第36条第8项的规定,侵犯公民、法人或其他组织的财产权造成损害的,一般按照直接损失的原则给予赔偿。以此为标准,苏某某所主张的诸如停产停业综合补助费、设备搬迁补偿、搬迁配合奖等损失,均非因违法拆除行为产生的直接损失,而系因其房屋被征收而产生的补偿利益,在行政赔偿诉讼中难以得到支持。但鉴于本案特殊的房屋拆迁背景,故结合涉案项目的拆迁方案及苏某某所主张的相关损失与违法拆除行为之间因果关系的紧密程度,本院对上述损失主张酌情予以支持:

(1)关于停产停业综合补助费。《北京市昌平区人民政府关于进一步做好集体土地上非住宅房屋拆迁补偿补助工作的意见》(昌政发〔2011〕5号)(以下简称昌平区5号文)第4条规定,利用非住宅房屋依法从事生产经营活动,因拆迁造成经济损失,且符合下列条件的,给予被拆迁人一次性停产停业综合补助费:①在拆迁范围内已取得营业执照及相关许可,并设有正式经营场所;②按项目批复内容或者合同约定的经营范围生产经营;③在本行政区内依法实际经营并按时纳税。第5条第1款规定,停产停业综合补助费可按被拆迁非住宅房屋拆迁前三年在本区的纳税总额确定,但补助总额最高不得超过实际经营面积×800元/平方米。纳税总额低于实际经营面积×500元/平方米的,可按照实际经营面积×500元/平方米给予补助。因涉案养殖场的房屋已被拆除,因此无法确定实际用于经营的面积。经过评估,涉案养殖场房屋的总建筑面积为1246.12平方米,在庭审中,苏某某陈述该养殖场住人的有二三间房共30多平方米。根据上述补偿标准,本院酌情确定停产停业综合补助费的数额为600,000元(1200平方米×500元/平方米)。

(2)关于设备搬迁补偿和搬迁配合奖。上述费用系在签订补偿协议的情况下,被拆迁人配合拆迁,对自行搬离物品、设备的补偿及奖励,与违法拆除行为之间不存在因果关系,故对苏某某的上述赔偿请求,本院不予支持。

关于苏某某主张的土地补偿费、司法鉴定费用、律师费用并非北七家镇政府实施的强制拆除行为给其造成的直接损失,不属于行政赔偿的范围,故对苏某某的上述赔偿请求，本院不予支持。

二审法院认为：根据《行政诉讼法》第29条规定，公民、法人或者其他组织同被诉行政行为有利害关系但没有提起诉讼，或者同案件处理结果有利害关系的，可以作为第三人申请参加诉讼，或者由人民法院通知参加诉讼。本案系因未来科技城南区集体土地上非住宅建筑拆迁引发的案件，有别于一般意义上的侵害财产权引发的行政赔偿案件。未来科学城集团公司作为涉案项目的建设单位，与本案具有一定利害关系。一审法院通知其作为第三人参加诉讼并未违反上述法律规定。苏某某关于一审法院通知该公司作为第三人违法的相关上诉主张，本院不予支持。

根据《国家赔偿法》第2条、第4条第2项的规定，行政机关及其工作人员在行使行政职权时有造成财产损害的其他违法行为的，受害人有取得赔偿的权利。本案中，北七家镇政府实施的涉案强拆行为已被41号行政判决确认违法。北七家镇政府应当就该行为给涉案养殖场造成的财产损失承担赔偿责任。

关于涉案养殖场的房屋是否属于违法建设的问题，本院同意一审法院的认定意见。根据本院查明的事实，涉案养殖场的土地系由苏某某之母王某某（本村村民）从鲁疃村村委会承包取得，并于2005年办理了个体工商户营业执照，载明的经营范围为一般经营项目：饲养家禽。因在案证据不足以证明涉案养殖场的房屋属于违法建设，且房屋被拆除后已不存在恢复原状的可能性，一审法院据此确定北七家镇政府对该房屋损失的赔偿方式为给付赔偿金，符合《国家赔偿法》第32条、第36条第3项和第4项的规定。考虑到未来科技城南区集体土地上非住宅建筑拆迁是引发本案的原因之一，一审法院参考昌平区5号文关于依法建设的非住宅房屋补偿原则的规定，确定的北七家镇政府所承担之赔偿责任不应低于因拆迁涉案养殖场房屋应支付的补偿对价并无不当。因涉案养殖场的房屋已经被拆除，一审法院根据在2011年未来科技城南区非住宅项目拆迁过程中对涉案养殖场的房屋按照拆迁政策和方案进行评估的结果，确定涉案养殖场房屋及附属物的赔偿金额为681,646元，并无不当。苏某某关于未来科学城集团公司提交的在拆迁时由北京汇联房地产评估事务所出具的房屋和附属物重置成新价格估价结果通知单系伪造的相关上诉意见，缺乏证据佐证，本院不予采纳。苏某某关于涉案养殖场房屋损失不应当以上述估价结果作为依据等相关上诉意见，缺乏事实和法律依据，本院不予采纳。

根据《国家赔偿法》第36条第3项、第4项的规定，侵犯公民、法人和其他组织财产权造成损害的，应当返还的财产损坏的，能够恢复原状的恢复原状，不能恢复原状的，按照损害程度给付相应的赔偿金；应当返还的财产灭失的，给付相应的赔偿金。关于涉案养殖场被拆除时室内物品的情况，苏某某一方提交了财产损失清单。一审法院结合苏某某提交的物品清单以及其向公安机关报案时就丢失、毁损物品陈述的情况，涉案养殖场房屋用途，并根据物品无法返还的情况，确定了对物品酌定赔偿金的赔偿方式，具有相应事实及法律依据，酌定的赔偿金数额不存在明显不当的情形，本院应予维持。苏某某关于涉案养殖场房屋内物品损失的相关上诉意见，本院不予采纳。

根据《国家赔偿法》第36条第8项的规定，侵犯公民、法人或其他组织的财产权造成损害的，一般按照直接损失给予赔偿。关于苏某某主张的停产停业综合补助费、设备搬迁补偿、搬迁配合奖的损失，均非因北七家镇政府违法拆除行为产生的直接损失，而是属于房屋被拆迁而产生的补偿利益。一审法院考虑本案存在的未来科技城南区集体土地上非住宅建筑拆迁的背景，在行政赔偿案件审理中，按照苏某某应获得的赔偿不应低于同等条件下签约被拆迁人所获得补偿的原则，结合涉案项目的拆迁方案及相关补偿、补助发放标准，酌情确定停产停业综合补助费的数额为600,000元(1200平方米×500元/平方米)，具有事实依据，所酌定的数额亦无明显不当之处，本院予以维持。对于苏某某主张的设备搬迁补偿和搬迁配合奖损失，均与涉案强拆行为不具有因果关系，一审法院驳回其该部分赔偿请求正确，本院亦应予以维持。因涉案养殖场房屋已被拆除，无法确定该养殖场的经营面积。一审法院根据评估时涉案养殖场房屋建筑面积，结合苏某某关于涉案养殖场房屋使用情况的陈述，确定该养殖场经营面积并无不当。苏某某关于涉案养殖场面积有误的上诉意见，缺乏证据佐证，本院不予采纳。关于苏某某提出的停产停业综合补助费应当按照折迁前三年纳税总额确定的上诉意见，本院认为，在举证期限内，苏某某提交了涉案养殖场的税务登记证、2011年3月个人所得税缴款书(实缴金额为20.10元)。据此无法确定在涉案强拆行为实施前三年纳税总额。在此情况下，一审法院参照昌平区5号文第5条的规定，按照实际经营面积×500元/平方米确定涉案养殖场停产停业综合补助费并无不当。本院对苏某某的该项上诉意见不予采纳。苏某某就设备搬迁补偿和搬迁配合奖所提上诉意见，亦缺乏事实和法律依据，本院亦不予采纳。

苏某某提出的土地补偿费损失问题,因该补偿费系因集体土地被征收产生的补偿费用,并非因北七家镇政府违法强拆行为所导致。土地承包人基于土地承包经营权产生的收益及补偿,应当通过其他途径解决。苏某某提出的司法鉴定费、律师费的损失问题,系其就165号限拆通知、涉案强拆行为提起诉讼等法律救济程序而支付的费用。在上述救济程序中产生的费用既不在《国家赔偿法》所明确列举的赔偿范围之中,也不属于《国家赔偿法》第4条第4项及第36条第8项等条款所规定的赔偿范畴。一审法院驳回苏某某就该三项损失所提赔偿请求正确,本院予以维持。

法官评析

一、在征收或拆迁中,行政机关违法强制拆除被拆迁房屋,原有的补偿问题可以通过行政赔偿途径一并解决

行政补偿是指行政机关实施合法的行政行为,给行政相对人合法权益造成的损失,由国家依法予以补偿的制度。行政赔偿是指行政机关实施违法的行政行为,侵犯行政相对人合法权益,由国家依法予以赔偿的制度。两者属于不同的法律关系,适用的规定亦不同。在集体土地房屋拆迁过程中,拆迁及与其相关联的行政行为违法造成损失的赔偿问题,较为复杂。其中,既有因违法拆除给权利人物权造成损失的赔偿问题,也有因未依据法律、法规或规章的规定和当地拆迁补偿政策进行补偿而给被拆迁人造成的应补偿利益的损失问题,甚至还包括搬迁、临时安置以及应当给予的补助和奖励的损失问题。

通常情况下,对于拆迁范围内的房屋补偿,应当通过拆迁补偿程序解决。行政机关强制拆除拆迁范围内的房屋被认定违法后,一般仅涉及对房屋内物品损失的赔偿问题,而不涉及房屋本身的损失问题。本案被拆除的房屋位于未来科技城南区集体土地上非住宅建筑拆迁范围内。在强制拆除房屋前,既无补偿决定,又无苏某某与科学城公司达成的补偿安置协议。且苏某某至今未得到任何形式的补偿。虽然,苏某某可以通过涉案房屋的补偿程序解决拆迁补偿问题,但是,根据《行政诉讼法》第1条的规定,行政案件审理应当以实质性化解纠纷为宗旨,及时解决行政争议。在苏某某提出的赔偿请求已经包含房屋价值在内的情况下,人民法院无须再将房屋拆迁

补偿问题作为另一个法律关系，要求当事人通过拆迁补偿程序予以解决。相反，人民法院在行政赔偿案件中，将拆迁补偿问题一并予以解决，一方面，更有利于公平、公正地解决问题；另一方面，也避免行政机关在房屋被拆除后，对于拆迁补偿问题不予处理、拖延处理或者作出不合理的补偿，致使当事人仍然要通过司法途径寻求救济，增加当事人的诉累。因此，本案被拆除房屋的补偿问题可以通过苏某某针对违法强制拆除行为提起行政赔偿诉讼一并予以解决。

二、因拆除拆迁范围内的房屋，赔偿的范围除直接损失外，还应当包含拆迁利益

根据《国家赔偿法》第 36 条第 8 项的规定，侵犯公民、法人或其他组织的财产权造成损害的，一般按照直接损失的原则给予赔偿。如前所述，在集体土地拆迁及与拆迁相关联的行政行为违法造成损失的赔偿问题，既有因违法拆除给权利人房屋造成室内物品损失的赔偿问题，也有因未依法进行拆迁补偿而给被拆迁人造成的应补偿利益的损失问题，以及在拆迁过程中因搬迁、临时安置以及停产停业而应当给予的补助和奖励的损失。在行政赔偿案件审理中，赔偿的范围除因违法拆除行为导致室内物品损失外，还包括被拆除房屋的补偿、被拆迁人应当获得的拆迁奖励、补助。

就本案而言，除室内物品损失以及房屋损失外，苏某某在正常拆迁补偿程序中按照该项目拆迁补偿方案以及当地拆迁补偿政策应当得到的利益损失，均属于《国家赔偿法》第 36 条第 8 项规定的有关对财产权造成其他损害的情形。

三、赔偿方式、赔偿标准以及举证责任

（一）赔偿方式

根据《国家赔偿法》第 32 条规定，支付赔偿金以及返还财产、恢复原状均是国家赔偿的赔偿方式。返还财产、恢复原状是国家赔偿首选的赔偿方式，既符合赔偿请求人的要求也更为方便快捷。但其适用条件是原物未被处分或未发生毁损灭失，若相关财产客观上已无法返还或恢复原状时，则应支付相应的赔偿金或采取其他赔偿方式。本案因房屋已经被拆除，且被拆除房屋位于未来科技城南区集体土地上非住宅建筑拆迁范围内，不可能采用恢复原状的方式予以赔偿。而室内物品已经灭失，亦不可能采用返还原

物的方式进行赔偿。考虑该项目对非住宅建筑采用货币补偿的方式,本案对于房屋以及室内物品损失均以支付赔偿金为赔偿方式。

(二)赔偿标准

人民法院审理此类行政赔偿案件,不仅仅是处理个案,使得被拆迁人得到公平合理的赔偿和补偿。而且还要发挥司法的评价功能,引导行政机关依法行政,促使行政机关遵循法律程序,守住法治底线,杜绝采取违法拆除的方式达到强制搬迁的结果。因此,人民法院在确定赔偿义务机关和赔偿数额时,要坚持有权必有责、违法须担责、侵权要赔偿、赔偿应全面的法治理念,对行政机关违法强制拆除被拆迁人房屋,应当依法责令行政机关承担行政赔偿责任。在具体确定赔偿数额时,人民法院应当综合协调适用国家赔偿法规定的赔偿标准与有关拆迁规定的补偿方式、补偿项目、补偿标准,依法、科学地确定赔偿项目和赔偿数额,让被拆迁人因行政机关侵权所得到的赔偿不低于其依照拆迁补偿方案应当获得、也可以获得的拆迁补偿。就本案而言,按照昌平区 5 号文以及该项目非住宅建筑拆迁补偿方案的规定,非住宅建筑拆迁补偿包括房屋重置成新价、停产停业损失、搬迁补偿和搬迁配合奖等内容。其中,搬迁补偿和搬迁配合奖系在签订补偿协议的情况下,被拆迁人配合拆迁,对自行搬离物品、设备给予的补偿和奖励,苏某某并未签订补偿协议,亦未自行搬离物品及设备,因此,该两项补偿不是其应当获得、也可以获得的补偿。

(三)举证责任

《国家赔偿法》第 15 条第 1 款规定,人民法院审理行政赔偿案件,赔偿请求人和赔偿义务机关对自己提出的主张,应当提供证据。《最高人民法院关于行政诉讼证据若干问题的规定》第 5 条也规定,在行政赔偿诉讼中,原告应当对被诉具体行政行为造成损害的事实提供证据。因此,苏某某就其房屋内物品损失事实、损害大小、损害金额承担举证责任,否则将承担不利后果。同时,《行政诉讼法》第 38 条第 2 款还规定,在行政赔偿案件中,原告应当对行政行为造成的损害提供证据。因被告的原因导致原告无法举证的,由被告承担举证责任。因此,因行政机关违反正当程序,不依法公证或者依法制作证据清单,给原告履行举证责任造成困难的,且被告也无法举证证明实际损失金额的,人民法院可在原告就损失金额所提供证据能够初步证明其主张的情况下，依法作出不利于行政机关的损失金额认定。本案中，对于室内物品损失，由于北七家镇政府在强拆时未对室内物品进行清登，无法确定室内物品的具体损失。苏某某在诉讼中提供了财产清单，法院依据该清单并结合其在强拆后向公安机关报案时主张的财产损失，考虑涉案房屋用于经营养殖的情形，合理酌定了房屋内财产损失。

【法律法规链接】

《行政诉讼法》第1条、第29条、第38条、第89条

《国家赔偿法》第2条、第4条、第32条、第36条

《最高人民法院关于行政诉讼证据若干问题的规定》第52条

（撰稿人　何君慧　李静怡）

03

将民事裁判方式合理引入行政征补协议案件

——王某某诉某区征收办履行征补协议案

裁判规则

当事人起诉行政机关继续履行征补协议理由成立的案件，法院的裁判方式应当明确具体，并具有实际执行内容，如支付周转费及具体数额、交付位于某地址的房屋、限期安排被拆迁人选房等，不宜仅判决继续履行合同。

案　情〔1〕

2012年6月24日，王某某作为被征收人就被征收房屋与某区房屋征收事务中心（以下简称征收事务中心）签订了《某区房屋征收补偿安置协议》（以下简称征补协议），其中约定安置房为二居室一套。2013年4月2日，王某某与征收事务中心签订了《北京市某区房屋征收补偿安置补充协议》（以下简称补充协议），约定安置房为石门营期房二居室一套，面积约为60平方米。2013年6月18日，某区征收办将被征收房屋重置成新价及附属物补偿价或房屋征收货币补偿价、被征收奖励、补助费扣减应缴房款55,322元，及周转补助费、二次搬家补助费18,329元，共计73,651元存入户名为王某某的银行账户中。之后，北京市某区人民政府房屋征收办公室（以下简称区征收办）又先后将2013年4月至9月的周转补助费打入王某某的银行账户，共计9000元。经区征收办核实确认，王某某并未在石泉砖厂B9地块3号楼2单元103号房屋（以下简称103号房屋）内居住。

〔1〕 北京市第一中级人民法院：（2016）京01行终413号。

王某某向一审法院提起行政诉讼，经法院释明，王某某将周转费计算起止时间明确为从2014年10月2日起至其起诉时止，每月周转费标准为1500元。在法庭审理中，区征收办、王某某对于房屋征收实施单位征收事务中心与王某某签订征补协议、补充协议的合法性均不持异议。区征收办、王某某对于一审法院判决中，关于周转费的数额、起止时间的计算均没有异议。区征收办确认，实际履行征补协议及补充协议的情况是尚未通知王某某选择具体安置房，王某某称其已经选择了位于北京市门头沟区石门营地块A4区3号楼1单元404室(以下简称404室)。

王某某的诉讼请求是：(1)判令区征收办将404室安置房交付给王某某；(2)判令区征收办支付从2014年10月2日起至实际交付安置房之日期间的周转补助费，每日按五十元标准计算。截至2015年10月13日，共计18,750元。

区征收办的答辩理由是：(1)征收事务中心作为征收实施单位与王某某已经签订相关征收协议；(2)在征收过程中，为保证王某某居住权益，征收事务中心将103号房屋暂时让王某某居住使用，王某某在征收中仅能获得一套两居室安置房，故只有在其交回103号房屋后，才能办理其自行选取的安置房的交付手续。区征收办的答辩请求是驳回王某某的诉讼请求。

一审法院经审理作出判决：(1)区征收办继续履行征补协议；(2)区征收办给付王某某周转费18,500元；(3)驳回王某某的其他诉讼请求。王某某不服，提起上诉。

【裁判结论】

北京市第一中级人民法院作出终审判决：(1)撤销原判第1项；(2)维持原判第2项和第3项；(3)责令区征收办自收到本判决之日起三十日内安排王某某选择具体安置房屋。

【裁判观点】

一审法院认为：依法成立的合同对双方当事人均有约束力。王某某作为被征收人与征收事务中心签订征补协议、补充协议，并据此取得石门营地块两居室安置房一套。2013年6月18日，区征收办已将被征收房屋征收补偿款等扣除应缴房款后的金额存入王某某的账户，区征收办应当继续履行交付安置房的义务。

区征收办主张只有王某某交回周转房后，才能办理其自行选取的安置房的交付手续，该主张没有事实和法律依据，法院不予采纳。王某某主张其已进行选房，所选房屋位于北京市门头沟区石门营地块 A4 区 3 号楼 1 单元 404 室，但未提交证据证明，法院对所选房号不予确认。关于周转费问题，根据协议约定及当事人一致认可，每月周转费标准为 1500 元，区征收办已发放至 2014 年 9 月。王某某主张区征收办应支付自 2014 年 10 月 2 日起至其起诉时止的周转费，法院对周转费计算起止时间不持异议。

二审法院经审理认为，《合同法》第 8 条第 1 款规定："依法成立的合同，对当事人具有法律约束力。当事人应当按照约定履行自己的义务，不得擅自变更或者解除合同。"依据《国有土地上房屋征收与补偿条例》的规定及区人民政府征收决定，征收事务中心与王某某签订了征补协议及补充协议，该协议没有违反国家法律、法规的强制性规定，没有侵害国家集体和他人的合法权益，当事人应当按照约定履行自己的义务。

本案中，征收事务中心与王某某签订征补协议及补充协议后，区征收办已将被征收房屋征收补偿款等扣除应缴房款后的金额存入王某某的账户，区征收办已经实际部分履行了协议，征补协议及补充协议约定对王某某安置石门营地块两居室安置房一套，区征收办应当继续履行交付安置房的合同义务。一审法院认为区征收办应当继续履行征补协议及补充协议的理由并无不当，但判决区征收办继续履行征补协议及补充协议的结论不明确，本院依法予以改判，根据当事人实际履行协议的具体情况作出判决。

鉴于王某某未向法院提交安置房选房的证据，现有证据不足以证明王某某已经实际选房，王某某要求法院判决将 404 室安置房直接交付给王某某，缺乏事实依据，一审法院判决驳回王某某的其他诉讼请求，符合法律、法规的规定，本院予以维持。

关于周转费问题，根据征补协议及补充协议的约定，区征收办在实际安置上楼前，应当根据发放标准向王某某发放周转费。鉴于区征收办和王某某对于一审法院关于周转费数额、起止时间计算均没有异议，本院对一审法院关于周转费的判决予以维持。

区征收办关于将 103 号房屋暂时让王某某及其家人居住使用的诉讼主张，因区征收办未向法院提交与 103 号房屋相关的协议，区征收办亦未提交曾经与王某某协商的证据,且王某某否认其在起诉前知晓103号房屋的事宜,故区征收办的上述主张缺乏事实依据。区征收办关于王某某只有交回103号房屋后才能办理其安置房交付手续的诉讼主张,缺乏合同依据或法律依据,对于区征收办关于撤销原判第1项的上诉请求,本院予以支持。区征收办关于因王某某及其家人一直占有使用103号房屋,故区征收办不应支付2014年10月2日至今周转费的诉讼主张,亦缺乏事实依据或合同依据,对于区征收办关于撤销原判第2项的上诉请求,本院不予支持。

法官评析

本案涉及的主要问题是,当事人起诉行政机关继续履行征补协议理由成立的案件,法院的裁判方式应当明确具体,并具有实际执行内容,如支付周转费及具体数额、交付位于某地址的房屋、限期安排被拆迁人选房等,不宜判决继续履行合同。

《行政诉讼法》第78条第1款规定,被告不依法履行、未按照约定履行或者违法变更、解除本法第12条第1款第11项规定的协议的,人民法院判决被告承担继续履行、采取补救措施或者赔偿损失等责任。

合同的继续履行是指合同一方当事人不履行合同义务或者履行合同义务不符合约定时,经对方当事人请求,人民法院强制不履行合同义务的一方当事人按照合同约定继续履行合同义务的违约责任的承担方式。

当事人所提继续履行合同的诉讼请求,是概括性诉讼请求。在涉及征补协议的行政诉讼案件中,继续履行合同的内容包括支付周转费、交付安置房屋、限期安排被拆迁人选房等多项内容,且在涉及某一具体内容时,有时会一并涉及其他不可预知的人员或利益,有时合同内容所附期限或所附条件不明确、不具体。因此法院不宜直接判决继续履行合同。如果法院仅判决继续履行合同,当事人申请执行时,往往因判决内容不具体,无法实际执行,有时行政机关以其他理由拖延履行或拒绝履行,造成法院生效判决不能实际执行,对当事人的合法权益和人民法院判决的公信力造成损害。

在审判实践中,对于此类情况,首先,应当释明当事人对诉讼请求进一步明确;其次,查明合同履行的实际情况,继续履行的内容、步骤以及相关期限;最后,在判决理由部分明确应当继续履行合同,并阐述应当继续履行的法律依据及合同依据，根据案件具体情况在判决主文部分，作出明确、具体的判决。

综上，本案二审法院的判决是正确的。

【法律法规链接】

《行政诉讼法》第 78 条第 1 款、第 89 条第 1 款第 1 项和第 2 项

《合同法》第 8 条第 1 款

（撰稿人　乔　军）

04

行政协议案件的法律适用

——张某某、张某一上诉北京市门头沟区人民政府房屋征收办公室(现为北京市门头沟区人民政府房屋征收事务中心)行政协议无效案

裁判规则

行政诉讼对行政协议效力的审查可准用合同法等民事法律规定。《合同法》第52条第5项规定的"强制性规定",系指效力性强制性规定,《国有土地上房屋征收和补偿条例》(以下简称《征补条例》)第2条有关征收补偿程序中被征收人范围的规定及《物权法》第93条、第95条有关共同共有人所有权的规定,并不直接涉及补偿协议的效力认定,不属效力性强制性规定。行政协议的无效仍需满足一般行政行为无效的要件。

案　情[1]

2009年,原北京市建设委员会向李某某核发了X京房权证门私字第××号房屋所有权证,该房屋所有权证载明,房屋坐落于门头沟区××路××号××幢,房屋所有权人为李某某,房屋建筑面积为68.40平方米。2012年,李某某填写了无证房申请确认表,该确认表载明,房屋坐落于门头沟区××路××号××幢,被拆迁人李某某,房屋权属性质为私房,有证房建筑面积68.40平方米,无证房间数9间,无证房面积164.48平方米,申请认定面积164.48平方米。后北京

[1] 北京市第一中级人民法院:(2016)京01行终861号。

市门头沟区人民政府房屋征收办公室(以下简称门头沟征收办)委托门头沟征收事务中心与李某某签订了被诉协议,协议约定,被征收人李某某在征收范围内门头沟区××路××号××幢有住宅平房12间,建筑面积232.88平方米。安置房为××安置房地块2套2居室,总建筑面积约120平方米。其中,第5条第2款规定,房屋征收部门应当在本协议经审计部门审计通过,且被征收人完成搬迁,经双方确认并签署《交房验收单》后,将被征收房屋重置成新价及附属物补偿价或房屋征收货币补偿价、被征收奖励、补助费扣减应缴房款后共计2,846,064元,存入以被征收人名义开立的账户,并将存折交给被征收人。该协议被征收人处有"李某某"签字,落款时间为2012年5月26日,门头沟征收事务中心亦在房屋征收实施单位处加盖印章,落款时间处为空白。2014年9月,门头沟征收办将征收补偿款2,846,064元发放至李某某账户。2015年12月,门头沟征收事务中心受门头沟征收办委托与李某某签订补充协议,就安置房地点变更事宜达成一致。

一审法院另查明,2014年张某某、张某一以李某某作为被告向一审法院提起民事诉讼,请求判决确认门头沟区××路××号××幢房屋所有权为张某某、张某一、李某某共有,法院经审理,于2014年12月12日作出(2014)门民初字第3272号民事判决,判决门头沟区××路××号××幢房屋所有权由张某一、张某某、李某某共有。

张某某、张某一不服,向北京市第一中级人民法院提起上诉,主要上诉理由为:(1)一审法院以被诉协议以民事协议进行审理,属法律关系不清;(2)一审法院对被诉协议盖章日期、涉案房屋是否完成搬迁、存折是否交予被征收人等事实未予查清;(3)本案应当适用《征补条例》第2条及《物权法》第93条、第95条,而不应适用《合同法》第52条第5项的规定。

【裁判结论】

北京市第一中级人民法院经审理,二审判决驳回上诉,维持一审判决。

【裁判观点】

二审法院生效裁判认为:(1)被诉协议系门头沟征收办与李某某就涉案房屋的征收补偿所签协议,属于《行政诉讼法》第12条第1款第11项规定的行政协议,可以适用民事法律规定进行审理,准用的基础在于行政协议的合意性,同时符合2015年《最高人民法院关于适用〈中华人民共和国行政诉讼法〉若干问题的解释》第15条第2款的规定。(2)《合同法》第52条第5项规定的“强制性规定”,系指效力性强制性规定。被诉协议并不符合《合同法》第52条规定的无效情形。(3)行政行为无效须以该行为系重大且明显违法为前提,被诉协议并非无效行政行为。

法官评析

1. 关于行政协议司法审查的法律适用问题。行政协议具有合意性与强制性双重属性,行政诉讼对行政协议的审查可以准用民事法律规定,其原因在于行政协议的合意性。行政协议的合意性体现为协议各方能够就具体内容实现一定程度的意思自治。作为公共管理领域公私协作的一种方式,行政协议的重要意义在于通过协作或意思自治的方式能够在更有效地实现行政管理目的的同时,充分尊重被管理者的意愿。行政协议的效力乃是一种法律价值判断,体现的是国家公权力对行政协议合意性的干预。而有关民事法律规范对意思自治或合意的规制更具直接性,具有适用上的正当性。另外,准用合同法等有关民事法律规定审查行政协议效力具备规范基础。2015年《最高人民法院关于适用〈中华人民共和国行政诉讼法〉若干问题的解释》第15条第2款规定,原告请求解除协议或者确认协议无效,理由成立的,判决解除协议或者确认协议无效,并根据《合同法》等相关法律规定作出处理。现行有效的《最高人民法院关于审理行政协议案件若干问题的规定》(2020年1月1日起施行)第12条第1款规定,行政协议存在《行政诉讼法》第75条规定的重大且明显违法的情形的,人民法院应当确认行政协议无效;第2款规定,人民法院可以适用民事法律规范确认行政协议无效。根据上述条款的文意规定可以明确,《合同法》等相关法律规定可作为人民法院审理行政协议无效案件的法律依据。

2.《合同法》第52条第5项规定的强制性规定指的是效力型强制性规定。《最高人民法院关于适用〈中华人民共和国合同法〉若干问题的解释(二)》第14条对此已作出明确规定。违反法律法规的强制性规定构成无效的情形一般指法律、行政法规明确规定违反了此类强制规范将导致合同无效或者合同不成立,或者如果允许合同继续履行,将损害国家利益、社会公共利益等基本法律秩序或社会秩序的情形。如果合同继续履行影响的仅仅是特定人的个别利益,则一般不构成违反效力性强制性规定。

本案中,张某某、张某一主张被诉协议违反了《征补条例》第 2 条及《物权法》第 93 条、第 95 条之规定。经查,《征补条例》第 2 条有关征收补偿程序中被征收人范围的规定及《物权法》第 93 条、第 95 条有关共同共有人所有权的规定,并不直接涉及补偿协议的效力认定,不属效力性强制性规定,故不属于《合同法》第 52 条第 5 项所指“强制性规定”的范畴。

另外,《合同法》第 52 条第 1 项至第 4 项规定的立法本意在于规制以恶意串通等不正当手段订立合同损害国家、集体、社会公共利益或他人合法权益的行为,结合本案证据提交情况分析,并无证据证明被诉协议存在上述情形。一般情况下,对行政机关恶意的证明十分困难,《合同法》第 52 条第 1 项至第 4 项对行政协议的效力审查也很难适用。

3. 对行政协议效力的司法审查仍要适用行政行为效力审查的一般标准。行政行为无效须以该行为系重大且明显违法为前提。《行政诉讼法》第 75 条规定,行政行为有实施主体不具有行政主体资格或者没有依据等重大且明显违法情形,原告申请确认行政行为无效的,人民法院判决确认无效。从该条款规定的立法本意分析,行政行为无效的情形主要包括行政行为欠缺适格主体、职权依据等要件,或其违法情节达到“重大且明显”的程度,即以一般理性人的常识即可判断出该行为的违法性。本案被诉协议并不存在上述重大且明显违法的情形,故不属于无效的行政行为。

综上,对行政协议效力的司法审查应优先适用民事法律法规等有关合同无效的规定,同时不能忽略行政行为效力司法审查的一般标准。

【法律法规链接】

《合同法》第 52 条

《国有土地上房屋征收和补偿条例》第 2 条

《物权法》第 93 条、第 95 条

(撰稿人　魏浩锋　代景川)

05

房屋买卖合同被确认无效后房屋征收补偿协议效力的认定

——曹某某诉门头沟区房屋征收办、门头沟区龙泉镇政府确认行政协议无效案

裁判规则

在民事诉讼已判决确认涉及被征收房屋的买卖合同无效后，并不意味着被诉房屋征收补偿协议、安置协议无效。被诉房屋征收补偿协议、安置协议效力的认定同时适用《行政诉讼法》和《合同法》的规定。

案　情[1]

1984年4月16日，曹某某与张某某订立房产卖契，约定张某某从曹某某处购买位于北京市门头沟区大峪前街58号院(以下简称58号院)东房三间。1989年3月3日，张某某与顾某某订立房产卖契，约定顾某某从张某某处购买58号院东房三间。1989年6月18日，顾某某与李某某签订协议书，约定李某某从顾某某处购买58号院东房三间。1996年5月2日，顾某某与李某某订立房产卖契。2011年3月18日，李某某与北京市门头沟区人民政府房屋征收办公室(以下简称门头沟征收办)、北京市门头沟区龙泉镇人民政府(以下简称龙泉镇政府)签订编号为5-104号的《房屋征收补偿协议》(以下简称被诉补偿协议)，协议内容包括：被征收房屋、人口情况，被征收房屋补偿方式，房屋征收补偿款，关

〔1〕 北京市第一中级人民法院：(2018)京01行终377号。

于安置房产权,付款方式、步骤及搬迁,房屋权属注销登记,争议解决方式等。协议约定:被征收人李某某在征收范围内门头沟区大峪前街58号院有房屋三间,建筑面积37.24平方米。安置房为小白楼地区一套三居室,总建筑面积约80平方米。该协议被征收人处有"李某某"签字,落款时间为2011年3月18日,门头沟征收办在房屋征收部门处加盖印章,落款日期为2011年3月18日,龙泉镇政府在房屋征收实施单位处加盖印章,落款时间为2011年3月18日。2016年4月21日,龙泉镇政府与李某某签订《安置房项目认购协议》(以下简称被诉安置协议),就安置房地点变更事宜达成一致。另查,2011年曹某某以张某某、李某某、顾某某子女为被告向北京市门头沟区人民法院提起民事诉讼,请求确认房屋买卖合同无效,法院经审理,北京市门头沟区人民法院于2011年8月29日作出(2011)门民初字第911号民事判决,判决曹某某与张某某于1984年4月16日订立的房产卖契、张某某与顾某某于1989年3月3日订立的房产卖契、顾某某与李某某于1989年6月18日订立的协议书、顾某某与李某某于1996年5月2日订立的房产卖契无效。曹某某认为被诉补偿协议程序违法、被征收人认定错误、被征收的土地性质认定错误,应属无效,故向一审法院提起行政诉讼,请求确认被诉征收补偿协议无效;被诉安置协议无效。

【裁判结论】

北京市第一中级人民法院经审理,判决驳回上诉,维持一审判决。

【裁判观点】

一审法院认为:依据《行政诉讼法》第75条规定,"行政行为有实施主体不具有行政主体资格或者没有依据等重大且明显违法情形,原告申请确认行政行为无效的,人民法院判决确认无效"。《合同法》第52条规定:"有下列情形之一的,合同无效:(一)一方以欺诈、胁迫的手段订立合同,损害国家利益;(二)恶意串通,损害国家、集体或者第三人利益;(三)以合法形式掩盖非法目的;(四)损害社会公共利益;(五)违反法律、行政法规的强制性规定。"在本案中,曹某某并未提供有效的证据证明被诉的房屋征收补偿协议、安置房项目认购协议符合上述法律所规定的无效情形之一,因此,曹某某要求法院判决该协议无效的主张缺乏事实和法律依据,不予支持。

二审法院认为:《行政诉讼法》第75条规定:“行政行为有实施主体不具有行政主体资格或者没有依据等重大且明显违法情形,原告申请确认行政行为无效的,人民法院判决确认无效。”《合同法》第52条规定:“有下列情形之一的,合同无效:(一)一方以欺诈、胁迫的手段订立合同,损害国家利益;(二)恶意串通,损害国家、集体或者第三人利益;(三)以合法形式掩盖非法目的;(四)损害社会公共利益;(五)违反法律、行政法规的强制性规定。”本案中,曹某某提交的证据不能证明被诉补偿协议、被诉安置协议签订时存在上述法律规定的无效情形,且曹某某还可以通过民事诉讼,解决其与李某某等人之间的争议。关于无证房七天公示的问题,只是《门头沟区住宅房屋征收补偿办法》中第5条第3项的规定,并非法律法规的规定,且本案诉争房屋并非此征收补偿办法中规定意义的无证房,曹某某的相关主张缺乏事实依据,不予支持。一审法院判决驳回曹某某的诉讼请求正确,予以维持。

法官评析

本案被诉补偿协议中涉及的被征收房屋被连环买卖,而被征收房屋最初的权利人(上诉人)就确认房屋买卖合同无效已提起民事诉讼,民事判决也已判决确认涉及被征收房屋的连环买卖合同均无效。而被征收房屋的最后受让人作为被征收人与行政机关签订了被诉补偿协议、安置协议。在此种情况下,被征收房屋的最初权利人(上诉人)认为自己应当是被征收人,提起行政诉讼,请求确认被诉补偿协议、安置协议无效。行政协议的效力在行政协议司法审查中至关重要,被征收房屋的买卖合同被确认无效后,被征收房屋的征收补偿协议的效力如何认定?本案主要考虑了以下问题:

一、民事判决确认被征收房屋的连环买卖合同无效的法律效果及被征收房屋的最初权利人(上诉人)的原告诉讼主体资格

根据《合同法》第58条的规定,合同无效后,因该合同取得的财产,应当予以返还;不能返还或者没有必要返还的,应当折价补偿。具体到农村房屋买卖合同无效的法律后果主要包括返还财产、损害赔偿等方面。农村房屋买卖合同被确认无效后,并不意味着合同无效的法律后果也被一并予以了处理。具体到本案房屋已经被征收的情况下,返还财产已经不可能,在损

害赔偿方面，还应当全面考虑合同无效过错责任的分担、损害赔偿范围、对买受人翻建、扩建房屋的补偿等多方面的因素。本案中，涉及被征收房屋的连环买卖合同均被民事诉讼确认为无效后，上诉人曹某某并未在民事诉讼中一并要求法院处理涉及被征收房屋连环合同无效的法律后果。民事诉讼判决涉及被征收房屋的连环买卖合同无效，仅意味着上诉人曹某某对被征收房屋是有分割利益的，但并不能认为上诉人对被征收房屋的利益分割是具体的、确定的，上诉人曹某某对被征收房屋的利益分割仍待进一步处理。

本案中，针对被诉补偿协议、安置协议提起诉讼的主体为协议双方以外的人。协议双方以外的人与被征收人不同，并非被诉补偿协议、安置协议的相对人，其是否具有原告诉讼主体资格，主要看其是否与被诉补偿安置协议是否具有利害关系。本案上诉人曹某某认为被诉补偿协议、安置协议的被征收人应当是其自己，并提供了涉及被征收房屋的连环买卖合同无效的民事判决，该民事判决虽然不能确认上诉人曹某某对被征收房屋的利益分割是具体的、确定的，但能够证明上诉人曹某某对被征收房屋是有分割利益的。上诉人曹某某已经提供证据证明了与被诉补偿协议、安置协议的利害关系，具备提起本案诉讼的主体资格。

二、被诉补偿协议、安置协议效力的判断

行政协议具有行政性和契约型双重性质，因此在审查行政协议效力的时候，应当考察行政行为无效和民事合同无效两个方面的因素。

(一)法律适用

一般认为，法院审查行政协议案件不仅要审查合约性，更要审查合法性。对行政协议效力的判断，可以适用《行政诉讼法》的规定，也可以适用相关民事法律规范的规定，但两种法律规范的适用具有先后顺序。《行政诉讼法》应当优先被适用，原因在于要审查行政机关的行为是否遵循了合法性的要求。优先适用行政法律规定，是指在程序上优先适用《行政诉讼法》，实体上适用行政法。考虑行政协议兼具行政协性和合同性的特点，还应当适用民事法律规范，包括《民法》和《民事诉讼法》。本案审查的对象是被诉补偿协议、安置协议的效力问题，《行政诉讼法》对行政行为效力有规定，《合同法》对合同效力也有规定，因此本案在审理过程中同时适用了上述法律对效力规定的内容。

（二）被诉补偿协议、安置协议违法与无效的判断

行政协议具有行政属性，效力上除了有效、无效的判定外，还存在合法、违法的状态。合法的行政协议并不一定是有效的，违法的行政协议也不一定是无效的。合法性属于效力判断过程中的一个步骤，效力判断还包括合目的性、效率等价值判断。[1] 行政协议作为一种法律行为，其效力受到合法性问题的影响。本案在审理过程中，对被诉补偿协议、安置协议的合法性也予以了审查。上诉人主张被诉补偿协议、安置协议的签订存在不满七天公示等程序违法问题，法院对此也一一进行了查明，认为无证房七天公示的问题是《门头沟区住宅房屋征收补偿办法》中第5条第3项的规定，并非法律法规的规定，且本案被征收房屋并非此征收补偿办法中规定意义的无证房，实际上不存在违法性问题。

民事诉讼判决涉及被征收房屋的连环买卖合同无效的法律后果如前述，并不能必然导致被诉补偿协议、安置协议无效。被诉补偿协议、安置协议效力的判断主要还是看是否存在无效的情形。在关于被诉补偿协议、安置协议效力的认定方面，法院在审理过程中主要是根据《行政诉讼法》关于行政行为无效和《合同法》关于合同无效的规定来审查的，同时也考虑了缔约的方式、实施后是否会导致严重违法后果，是否违反公序良俗等情形。

《行政诉讼法》第75条规定了无效行政行为的情形，主要是指行政行为有实施主体不具有行政主体资格或者没有依据等重大且明显违法情形。本案被诉补偿协议、安置协议的签订并不存在《行政诉讼法》第75条规定的无效情形。同时《合同法》第52条也规定了合同无效的情形，本案被诉补偿协议、安置协议也不存在《合同法》第52条规定的无效情形。据此，二审法院人为被诉补偿协议、安置协议不存在无效的情形，依法作出判决，驳回上诉，维持了一审判决。

---

〔1〕 参见江必新：《行政协议的司法审查》，载《人民司法（应用）》2016年第34期。

【法律法规链接】

《行政诉讼法》第 75 条

《合同法》第 52 条

（撰稿人　王素南）

06

强制拆除行为合法性的认定

——杨某某诉兰考县人民政府行政强制案

裁判规则

由于农村发展程度及行政管理的实际情况等,农村集体土地上房屋普遍存在着只有部分建设手续甚至完全缺乏建设手续的情况,这是一种客观现实,不是农村居民能够克服和解决的,其不存在过错,相反,这种管理现状在很大程度上是行政机关造成的。在农村集体土地征收过程中,行政机关在未与当事人签订补偿协议的情况下,不遵循法定的组织实施程序,而径行将涉案房屋认定为违法建筑并强制拆除,其执法不是为了严格农村土地的管理使用,而是为了避开法定的组织实施程序、加快拆除进程,属于滥用职权。

案　情[1]

原告杨某某系兰考县城关乡市皓村三组村民,拥有兰集建(城)字第012119号集体土地建设用地使用证,并建有房屋。2016年4月11日,兰考县综合执法局作出兰综限拆字(2016)第672号限期拆除决定书,责令杨某某在收到该通知书三日内自行拆除在朝阳路西侧市皓村内新建设的建筑物并于同日向杨某某进行送达,因杨某某拒绝签收,张贴其门墙上。2016年11月1日,兰考县综合执法局做出兰综催字(2016)19号限期拆除催告通知书,催告杨某某在收到催告通知书次日起的十日内履行义务。2016年11月15日,兰考县综合执法局作出《综

[1] 河南省开封市中级人民法院:(2016)豫02行初270号,河南省高级人民法院:(2017)豫行终2450号。

合执法局关于依法对杨某某违法建筑强制拆除的公告》(兰综强拆告字〔2016〕第36号),要求当事人自公告发布之日起,在一日内自行拆除。2016年11月17日,兰考县人民政府(以下简称兰考县政府)组织人员将杨某某的房屋予以强制拆除。杨某某不服,向法院提起本案诉讼,请求判决确认被告强制拆除原告房屋的行政行为违法。一审法院判决确认兰考县政府于2016年11月17日对杨某某房屋的强制拆除行为违法,兰考县政府不服,提起上诉。

另查明:2013年4月22日,兰考县政府作出《兰考县人民政府征收土地公告》(〔2013〕第8号),该公告第三项载明:"三、被征地村(组)及面积:1.城关乡市皓村集体耕地15.2431公顷、园地0.3019公顷、林地0.9260公顷、其他农用地0.2393公顷、建设用地6.6000公顷,共计23.3103公顷。"2013年4月29日,兰考县国土资源局作出《兰考县国土资源局补偿安置方案公告》(兰国土资公告〔2013〕8号)。

【裁判结论】

河南省高级人民法院经审理,判决驳回上诉,维持一审判决。

【裁判观点】

一审法院认为:首先,兰考县政府具备本案诉讼主体资格。根据《城乡规划法》第68条的规定,拆除违法建筑物、构筑物、设施的行政强制执行权属于建设工程所在地县级以上地方人民政府的法定职权,县级以上人民政府可以责成相关部门具体实施强制执行措施。本案中,兰考县政府具有拆除本行政区域内的违法建筑物、构筑物、设施的行政强制执行权,兰考县综合执法局作出的兰综催字(2016)19号限期拆除催告通知书中亦明确其将申请兰考县政府依法组织强制拆除,且兰考县政府承认其组织实施了被诉的拆除行为。因此,兰考县政府是本案适格被告。其次,兰考县政府的强制拆除行为缺乏事实根据和法律依据。杨某某的房屋所在的集体土地已经省政府批准予以征收,征收前系兰考县城关乡市皓村的集体土地,兰考县政府提供的兰考县规划局的复函不足以证明杨某某的房屋为违法建筑。兰考县政府称其对杨某某的房屋进行拆除系对违法建筑实施拆除,但未提供充足证据证明。最后,根据《行政强制法》的规定,行政机关依法作出行政决定后,当事人在行政决定确定的期限内未履行义务的,行政机关应当依法书面催告并直接送达当事人,听取当事人的陈述和申辩。经催告,当事人逾期仍不履行行政决定且无正当理由的,具有行政强制执行权的行政机关可以作出强制执行决定。并且,对违法建筑物、构筑物、设施的强制拆除,行政机关在书面催告的同时应将强制拆除违法建筑物、构筑物、设施的内容予以公告。本案中,兰考县政府未提供向杨某某依法送达书面催告书的相关证据,剥夺了杨某某的陈述权和申辩权,属于程序违法。综上,兰考县政府于2016年11月17日对杨某某房屋实施强制拆除行为,缺乏事实根据和法律依据,程序违法,因该拆除行为不具有可撤销内容,故应予确认违法。

二审法院认为:杨某某系农村村民,其在本村集体土地上建有房屋,并办理了集体土地使用权证,兰考县政府在土地征收及城中村改造过程中,因拆除杨某某的上述房屋而发生本案的行政强制争议。兰考县政府以杨某某没有办理规划手续、土地证缺乏档案等理由,认定杨某某的房屋属于违法建筑,其称在下发限期拆除决定、限期拆除通知、强制拆除公告等法律文书后,对涉案的违法建筑物进行了拆除,但杨某某持相反意见,其认为强制拆除的根本原因不是违法建设,而是由于其未与兰考县政府达成安置补偿协议,兰考县政府因而依据非法理由、强制推行征收实施工作所致。对此,由于农村发展程度及行政管理的实际情况等,农村集体土地上房屋普遍存在只有部分建设手续甚至完全缺乏建设手续的情况,这是一种客观现实,不是农村居民能够克服和解决的,其不存在过错,相反,这种管理现状在很大程度上是行政机关造成的。兰考县政府推进征收实施工作,已与大部分村民签订补偿协议,因杨某某没有签订补偿协议,兰考县政府便不遵循法定的组织实施程序,而径行将涉案房屋认定为违法建筑并强制拆除,其执法不是为了严格农村土地的管理使用,而是为了避开法定的组织实施程序、加快拆除进程,属于滥用职权,其所称据此作出的限期拆除决定、限期拆除通知、强制拆除公告等法律文书,法院均不予认可,也不能成为本案被诉的强制拆除行为的依据。

法官评析

违法建设的社会危害性不言而喻,为了加强城乡规划和管理,相关法律法规赋予了行政机关制止和查处违法建设的职权。但是在城乡一体化进程快速推进的背景下,拆除违法建筑逐渐成为拆迁的"配套措施"。虽然在作出征收决定前，拆违先行有助于制止临时加建行为，准确认定征收面积，维护社会公平正义。但是近些年来，行政机关通过将被征收对象认为为违法建筑，从而加快征收进程，迫使被征收人尽快签订征收补偿协议。

对于行政机关该种行为，司法机关有必要全面审查强制拆除行为的合法性，以实现行政诉讼保护公民、法人和其他组织的合法权益，监督行政机关依法行使职权，实质解决行政争议的立法宗旨。基于此，就征收过程中所涉及的违法建筑认定与拆除问题，可以从以下几个方面来判断。

一是违法建筑认定的时间。《国有土地上房屋征收与补偿条例》第 24 条第 2 款规定，市、县级人民政府作出房屋征收决定前，应当组织有关部门依法对征收范围内未经登记的建筑进行调查、认定和处理，对认定为违法建筑和超过批准期限的临时建筑的，不予补偿。据此，行政机关原则上应当至迟于房屋征收决定作出前对征收范围内的违法建筑进行调查、认定和处理，晚于该时间应当说明理由。若行政机关在房屋征收决定作出后，视被征收人协议签订情况决定是否为违章建筑，则不具有违法建筑认定时间的合法性，司法机关应当给予否定性评价。具体到本案，兰考县政府因杨某某没有签订补偿协议，便不遵循法定的组织实施程序，径行将涉案房屋认定为违法建筑并强制拆除，属于滥用职权。

二是违法建筑认定的条件。违法建筑主要是未经规划土地主管部门批准，未领取建设工程规划许可证或临时建设工程规划许可证，擅自建筑的建筑物和构筑物，过期的临时建筑。是否所有无证房屋均属于违法建筑？答案是否定的。在房屋征收过程中，行政机关应当依法对征收范围内未经登记的建筑进行调查、认定和处理，对于没有建设审批手续和产权证照的房屋，应当予以甄别并分类进行处理，而不能简单将无证房屋一律认定为违法建筑，并依此强制拆除且不予征收补偿。若因历史原因或者农村发展程度及行政管理的实际情况等，未取得相应证照不归属于被征收人责任的，应当认定不属于违章建筑，并按照征收决定所确立的标准签订征收补偿协议。

三是违法建筑处理的方式。对于违法建筑的处理，分为限期改正和限期拆除，对于符合限期改正条件、具有限期改正可能的违法建筑，行政机关应当给予其限期改正的机会。以农村宅基地上的违建行为为例，村民未经批准在原有宅基地上建设房屋，行政机关决定限期拆除前，应充分考量责令改正程序的适用性,若涉案违法建筑符合村庄规划和建设工程施工许可管理以及其他建设工程质量管理规定的,可以完善有关行政管理手续。若村民已依法补办了相关规划手续,行政机关作出限期拆除决定的,人民法院可不予支持。

【法律法规链接】

《行政诉讼法》第 74 条第 2 款第 1 项

(撰稿人　祝飞宇)

6

CHAPTER

第六章

工伤认定

01

参加单位组织活动中所受工伤的认定标准

——赵某一诉北京市海淀区人力资源和社会保障局工伤认定决定案

裁判规则

判断职工所受伤害时所参加的活动是否系单位组织的,不能仅凭参加人员是否有单位的管理人员,而应全面分析该活动是否系基于单位的相关文件、通知、计划安排及明确的参加要求,单位是否具有必要的组织行为,是否提供必要的活动条件、场所以及活动经费的支出如何安排等多方面因素,进行综合判断。

案　情[1]

赵甲原系瞬联软件科技(北京)有限公司(以下简称瞬联公司)职工,于2013年3月19日与该公司签订劳动合同,约定合同有效期为2013年3月19日至2016年3月18日。

2014年3月19日中午13时许,赵甲在午休时间到该公司所在大厦的地下停车场,参加同事间自发组织的踢毽子活动。在活动过程中,赵甲摔倒受伤,经医院诊断为:左腕尺桡骨远端骨折—科雷氏骨折。

2014年11月25日,赵甲之父赵乙向北京市海淀区人力资源和社会保障局(以下简称海淀区人社局)提起工伤认定申请,提交了工伤认定申请表,赵乙、赵甲身份证明,以及劳动合同、诊断证明等材料,海淀区人社局于同日接收其申请

---

〔1〕 北京市第一中级人民法院:(2015)一中行终字第2077号。

材料，于同年12月1日作出受理决定。海淀区人社局经审查认为，赵甲受到的伤害不符合《工伤保险条例》第14条认定工伤的情形，不予认定为工伤，于2015年1月13日作出京海人社工伤认(1080F0283630)号不予认定工伤决定书(以下简称被诉决定)，认定：2014年3月19日13时许，瞬联公司赵甲在该公司所在的地下停车场，参加同事之间自发组织的踢毽子活动过程中，摔倒受伤。经医院诊断为：左腕尺桡骨远端骨折—科雷氏骨折。因赵甲受到的上述伤害，不符合《工伤保险条例》第14条认定工伤的情形。现决定不予认定工伤。海淀区人社局将被诉决定送达赵乙。赵乙不服，向北京市海淀区人民政府申请行政复议，该复议机关于同年3月10日作出海政复决字〔2015〕20号行政复议决定，维持了被诉决定。赵乙亦不服，遂向原审法院提起诉讼，请求依法撤销被诉决定。一审法院经审理判决驳回原告诉讼请求。原告不服，提起上诉。

【裁判结论】

北京市第一中级人民法院经审理，判决驳回上诉，维持一审判决。

【裁判观点】

法院生效判决认为：依据《工伤保险条例》第5条第2款之规定，县级以上地方各级人民政府社会保险行政部门负责本行政区域内的工伤保险工作。海淀区人社局作为劳动保障行政部门，有权对本辖区内相关单位职工的工伤认定申请进行受理并作出认定。

综合各方当事人的诉讼意见，本案主要存在三个方面的争议问题：

1.关于被诉决定程序的合法性，主要存在两点争议：一是被诉决定是否超期；二是海淀区人社局的调查程序是否合法。

关于被诉决定是否超期的问题。《工伤保险条例》第20条第1款规定，社会保险行政部门应当自受理工伤认定申请之日起60日内作出工伤认定的决定。赵乙主张，其提起工伤认定申请的时间是2014年7月22日，海淀区人社局于2015年1月13日作出被诉决定，属于严重超期认定。海淀区人社局答辩称，其于2014年12月1日受理申请，不存在超期认定的问题。本院认为，从在案证据来看，2014年11月25日，海淀区人社局制作的《北京市海淀区人力资源和社会保障局工伤认定申请材料接收凭证(存根)》载明："今收到赵利水报送的关于赵英明的工伤认定申请材料壹份65页。"2014年12月1日,海淀区人社局制作的《北京市海淀区人力资源和社会保障局工伤认定申请受理决定书》载明:"赵乙,你于2014年11月25日提交赵甲的工伤认定申请收悉。经审查,符合工伤认定受理的条件,现予以受理。"上述两份证据材料均有上诉人赵乙的签名。以上证据可以证明,海淀区人社局于2014年11月25日收取了赵乙提交的申请材料,2014年12月1日正式受理,2015年1月13日作出了被诉决定,符合《工伤保险条例》关于"自受理工伤认定申请之日起60日内作出认定"的时限规定。对于赵乙提出《工伤认定申请表》中填表日期为2014年7月22日,应据此认定海淀区人社局受理的时间为2014年7月22日的主张,本院认为,填写申请表的时间并不等同于受理时间,根据《工伤保险条例》第18条第1款之规定,提出工伤认定申请应当提交:工伤认定申请表、与用工单位劳动关系的证明材料、医疗诊断证明或者职业病诊断证明书等相关材料。因此,申请表是提出工伤认定申请必须提交的材料之一,填写时间仅能证明上诉人填写该份材料的日期,不能证明该时间是提起申请所需的其他材料全部齐备提交的日期,亦不能推定该时间为海淀区人社局受理申请的时间。而现有证据能够证明,海淀区人社局收悉赵乙提交的共计65页的全部申请材料时间为2014年11月25日。因此,对于赵乙的该项主张,本院不予支持。

关于海淀区人社局的调查程序是否合法的问题。赵乙主张,海淀区人社局在调查程序中,均系一名工作人员单独询问相关证人,程序违法。对此,本院认为,从海淀区人社局提交的两份《调查笔录》来看,形成于2014年12月16日的笔录显示,调查人为:宁某某、周某某;形成于2015年1月5日的笔录显示,调查人为:田某、宁某某。该两份笔录均有上述人员的签名及被调查人的签名,不存在单独询问的问题,故对赵乙的该项主张,本院不予支持。

2. 关于被诉决定的事实认定主要存在两点争议:一是海淀区人社局提交的《调查笔录》是否合法有效的问题;二是瞬联公司提交的电话录音的证据效力问题。

关于海淀区人社局提交的《调查笔录》的证据效力,本院认为,如前所述,该份证据取得的程序、方法均符合法律规定,且作为书证的一种,其在形式上亦符合《最高人民法院关于行政诉讼证据若干问题的规定》(以下简称《证据规定》)第10条第1款第4项之规定的要求,故该证据合法有效,能够作为认定本案事实的依据。

关于瞬联公司提交的电话录音证据的合法性问题。《证据规定》第57条第2项规定，以偷拍、偷录、窃听等手段获取侵害他人合法权益的证据材料不得作为定案的依据。依据上述规定对录音证据的合法性进行判断时，一般应从证据的取得手段是否违法以及是否对他人的合法权益造成侵害这两个方面进行判断。违法手段主要是指以欺诈、胁迫等手段或是采取法律禁止的方法，如非法监听等方式获取录音证据。侵害他人合法权益主要是指获取录音行为本身侵害了他人依法享有的人身权、财产权等合法权益。瞬联公司提交的电话录音证据是否属于上述规定所指之情形，应从以上两个方面进行判断。

关于证据取得手段是否违法这一问题，瞬联公司提交的两份电话录音的通话双方：一方为瞬联公司负责调查此事的员工胡某某、宋某（二人同时在场通话），另一方为赵甲受伤时与其共同踢毽子的陶某某、张某。该份录音虽系在未提前向对方明示的情况下私自录制，但获取的途径是正常的接打电话活动，且录音方已明确告知对方其身份及通话目的，对方也同意接受问询，谈话内容也主要是了解赵甲踢毽子受伤一事的实际情况。在录音过程中，录音方并未采用欺诈、胁迫等手段，所采取的录音方式也有别于未经他人允许，在他人住所等私人空间、办公场所等安装录音设备的偷录行为，不属于法律明确禁止的方式。因此，瞬联公司提交的录音证据的取得手段不违法。

关于录音行为是否侵害他人合法权益这一问题，如上所述，瞬联公司是基于调查职工受伤真实情况这一正当目的，向知情人进行的问询，录音内容系对双方谈话内容的客观记载，反映的是知情人对其所经历事实的陈述，该录音行为本身并不存在侵犯他人合法权益之情形。

综合上述两点可知，瞬联公司提交的电话录音证据不属于《证据规定》第57条第2项所规定的非法证据，赵乙关于该证据系非法证据，应予排除的主张不能成立，本院不予支持。

3. 关于被诉决定的法律适用主要有两点争议：一是对《工伤保险条例》第14条第1项规定的理解适用问题；二是对《全民健身条例》及《全面健身计划（2011—2015）》（国发〔2011〕5号）有关规定的理解适用问题。

《工伤保险条例》第14条第1项规定，在工作时间和工作场所内，因工作原因受到事故伤害的，应当认定工伤。据此，职工所受的事故伤害认定为工伤必须同时具备三个条件，即工作时间、工作场所、工作原因。

关于工作时间和工作场所，根据《最高人民法院关于审理工伤保险行政案件若干问题的规定》的相关规定精神，对于工作时间与工作场所的界定应作广义理解，即符合合理时间内、合理区域的条件，应界定为属于工作时间、工作场所。本案中，瞬联公司规定，中午 12：00～13：00 为员工午餐时间，而本案事故发生于工作日 13：00 许，介于午餐时间与下午上班时间的交界时段，可以认定属于合理时间的范畴。本案事故发生地点在瞬联公司办公所在地的地下车库，而地下车库属于办公场所必要的附属基建设施，因此可以认定该地点属于合理区域的范畴。

关于工作原因，根据《最高人民法院关于审理工伤保险行政案件若干问题的规定》第 4 条第 2 项之规定，职工参加用人单位组织的活动受到伤害的应认定为工伤。本案中，赵甲因与同事踢毽子受伤，该活动是否由单位组织是认定工作原因的关键所在。赵乙主张踢毽子活动系瞬联公司的顾问专家王某组织，故应视为公司组织的活动，应予认定工伤。对此，本院认为，海淀区人社局提交的《调查笔录》中记载了对事发时参加踢毽子活动的陶某某、张某的调查情况，二人均称踢毽子活动是公司几名同事利用午休时间自发组织的健身活动，不是单位组织的集体活动。瞬联公司提供的电话录音亦印证了上述内容。据此可以认定踢毽子活动系瞬联公司员工自发组织的活动。虽然瞬联公司的顾问专家王某参与了踢毽子活动，但没有证据证明踢毽子活动系王某组织的，亦无证据证明王某系公司的主要负责人；而且，判断是否系单位组织的活动，不能仅凭参加人员是否有单位的管理人员，而应全面分析该活动是否系基于单位的相关文件、通知、计划安排及明确的参加要求，单位是否具有必要的组织行为，是否提供必要的活动条件、场所以及活动经费的支出如何安排等多方面因素，进行综合判断。综上，赵甲所受事故伤害不具备“工作原因”这一认定条件，故对于赵乙提出的该项主张，本院不予支持。

关于《全民健身条例》及《全面健身计划（2011—2015）》（国发〔2011〕5 号）文件有关规定的理解适用问题。上诉人主张，即便是员工自发组织的活动，本案也应适用上述两个文件的相关规定，瞬联公司违反了上述文件中“用人单位应组织员工进行工前工间操等体育健身活动”的规定，导致员工自发组织健身活动受伤，应认定为工伤。对此，本院认为，虽然《全民健身条例》第 15 条规定，“国家机关、企业事业单位和其他组织应当组织本单位人员开展工间(前)操和业余健身活动”,但单位采取何种方式来执行上述规定则具有自主性和选择性,即单位可根据自身特点来选择适当的方式开展职工健身活动。即使单位未依据上述规定组织开展职工健身活动,也不能由此认定职工自发组织的健身活动或其参加的所有健身活动都属于单位组织的,亦不能推定员工在参加自发组织的健身活动中受伤均应认定为工伤。因此,对于赵利水的该项主张,本院不予支持。

法官评析

《工伤保险条例》第14条第1项规定,在工作时间和工作场所内,因工作原因受到事故伤害的,应当认定工伤。由此可知,工作时间、工作场所、工作原因是认定工伤的三个要件。这三个要件的认定标准直接影响到工伤认定的范围,标准如果不明确,则会导致工伤认定的随意性和不确定性,不利于《工伤保险条例》立法宗旨的实现。实践中,关于工伤认定的争议也多集中于上述三个要件的认定标准上。为此,《最高人民法院关于审理工伤保险行政案件若干问题的规定》于2014年6月18日发布,结合《工伤保险条例》的立法宗旨,列举了较为常见的争议情形,并规定了明确的处理方式,使工作时间、工作场所、工作原因这三大要件的认定标准更为明确。

本案中,赵乙主张赵甲系在参加单位组织的活动中受伤。与此相关的问题是,职工参加单位组织的活动是否属于“工作原因”? 对此,《最高人民法院关于审理工伤保险行政案件若干问题的规定》第4条第2项明确规定,职工参加用人单位组织的活动受到伤害的应认定为工伤。但是,在理解和适用该规定时会存在难点:如何判断职工受伤时所参加的活动是否系单位组织的?

就本案而言,赵乙主张踢毽子活动系瞬联公司的顾问专家王某组织,故应视为公司组织的活动,应予认定工伤。这就抛出一个问题:如果一项活动有单位的管理人员参加,是否就可以认定该活动系单位组织的? 对此,本案判决给出了否定性意见,即仅凭有管理人员参加活动这一事实并不足以认定该项活动系单位组织的,因为这里不能排除其系在个人意志支配下所实施的个人行为,而非职务行为。一项活动是否系单位组织的,取决于该单位是否具有组织该项活动的意思表示。这种意思表示一般通过其实施的必要的组织行为表现出来，比如单位发布组织该项活动的相关文件、通知、计划安排、活动规则，或是提供必要的活动场所、活动经费等。

此外，赵乙还主张，瞬联公司违反了《全民健身条例》及《全面健身计划(2011—2015)》(国发〔2011〕5 号)文件中“用人单位应组织员工进行工前工间操等体育健身活动”的规定，导致员工自发组织健身活动受伤，应认定为工伤。对此，本案判决也进行了明确回应，认为虽然《全民健身条例》第 15 条规定，“国家机关、企业事业单位和其他组织应当组织本单位人员开展工间(前)操和业余健身活动”，但单位采取何种方式来执行上述规定则具有自主性和选择性，即单位可根据自身特点来选择适当的方式开展职工健身活动。即使单位未依据上述规定组织开展职工健身活动，也不能由此认定职工自发组织的健身活动或其参加的所有健身活动都属于单位组织的。

综上可知，赵甲所受事故伤害并不具备“工作原因”这一认定要件，不应认定为工伤。

【法律法规链接】

《最高人民法院关于审理工伤保险行政案件若干问题的规定》第 4 条第 2 项

(撰稿人　赵　锋)

02

行政机关采用公告送达的适用条件

——北京某汽车修理有限公司诉原延庆县人力资源和社会保障局（现北京市延庆区人力资源和社会保障局）工伤认定案

裁判规则

行政法律文书的送达是行政机关按照法定的程序和方式将行政机关的决定告知当事人，是行政法律文书生效的前提，并为当事人预设法律后果。如果法律、法规或者规章等规定了多种送达方式的情况下，行政机关只有在穷尽其他送达方式均无法送达的情况下才可以采用公告方式送达行政法律文书。

案 情[1]

北京某汽车修理部系个体工商户，经营者为张某，注册的经营场所为北京市延庆县大榆树镇下屯村（保安公司东 1000 米）。该修理部于 2013 年 8 月 26 日通过“个转企”方式变更成为北京某汽车修理有限公司（以下简称某汽修公司）（自然人独资）。该公司住所地为北京市延庆县大榆树镇下屯村（保安公司东 1000 米），法定代表人为张某。2015 年 4 月 22 日，该公司的住所地变更为北京市延庆县延庆镇莲花池村莲花池桥南（县煤气站墙西）。

延庆县人力资源和社会保障局（以下简称延庆人保局）于 2013 年 8 月 29 日受理了何某的工伤认定申请，于 2013 年 9 月向北京某汽车修理部的经营者张某邮寄送达工伤认定申请受理通知书等材料，邮寄地址为北京某汽车修理部当时

[1] 北京市第一中级人民法院：（2015）一中行终字第 1784 号。

的住所地“北京市延庆县大榆树镇下屯村(保安公司东1000米)”。后该邮件退回,显示电话错误查无此人。延庆人保局后又前往北京某汽车修理部的住所地进行送达,仍未能找到经营者张某。2013年10月15日,延庆人保局作出京延人社工伤认(2290T0253178)号认定工伤决定书(以下简称被诉决定书),并于同年10月21日按照北京某汽车修理部登记的经营场所邮寄了该决定,收件人为经营者张某。后该邮件被退回。同年11月1日,延庆人保局在北京劳动就业报上刊登公告,告知北京某汽车修理部,其职工何某提出的工伤认定申请,该局已于2013年10月15日作出被诉决定书,请其自本公告之日起60日内到该局领取,逾期未领,即视为送达。2015年4月7日,某汽修公司向原延庆县人民法院(现北京市延庆区人民法院,以下简称延庆法院)提起行政诉讼,要求撤销被诉决定书。延庆法院经审理作出(2015)延行初字第15号行政裁定,裁定驳回了某汽修公司的起诉。该公司不服,上诉至北京市第一中级人民法院。

【裁判结论】

北京市第一中级人民法院经审理,裁定撤销北京市延庆县人民法院(2015)延行初字第15号行政裁定;指令北京市延庆县人民法院继续审理。

【裁判观点】

一审法院认为:当事人认为行政机关作出的行政行为侵犯其合法权益的,应当在法律规定的期限内提起行政诉讼。本案中,延庆人保局在作出工伤认定的过程中,一直未能联系到北京某汽车修理部的经营者张某,延庆人保局在作出被诉决定书后,按照北京某汽车修理部的住所地向其经营者张某邮寄送达该决定书。后该邮件被退回,延庆人保局于2013年11月1日采取了公告方式向北京某汽车修理部进行了送达。自公告之日满60日即视为北京某汽车修理部已经知道被诉行政行为的内容,亦知晓相关诉权及起诉期限为三个月。本案某汽修公司(自然人独资)系由北京某汽车修理部通过“个转企”的方式变更而来,其法定代表人仍为张某,故应视为某汽修公司自公告之日起满60日亦已知晓被诉行政行为的内容、相关诉权及起诉期限。某汽修公司于2015年4月7日向法院提起行政诉讼,按照1990年实施的《行政诉讼法》[1]第39条的规定,公民、法人或者其他组织向法院提起诉讼的,应当在知道作出具体行政行为之日起三个月内提出。某汽修公司在提起本案诉讼时已经超过了法律所规定的起诉期限。

二审法院认为:根据1990年实施的《行政诉讼法》第39条的规定,行政机关作出行政行为后送达给相对人,应当认定相对人已经知道行政行为的作出。《工伤认定办法》第22条第2款规定,《认定工伤决定书》和《不予认定工伤决定书》的送达参照民事法律有关送达的规定执行。《民事诉讼法》第92条规定,受送达人下落不明,或者用本节规定的其他方式无法送达的,公告送达。根据该条规定,只有在受送达人下落不明,或采用直接送达、留置送达、邮寄送达等方式无法送达的情况下方可采用公告送达。本案中,某汽修公司系北京某汽车修理部通过"个转企"变更而来。在延庆人保局作出被诉决定书时,该公司登记的住所地为北京某汽车修理部注册的经营场所。延庆人保局作出被诉决定书后,仅在采用邮寄方式不能送达该决定的情况下,即采用公告送达不符合上述规定。且延庆人保局亦未提交证据证明通过邮寄之外的其他方式无法送达该决定。在此情况下,原审法院依据公告送达推定某汽修公司知道被诉决定书的内容、诉权以及起诉期限,并据此认定某汽修公司提起本案诉讼超过法定期限,属认定事实不清,应予纠正。

法官评析

送达作为法律行为的一种,在行政法领域具有重要意义。行政行为的送达,是指行政主体将有关的行政决定和在行政过程中形成的行政意向告知或明示行政相对人并使行政相对人予以受领的法律行为。[2] 同时,未经合法送达的行政行为,尚未对行政相对人的权利、义务产生影响,对行政相对人而言尚未发生法律效力,其亦无从提起诉讼;只有完成送达,行政相对人才可能启动相应的救济程序。

行政行为的送达方式是送达制度中最具体的环节,任何行政行为的送

〔1〕 后经2014年11月1日第十二届全国人民代表大会常务委员会第十一次会议和2017年6月27日第二届全国人民代表大会常务委员会第二十八次会议共两次修正。现为《行政诉讼法》(2017年修正)第46条,但内容有变动,将文中的"三个月"修改为了"六个月"。

〔2〕 参见田瑶:《论行政行为的送达》,载《政法论坛》2011年第5期。

达都必须通过一定的形式为之，但我国尚未制定统一的行政程序法，因此，对于不同行政机关送达这一程序环节的审查，应当结合相应的法律规范进行审查。就工伤认定而言，《工伤认定办法》第22条规定，《认定工伤决定书》和《不予认定工伤决定书》的送达参照民事法律有关送达的规定执行。《民事诉讼法》第85条至第92条列举了直接送达、留置送达、传真及电子邮件送达、委托送达、邮寄送达、转交送达、公告送达等若干送达方式，并详细规定了各送达方式采用时所应满足的条件。以公告送达为例，《民事诉讼法》第92条规定，受送达人下落不明，或者用本节规定的其他方式无法送达的，公告送达。即公告送达仅适用于以下两种情况：一是受送达人下落不明，即经调查、寻找仍不知受送达人所在处所的情形；二是采用该节规定的其他方式如直接送达、委托送达、邮寄送达、转交送达、留置送达等均无法送达的情形。

本案中，延庆人保局以邮寄方式送达被诉决定书未果后，即采公告方式向某汽修公司进行了送达。一审法院亦依据该公告对某汽修公司知晓被诉行政行为的时间及起诉期限进行了认定。然而，根据上述《民事诉讼法》第92条的规定，唯受送达人下落不明，或者穷尽其他方式无法送达时，方可采公告送达方式。即因公告送达虽与其他送达方式同为法定送达方式，一经送达，所产生的法律效果亦与其他送达方式相同，但其送达效果因法律推定而产生，与事实送达终难等同，因此，凡采公告方式予以送达，须严格遵循法定条件。某汽修公司系北京某汽车修理部通过“个转企”变更而来，有明确的登记住所地，延庆人保局在仅采用了邮寄方式不能送达的情况下，即以公告方式送达，与《民事诉讼法》《工伤认定办法》的相关规定不符，因此，不能认定本案被诉决定已经合法方式送达，亦不能根据该公告对某汽修公司知晓被诉行政行为的时间及起诉期限作出判断。

【法律法规链接】

《民事诉讼法》第92条

《工伤认定办法》第20条

（撰稿人　何君慧　李　蓓）

03

突发疾病 48 小时内死亡视同工伤条款的运用

——北京市某市政工程有限公司诉北京市海淀区人力资源和社会保障局工伤认定案

裁判规则

劳动者突发疾病的时间和地点为工作时间内和在工作岗位上,这是“视同工伤”的前提条件。在此前提条件下,满足突发疾病死亡或者在 48 小时内经抢救无效死亡的结果,即属于视同工伤的情形。

案 情[1]

贾某原系某市政工程公司(以下简称某市政工程公司)员工,被安排在该公司承包的河北省怀来县东花园镇经四路(葡萄大道西延—城南道)配套管线工程项目工地,任洒水车驾驶员一职,无固定工作时间。

2015 年 9 月 25 日上午 8 时许,贾某在该项目工地时感觉身体不适,便自行驾车前往医院就诊,途中行至南康检查站时,被工作人员发现意识不清,随后通过“120”救护车将其送往延庆县医院进行救治。经医院抢救无效,于当日 10 时 17 分死亡,死亡原因为猝死(来院已死)。

2015 年 12 月 18 日,贾某之妻昝某向北京市海淀区劳动人事争议仲裁委员会提出贾某与某市政工程公司之间确认劳动关系的申请。后经两审民事诉讼,

[1] 北京市第一中级人民法院:(2018)京 01 行终 1118 号。

最终于2017年3月28日确认贾某与某市政工程公司在2015年6月11日至2015年9月25日存在劳动关系。

2017年11月30日,昝某向北京市海淀区人力资源何社会保障局(以下简称海淀人保局)提交工伤认定申请及相关材料。同日,海淀人保局予以受理。经调查后认定,贾某所受事故伤害符合《工伤保险条例》第15条第1款第1项所规定的"在工作时间和工作岗位,突发疾病死亡或者在48小时之内经抢救无效死亡的"情形,属于工伤认定范围,予以认定为视同工伤。海淀人保局于2018年1月15日作出京海人社工伤认(1080T0351732,以下简称被诉工伤决定),并向双方当事人送达。某市政工程公司对该工伤决定不服,向北京市海淀区人民法院提起诉讼,请求法院依法撤销被诉工伤决定。北京市海淀区人民法院经审理作出(2018)京0108行初548号行政判决,判决驳回了某市政工程公司的诉讼请求。该公司不服,向北京市第一中级人民法院提起上诉,请求二审法院撤销一审判决;依法改判撤销被诉工伤决定。

【裁判结论】

北京市第一中级人民法院经审理,判决驳回上诉,维持一审判决。

【裁判观点】

一审法院认为:根据已查明事实,贾某作为某市政工程公司工地的洒水车驾驶员,并无固定工作时间,其于2015年9月25日早上8时许因身体不适离开工地,自行驾车前往医院就医,在途中突发疾病,经抢救无效于当日上午10时17分死亡。据此,海淀人保局依据《工伤保险条例》第15条第1款第1项的规定,认定贾某为视同工伤,并作出被诉工伤决定,其行为认定事实清楚、证据充分,适用法规、规章得当。某市政工程公司虽主张贾某系因辞职离开工地,但现有证据不足以证明上述内容。故,某市政工程公司的诉讼请求缺乏事实基础和法律依据,该院不予支持。

二审法院认为:我国工伤保险的立法宗旨在于通过发挥工伤预防、工伤补偿和工伤康复等工伤保险的基本功能,实现维护劳动者基本权益的主要目的。《工伤保险条例》第15条第1款第1项规定,在工作时间和工作岗位,突发疾病死亡或者在48小时之内经抢救无效死亡的,视同工伤。根据该规定,职工突发疾病的时间和地点为在工作时间和工作岗位上,是“视同工伤”的前置条件。在此前置条件下,满足突发疾病死亡或者在48小时内经抢救无效死亡的结果,即属于视同工伤的情形。该规定并没有限定职工发病后必须由单位直接送往医院抢救且在48小时内死亡才属于视同工伤的情形。本案中,贾某系某市政工程公司的职工,在某市政工程公司承包的河北省怀来县东花园镇经四路配套管线工程项目工地上承担驾驶洒水车进行除尘洒水工作,工作时间不固定。2015年9月25日早8时许贾某在工地上感觉身体不适,因其缺乏医学知识对病情的严重性未能做出正确判断,故其没有直接就近前往医院就诊,而是回家休息或前往延庆医院就诊合乎情理。后其在途中被发现意识不清,并经抢救无效于当日10时17分死亡。死亡原因为猝死。从贾某发病到抢救无效死亡,过程上具有连续性,逻辑上有因果关系,时间亦未超过48小时,符合《工伤保险条例》第15条第1款第1项规定的视同工伤的情形。故海淀人保局对贾某的死亡作出视同工伤的认定正确。

法官评析

《工伤保险条例》的立法宗旨是为了保障因工作遭受事故伤害或者患职业病的劳动者获得医疗救治和经济补偿,促进工伤预防和职业康复,分散用人单位的工伤风险,其中给予工伤或视同工伤劳动者以救治和补偿,是工伤保险制度最初的也是最主要的立法宗旨。

对于劳动者而言,伤、病是通过不同的法律规范进行调整。工伤是指劳动过程中发生的伤害,强调在工作时间、工作岗位发生的事故伤害,包括职业病,但不包括一般的疾病。《工伤保险条例》第14条[1]侧重强调因工作原因导致的伤亡,该类伤亡的发生与工作有直接关系,属于通常意义上的因

---

〔1〕《工伤保险条例》第14条　职工有下列情形之一的,应当认定为工伤:

(一)在工作时间和工作场所内,因工作原因受到事故伤害的;

(二)工作时间前后在工作场所内,从事与工作有关的预备性或者收尾性工作受到事故伤害的;

(三)在工作时间和工作场所内,因履行工作职责受到暴力等意外伤害的;

(四)患职业病的;

(五)因工外出期间,由于工作原因受到伤害或者发生事故下落不明的;

(六)在上下班途中,受到非本人主要责任的交通事故或者城市轨道交通、客运轮渡、火车事故伤害的;

(七)法律、行政法规规定应当认定为工伤的其他情形。

工伤亡。在第 14 条规定了应当认定工伤的情形之外，第 15 条第 1 款[1]又规定了视同工伤的情形。第 15 条的规定是基于扩大劳动者权益保障范围的目的，将部分与工作没有直接关联，但因特殊原因需要通过社会保险予以保障的伤亡，视同工伤。因视同工伤属于通常意义上因工伤亡之外的扩大保护，故对视同工伤的判定，应当严格掌握。

《工伤保险条例》第 15 条第 1 款第 1 项规定，在工作时间和工作岗位，突发疾病死亡或者在 48 小时之内经抢救无效死亡的，视同工伤。而这一规定将对劳动者的保护范围从“伤”扩大到了“病”，即将“突发疾病”纳入了工伤保护范围，目的是保护劳动者获得救治和补偿。这一条款在扩大保护范围的同时也规定了“突发疾病死亡”或者突发疾病“在 48 小时之内经抢救无效死亡”等限定性条件。因此，适用该条款作出视同工伤认定时，既要立足工伤保险制度保护受伤或死亡的劳动者这一立法本意，也应当严格按照规定，不能随意扩大适用范围。在适用该条规定时，视同工伤的情形应当同时满足以下三个条件：(1) 在工作时间；(2) 在工作岗位上；(3) 突发疾病死亡或者在 48 小时之内经抢救无效死亡。三个要件缺一不可，应当是一个连贯的过程，不应有中断。即视同工伤的劳动者，应当是在工作时间、工作岗位突发疾病死亡；或在工作时间、工作岗位突发疾病，立即就地抢救或送医院抢救并在 48 小时之内经抢救无效死亡。

一、突发疾病必须发生在工作时间、工作岗位上，这是视同工伤判定的基础

工作时间和工作岗位二者缺一不可，如果在非工作时间或者在工作岗位之外的工作场所突发的疾病均不能视同工伤。只有在工作时间、工作岗位或者工作时间前后从事预备性工作或其他工作受伤的，才满足认定工伤的一个前提条件。

1. 具备时间条件，即在工作时间内突发疾病

“工作时间”指法律规定的或单位要求劳动者应当工作的实际时间，不

---

[1] 《工伤保险条例》第 15 条第 1 款　职工有下列情形之一的，视同工伤：
(一) 在工作时间和工作岗位，突发疾病死亡或者在 48 小时之内经抢救无效死亡的；
(二) 在抢险救灾等维护国家利益、公共利益活动中受到伤害的；
(三) 职工原在军队服役，因战、因公负伤致残，已取得革命伤残军人证，到用人单位后旧伤复发的。

仅包括上班时间，还包括工作时间前后进行的预备性工作及下班后的收尾性工作。在工伤认定中，判定是否属工作时间，需结合工作的性质、工作职责等，从保护劳动者合法权益出发，一并考虑。本案中，贾某在工地承担洒水车驾驶员工作。其日常是在工地需要洒水时即开始工作。虽然贾某感到身体不适并不是在驾驶洒水车过程中，但从该工作性质看，其是否进行工作是视工地需要，因此，贾某在等待工地通知的时间应当视为其工作时间。

2. 具备地点要素，即在工作岗位上突发疾病

《工伤保险条例》第 15 条第 1 款第 1 项规定使用的是“工作岗位”，而不是“工作场所”。“工作岗位”相对于“工作场所”，强调更多的不是工作的处所和位置，而是工作职责和工作任务。贾某在休息室等待上岗，但正是基于其工作特点，其上岗是在工地有洒水需要的时候，因此，其在休息室等候，应当视为其工作岗位的一部分。

二、在工作时间和工作岗位，突发疾病

1. 突发疾病

《工伤保险条例》第 15 条第 1 款第 1 项对“突发疾病”的疾病类型，疾病是否与工作原因有关，是否是固有疾病等均未作限制性规定。《关于实施〈工伤保险条例〉若干问题的意见》第 3 条中规定，突发疾病包括各种疾病。[1] 从工伤保险的立法目的来看，对于突发疾病应作广义解释，包括原来自身患有重大疾病在工作时间和工作岗位发作的情形；原来自身患有慢性疾病，工作紧张导致发作或恶化的情形；本身无基础性疾病，但因工作时间、工作强度等原因导致“过劳死”“猝死”等突发疾病的情形。而疾病的发生、发展往往会有一个由轻到重的动态发展的过程，劳动者突发疾病时的活动只要与工作具有关联性即可，而不需突发疾病与从事的工作有病理上因果关系。

结合本案的案情，贾某在 2015 年 9 月 25 日正常上班，早上 8 时许贾某向同事反映身体不适。根据日常生活经验，诸如高血压、心脏病等疾病从病发、恶化至死亡有一个渐进的过程，从贾某在工作期间感到身体不适、告诉

---

[1] 《劳动和社会保障部关于实施〈工伤保险条例〉若干问题的意见》（劳社部函〔2004〕256 号）“三、条例第十五条规定‘职工在工作时间和工作岗位，突发疾病死亡或者在 48 小时之内经抢救无效死亡的，视同工伤’。这里‘突发疾病’包括各类疾病。‘48 小时’的起算时间，以医疗机构的初次诊断时间作为突发疾病的起算时间。”

同事、途中被发现神志不清到最后死亡，整个过程及后果具有渐进性、连续性及严重危害性的特点，应视为工作时间发病的延续，因此可以认定贾某死亡是其 9 月 25 日早上工作时间发生病情的延续加重所致。

2. 对于劳动者发病后是否须立即送医抢救问题

《北京市工伤认定办法》第 11 条对"突发疾病 48 小时内经抢救无效死亡"解释为"从工作岗位上直接送往医院抢救并在 48 小时内死亡的情形。"[1] 该规定实质上是将《工伤保险条例》第 15 条第 1 款第 1 项规定的视同工伤情形进行了限缩的规定。但根据《工伤保险条例》第 15 条第 1 款第 1 项的规定，职工突发疾病的时间和地点为在工作时间和工作岗位上，是"视同工伤"的前置条件。在此前置条件下，满足突发疾病死亡或者在 48 小时内经抢救无效死亡的结果，即属于视同工伤的情形。该规定并没有限定突发疾病死亡的地点必须在工作岗位或者医院内，也没有要求劳动者发病后必须由单位直接送往医院抢救且在 48 小时内死亡才属于视同工伤的情形。现实生活中，在工作时间、工作岗位突发疾病的情形比较复杂，发病表征不一定很典型。而且劳动者对自身疾病的认识一般很有限。特别是有些疾病初始症状并不明显，如本案贾某的情形，但发病后短时间内病情突然加重，并迅速出现抢救无效死亡的后果。如果一概将工作时间、工作岗位突发疾病，未从单位直接送往医院的排除在外，对劳动者的要求亦过高。同时，从权利义务相对均衡角度来看，如将劳动者未能立即就医诊治排除在视同工伤之外，因其未能及时就医诊治所承担的责任与所应获得的工伤保险权利显然不成比例。在处理工伤认定案件中，应在充分理解《工伤保险条例》第 15 条视同工伤条款的立法本意的基础上，结合案件的具体情况来具体分析，而不应增设或者限缩违反上位法规定的适用条件，不应在上位法没有规定的情况下适用限制和减损劳动者权利的附加条件。故劳动者在上班期间、工作岗位发病，是否从单位直接送医抢救不宜作为认定视同工伤的必要条件。

---

〔1〕《北京市工伤认定办法》第 11 条规定："区、县社会保险行政部门在适用《条例》第十五条第一款第（一）项规定时，'突发疾病'应考虑职工在工作时间和工作岗位上突然发病，且情况紧急，在工作岗位上死亡或者从工作岗位上直接送往医院抢救并在 48 小时内死亡的情形。'48 小时之内'是指从医疗机构的初次诊断的时间到职工死亡时间不超过 48 小时。医疗机构的初次诊断包括在急救车中的急救记录。"

本案中，贾某在单位虽觉得身体不适，其作为一个不具备专业医务知识的普通人，因缺乏医学知识对病情的严重性未能做出正确判断，没有直接去医院，而是回家休息合乎情理。而且根据本案有效证据可以证实，可知贾某于2015年9月25日早8时许在单位发病，9时30分左右在收费站被发现神志不清，后被送至医院，经抢救无效于当日10时17分死亡，从发病到死亡，过程上具有连续性，逻辑上具有因果关系，时间上未超过48小时，符合《工伤保险条例》视同工伤条款的规定。虽然贾某是在病情加重，出现意识丧失等情况时，才通过“120”入院，但是这并不影响贾某是在工作时间和工作地点突发疾病并在48小时之内经抢救无效死亡的事实成立。

【法律法规链接】

《工伤保险条例》第15条第1款第1项

《劳动和社会保障部关于实施〈工伤保险条例〉若干问题的意见》（劳社部函〔2004〕256号）第3条

（撰稿人　何君慧）

04

关于工伤认定中“工作原因”和“工作场所”的理解与适用

——北京珠穆朗玛绿色建筑科技有限公司诉北京市昌平区人力资源与社会保障局工伤决定案

裁判规则

所谓“工作原因”,是指工作与伤害之间存在关联关系。因工作原因受到伤害是工伤认定的核心要件,工作时间和工作场所是补强要件。所谓“工作场所”,是指按照职工日常工作所在的场所以及为完成领导临时指派的工作所涉及的场所。包括固定场所、不固定产所和临时场所。职工来往于多个与其工作职责相关的工作场所之间的合理区域也属于“工作场所”的范围。

案　情[1]

2015年8月,张某某入职北京珠穆朗玛绿色建筑科技有限公司(以下简称珠穆朗玛公司),在该公司位于北京市昌平区北七家镇定泗路184号厂区内从事保洁工作。2017年2月22日7时20分许,张某某从宿舍到水房打保洁用热水的途中,由于雨雪天气路面湿滑而摔倒,左臂受伤,后入院治疗,诊断结果为:肱骨近端骨折(左)。2017年9月28日,北京市昌平区人力资源和社会保障局(以下简称昌平人保局)根据其在行政程序中取得的证据材料及其调查核实情况,作出京昌人社工伤认(2210T0344504)号《认定工伤决定书》(以下简称被诉工伤认

〔1〕 北京市第一中级人民法院:(2018)京01行终634号。

定决定)，其主要内容为:“2017年8月8日受理张某某的工伤认定申请后，调查核实情况如下:张某某是珠穆朗玛公司保洁员，在单位位于北京市昌平区北七家镇定泗路184号厂区内从事保洁工作。2017年2月22日7时20分许，张某某从宿舍到水房打保洁用热水途中，由于雨雪天气路面湿滑而摔倒，左臂受伤。被单位送往北京王府中西医结合医院诊治，后又至积水潭医院住院治疗，于3月2日出院。医院诊断的结果为:肱骨近端骨折(左)。张某某同志受到的事故伤害，符合《工伤保险条例》第14条第2项之规定，属于工伤认定范围，现予以认定为工伤。”珠穆朗玛公司不服该决定，向一审法院提起行政诉讼，请求法院依法撤销被诉工伤认定决定。

【裁判结论】

北京市第一中级人民法院经审理，判决驳回上诉，维持一审判决。

【裁判观点】

一审法院认为:《工伤保险条例》第5条第2款规定:“县级以上地方各级人民政府社会保险行政部门负责本行政区域内的工伤保险工作。”本案中，珠穆朗玛公司在庭审中认可张某某为该公司聘用的保洁人员;张某某为超过法定退休年龄的务工农民，昌平人保局具有依照《工伤保险条例》的规定，对其所受伤害是否属于工伤进行认定的法定职责。

保障因工作遭受事故伤害或者患职业病的职工获得医疗救治和经济补偿是建立工伤保险制度最主要的宗旨。劳动保障行政部门作出工伤认定的行政行为，应当对主体、时间、空间等方面综合进行考量，以确保作出的行政行为定性准确，切实维护劳动者合法权益。《工伤保险条例》第14条第2项规定，工作时间前后在工作场所内，从事与工作有关的预备性或者收尾性工作受到事故伤害的，应当认定为工伤。另外，《工伤保险条例》第19条第2款规定，职工或者其近亲属认为是工伤，用人单位不认为是工伤的，由用人单位承担举证责任。本案中，昌平人保局在行政程序中搜集的证据能够证明张某某系在从事与工作有关的预备性工作过程中而摔倒受伤，符合《工伤保险条例》第14条第2项的规定。珠穆朗玛公司虽主张张某某摔倒时间为2017年2月22日早6点50分左右，其跌倒时非工作时间，也非工作原因，但珠穆朗玛公司并未提供有效证据证明上述主张，故该院对于珠穆朗玛公司的主张不予支持。昌平人保局收到张某某的认定工伤申请后，及时依法受理，审查张某某提交的证据材料，开展调查工作，制作调查笔录，对张某某的申请进行全面审查，并制作、送达了被诉工伤认定决定，认定事实清楚，程序合法。综上所述，昌平人保局作出的被诉工伤认定决定，认定事实清楚，适用法律法规正确，程序合法。珠穆朗玛公司的主张无事实和法律依据，应不予支持。一审法院依照《行政诉讼法》第69条之规定，判决驳回了珠穆朗玛公司的诉讼请求。

二审法院认为：我国工伤保险的立法宗旨在于通过发挥工伤预防、工伤补偿和工伤康复等工伤保险的基本功能，实现维护劳动者基本权益的主要目的。《工伤保险条例》第14条第2项规定，职工工作时间前后在工作场所内，从事与工作有关的预备性或者收尾性工作受到事故伤害的，应当认定为工伤。本案中，珠穆朗玛公司认可张某某为其聘用的保洁人员。张某某作为保洁人员，在其工作开始前准备保洁用水属于从事与工作有关的预备性工作。张某某上班时间为早8时，其受伤时间为早7时20分左右，是在其开始工作前的合理时间范围内。昌平人保局受理张某某提出的工伤认定申请后，对事故伤害情况进行了调查核实，包括对张某某本人以及同宿舍人员、主管领导、公司其他工作人员进行询问，以及对张某某受伤地点、工作区域等进行现场勘查等。根据昌平人保局调查核实的情况，张某某主张前往打水的水房位于其保洁区域即办公楼的北侧，宿舍区位于办公楼的东南侧，张某某摔倒的位置在办公楼东侧道路上，位于宿舍区前往水房的合理路线上。由此可以证明张某某是在到水房打保洁用热水的途中摔倒的事实。昌平人保局已经尽到了调查核实的职责。在此情况下，珠穆朗玛公司主张张某某摔倒非因工作原因，应当提交充分的证据予以佐证。珠穆朗玛公司在工伤认定程序中提交了书面意见、部分职工出具的书面证言以及张某某的工作主管、该公司行政人事负责人出具的情况说明等。但根据昌平人保局在调查核实过程中询问上述出具证言的部分职工，其表示是李某让其签字出具的证明，且有关证言内容是张某某受伤后送医等情况，与张某某是否因工作原因受伤无关。张某某的工作主管、该公司行政人事负责人出具的情况说明的内容虽然涉及张某某受伤的原因，但该说明系单方陈述，且出具情况说明的人员系珠穆朗玛公司的部门主管，仅依据该证据亦不足以推翻昌平人保局调查取得的证据。昌平人保局通过调查核实工作，根据张某某系珠穆朗玛公司聘用的超过法定退休年龄的进城务工农民，以及张某某受伤的时间、地点、原因等，认定张某某属于《工伤保险条例》第14条第2项规定的应当认定工伤的情形，具有事实根据，亦符合《工伤保险条例》的立法宗旨和目的。

在工伤认定程序中，工伤认定的申请人、用人单位对于各自的主张均应承担一定举证责任，工伤认定机关则应当对申请人以及用人单位提交的证据进行核实，并在对各方提交证据进行调查核实的基础上作出是否构成工伤的认定。就本案而言，珠穆朗玛公司对于其主张张某某受伤不是因为工作原因，应当向工伤认定机关提交证据予以佐证。基于前述分析，昌平人保局在工伤认定程序中，依法履行了调查职责，对张某某以及珠穆朗玛公司提交的证据进行核实，履行的执法程序并无不当之处，所作的被诉工伤认定决定认定事实清楚，适用法律正确。珠穆朗玛公司关于张某某是在到水房打保洁用热水的途中摔倒的事实无证据予以佐证等上诉理由，缺乏事实依据，不予采纳。珠穆朗玛公司关于应当由张某某承担举证责任，证明其受伤为工作原因的上诉主张，不予支持。

法官评析

一、关于“工作原因”的理解

《工伤保险条例》第14条第1项规定，在工作时间和工作场所内，因工作原因受到事故伤害的，应当认定为工伤。在上述工伤认定的“工作时间”、“工作场所”和“工作原因”的“三工”要素中，工作原因是核心要件。最高人民法院在指导案例《孙某某诉天津新技术产业园区劳动人事局工伤认定行政纠纷案》的理解与参照中认为，即使职工不在工作时间、工作场所内受到伤害，但只要是因为工作原因，就应当认定为工伤。工作场所和工作时间在工伤认定中的作用主要是补强工作原因，以及在工作原因无法查明时，用以推定是否属于工作原因。[1] 对此，2018年7月23日最高人民法院第一巡回法庭在《关于行政审判法律适用若干问题的会议纪要》第28条中就认为，职工在家加班工作期间突发疾病死亡，或者在48小时内经抢救无效死亡的，应当按照《工伤保险条例》第15条第1项的规定，视为工伤。

---

〔1〕 参见最高人民法院案例指导工作办公室：《〈孙某某诉天津新技术产业园区劳动人事局工伤认定行政纠纷案〉的理解与参照》，载《人民司法》（案例）2016年第20期。

另外，对于"工作原因"的理解不是工作与伤害之间的因果关系，而是工作与伤害之间的关联关系。这种关联关系包含两种类型，一类是充分条件关系，即因工作直接导致了伤害，如工作中机械设备故障造成工人受伤；另一类是必要条件关系，即虽然工作本身不是造成伤害的直接原因，但是如果没有工作就没有伤害，工作只是导致伤害造成的一个原因也属于"工作原因"。《最高人民法院关于审理工伤保险行政案件若干问题的规定》第 4 条第 1 项就规定，职工在工作时间和工作场所受到伤害，用人单位或者社会保险行政部门没有证据证明是非工作原因导致的，应当认定为工伤。

本案中，张某某作为公司的保洁人员，其前往水房打热水系从事与工作有关的预备性工作，其受伤时间在开始工作前的合理范围内。虽然张某某的受伤与其个人的疏忽大意存在一定关系，但是张某某系为了完成保洁的工作任务前往水房打水，该行为与其工作任务之间具有密切的关联，是张某某为了完成工作任务客观上必须完成的行为，不属于超出工作职责范围外的其他不相关的个人行为，故张某某的受伤属于因工作原因受到伤害。珠穆朗玛公司主张张某某摔倒并非工作原因，根据《最高人民法院关于审理工伤保险行政案件若干问题的规定》第 4 条第 1 项的规定，就应当提供相应证据举证证明。本案中，珠穆朗玛公司未能举证证明张某某的受伤非工作原因，故应当认定张某某的受伤属于因工作原因受到伤害，应当认定为工伤。

二、关于"工作场所"的理解

根据《北京市工伤认定办法》第 4 条的规定，所谓"工作场所"是指按照职工日常工作所在的场所以及为完成领导临时指派的工作所涉及的场所。对于工作场所又可具体区分为固定场所、不固定场所和临时场所。所谓固定场所，是指职工日常工作的场所，主要包括单位所在地以及除单位以外的日常工作场所，如邮递员、快递员所负责的工作区域。所谓不固定场所，是指如修理工、新闻工作者等因工作性质特殊所导致的经常变动的不确定的工作场所。所谓临时场所，是指单位或领导指派临时前往的工作场所。[1]

另外，对于职工工作区域存在多个工作场所的情形，"工作场所"还包含职工来往于多个与其工作职责相关的工作场所之间的合理区域，职工在

〔1〕 参见最高人民法院案例指导工作办公室：《〈孙某某诉天津新技术产业园区劳动人事局工伤认定行政纠纷案〉的理解与参照》，载《人民司法》（案例）2016 年第 20 期。

该合理区域内所受到的伤害，应当认定为工伤。如在最高人民法院指导案例《孙某某诉天津新技术产业园区劳动人事局工伤认定行政纠纷案》中，法院就认为，位于商业中心八楼的中力公司办公室，是孙某某的工作场所，而其完成去机场接人的工作任务需驾驶的汽车停车处，是孙某某的另一处工作场所。汽车停在商业中心一楼的门外，孙某某要完成开车任务，必须从商业中心八楼下到一楼门外停车处，故从商业中心八楼到停车处是孙某某来往于两个工作场所之间的合理区域，也应当认定为孙某某的工作场所。[1]在另一起案件中，职工因生理需要去厂区院落内的公共厕所上厕所途经的范围也被视为工作场所。[2]

本案中，张某某的固定工作场所为办公楼，其前往打水的水房位于办公楼的北侧，宿舍区位于办公楼的东南侧，而张某某的摔倒位置位于办公楼的东侧道路上。从张某某的摔倒位置来看，该位置属于从宿舍区到水房的路线中，是张某某完成保洁工作任务，来往于宿舍和工作场所间的合理区域，因此该区域也应当属于张某某"工作场所"的范围。

【法律法规链接】

《行政诉讼法》第 69 条、第 70 条

《工伤保险条例》第 14 条、第 15 条

（撰稿人　何君慧　刘京勇）

〔1〕参见天津市第一中级人民法院(2005)一中行初字第 39 号行政判决。

〔2〕参见江苏省高邮市人民法院(2016)苏 1084 行初 140 号行政判决。

05

工伤认定领域的法律效果与社会效果的统一

——威德信公司诉海淀区人保局工伤认定案

裁判规则

职工在外派期间受到伤害,回国后突发疾病的情形,要根据用人单位的举证情况,充分考虑受伤职工的权益保护以及法律效果与社会效果的统一。

案　情[1]

北京市第一中级人民法院作出的(2013)一中民终字第14248号《民事判决书》确认,孙甲之父孙某某与威德信公司在2009年2月10日至2011年12月4日期间存在劳动关系。在此劳动关系存续期间,孙某某作为威德信公司职工被派往非洲乍得从事钻井监督工作。

2011年11月27日下午4时许,孙某某从非洲乍得乘飞机抵达北京。当日下午,在与公司工作人员办理工资结算后,因身体不适,孙某某在公司安排的宾馆住宿一夜,于次日返回其在天津的家中。12月1日10时,孙某某到天津市大港医院住院治疗,医院诊断结论为:"(1)上消化道出血;(2)急性肝炎?"。由于病因不明,需上级医院进一步确诊治疗,12月2日20时,孙某某从天津市大港医院出院。12月3日凌晨,孙某某病情急剧恶化,于12月3日5时左右转天津市第三中心医院急救治疗,至12月4日6时左右,孙某某抢救无效死亡。天津市第三中心医院"死亡记录"显示,孙某某死亡原因为呼吸衰竭;死亡诊断为:"(1)脓毒血症;(2)感染性休克;(3)多脏器衰竭;(4)急性呼吸窘迫综合征;

[1] 北京市第一中级人民法院:(2014)一中行终字第10858号。

(5)呼吸衰竭;(6)肺炎;(7)急性肾功能衰竭、代谢性酸中毒、高钾血症;(8)急性肝功能衰竭;(9)乳酸性酸中毒;(10)消化道出血;(11)心肺复苏;(12)黄热病?;(13)流行性出血热?;(14)癫痫。”2012年2月21日,孙某某之子孙甲以威德信公司为孙某某的工作单位向海淀区人保局提出工伤认定申请,因需补正劳动关系证明等材料,海淀区人保局向孙甲送达了《工伤认定申请补正材料通知书》。2013年12月30日,孙甲提交了补正申请材料,海淀区人保局于当日受理了孙甲的申请,并向威德信公司送达《限期举证通知书》。在举证期限届满后,威德信公司向海淀区人保局提交了一份情况说明和一份孙某某的工资结算单。2014年3月26日,海淀区人保局作出被诉工伤认定决定,其主要内容为:孙某某同志受到的事故伤害,符合《工伤保险条例》第14条第5项之规定,属于工伤认定范围,现予以认定为工伤。威德信公司对该决定不服,于2014年6月24日向一审法院提起诉讼,请求撤销被诉工伤认定决定。

【裁判结论】

北京市第一中级人民法院经审理,判决驳回上诉,维持一审判决。

【裁判观点】

一审法院认为:本案的核心问题在于孙某某从非洲回国后因病死亡的情形能否认定工伤。孙某某作为威德信公司职工被外派到非洲乍得从事钻井监督工作属于履行职务的行为,孙某某于2011年11月27日从乍得返回北京系其职务行为的延续,当日因身体不适即在北京住宿一夜,而通过海淀区人保局的调查笔录以及孙某某的病历材料显示出,孙某某在返回国内前,即有发热症状出现,并自服治疗“马来热”的药物。由于孙某某的病情发展迅猛,对其死亡,医疗机构未能给出明确的结论性意见,造成了孙某某死因不明的情况。我国工伤保险制度的基本原则是保障因工作遭受事故伤害的职工能够获得医疗救治和经济补偿,在孙某某患病经过和原因无法查清的情况下,应当倾向于保护遭受伤害的职工的利益。本案中,对于孙某某的死亡,威德信公司提供的证据不能确定无疑地证明孙某某的死亡不是因为在乍得工作所致,则应当倾向认定其所受伤害属于工伤。

本案中,申请人在提出工伤认定申请的同时,还提交了人民法院关于确认劳动关系的判决书以及孙某某病历记录等证据材料。海淀区人保局在受理该工伤认定申请后，向威德信公司送达了《限期举证通知书》。该公司在收到《限期举证通知书》后，只提交了一份《情况说明》以及一份孙某某的工资结算单，并没有提交其他可以证明孙某某所受伤害不属于工伤的证据材料。根据《工伤保险条例》第 19 条第 2 款的规定，职工或者其近亲属认为是工伤，用人单位不认为是工伤的，由用人单位承担举证责任。本案中，申请人已经尽到了举证责任，而作为用人单位的威德信公司没有提交相应的证据证明孙某某不是工伤，应当承担举证不力的后果。综上所述，判决驳回威德信公司的诉讼请求。

二审法院经过审理认为：《工伤保险条例》第 14 条第 5 项规定，因工外出期间，由于工作原因受到伤害或者发生事故下落不明的应当认定为工伤。本案中，孙某某被威德信公司外派到非洲乍得工作属于因工外出，其于 2011 年 11 月 27 日从乍得返回北京，海淀区人保局提供的证据能够形成证据链，证明孙某某因在乍得工作受到伤害。《工伤保险条例》第 19 条第 2 款规定，职工或者其近亲属认为是工伤，用人单位不认为是工伤的，由用人单位承担举证责任。威德信公司提供的证据不足以否定昌平区人保局的上述认定。综上，海淀区人保局作出被诉工伤认定决定并无不当。一审法院判决驳回某某公司的诉讼请求正确，法院应予维持。威德信公司关于撤销一审判决及被诉行为的上诉理由，均缺乏事实和法律依据，其上诉请求本院不予支持。据此，驳回了威德信公司的上诉请求，维持了一审判决。

法官评析

本案的争议焦点是职工在外派期间受到伤害，回国后突发疾病的情形能否认定为工伤。

一种观点认为，《工伤保险条例》第 14 条第 5 项规定，因工外出期间，由于工作原因受到伤害或者发生事故下落不明的应当认定为工伤。该条规定的由于工作原因受到“伤害”，该“伤害”是指外部的伤害，不包括疾病这种情形且其得病是否因工作原因难以认定。而《工伤保险条例》第 15 条第 1 款第 1 项规定，在工作时间和工作岗位，突发疾病死亡或者在 48 小时之内经抢救无效死亡的，视同工伤。本案中，孙某某突发疾病到死亡已经超过 48 小时，故也不应该视同工伤。综上所述，本案中，孙某某的情形不应该认定为工伤。

而本案从法律效果和社会效果相统一的角度，我们更倾向于认为本案的情形应认定为工伤。《工伤保险条例》第 14 条第 5 项规定，因工外出期间，由于工作原因受到伤害或者发生事故下落不明的应当认定为工伤。而本案的问题在于孙某某得病是否因为工作原因以及疾病是否属于伤害。由于外派出国的情况比较特殊，且在职工已经死亡的情形下，考量是否是“工作原因受到伤害”就要从法律效果和社会效果相统一的角度出发。首先，我国工伤保险制度的基本原则是保障因工作遭受事故伤害的职工能够获得医疗救治和经济补偿。所以在受伤经过和原因无法查清的情况下，法院应当从有利于保护事故伤害的职工的利益出发进行确认；其次，孙某某死亡时，虽不能认定是感染“黄热病”等疾病死亡，但是医院的诊断记录可以证明其有较大可能感染了“黄热病”等疾病。海淀区人保局提供的材料可以证明当时非洲存在“黄热病”的疫情，而孙某某回国时，本国并未有相关疫情记载。其感染该疾病可以推定为在外派非洲期间所得。而威德信公司提供的证据并不足以证明孙某某非因工作原因感染该疾病；最后，从本案的社会效果考虑，威德信公司本身并未为孙某某缴纳工伤保险费用，该行为本身就不应被提倡，如作为家庭支柱的孙某某不能被认定为工伤，其妻子与孩子的生活更会失去保障，社会效果较差。综合上述情况考虑，本案认定孙某某构成工伤更为合适。

【法律法规链接】

《工伤保险条例》第 14 条、第 15 条

（撰稿人　杨晓琼）

7

CHAPTER

第七章

投诉举报履责

01

起诉行政复议不予受理决定应采用履责之诉的审理思路

——冯某某、武某某诉住房和城乡建设部行政复议案

裁判规则

1. 就行政复议不予受理决定提起的诉讼，实质为履责之诉。

2. 对于履责之诉，法院的审查范围包含但不限于行政机关作出的拒绝性答复的合法性，法院还应当就原告申请被告履行法定职责的理由是否成立进行全面审查并根据查明的事实作出裁判。

案　情[1]

2014 年 12 月 2 日，冯某某、武某某以高某、李某、牟某某、杜某某为被举报人向中华人民共和国住房和城乡建设部（以下简称住建部）举报，请求：“一、依据《行政许可法》第六十五条、建设部《第 100 号令》第二十六条、第二十七条不具备房地产估价师资质的‘高某’已估价师名义作业签署房地产评估报告行为确认违法。应当依法注销其估价师资质资格证书。二、依据最新证据：政府信息公开告知书编号：2014 －995 证明津港估拆字（2003）第 051 号评估报告‘低评、漏估、’侵权、欺诈。确认执业估价师李某、牟某某、杜某某审查、签署的评估报告书违法。该行为违反房地产估价行业执业道德规范，应当依法注销其估价师资质执业资格证书。三、被举报人津港估拆字（2003）第 051 号评估报告行为至相对

[1] 北京市第一中级人民法院：（2016）京 01 行初 13 号，北京市高级人民法院：（2016）京行终 4429 号。

人达不成拆迁安置补偿协议,近十二年得不到依法安置房、周转房和租房费。至举报人造成的身心伤害与重大经济损失,依法追究被举报人的法律责任。”后冯某某、武某某认为住建部未对其举报履行法定职责,向住建部申请行政复议,复议请求为:“一、请求依法审查被申请人受理申请人实名举报逾期不理,不履行法定监督职责,不予告知查处办案结果。确认渎职违法不作为。二、请求对举报一级房地产资质估价机构‘估价师’的违法事项内容查清的违法事实与处理结果向举报人予以告知,并对举报人的举报请求依法作出答复。”住建部经审查,于2015年3月18日作出建复决字〔2015〕146－147号行政复议决定书(以下简称被诉复议决定),主要内容为:经审理查明,根据两原告提供的证据,2013年9月9日、2014年5月6日,冯某某、武某某两次向住建部投诉举报“高某”违法以“估价师”名义签署评估报告、天津津港房地产咨询评估有限公司违法作出“津港估拆字(2003)第051号评估报告”。2014年8月9日,冯某某、武某某认为住建部未对上述举报履行查处职责,向住建部提出行政复议申请。2014年10月11日,住建部作出了《驳回行政复议申请决定书》(建复决字〔2014〕391号,以下简称391号复议决定),依法驳回冯某某、武某某的复议请求。2014年10月28日,冯某某、武某某不服该复议决定向人民法院提起了行政诉讼。住建部认为,冯某某、武某某就同一事项重复向住建部提出举报要求,重复向住建部提出行政复议申请,且已就同一事项向人民法院提起了行政诉讼。根据《行政复议法实施条例》第48条第1款第2项之规定,住建部决定驳回冯某某、武某某的复议请求。该决定于之后邮寄冯某某、武某某。冯某某、武某某不服,诉至一审法院,请求撤销被诉复议决定,责令住建部重新作出复议决定。

另查明,冯某某、武某某2014年5月6日的举报信所载明的被举报人为天津津港房地产咨询评估有限公司,举报请求为:“一、不具备房地产估价师资质的‘高某’,违法作业的房地产评估报告确认无效。依法追究法律责任,通报记载于房地产信用档案。二、对侵权、欺诈的房地产评估报告行为使相对人十一年多无家可归,造成的身心伤害与重大经济损失,依法追究法律责任、赔偿经济损失。”冯某某、武某某2013年9月9日的投诉书所载明的被投诉人为天津津港房地产咨询评估有限公司,举报请求为:“一、不具备房地产估价师资质的‘高某’,违法作业的房地产评估报告确认无效。依法追究法律责任,通报记载于房地产信用档案。二、对侵权、欺诈的房地产评估报告行为给相对人造成的重大财产损失,十年多无家可归造成的精神伤害依法追究刑事责任、赔偿经济损失。"后冯某某、武某某认为住建部逾期未处理其举报事项违法,向住建部申请行政复议,住建部于2014年10月11日作出391号复议决定,驳回冯某某、武某某的行政复议申请。冯某某、武某某不服,诉至一审法院,请求判决确认住建部逾期未依法处理举报事项,行政不作为。一审法院于2015年3月23日作出(2015)一中行初字第66号行政裁定书,驳回冯某某、武某某的起诉,主要裁判理由为:冯某某、武某某针对高某的房地产估价师资质管理问题的举报,因冯某某、武某某与该事项的处理不存在法律上的利害关系,故冯某某、武某某认为住建部逾期未依法处理该举报事项而提起本案之诉,不符合原告主体资格的要求;冯某某、武某某关于请求确认房地产评估报告无效的举报,因住建部并无相应的法定职责,故冯某某、武某某以住建部逾期未依法处理该举报事项为由提起本案之诉缺乏事实根据。

在一审法院开庭审理过程中,冯某某、武某某陈述此次举报系针对估价师高某、李某、牟某某、杜某某存在的违法行为向住建部举报,要求吊销上述估价师的资质。

【裁判结论】

北京市第一中级人民法院判决驳回冯某某、武某某的诉讼请求。北京市高级人民法院判决驳回上诉,维持一审判决。

【裁判观点】

一审法院认为:

根据《行政复议法》的相关规定,两原告认为被告未对其举报履行法定职责,向被告申请行政复议,被告具有针对两原告的行政复议申请作出处理的法定职权。鉴于两原告对被诉复议决定作出的程序不持异议,本院经审查,对被诉复议决定作出程序的合法性予以确认。

(一)关于本案的诉讼类型认定

1. 2015年《最高人民法院关于适用〈中华人民共和国行政诉讼法〉若干问题的解释》第2条第1款第1项、第2项中分别就撤销之诉和履责之诉两种诉讼类型予以了规定。所谓撤销之诉,是原告针对负担行政行为请求法院予以撤销的诉讼类型,其诉讼目标在于消除行政行为对原告所施加的不利负担。而履责之诉,则是原告请求法院判决行政机关履行特定的法定职责的诉讼类型。虽然在履责之诉中也可能包含原告对拒绝性答复的不服以及撤销该答复的诉讼请求,或者原告的诉讼请求仅表述为撤销拒绝性的答复,但法院仍然应当结合原告的诉讼目标综合案件事实对诉讼类型予以认定。

2. 当事人对行政复议不予受理决定不服,或者对以不符合复议受理条件为由驳回复议申请决定不服提起诉讼的,其诉讼目标实质上是要求复议机关受理其复议申请并进入实体审查阶段。因此,虽然原告的诉讼请求可能仅表述为撤销被诉不予受理决定或者驳回复议申请的决定,但此类案件从诉讼类型上仍然应当属于履责之诉的范畴。本案中,虽然原告的诉讼请求仅表述为撤销被诉复议决定,但其撤销被诉复议决定的诉讼目标,实质上在于要求被告履行受理其行政复议申请并予以实体审查的法定职责。因此,本案实质上应认定为履责诉讼。

(二)本案的审查范围

1.《行政诉讼法》第 72 条规定,人民法院经过审理,查明被告不履行法定职责的,判决被告在一定期限内履行。该法第 69 条又规定,行政行为证据确凿,适用法律、法规正确,符合法定程序的,或者原告申请被告履行法定职责或者给付义务理由不成立的,人民法院判决驳回原告的诉讼请求。根据上述规定的精神,对于履责之诉法院的审查范围包含但不限于行政机关作出的拒绝性答复的合法性,法院应当就原告申请被告履行法定职责的理由是否成立进行全面审查并根据查明的事实作出裁判,以体现《行政诉讼法》第 1 条所规定的“解决行政争议”的立法宗旨。因此,本案中被诉复议决定的合法性属于本案审查范围,但同时还应当审查两原告的行政复议申请是否符合《行政复议法》和《行政复议法实施条例》规定的受理条件。

2.《行政复议法实施条例》第 28 条第 7 项规定,其他行政复议机关尚未受理同一行政复议申请,人民法院尚未受理同一主体就同一事实提起的行政诉讼的,行政复议机关对行政复议申请应当予以受理。本案中,两原告于 2013 年 9 月 9 日及 2014 年 5 月 6 日向被告投诉举报的事项与本次向被告投诉举报的事项不一致,故被诉复议决定关于两原告构成就同一事项向被告提出举报要求,进而重复向被告提出行政复议申请及已就同一事项向人民法院提起行政诉讼的相关认定确有不当。

3. 本案原告明显不具有申请人资格。根据《行政复议法实施条例》第28条第2项的规定,行政复议申请的申请人应当与具体行政行为有利害关系。根据《行政复议法实施条例》第48条第1款第2项的规定,行政复议机关受理行政复议申请后,发现该行政复议申请不符合行政复议法和本条例规定的受理条件的,行政复议机关应当决定驳回行政复议申请。本案中,两原告认为被告未履行法定职责,查处其举报事项,向被告申请行政复议,而两原告的举报系针对高某、李某、牟某某、杜某某的房地产估价师资质管理问题,因两原告与该事项的处理不存在法律上的利害关系,故两原告向被告申请行政复议不符合《行政复议法实施条例》第28条第2项规定的受理条件。

因此,尽管被诉复议决定的理由有所不当,但本院已经查明两原告的行政复议申请明显不符合行政复议的受理条件,被诉复议决定驳回两原告复议请求的结论并无不当,被告并无未履行法定职责的情形。故对两原告要求撤销被诉复议决定,责令被告重新作出复议决定的诉讼请求,本院不予支持。

二审法院认为:

冯某某、武某某于2013年9月9日及2014年5月6日向住建部投诉举报的事项与本案向住建部投诉举报的事项并不一致,因此,住建部作出的被诉复议决定关于冯某某、武某某构成就同一事项向住建部提出举报要求,进而重复向住建部提出行政复议申请及已就同一事项向人民法院提起行政诉讼的相关认定确有不当。但冯某某、武某某明显不具有申请人资格。冯某某、武某某认为住建部未履行法定职责查处其举报事项,向住建部申请行政复议,而冯某某、武某某的举报系针对高某、李某、牟某某、杜某某的房地产估价师资质管理问题,因冯某某、武某某与该事项的处理不存在法律上的利害关系,所以冯某某、武某某向住建部提出的行政复议申请,不符合《行政复议法实施条例》第28条第2项规定的受理条件。因此,尽管住建部作出的被诉复议决定的理由有所不当,但冯某某、武某某的行政复议申请明显不符合行政复议的受理条件,被诉复议决定驳回冯某某、武某某复议请求的结论并无不当。据此,本院对冯某某、武某某要求撤销被诉复议决定,责令住建部重新作出复议决定的诉讼请求,不予支持。

综上,一审法院判决驳回冯某某、武某某的诉讼请求正确,应予维持,冯某某、武某某的上诉理由和请求缺乏事实和法律依据,不予支持。

法官评析

行政诉讼类型也称诉讼种类，是行政诉讼形态的格式化。由于不同类型的行政案件在审理规则方面差异明显，行政诉讼类型化有助于实现当事人起诉和法律裁判的规范化运作。2015 年《最高人民法院关于适用〈中华人民共和国行政诉讼法〉若干问题的解释》[1]第 2 条第 1 款规定，《行政诉讼法》第 49 条第 3 项规定的“有具体的诉讼请求”是指：(1)请求判决撤销或者变更行政行为；(2)请求判决行政机关履行法定职责或者给付义务；(3)请求判决确认行政行为违法；(4)请求判决确认行政行为无效；(5)请求判决行政机关予以赔偿或者补偿；(6)请求解决行政协议争议；(7)请求一并审查规章以下规范性文件；(8)请求一并解决相关民事争议；(9)其他诉讼请求。该条规定确立了撤销之诉、履责之诉和确认之诉三足鼎立的格局，间接实现了诉讼类型化改造的任务。该司法解释第 2 条第 1 款第 1 项、第 2 项规定实质是分别就撤销之诉和履责之诉两种诉讼类型予以了规定。

所谓撤销之诉，是原告针对负担行政行为请求法院予以撤销的诉讼类型，其诉讼目标在于消除行政行为对原告所施加的不利负担。而履责之诉，则是原告请求法院判决行政机关履行特定的法定职责的诉讼类型。虽然在履责之诉中也可能包含原告对拒绝性答复的不服以及撤销该答复的诉讼请求，或者原告的诉讼请求仅表述为撤销拒绝性的答复，但法院仍然应当结合原告的诉讼目标综合案件事实对诉讼类型予以认定。就原告起诉行政复议不予受理决定或以不符合复议受理条件为由驳回复议申请决定的案件而言，原告实质上是要求法院纠正不予受理或驳回申请的结论，进而使其行政复议申请得以被受理及实体审查并支持其复议请求。因此，此类案件形式上虽为撤销诉讼，实质却为履责诉讼。

对于履责之诉法院的审查范围包含但不限于行政机关作出的拒绝性答复的合法性，法院应当就原告申请被告履行法定职责的理由是否成立进行全面审查并根据查明的事实作出裁判，审查原告的行政复议申请是否符合《行政复议法》和《行政复议法实施条例》规定的受理条件。本案中，被诉复议决定关于冯某某、武某某构成就同一事项向住建部提出举报要求，进而重

---

[1] 已失效。

复向住建部提出行政复议申请及已就同一事项向人民法院提起行政诉讼的相关认定不当。但是,冯某某、武某某与被复议行为明显不具有利害关系,其复议申请明显不符合《行政复议法实施条例》第 28 条第 2 项规定的受理条件,被诉复议决定的结论并无不当,被告并无未履行法定职责的情形。故法院判决驳回了冯某某、武某某要求撤销被诉复议决定,责令住建部重新作出复议决定的诉讼请求。

【法律法规链接】

《行政诉讼法》第 69 条、第 72 条

(撰稿人　张美红)

02

单项报价低于成本价构成不正当竞争

——淮安财经公司诉财政部投诉处理决定案

裁判规则

适用单项报价低于成本价这种报价方式无形中降低了单价的总和，使其在价格分上与其他供应商拉开了差距，进而谋取中标，排挤其他竞争对手。该行为损害了其他参与投标供应商的合法权益。供应商每生产和提供一类产品，就会产生相应的制作和运营等成本，低于成本价的报价显然与该项服务实际发生的投入价值不符，有违诚实信用原则。在产品使用数量尚不确定的情况下，采购人最终为原此种报价方式支付的费用可能并非最低。该行为不符合政府采购法规定的公平竞争原则的要求。

案　情[1]

本案涉及的项目为“江苏省国家税务局系统普通发票定点印刷项目”，采购资金来源为中央财政预算。2017 年 1 月 19 日，被告收到并受理原告的投诉，其中原告的投诉事项为：“投诉事项 1：被投诉人在本次发票印刷项目综合评分过程中对我联合体评分有失公允，评标委员会在评标中有明显的不合理和不正当倾向性，未按法律、法规和有关文件规定以及招标文件规定的评分标准和评标方法进行评标”；“投诉事项 2：被投诉人江苏省国家税务局对我联合体的报价审查违反政府采购相关规定”；2017 年 1 月 24 日，被告向江苏省国家税务局、江苏省政府采购中心发出《提出答复通知书》，后南通市现代印务有限责任公司、南京

[1] 北京市第一中级人民法院：(2017) 京 01 行初 545 号。

特种印刷有限公司、苏州印刷总厂有限公司、江苏凤凰扬州鑫华印刷有限公司、无锡市证券印刷有限公司、溧阳市鑫宇印刷有限公司、连云港云阪信息记录纸有限公司亦收到了被告发送的《提出答复通知书》。江苏省国家税务局、江苏省政府采购中心提出答复意见。

2017 年 4 月 18 日，被告作出被诉处理决定：认定如下事实：2016 年 11 月 28 日江苏省政府采购中心发布招标公告；2016 年 12 月 1 日，发布第一次更正公告；2016 年 12 月 2 日，发布第二次更正公告；2016 年 12 月 9 日，发布第三次更正公告；2016 年 12 月 27 日，本项目开标、评标；2016 年 12 月 28 日，发布中标公告；2016 年 12 月 29 日，原告提出质疑；2017 年 1 月 6 日，江苏省国家税务局答复质疑。招标文件第二章投标人须知 28.1.9 规定："其他法律、法规及本招标文件规定的属无效投标的情形。"招标文件第五章评标方法与评标标准"评分因素"规定："服务（联合体投标的、综合评价本项内容）""总体实力（联合体投标的，专利技术、业绩、职工人员情况、技术人员情况、厂房、专用印刷设备，按联合体成员得分最高的计分；信誉、环境标志、产品认证、按联合体成员得分最低的计分）""管理（联合体投标的，管理制度种类、制度科学性、合理性、财务状况、资金垫付能力、安全保密措施、监控设备、废次品销毁设备，按联合体成员得分最高的计分）""技术（联合体投标的，样品检测按联合体成员得分最低的计分。联合体成员中任何一家供应商检测不合格被认定为无效的，该联合体按无效投标处理）""投标人总体评价（联合体投标的，总体实力、全省性的类似项目服务经验按联合体各方面综合情况考量；与本项目相关的认证、证书）（国家秘密载体印刷资质等），按联合体成员得分最低的考量。"原告和江苏徐州新华印刷厂（联合体）投标文件"十、分项报价表"显示，第 13 项《通用机打卷式发票》，规格 76mm × 127mm，单价为 1.80 元；第 14 项《通用机打卷式发票》，规格 82mm × 127mm，单价为 0.10 元。"评标报告"显示，原告与江苏徐州新华印刷厂（联合体）的投标文件分项报价表中第 14 项报价明显低于成本，违反 1993 年《反不正当竞争法》的相关规定，根据招标文件无效条款 28.1.9 的规定，评标委员会认定其为无效投标。《关于投标价格低于成本价的说明》显示："专家在评审过程中，发现投标文件分项报价表序号第 13 项《通用机打卷式发票》，规格 76mm × 127mm，单价为 1.80 元；第 14 项《通用机打卷式发票》，规格 82mm × 127mm，单价为 0.10 元，第 14 项规格比第 13 项大，价格只有第 13 项的约5.6%，专家慎重起见，请该企业投标人代表予以书面解释说明，该企业在说明中对第 13 项《通用机打卷式发票》报价进行了分解，其中纸张成本 1.12 元，而第 14 项《通用机打卷式发票》(包含纸张的价格)0.10 元远低于纸张成本价。专家一致认定其投标报价低于成本价，违反反不正当竞争法第十一条'经营者不得以排挤竞争对手为目的，以低于成本的价格销售商品'，根据招标文件无效投标条款 28.1.9 的规定，评委会判定其为无效投标"。原告提供的针对投标文件分项报价表序号第 13 项《通用机打卷式发票》报价的书面解释说明中，将报价进行分解，其中纸张的成本为 1.12 元。以上事实，有原告提交的投诉材料、江苏省国家税务局、江苏省政府采购中心提交的答复材料，招标文件、投标文件、评标报告、中标公告等在案佐证。

被告认为：关于投诉事项 1，原告认为评标委员会在评标中有明显的不合理和不正当倾向性，对原告和江苏徐州新华印刷厂(联合体)采取了差别待遇和歧视待遇问题。经审查，未发现本项目评审过程中存在未按标准评审的情形，不构成对联合体的差别待遇和歧视待遇。投诉事项缺乏事实依据。关于投诉事项 2，原告认为江苏省国家税务局对原告和江苏徐州新华印刷厂(联合体)的报价审查违反政府采购的相关规定的问题。经审查，评标委员会认为原告和江苏徐州新华印刷厂(联合体)投标文件分项报价表中第 14 项规格为 82mm×127mm《通用机打卷式发票》的报价为 0.10 元，低于该项纸张成本，属于招标文件无效投标条款的情形，认定其为无效投标，不违反法律规定及招标文件的约定。投诉事项缺乏事实依据。综上，被告作出处理决定如下：根据《政府采购供应商投诉处理办法》第 17 条第 2 项规定，投诉事项缺乏事实依据，驳回投诉。

后被告于 2017 年 5 月 4 日向原告送达该处理决定。原告收到该处理决定后不服，于 2017 年 5 月 15 日向本院提起本案诉讼。

【裁判结论】

北京市第一中级人民法院经审理，判决驳回原告诉讼请求。

【裁判观点】

《政府采购供应商投诉处理办法》(已失效)第 3 条第 2 款规定，财政部负责中央预算项目政府采购活动中的供应商投诉事宜。因本案涉及的项目为中央财政预算项目，故被告具有对原告举报事项进行处理的法定职权。

关于原告“单项报价否定原告联合体的总体报价没有约定或者法定的依据”一节,1993 年《反不正当竞争法》第 11 条第 1 款规定,经营者不得以排挤竞争对手为目的,以低于成本的价格销售商品。价格竞争是市场竞争的一种方式。面对同质条件下的不同价格的商品和服务,消费者肯定会选择价格低廉的商品或服务。在政府采购领域亦是如此。在经济生活中,生产经营者提供货物或服务均会产生相应的成本。多数情况下,生产经营者提供货物或服务都是以营利为目的,因此,正常的交易价格不应低于成本价格。低于成本价格销售商品或提供服务,要么带来垄断,要么导致商品或服务的质量下降,不利于社会经济秩序的正常运行,亦会扰乱市场正常的竞争秩序。因此,《反不正当竞争法》第 11 条第 1 款将以排斥竞争对手为目的的低于成本价销售商品的行为作为不正当竞争行为予以禁止。

《政府采购法》第 3 条规定,政府采购应当遵循公开透明原则、公平竞争原则、公正原则和诚实信用原则。公平竞争原则是指在政府采购中引入竞争机制,实现机会均等、待遇均等,使政府采购主体采购到优质价廉的商品和服务。竞争机制是市场经济最基本的运行机制。法律保障生产经营者在市场活动中公开、公平地进行竞争,鼓励其通过提高自身的生产能力,取得市场竞争优势。同时,参与市场竞争的生产经营者在竞争中要恪守诚实信用原则。诚实信用是发展市场经济的前提和基础,市场参与者在市场交易当中可以追求其最大的利益,但前提必须依法合规,遵章守矩,不得对他人及社会公共利益带来不正当的影响。凡是采用不正当手段进行竞争的行为,都是与诚实信用原则相悖的不正当的市场交易行为,应当为法律所禁止。

在政府采购中,供应商的投标行为属于有偿提供商品或服务的行为,也是一种销售行为。参与政府采购投标的供应商之间是竞争关系。各供应商投标的目的就是获取中标。其投标文件无论是采用较低价格的报价,还是通过在技术、服务等因素中体现其优势,都是为了在竞争中获得优势地位。因此,政府采购活动中,供应商应当遵循公开透明、公平竞争、公正以及诚实信用的原则。虽然报价是供应商的自主权利。但供应商在报价时,不仅要遵循商业规则,符合招标文件的要求,还不能违反法律基本原则以及法律的禁止性规定。投标报价不得低于成本价既是公平竞争原则的体现,也是《反不正当竞争法》的强制性规定。

本案中,招标文件规定的投标报价方式是以所有 18 项发票单价的总和来报价。虽然招标文件未规定单项报价低于成本价属于无效投标情形。但招标文件无效条款28.1.9规定:"其他法律法规及本招标文件规定的属无效投标的情形。"原告和江苏徐州新华印刷厂(联合体)将第14项"通用机打卷式发票"报价为0.10元,而原告自认纸张规格小于14项的第13项"通用机打卷式发票"中纸张成本为1.12元,故原告对于第14项服务的报价明显低于其成本价格。原告和江苏徐州新华印刷厂(联合体)这种报价方式无形中降低了18项发票单价的总和,使其在价格分上与其他供应商拉开了差距,进而谋取中标,排挤其他竞争对手。该行为违反了《反不正当竞争法》第11条第1款的规定,属于不正当竞争行为,损害了其他参与投标供应商的合法权益。

实际上,供应商每生产和提供一类发票,就会产生相应的制作和运营等成本,原告和江苏徐州新华印刷厂(联合体)将第14项单价报价为0.10元,远低于其成本,该报价显然与该项服务实际发生的投入价值不符,有违诚实信用原则。且正常情况下,供应商亦应当在每类发票成本的基础上确定其单价,进而合计得出18项发票的最终报价。原告和江苏徐州新华印刷厂(联合体)的报价方式与正常情况下其他供应商的报价方式不同,并且其通过这种方式,降低18项发票单价的总和。在18项发票使用数量尚不确定的情况下,采购人最终为原告和江苏徐州新华印刷厂(联合体)提供的服务支付的费用可能并非最低。原告和江苏徐州新华印刷厂(联合体)的行为不符合政府采购法规定的公平竞争原则的要求。涉案政府采购项目的评标委员会是按照招标文件规定的评标办法和标准进行的评标,所作结论并无不当。被告据此作出被诉处理决定,亦无不当之处。原告就其报价是否低于成本价的问题提出的相关诉讼意见,缺乏事实和法律依据,本院不予采纳。因原告和江苏徐州新华印刷厂(联合体)的投标被评标委员会认定属无效投标,故其并未进入最终打分环节。原告关于中标人系高价中标,对其存在差别待遇与歧视待遇的主张亦缺乏事实及法律依据,不予支持。

法官评析

本案的焦点问题在于单一报价低于成本价是否可以认定为无效投标。

分析该问题之前,首先要明确"低于成本价"这一概念的由来。这一概念首先来源于1993年施行的《反不正当竞争法》第11条第1款的规定,即经营者不得以排挤竞争对手为目的,以低于成本的价格销售商品。需要指出的是,2017 年和 2019 年修订的《反不正当竞争法》中已经不存在此种表述。在 2000 年施行的《招标投标法》第 33 条以及第 41 条第 2 项以及 2012 年施行的《招标投标法实施条例》第 51 条第 5 项中,均有类似表述。

回到本案中涉及的政府采购活动中,如果以低于成本价的方式进行投标,不仅可能影响后续的商品或者服务的质量,直接影响采购项目目的和效益的事项,而且直接排挤了其他产品或服务质量合格、履约能力良好的供应商,此种竞争方式具有不正当性,是不被允许的,也是可以认定为无效投标的情形。而在本案中,原告所提供的第 14 项规格发票单价报价为 0.10 元,远低于纸张成本,可以认定的是,对于该项规格发票,原告的报价是远低于成本价的,而问题在于某项单一产品报价低于成本价,是否可以认定供应商的整个报价具有不正当性,进而认定无效投标。对于该问题,有如下两种观点:

一种观点认为,"低于成本价"的概念在《招标投标法》中有所体现,而在招投标领域,最高人民法院相关判例中,均认为对于涵盖多种采购内容的单一项目的"成本价"应当是各部分汇总后形成的总成本价。进而该观点认为,与《招标投标法》在鼓励竞争层面原则一致的《政府采购法》,在单一政府采购项目中包含多种商品或服务时,以投标供应商全部商品或服务的总成本价作为判断是否"低于成本价投标"的标准,符合政府采购制度原则与价格的要求。同时,从情理上讲,即便供应商对某一商品或服务的报价低于成本甚至免费提供,但只要该供应商总体的收入大于总体的支出,其就有利益上的满足,此时,"担忧无利润引发履约不能形成的恶意排挤"的前提基础已不存在。

另一种观点认为,"单一报价低于成本价"的行为具有不正当性。该案件中合议庭是采用了该观点。主要有如下理由:

《政府采购法》第 1 条规定,为了规范政府采购行为,提高政府采购资金的使用效益,维护国家利益和社会公共利益,保护政府采购当事人的合法权益,促进廉政建设,制定本法。该法第 3 条规定,政府采购应当遵循公开透明原则、公平竞争原则、公正原则和诚实信用原则。由此可见,政府采购要求供应商采用公平竞争的方式,使采购人获得物美价廉的商品或服务,进而维护国家利益和社会公共利益。

首先，从诚实信用原则出发，对于涵盖多种采购内容的单一项目，供应商对于该项目的报价，应当是以多项采购内容的单价核算后，相加作为其最终报价，而采用单一报价低于成本价的报价方式，恰恰是背离了此种常规报价方式，在此种报价方式下，即使将其他采购内容的单价小幅提升，也会使整个保价处于较低状态，从而实现竞争优势，排挤其他竞争对手。

其次，单从前述如果仍不能体现此种报价的不正当性，则要从分析此种报价方式的目的性出发。由于采购人在采购时，并不能确定服务或商品使用的具体数量，所有对于单一的商品或服务的报价，是以单价的方式进行的。而在实践中，对于单一商品或服务的需求数量，是可以根据之前的使用情况，进行初步测算的，采用"单一报价低于成本价"报价方式的供应商，往往是在测算后，对于使用数量较少或极少的商品或服务采用"单一报价低于成本价"报价方式，而提高使用数量较多的商品或服务的价格，这样可以使得总价仍然维持一个较低价格，获得价格方面优势。该供应商中标后，如果商品或服务的实际使用数量与其测算一致，则采购人实际要为其支付的费用可能远高于其他采用正常报价方式的供应商。由此可见，此种报价方式正是通过这种隐蔽性，达到排挤竞争对手的目的，也有违公平竞争原则。

在实践中，由于"成本价"并无固定标准，"低于成本价"的认定存在诸多障碍，然后对于"低于成本价投标"行为的规制，恰恰是为了更好地维护市场秩序，保护市场的良性竞争。

【法律法规链接】

《反不正当竞争法》第 11 条

（撰稿人　杨晓琼　祝飞宇）

03

投诉举报案件中复议申请人资格的判断

——刘某某诉中国证券监督管理委员会行政复议决定案

裁判规则

行政复议制度具有救济个人合法权益的属性，行政复议的申请人能够主张个人具有法律上值得保护的合法权益，应为《行政复议法实施条例》第28条第2项所规定的“有利害关系”的要件之一。据此，被诉复议决定是否合法的关键，在于原告以其主张的个别投资者地位，是否具有进一步通过行政复议等法律途径，要求证券监管机关履行监管职责的请求权。

案　情〔1〕

2016年8月8日，原告刘某某以某上市公司为被举报人向被告中国证券监督管理委员会(以下简称证监会)举报，请求：“一、康美药业公司、管理层、控股股东、大股东违反……相关法律、法规……伪造国有土地使用权证……财务造假……三、依监督职权所获取的证据，经证实某上市公司、某上市公司管理层、控股股东、大股东违反中国证监会相关法律法规的，恳请中国证监会对其立案查处，经证实构成犯罪的，依法移送公、检、法追究其刑事责任；四、依法责令其赔偿给中小投资者造成的损失。”被告收到原告的举报后，将举报材料转至中国证券监督管理委员会广东证监局(以下简称广东证监局)。广东证监局于2016年10月26日向原告作出答复，内容为：“你来信反映某上市公司伪造土地使用权证，虚增土地资产等问题，经核实，未发现某上市公司伪造土地使用权证，虚增土地资

〔1〕 北京市第一中级人民法院：(2017)京01行初175号，北京市高级人民法院：(2017)京行终3450号。

产的情况。”原告不服该答复，于2016年12月7日向被告提出行政复议申请，请求：(1)撤销广东证监局答复；(2)责令广东证监局重新作出符合法律、法规、客观、真实的举报事项答复；(3)请求广东证监局对原告实名举报某上市公司违法违规行为限期立案查处；(4)责令某上市公司赔偿给原告造成的财产损失。被告于2017年2月4日作出被诉复议决定。该决定认为：原告要求广东证监局对某上市公司涉嫌违法违规问题予以查处，而广东证监局对某上市公司是否存在违法违规行为进行的核查处理并不直接影响原告的权利义务，原告与广东证监局针对某上市公司的核查处理行为不具有法律上的利害关系，不符合《行政复议法实施条例》第28条规定的受理条件。故依据《行政复议法实施条例》第48条第1款第2项之规定，驳回了原告的行政复议申请。原告收到被诉复议决定后，诉至北京市第一中级人民法院。北京市第一中级人民法院判决驳回原告刘某某的诉讼请求。一审宣判后，原告刘某某以其具有行政复议申请人资格为由，向北京市高级人民法院提起上诉。

【裁判结论】

北京市高级人民法院判决驳回上诉，维持原判。

【裁判观点】

一审法院认为：

1. 本案中，广东证监局作出的涉案答复，系行政机关就当事人的举报所作出的拒绝性答复，而原告针对该答复申请行政复议的目的，在于要求广东证监局就其举报的上市公司的违法行为予以立案查处。《行政复议法》第2条明确规定了公民、法人或者其他组织认为具体行政行为侵犯其合法权益，可以依据该法申请行政复议。因此，行政复议制度具有救济个人合法权益的属性，行政复议的申请人能够主张个人具有法律上值得保护的合法权益，应为《行政复议法实施条例》第28条第2项所规定的“有利害关系”的要件之一。据此，被诉复议决定是否合法的关键，在于原告以其主张的个别投资者地位，是否具有进一步通过行政复议等法律途径，要求证券监管机关履行监管职责的请求权。

2. 行政机关履行法定职责，其首要任务在于维护公共利益。为此，行政机关需要对多元利益进行综合考量和权衡，并在此基础上合理配置和使用行政资源，以确保其监管职责能够得以全面有效的行使，公共利益能够得到有效的保护。不特定相关公众基于行政机关对行政管理秩序的维护而客观上获得的利益，属于“公共利益的片断”，即所谓反射利益，尚不足以构成行政复议法上所指的合法权益[参见本院(2016)京01行初148号行政判决]。行政管理中的确存在具有直接保护特定个人利益之功能的行政执法行为，而特定主体具有要求行政机关为其个人利益履行职责的请求权，前提应是较之于其他具有同等地位的主体，其个人利益在法律上受到行政机关的特别考量和保护。只有当行政机关不仅有为不特定相关公众的共同利益，更有为特定个人利益而启动行政程序的法定义务时，行政机关履行职责才具有保护个人合法权益的功能，特定主体方有资格基于个人利益而请求行政机关履行职责。

3. 证券监管机关应当且仅应当为整个证券市场之秩序及所有投资者之共同利益而依法全面履行其监管职责。根据《证券法》第1条的规定，证券监管机关履行监管职责，毋庸置疑具有保护投资者合法权益的功能，此亦为证券监管的核心功能之一。证券市场是一个高度复杂的动态系统，同时具有分散风险的功能，个别投资者之间的利益关系并非是静态和单向一致的。因此，证券监管并不直接对个别投资者所涉及的权利冲突和市场纠纷进行考量和处理，其保护的投资者合法权益，应当且仅应当是所有不特定证券投资者的集合性权益。证券监管机关通过对证券市场依法实施有效的监管，维护有序的市场秩序，保障所有的投资者能够公平地参与市场竞争，从而实现对所有投资者共同权益的平等保护。

《证券法》第3条也规定，证券的发行、交易活动，必须实行公开、公平、公正的原则。这一规定所确立的“三公原则”决定了，任何对于证券市场的波动可能产生影响的监管程序的启动和进行，都必须以确保所有的投资者在该程序中处于平等的法律地位为前提。当监管程序自身不能提供这种保障时，还必须通过其他制度来予以弥补，这也是上市公司重大事项信息披露制度乃至股票及其衍生品种停复牌制度的重要功能之一。这也就进一步决定了证券监管不应当作为个别投资者保护其个人利益的工具，否则会对证券市场的公平秩序产生损害。因此，个别投资者并不具有要求证券监管机关为其个人利益而履行监管职责的请求权。

基于《证券法》的其他相关规定亦可得出相同的结论。《证券法》第178条规定，国务院证券监督管理机构依法对证券市场实行监督管理，维护证券市场秩序，保障其合法运行。如果将该条规定与《证券法》第1条规定结合起来进行体系解释，亦可认为证券监管机关正是通过对证券市场进行监督管理，维护证券市场秩序，保障其合法运行，从而实现《证券法》第1条立法宗旨中所要求的对投资者合法权益的保护。至于个别投资者与其他市场主体之间的具体权利冲突和纠纷，则应当通过相应的法律救济途径予以解决。

4. 对于证券监管机关而言，包括投资者在内的任何人提出的举报，均是发现证券市场违法行为的线索来源，证券监管机关理应予以重视和鼓励。证券监管具有复杂性和专业性，证券监管机关有权基于对举报线索的明确程度、违法行为的严重程度、采取监管措施的紧迫性以及执法是否合比例等多方面因素的综合权衡，以有利于保护投资者整体利益和实现证券法立法目的为出发点，决定如何依法、适当且有效地履行其监管职责，证券监管机关不负有基于个别举报投诉而启动行政调查程序的法定义务。至于证券监管机关对投诉举报人作出的答复，是基于服务行政的要求而对举报投诉作出的回应。且需指出，证券监管机关在作出答复时，尤其应当注意避免由此导致个别投资者获得较之于其他投资者的信息优势地位。

综上，原告的行政复议申请不符合《行政复议法实施条例》第28条第2项所规定的受理条件，被诉复议决定依据《行政复议法实施条例》第48条第1款第2项驳回原告的行政复议申请并无不当。

二审法院认为：

刘某某提起本案诉讼所要解决的实质性纠纷系其认为康美药业存在违法违规的行为，证监会并未对此履行监管职责。但在刘某某提起本案所针对的举报申请之前，其已多次向证监会举报康美药业，且举报所针对的违法违规事项基本相同，证监会及广东证监局也多次就其举报的事项进行核查并答复，刘某某亦针对证监会及广东证监局的答复提起过多次行政诉讼。在此情况下，刘某某继续就基本相同的事项向证监会举报投诉，属于对原调查答复意见不服的反复举报行为。证监会转交广东证监局处理，并由广东证监局答复刘某某未发现其举报问题存在，该答复未对刘某某设定新的权利义务，也不会对刘某某的合法权益产生实际影响，被诉复议决定不予受理其复议申请正确。一审法院判决驳回刘某某的诉讼请求，结论并无不当。

法官评析

本案涉及行政复议利害关系的判断。根据《行政复议法实施条例》第28条第2项之规定，申请人与具体行政行为有利害关系，是复议机关受理复议申请的要件之一。本案是一起金融监管领域的纠纷。原告为投资者，在收到监管机关针对其投诉举报作出的拒绝性答复后，认为监管机关未履行对上市公司违法行为的查处职责，向被告申请行政复议，要求被告责令监管机关立案查处。被告作出驳回行政复议申请的决定，理由是认为原告与广东证监局针对康美药业的核查处理行为不具有法律上的利害关系，其提出的行政复议申请，不符合行政复议受理条件。因此，本案的实质是投诉举报案件中复议申请人资格的判断问题。

一、行政复议制度中的申请人资格

行政复议申请人资格，主要是通过利害关系的设定来安排的。行政行为体现并包含公共利益，这使得受行政行为效力影响的主体非常广泛，除了行政行为相对人，还有虽不是相对人但受到该行政行为影响的人。从广义上理解，这种影响，可能会及于每一个人。但如果任何一个受到影响的人都能够对行政行为提起行政复议，势必会影响行政效率和行政秩序的稳定。因此，法律设定了“利害关系”这一标准，对行政复议申请人资格进行必要的限定。

对于何种情况下属于“有利害关系”，北京市第一中级人民法院(2016)京01行初148号行政判决书明确规定:“行政复议制度具有救济个人合法权益的属性，行政复议的申请人能够主张个人具有法律上值得保护的权利，而非仅为维护公共利益或者反射利益，应为具有利害关系的要件之一。”最高人民法院在(2016)最高法行申4727号行政裁定书中作了进一步明确规定:“利害关系具备与否，不仅要看当事人所主张的合法权益是否可能受到行政行为的不利影响，还要看此种合法权益是否受到特定行政领域的法律规则所保护。”申言之，仅仅是行政行为的事实上的关联关系，不构成主张具有利害关系的理由。当然，这一观点，并不是没有反对声音，主要体现在投诉举报履责类争议上。

在对行政行为提起争议的情形中，投诉举报履责是最为常见的一种。当事人通过向行政机关投诉举报的方式，要求行政机关去对第三方附加义务或施加不利处分，以期获得自身利益的更好保护。当事人提出投诉举报的理由，是第三方的行为对其造成了侵害，而该第三方的加害行为属于行政机关应予监管的范畴。

随着经济社会的发展以及维权意识的提高，这种“受害者”式的投诉举报案件从最初的一般消费者领域，几乎已经扩展到包括土地、住房与城乡建设、环境、矿产资源开发、金融等各个行政管理领域。因投诉举报而形成的行政复议案件，已经成为当前行政争议的主要类型。行政机关面对海量的投诉举报纠纷，广受困扰。与之相应，投诉举报人的复议、诉讼主体资格问题，也成为争议话题，即何种情况下，投诉举报人方构成利害关系人，具有申请行政复议、提起行政诉讼的主体资格？

笔者的观点是：投诉举报案件的实质，是要求行政机关在个案中仅考量特定个人之利益并由此决定如何利用行政执法资源，这与行政执法行为所代表的公共利益之间必然存在紧张关系。要让行政机关为投诉举报个人启动行政执法资源，需要有动用有限的行政执法资源、让渡公共利益的理由。由此，公民提出行政复议，要求被申请人履行特定职责，前提应当是该公民具有要求主管机关为其个人利益而履行职责的请求权。而是否享有这一请求权，则取决于：较之于其他与之具有同等地位的主体，该公民的个人权益在法律上是否受到行政机关特别的考量和保护。所谓考量该公民个人利益，并非只是该公民在具体案件中恰好处于受保护的地位，而是行政机关特别负有就该公民与第三人之间的个人利益冲突予以评估、权衡和考量的义务。基于法律规定，其中一方利益的实现，必须以牺牲另一方的利益为代价，而该公民的利益应当处于区别于其他人而特别受考虑的法律地位。

二、投诉举报人行政复议申请资格的一般理论与做法

对投诉举报人复议申请资格多采取一定程度的限制措施。主要有两个方面的法理依据，一个是以主观公权利、保护规范理论等为基础的公法请求权理论；另一个是以“便宜原则”为核心的行政执法理论。

一方面，基于公法请求权理论，投诉举报人是否具有行政复议申请人资格，需要从两个方面进行考量：

其一，请求行政机关履行职责所依据的法律规范的基本目的和功能。仅仅基于法律规范在保护公共利益中的过程中客观上给个人带来的好处，

无权向行政机关提出为某一特定行为的请求权(排除反射利益)。

其二,是否具有值得保护的主观公权利,即法律规范是否具有个人利益的保护目的。对此,需要结合案件所适用的具体行政法律规范来进行分析。不同行政管理领域的情况可能差别巨大,将警察维持治安这种执法类型简单推及至所有行政执法领域,进而认为所有类型的投诉举报均具有请求权,是不符合行政执法的基本规律的。

另一方面,基于行政便宜原则,行政机关在发现有违法行为线索时,对于是否进一步查处以及何时查处该违法行为具有裁量权。投诉举报主要是一种违法线索的确认,而是否能够进入正式查处程序,还有待诸多因素的综合考量。行政机关有权基于对各种因素的综合考量,对违法行为不再进行调查和处理。

在大量的投诉举报案件中,投诉举报人所主张的个人利益,本质是与第三人之间的民事权益纠纷。投诉举报人通过要求行政机关履责的方式,要求行政机关去干预经济社会中各个领域的私人纠纷和权利冲突,从而实现间接地保护其个人权益。无论是在英美法系国家还是大陆法系国家对于投诉举报履责这种公民针对第三方要求行政机关履行职责的请求权,无论是理论还是实务,均持严格谨慎之态度。

三、上市公司监管领域投诉举报人不具有行政复议申请人资格

基于前述分析,就证券主管机关对上市公司的监管行为,投诉举报人是否具有行政复议申请人资格,需要具体考察证券法律规范。

根据《证券法》第 1 条、第 3 条、第 178 条的规定,证券监管机关对上市公司履行监管职责,具有保护投资者合法权益的功能。而提供这种保护的方式,应当是符合证券市场“三公原则”的。亦即证券监管机关在履行对上市公司监管职责过程中,必须确保证券市场所有投资者处于平等的法律地位,保障所有投资者能够公平地参与市场竞争。这就意味着,对于投资者合法权益的保护,不是为个别投资者提供个别保护,而是要着眼于投资者的共同利益。如果允许投资者个人具有要求证券监管机关为其个人权益对上市公司启动监管程序,那么证券监管将成为个别投资者保护其个人利益的工具,必将对证券市场的公平秩序产生损害。因此,个别投资者并不具有要求证券监管机关为其个人利益而履行监管上市公司职责的请求权。其与其他

市场主体之间的具体权利冲突和纠纷，不能通过请求证券机关履责的方式寻求帮助，而应当通过相应的法律救济途径予以解决。

由此，证券监管机关对于投诉举报的处理与答复行为，均不是出于对投诉举报人个人权益特别考量和保护。投诉举报人不具有向行政复议机关申请行政复议的主体资格。

【法律法规链接】

《行政复议法实施条例》第 28 条第 2 项、第 48 条第 1 款第 2 项

（撰稿人　龙　非）

04

处理信息公开举报不属行政机关行政管理职责的范畴

——蔡某某诉教育部投诉举报及行政复议案

裁判规则

行政机关对于公民、法人或者其他组织关于政府信息公开主体未履行政府信息公开义务的举报的处理,不属于其履行行政管理职责的范畴。公民、法人或者其他组织不服该机关对于举报事项的处理而提起行政诉讼,缺乏事实根据。

案　情[1]

2015年6月,蔡某某不服北京语言大学对其作出的信息公开答复,向中华人民共和国教育部(以下简称教育部)举报。经调查核实,教育部于2015年9月30日作出答复,认为北京语言大学的信息公开答复符合2008年实施的《政府信息公开条例》《高等学校信息公开办法》的规定。该答复于之后送达蔡某某。蔡某某不服,向教育部申请行政复议,请求:(1)依法责令教育部履行法定职责,对北京语言大学不依法公开信息的违法行为进行查处;(2)依法责令教育部履行法定职责,责令北京语言大学公开蔡某某申请的相关信息。教育部经审查,于2015年11月16日作出教复字(2015)18号行政复议决定书(以下简称被诉复议决定),根据《行政复议法实施条例》第48条第1款第1项的规定,驳回蔡某某的

〔1〕 北京市第一中级人民法院:(2016)京01行初字21号,北京市高级人民法院:(2016)京行终4435号。

行政复议请求。蔡某某仍不服，诉至一审法院，请求撤销被诉复议决定，判令教育部依法履行法定职责，对北京语言大学不依法履行法定职责不公开信息的违法行为进行查处，并依法责令北京语言大学公开相关申请信息。

【裁判结论】

北京市第一中级人民法院裁定驳回原告蔡某某的起诉。北京市高级人民法院裁定驳回上诉，维持一审裁定。

【裁判观点】

一审法院认为，当事人提起行政诉讼，应当符合法定起诉条件。根据《行政诉讼法》第 49 条第 3 项之规定，公民、法人或者其他组织提起行政诉讼应当具有事实根据。具体而言，公民、法人或者其他组织起诉行政机关要求履行法定职责的，应当以该行政机关具有相应的法定职责为前提。2008 年《政府信息公开条例》第 33 条[1]规定，公民、法人或者其他组织认为行政机关不依法履行政府信息公开义务的，可以向上级行政机关、监察机关或者政府信息公开工作主管部门举报。收到举报的机关应当予以调查处理。公民、法人或者其他组织认为行政机关在政府信息公开工作中的具体行政行为侵犯其合法权益的，可以依法申请行政复议或者提起行政诉讼。《高等学校信息公开办法》第 26 条规定，公民、法人和其他组织认为高等学校未按照本办法规定履行信息公开义务的，可以向学校内设监察部门、省级教育行政部门举报；对于中央部委所属高等学校，还可向其上级主管部门举报。收到举报的部门应当及时处理，并以适当方式向举报人告知处理结果。2008 年《政府信息公开条例》和《高等学校信息公开办法》关于举报的前述规定系与行政复议、行政诉讼并行的规定。该举报程序的规定旨在通过上下级的监督，纠正行政机关、高等学校等的工作失误，追究相关人员的行政责任，不属于行政机关履行行政职责的范畴。因此，本案中，原告诉请被告履行法定职责，对北京语言大学不依法履行法定职责不公开信息的违法行为进行查处，依法责令北京语言大学公开相关申请信息，缺乏事实根据，其起诉依法应

[1] 《政府信息公开条例》(2019 年修正)第 51 条规定："公民、法人或者其他组织认为行政机关在政府信息公开工作中侵犯其合法权益的，可以向上一级行政机关或者政府信息公开工作主管部门投诉、举报，也可以依法申请行政复议或者提起行政诉讼。"

予驳回。根据2015年《最高人民法院关于适用〈中华人民共和国行政诉讼法〉若干问题的解释》第9条、第10条之规定，复议机关决定维持原行政行为的，人民法院应当在审查原行政行为合法性的同时，一并审查复议程序的合法性。人民法院对原行政行为作出判决的同时，应当对复议决定一并作出相应判决。鉴于此，其不服被诉复议决定而提起本案之诉亦不符合法定起诉条件，依法亦应予驳回。

二审法院认为：根据《行政诉讼法》第49条第3项的规定，当事人提起行政诉讼应当具有事实根据。具体而言，公民、法人或者其他组织请求行政机关履行法定职责的前提是该项职责应属于该行政机关的职责范围。2008年《政府信息公开条例》第33条规定，公民、法人或者其他组织认为行政机关不依法履行政府信息公开义务的，可以向上级行政机关、监察机关或者政府信息公开工作主管部门举报。收到举报的机关应当予以调查处理。公民、法人或者其他组织认为行政机关在政府信息公开工作中的具体行政行为侵犯其合法权益的，可以依法申请行政复议或者提起行政诉讼。《高等学校信息公开办法》第26条规定，公民、法人和其他组织认为高等学校未按照本办法规定履行信息公开义务的，可以向学校内设监察部门、省级教育行政部门举报；对于中央部委所属高等学校，还可向其上级主管部门举报。收到举报的部门应当及时处理，并以适当方式向举报人告知处理结果。前述举报程序的规定旨在通过上下级的监督，纠正行政机关、高等学校等的工作失误，追究相关人员的行政责任，不属于行政机关履行行政职责的范畴。因此本案中，蔡某某诉请教育部履行法定职责，对北京语言大学不依法履行法定职责不公开信息的行为进行查处，依法责令北京语言大学公开相关申请信息，缺乏事实根据，一审法院对其起诉依法予以驳回正确。因蔡某某对原行政行为的起诉依法应予以驳回，故其对被诉复议决定提起的诉讼，一审法院一并予以驳回，并无不当。

综上，一审法院认定事实清楚，适用法律正确，审判程序合法，裁定驳回蔡某某的起诉正确，本院应予维持。蔡某某提出本案应适用最高人民法院作出的〔2013〕行他字第14号《关于举报人对行政机关就举报事项作出的处理或者不作为行为不服是否具有行政复议申请人资格问题的答复》的主张，因该意见是对行政复议申请人资格问题作出的答复，不适用本案，蔡某某的上诉理由，缺乏事实和法律依据，对其上诉请求不予支持。

法官评析

2008 年《政府信息公开条例》第 33 条第 1 款规定，公民、法人或者其他组织认为行政机关不依法履行政府信息公开义务的，可以向上级行政机关、监察机关或者政府信息公开工作主管部门举报。收到举报的机关应当予以调查处理。2019 年《政府信息公开条例》对上述条款进行了修改，第 51 条规定，公民、法人或者其他组织认为行政机关在政府信息公开工作中侵犯其合法权益的，可以向上一级行政机关或者政府信息公开工作主管部门投诉、举报，也可以依法申请行政复议或者提起行政诉讼。本案的焦点问题为上述规定的行政机关就政府信息公开类举报的处理是否属于履行行政职责。

一种观点认为，对于政府信息公开违法行为的举报是对政府信息公开主体的一种监督方式，亦规定了行政机关对于该类举报应当调查处理，那么此途径作为政府信息公开申请人的一种权利救济方式，行政机关的相关调查处理职责亦是行政职责。

另一种观点认为，政府信息公开违法行为的举报监督程序是一种行政机关内部的行政责任追究的程序，行政机关对于该类举报的调查处理并非在履行行政职责。

合议庭倾向于第二种观点。信息公开条例规定了对政府信息公开行为的两种监督方式，第一种是投诉举报程序旨在通过上下级的监督，纠正行政机关的工作失误，追究相关人员的行政责任，从而从制度内部保障政府信息公开申请人的合法权益，实际上是作为行政机关自我纠错、自我完善的一种常见方式。第二种是行政复议和行政诉讼的监督方式。两种对于政府信息公开行为的监督方式虽然最终目的是一致的，但仍系不同性质的救济路径。第一种监督方式与宪法中规定的公民的批评、建议权相联系，不独存于 2008 年《政府信息公开条例》，其实亦普遍存在于《行政许可法》等基本行政法律中，其目的更侧重于通过外部行为人的参与实现对行政机关行政上的内部监督。因此，行政机关对于政府信息公开类举报的处理，亦旨在纠正工作失误，追究行政责任，所履行的职责并非行政职责。

根据《行政诉讼法》第 49 条第 3 项的规定，公民、法人或者其他组织提起行政诉讼应当具有事实根据。具体而言，公民、法人或者其他组织起诉行政机关要求履行法定职责的，应当以该行政机关具有相应的法定职责为前提。本案中,蔡某某认为北京语言大学在信息公开工作中存在违法行为,向教育部举报,进而认为教育部对其举报处理不当而申请行政复议,并于之后提起本案诉讼。然而,教育部对于蔡某某的举报的处理并非在履行行政职责,因此,蔡某某提起本案诉讼缺乏事实根据,依法应予驳回。

【法律法规链接】

《行政诉讼法》第 49 条第 3 项

《政府信息公开条例》(2008 年)第 33 条

《政府信息公开条例》(2019 年)第 51 条

(撰稿人　张美红)

05

发证机关和属地评估管理部门对评估师违法行为的查处职责竞合

——王某某诉住房和城乡建设部行政复议案

裁判规则

《资产评估法》第40条规定，对于评估机构和评估专业人员的违法行为设区的市级以上人民政府有关评估行政管理部门具有查处职责。《国有土地上房屋征收与补偿条例》第34条规定，发证机关对于房地产价格评估机构或者房地产估价师在房屋征收评估活动中的违法评估行为具有查处的职责。上述两条规定的有权查处机关并不冲突，可以认为在违法行为符合上述两条规定的情况下，发证机关和属地人民政府有关评估行政管理部门都具有查处的法定职责，此处存在查处职责的竞合。

案　情[1]

2017年3月11日，原告王某某以邮寄的方式向被告中华人民共和国住房和城乡建设部（以下简称住建部）提交涉案查处申请，该查处申请称，上海八达国瑞房地产土地估价有限公司（以下简称八达国瑞公司）出具的由叶某某、周某、周某某三名注册房地产估价师签字的涉案分户评估报告上，三人的签字系由他人代签，八达国瑞公司假冒叶某某、周某、周某某签名出具估价报告，叶某某、周某、周某某则涉嫌允许他人以自己的名义从事房地产估价业务，估价机构和估价

〔1〕 北京市第一中级人民法院：(2017)京01行初1211号。

师的行为显然违反《房地产估价机构管理办法》第 33 条第 5 项及《注册房地产估价师管理办法》第 26 条第 4 项、第 6 项的规定，应当以出具虚假评估报告论处。请求被告依据《国有土地上房屋征收与补偿条例》第 34 条的规定对八达国瑞公司及该公司注册房地产估价师叶某某、周某、周某某虚假签字的违法行为依法予以查处，并将书面处理结果给予申请人。2017 年 3 月 14 日，被告收到原告邮寄的涉案查处申请，于 2017 年 4 月 1 日将涉案查处申请转请上海市住建委依据相关法律、法规和《住房城乡建设领域违法违规行为举报管理办法》调查处理，并以适当方式向原告回复处理情况。原告认为被告不履行法定职责，向被告提起行政复议，请求责令被告在一定期限内履行查处八达国瑞公司及该公司注册估价师叶某某、周某、周某某对涉案房屋进行虚假评估违法行为的法定职责。2017 年 8 月 1 日，被告作出被诉复议决定，并通过挂号信方式向原告邮寄送达。原告不服，诉至北京市第一中级人民法院。

【裁判结论】

北京市第一中级人民法院判决：(1) 撤销被诉复议决定；(2) 驳回原告王某某关于请求判令被告在一定期限内履行查处八达国瑞公司对上海市阜春弄 8 号房屋进行虚假评估法定职责的诉讼请求；(3) 责令被告在法定期限内对原告王某某关于注册房地产估价师叶某某、周某、周某某对上海市阜春弄 8 号房屋进行虚假评估的举报重新作出处理。

【裁判观点】

一审法院认为：本案的争议焦点在于被告对于原告举报事项是否具有查处的法定职责及被告对于原告的举报事项转上海市住建委处理，是否履行了相应的法定职责。

被告对于原告针对八达国瑞公司的举报是否具有查处的法定职责问题。本院认为，根据《国有土地上房屋征收与补偿条例》第 34 条规定，房地产价格评估机构或者房地产估价师出具虚假或者有重大差错的评估报告的，由发证机关责令限期改正，给予警告，对房地产价格评估机构并处 5 万元以上 20 万元以下罚款，对房地产估价师并处 1 万元以上 3 万元以下罚款，并记入信用档案；情节严重的，吊销资质证书、注册证书；造成损失的，依法承担赔偿责任；构成犯罪的，依法追究刑事责任。依照上述规定，房地产价格评估机构的发证机关对于房地产估价机构在房屋征收评估活动中的违法评估行为具有查处的职责。《房地产估价机构管理办法》第8条第2款规定，省、自治区人民政府住房城乡建设主管部门、直辖市人民政府房地产主管部门负责房地产估价机构资质许可。参照该规定，房地产估价机构资质的许可机关为省、自治区人民政府住房城乡建设主管部门或直辖市人民政府房地产主管部门。本案中，原告于2017年3月11日提出对于八达国瑞公司的举报，该公司的发证机关应为上海市人民政府房地产管理部门，故被告对八达国瑞公司涉嫌在房屋征收过程中进行虚假评估的违法行为不具有查处的法定职责。

关于被告对原告针对三名估价师存在违法行为的举报是否具有查处职责的问题。本院认为，《资产评估法》第40条规定，设区的市级以上人民政府有关评估行政管理部门依据各自职责，负责监督管理评估行业，对评估机构和评估专业人员的违法行为依法实施行政处罚，将处罚情况及时通报有关评估行业协会，并依法向社会公开。该法规定了对于评估机构和评估专业人员的违法行为设区的市级以上人民政府有关评估行政管理部门具有查处职责。该条规定与《国有土地上房屋征收与补偿条例》第34条规定的发证机关有查处职责之间并不冲突，可以认为在违法行为符合上述两条规定的情况下，发证机关和属地人民政府有关评估行政管理部门都具有查处的法定职责，此处存在查处职责的竞合。《注册房地产估价师管理办法》第8条规定，申请注册的，应当向国务院住房城乡建设主管部门提出注册申请。对申请初始注册、变更注册、延续注册和注销注册的，国务院住房城乡建设主管部门应当向受理之日起15日内作出决定。注册房地产估价师的初始注册、变更注册、延续注册和注销注册，逐步实行网上申报、受理和审批。参照该规定，注册房地产估价师的发证机关为国务院建设主管部门，即本案被告。故被告对原告投诉的三名注册房地产估价师涉嫌在房屋征收过程中进行虚假评估的违法行为具有查处的法定职责。

关于被告将原告的举报事项转上海市住建委处理是否履行了相应的法定职责问题。本院认为，《住房城乡建设领域违法违规行为举报管理办法》（建稽〔2014〕166号）第7条规定："受理机构应当在收到举报后进行登记，并于7个工作日内区分以下情形予以处理：（一）举报内容详细，线索清晰，属于受理机构法定职责或检举下一级主管部门的，由受理机构直接办理。（二）举报内容详细，线索清晰,属于下级主管部门法定职责的,传下一级主管部门办理;受理机构可进行督办……”参照上述规范性文件的规定,被告将原告针对八达国瑞公司的举报转上海市住建委处理,已履行了其对举报的处理职责,并无不当。被告将原告对三名估价师的举报一并转上海市住建委处理违反了《国有土地上房屋征收与补偿条例》及《住房城乡建设领域违法违规行为举报管理办法》的相关规定。原告请求判令被告在一定期限内履行对注册房地产估价师叶某某、周某、周某某的虚假评估违法行为进行查处的法定职责,具有事实及法律依据,应予支持。被诉复议决定认为被告已经履行了其法定职责,缺乏事实及法律依据,依法应予撤销。

法官评析

本案的争议焦点问题是对于原告举报的评估机构和评估专业人员的违法行为,应该由谁承担查处的法定职责。此焦点问题的产生源于不同法律规范对于承担法定职责的主体规定的差异。

根据《资产评估法》第 40 条的规定,设区的市级以上人民政府有关评估行政管理部门对于评估机构和评估专业人员的违法行为具有处罚权,进而意味着设区的市级以上人民政府有关评估行政管理部门对于上述人员存在违法行为的举报事项有查处职责,从该条规定来看确定了属地管辖的原则。同时,《国有土地上房屋征收与补偿条例》第 34 条规定,发证机关对于房地产价格评估机构或者房地产估价师的在房屋征收评估活动中的违法评估行为具有查处的职责,该条赋予了发证机关对与相应违法行为的查处职责。实践中,设区的市级以上人民政府有关评估行政管理部门与发证机关可能是同一属地的行政机关,也可能是不同层级的行政机关。因此,可能造成不同层级的查处机关存在查处职责重叠,即发证机关和属地人民政府有关评估行政管理部门都具有查处的法定职责。

本质上,产生上述情况的原因是法律竞合,即“许多法条的构成要件彼此全部或部分重合,因此,同一案件事实可以被多数法条指涉”。[1] 法律竞

[1] [德]卡尔·拉伦茨:《法学方法论》,陈爱娥译,五南图书出版股份有限公司 1996 年版,第 164 ~ 169 页。

合可能产生法定职责竞合的问题，形成执法过程中跨机关之间或单机关不同层级之间的权力冲突。由于权力配置不清晰、管辖领域或事务划分不明确，进而产生职责重叠或者职责真空。

合议庭认为，在本案的情况下产生了同一机关不同层级的行政机关对于同类主体的违法行为存在职责竞合的情况。具言之，对于房地产估价师在房屋征收评估活动中的违法评估行为的举报事项，房地产估价师的发证机关住建部和上海市政府有关评估行政管理部门均具有调查处理的法定职责。因此，在原告对于评估师的举报事项向被告住建部提出时，住建部不能以上海市政府有关评估行政管理部门也具有查处职责就推定自己不具有查处职责，将查处事项转办。

需要指出的是，不同行政法律规范制定主体、立法目的、调整范围不一致，不同行政法律规范之间的重叠规定是客观上不可避免的。为了防止法律规范竞合造成执法混乱的情况出现，立法机关、行政机关、司法机关均应在自己的职责范围内，通过法律修改、法律清理、法律解释等方法理顺相关规定，减少类似情况的出现。

【法律法规链接】

《国有土地上房屋征收与补偿条例》第34条

《资产评估法》第40条

（撰稿人　王春光　肖　克）

8

CHAPTER

第八章

金融监管

01

行政法正当程序原则之理解与适用

——张某某、李某某诉中国证券监督管理委员会行政处罚案

裁判规则

行政处罚作为行政机关对相对人作出的典型的不利行为，尤应遵循正当程序原则。根据《行政处罚法》的相关规定，行政机关在作出行政处罚决定之前，应当告知当事人作出行政处罚决定的事实、理由及依据，并告知当事人依法享有的权利。当事人有权进行陈述和申辩。行政机关及其执法人员在作出行政处罚决定之前，未依照上述规定向当事人告知给予行政处罚的事实、理由和依据，或者拒绝听取当事人的陈述、申辩，行政处罚决定不能成立。

案　情[1]

2010 年 10 月 5 日起，德力西集团有限公司与江门市人民政府开始进行关于收购“ST 甘化”公司的接洽。张某某作为江门市人民政府国有资产监督管理委员会企业管理科科长，2011 年 1 月 12 日参与了“ST 甘化”的重组谈判。2011 年 1 月 12 日至 2011 年 1 月 13 日，“林某某”账户转入资金 395,000 元并买入“ST 甘化”股票共 54,800 股，其中 265,000 元由张某某之妻李某某账户转入。

2013 年 9 月 2 日，中国证券监督管理委员会（以下简称中国证监会）作出《行政处罚事先告知书》，该告知书中认定：张某某自 2011 年 1 月 12 日参与“ST 甘化”重组事项，是内幕信息的知情人。李某某系张某某配偶。张某某在 2011 年 1 月 11 日至 13 日多次与配偶李某某有通讯联系。因此张某某向李某某泄露

〔1〕 北京市第一中级人民法院：(2015)一中行初字第 236 号。

内幕信息，李某某控制的“林某某”账户于2011年1月12日至13日买入“ST甘化”股票54,800股的行为属于内幕交易。“林某某”账户因内幕交易“ST甘化”股票实现收益149,624.19元。李某某、张某某的上述行为违反了2014年《证券法》第73条以及第76条之规定，构成《证券法》第202条所述情形。根据当事人违法行为的事实、性质、情节与社会危害程度，依据《证券法》第202条之规定，中国证监会拟决定：(1)对张某某处以10万元罚款；(2)没收李某某违法所得149,624.19元，并处以149,624.19元罚款。后中国证监会向张某某、李某某送达《行政处罚事先告知书》，张某某、李某某表示需要陈述和申辩并要求举行听证会。后中国证监会向张某某、李某某送达了听证通知书，并于2014年2月21日召开听证会。

2014年6月9日，中国证监会作出〔2014〕59号行政处罚决定（以下简称被诉处罚决定），认为：根据在案证据，李某某是“林某某”账户的实际控制人，其丈夫张某某于2011年1月12日参与了“ST甘化”重组谈判，是内幕信息知情人。李某某2011年1月11～13日多次向“林某某”账户转入现金共计395,000元，并买入“ST甘化”54,800股，且每次汇款前后多会与张某某联系。此间接证据能够证明张某某对李某某筹集资金一事存在明知；而李某某每次汇款后就会买入“ST甘化”。综上，张某某、李某某为夫妻关系，共同生活，财产共有，筹集资金从事交易“ST甘化”期间通讯联系密切，能够认定张某某、李某某共同从事内幕交易。根据当事人违法行为的事实、性质、情节与社会危害程度，依据《证券法》第202条的规定，中国证监会决定：没收李某某、张某某违法所得149,624.19元，并处以149,624.19元罚款。张某某、李某某不服该行政处罚决定，遂提起本案诉讼，请求法院判决撤销被诉处罚决定中对张某某、李某某作出的处罚决定，诉讼费用由中国证监会承担。

【裁判结论】

北京市第一中级人民法院经审理，判决确认被诉处罚决定中对张某某、李某某处罚一项无效。

【裁判观点】

一审法院认为：根据《证券法》第179条第1款第7项规定，中国证监会具有依法对违反证券市场监督管理法律、行政法规的行为进行查处的法定职责。根据《行政处罚法》第31条和第32条第1款的规定，行政机关在作出行政处罚决定之前，应当告知当事人作出行政处罚决定的事实、理由及依据，并告知当事人依法享有的权利。当事人有权进行陈述和申辩。行政机关必须充分听取当事人的意见，对当事人提出的事实、理由和证据，应当进行复核；当事人提出的事实、理由或者证据成立的，行政机关应当采纳。同时，该法第41条规定，行政机关及其执法人员在作出行政处罚决定之前，不依照本法第31条、第32条的规定向当事人告知给予行政处罚的事实、理由和依据，或者拒绝听取当事人的陈述、申辩，行政处罚决定不能成立；当事人放弃陈述或者申辩权利的除外。本案中，中国证监会在《行政处罚事先告知书》中认定张某某的违法事实是"向李某某泄露了内幕信息"，张某某亦仅针对告知的该违法事实进行了陈述和申辩。但中国证监会在最终作出的被诉处罚决定中却认定"张某某、李某某共同从事内幕交易"，该认定与事先告知的事实、理由及依据均不一致。在此情况下，应当认定中国证监会在作出本案被诉处罚决定之前，未告知张某某作出行政处罚决定的事实、理由及依据，同时也剥夺了张某某进行陈述和申辩的权利，违反了前述《行政处罚法》第31条和第32条第1款的规定，其针对张某某作出的行政处罚决定不能成立，依法应予确认无效。

法官评析

正当程序原则，起源于英国古老的"自然正义"法则。在普通法传统中，自然正义是关于公正行使权力的最低限度的程序要求。正当程序原则的基本含义是行政机关作出影响行政相对人权益的行政行为，必须遵循正当法律程序，其基本要求包括：第一，任何人不应成为自己案件的法官，行政机关及其工作人员处理涉及与自己有利害关系的事务或裁决与自己有利害关系的争议时，应当回避；第二，行政机关作出任何行政行为，特别是作出对行政相对人不利的行政行为，须说明理由，并听取相对人的陈述和申辩。

行政处罚是行政机关对相对人作出的典型的不利行为，又因行政处罚权大多属自由裁量范畴，行政机关只要在法律规定的范围、幅度内作出决定，即可获得实体合法性依据，而该行政处罚决定之公正性却难以得到保障，行政机关可凭其主观意愿、好恶与偏见在法律允许的范围内选择畸重或畸轻的决定内容，因此，行政实体法律规定几乎不能发挥其监控功能，因而，行政处罚过程中尤应遵循正当程序原则。对此，《行政处罚法》亦着重作出规定。该法第3条第2款规定，没有法定依据或者不遵守法定程序的，行政处罚无效。第6条第1款规定，公民、法人或者其他组织对行政机关所给予的行政处罚，享有陈述权、申辩权；对行政处罚不服的，有权依法申请行政复议或者提起行政诉讼。第五章专门就行政处罚的程序进行了规定，凡行政机关对相对人施以行政处罚，均应依照法定程序作出。

本案中，中国证监会在被诉处罚决定中认定“张某某、李某某共同从事内幕交易”并据此对张某某作出处罚。根据《行政处罚法》第31条、第32条第1款的规定，行政机关在作出行政处罚决定之前，应当告知当事人作出行政处罚决定的事实、理由及依据，并告知当事人依法享有的权利；当事人有权进行陈述和申辩。根据本案查明的事实，中国证监会在作出被诉处罚决定前，以《行政处罚事先告知书》的形式告知张某某，其因“向李某某泄露了内幕信息”违反了《证券法》的相关规定，中国证监会拟对其作出行政处罚。张某某亦针对此事实进行了陈述和申辩。但中国证监会并未对其最终作出的行政处罚决定中认定的违法事实“张某某、李某某共同从事内幕交易”履行告知义务，张某某亦未针对此事实得提出陈述和申辩，根据《行政处罚法》第41条的规定，该行政处罚决定不能成立。

【法律法规链接】

《行政处罚法》第31条、第32条、第41条

（撰稿人　杨晓琼）

02

编造传播证券市场虚假信息的认定标准

——刘某某诉中国证券监督管理委员会编造传播虚假信息行政处罚案

裁判规则

所谓编造,既包括"无中生有",也包括对现存信息进行修改加工。2014 年《证券法》第 78 条第 1 款的规定旨在维护证券市场信息的发布与传播秩序,"有关人员"应当对其公开信息的真实性负责。"有关人员"指以其编造、传播虚假信息行为破坏证券市场信息发布与传播秩序,进而扰乱证券市场的人员。2020 年修订的《证券法》第 56 条第 1 款规定,禁止任何单位和个人编造、传播虚假信息或者误导性信息,扰乱证券市场。新法进一步将 2014 年《证券法》第 78 条第 1 款规定的行为主体明确为"任何单位和个人"。评估虚假信息传播对证券市场造成的不利影响需结合市场逻辑及经验法则分析。

案　情[1]

2015 年 6 月 2 日 22 时 54 分,刘某某以"夏某某"的 ID 在东方财富网股吧的"中国南车吧"发布标题为《东莞证券针对 5000 万以上 VIP 的风险预警》的帖子,主要内容为"通知客户:周四之前,把所有仓位调整到半仓以下,能空仓就空仓。预计周四、周五出重大利空"。截至调查日,股吧系统共向 8,556,053 位股民自动推送了前述帖子的标题及链接,共有 10,493 位股民阅读了帖子正文。

---

〔1〕 北京市第一中级人民法院:(2016)京 01 行初 664 号。

6月3日10时52分，东莞证券股份有限公司（以下简称东莞证券）通过公司官方网站首页发布澄清公告，声明“周四之前，把所有仓位调整到半仓以下，能空仓就空仓。预计周四、周五出重大利空”的信息发布人非东莞证券员工，该信息不代表东莞证券官方立场。当日稍晚时分，东莞证券还通过公司微信公众号和官方微博进行辟谣，并组织员工大量转发前述澄清公告。

6月3日，沪深两市呈现大幅震荡走势，其中上证综指在10时32分至11时6分大跌116点，半个小时内跌幅高达2.3%。在前述上证综指暴跌期间，东莞证券通过官方渠道发布澄清公告，十几分钟过后股指开始逐渐回升，当日收盘上证综指跌幅为0.01%。

2015年6月5日，证监会对刘某某涉嫌编造传播虚假信息违法行为立案。11月19日举行听证会，听取陈述申辩。2016年1月8日，证监会作出被诉处罚决定，认定刘某某的行为违反了2014年《证券法》第78条第1款的规定，构成《证券法》第206条所述扰乱证券市场的行为，并根据刘某某违法行为的事实、性质、情节与社会危害程度，依据2014年《证券法》第206条的规定，决定对刘某某责令改正，并处以15万元罚款。

刘某某不服，向证监会提出行政复议申请。证监会经审查后，于2016年7月4日作出〔2016〕39号行政复议决定书（以下简称被诉复议决定），决定维持被诉处罚决定。原告亦不服，以证监会为被告诉至法院，请求撤销被诉处罚决定与被诉复议决定。

【裁判结论】

北京市第一中级人民法院经审理后判决驳回了原告的诉讼请求，北京市高级人民法院二审维持原判。

【裁判观点】

法院生效裁判认为：涉案帖子该事实已为东莞证券有关调查报告及澄清公告所证实属于虚假信息。原告参与了证券市场投资，其作为信息发布者实施了在特殊网络环境中发布涉案帖子的行为，属于2014年《证券法》第78条第1款规定的“有关人员”，系编造传播虚假信息行为的适格主体。编造，既包括“无中生有”，也包括对现存信息进行修改加工，原告的行为构成对现存信息进行加工处理。原告发布涉案帖子的行为本身破坏了信息的正常发布与传播秩序，构成对证券市场秩序的扰乱。

法官评析

本案的焦点问题为：原告刘某某于2015年6月2日22时54分，以“夏某某”的账户在东方财富网股吧中“中国南车吧”发布标题为《东莞证券针对5000万以上VIP的风险预警》帖子的行为，是否构成2014年《证券法》第78条第1款规定的编造、传播虚假信息违法行为。此焦点问题可分为四个子问题：(1)涉案贴子是否为原告编造；(2)涉案帖子是否构成虚假信息；(3)原告是否为违法行为适格主体；(4)转帖行为直接影响大盘震荡是否为编造、传播虚假信息违法行为的构成要件。

分析意见如下：

1. 原告编造虚假信息成立。“编造”行为既包括“无中生有”的典型编造行为，也包括对已经存在的信息进行删减、增加、改造，“掐头去尾”与“添油加醋”等行为也属于“编造”行为。本案中原告的行为构成对已经存在的虚假信息进行改造的行为，属于广义的“编造”行为。(1)原告若否认其存在编造行为，应对其所发布信息的准确来源进行举证。本案原告所提供的证据虽可部分证明在其转发帖子之前，网络上存在同类信息，但并足以说明其未对同类信息进行了改造的行为。(2)一般情况下，违法行为人的主观心理状态只能通过客观行为进行推定。原告客观上具备对虚假信息的改造行为，原告有关其是基于善意提醒的主观状态发送帖子，并无证据支持。

结合原告有关证据的主张可以进行如下分析：(1)原告主张微信群“屈某”的帖子为其信息源，其所发布内容并非信息源。对此，我们认为“屈某”帖子是“2000万以上VIP”，与原告发布的“5000万以上VIP”帖子内容不同；该信息为求证性信息，与原告所发确定性信息不同，因此，上述证据既不能作为原告所谓“转帖”的信息源头，也不能证明在其发帖之前已存在与其发帖内容相同的信息。(2)原告所提交的据称在其电脑中找到的参考图片(用于证明信息来源)属于计算机数据，不具备证据形式要件，原告既不能证明其形成时间的真实性，也不能证明该图片提取于互联信息网络或公共传播空间，或其他非本人控制的信息源，对其合法性、真实性应不予认可。

图片在听证程序中未提供，在诉讼中提供，一般不予采纳。(3)原告主张网络流传的"叶某某"虚假信息与原告所发信息内容不同，为两条相互独立的虚假信息，"叶某某"信息的存在不能证明原告发帖为"转发"他人信息。(4)原告公证书中的新闻报道提到的相关信息在东莞证券某些微信群传播的情况，无法证明东莞证券员工以公司名义发送过有关提示信息，并非原告主张的东莞证券对该信息予以认可。

2. 涉案信息为虚假信息。(1)该事实已为东莞证券所发澄清公告所证明。(2)原告主张东莞证券员工以提供个人定制服务发送过"风险预警"信息，以此主张东莞证券向大客户发送过同类信息，进而否认澄清公告的证明力。对此，我们认为，东莞证券的澄清公告基本可信，除非有确凿证据予以推翻。东莞证券虽未对员工个人微信群、朋友圈等进行排查，但其进行了基本的抽样调查，并不存在以公司名义发送"风险预警"信息的行为。即便存在所谓微信群、朋友圈等"风险预警"信息，但究属个人行为或是公司的"个性服务"，仍旧较难区分。在此情况下，原告应承担举证不能的责任。

3. 原告是2014年《证券法》第78条第1款规定的"有关人员"，属于违法行为的适格主体。"有关人员"是口袋规定，广义上可以指参与证券市场投资或其行为对证券市场价量能够产生影响的任何成员。原告本人参与市场投资，其通过股吧系统自动推送虚假信息，又是信息发布者，可以成为"相关人员"。被告认定的原告媒体从业人员身份并不是原告发帖时的身份，亦不是基于原告的媒体从业人员身份进行的处罚。按照2020年新修订的《证券法》第56条第1款"任何单位和个人"的规定，原告也属于违法行为的适格主体。

4. 原告行为构成了2014年《证券法》第78条第1款所指的"扰乱证券市场"。我们认为，(1)证券市场是一个基于信息定价的市场，各类信息发布主体所发布、传播信息的真实、准确、完整是证券市场得以有效运行的重要基础，破坏了这一信息秩序就扰乱了证券市场的有效运行，就出现了"扰乱证券市场"这一危害状态。

(2)虚假信息会通过误导投资者的投资决策而对市场产生即时的影响，也会在心理预期层面影响投资者的风险偏好而对市场产生趋势性影响。对于原告主张的其发帖行为与大盘波动之间无直接因果关系的抗辩，我们认为，虚假信息对市场的影响有一个传导过程，而真实的市场环境是复杂的，在这一传导过程中也就不可能排除其他因素的影响，不可能通过精确的数量计算建立起直接因果关系，而只能通过市场逻辑和经验法则认定其相关性。特别是在我国证券市场中，散户交易占比很高，中小投资者因信息占有的劣势和专业知识的不足，更易于被虚假信息所误导，“羊群效应”更为明显。考虑我国股市投资者结构以及原告发帖所使用的名义以及所处的网络环境，并不能够排除掉虚假信息对股市整体的影响，并且应充分考虑市场敏感期虚假信息对中小散投资者心理预期影响的重大性和持续性。

(3)被告适用“相关性”标准认定虚假信息与股市异常波动之间的因果关系并无不当。本案中，原告发帖时间处于市场波动的敏感时期，由于市场处于高位，多空分歧加大，特别是中小投资者的参与度非常高，他们的心理预期处于高度不确定状态，原告所发信息假冒东莞证券的名义传递看空市场的信号，这一信号经过扩散、发酵，必然会影响投资者的心理预期和投资决策，从常理看加剧了市场悲观情绪，诱发投资者跟风抛售，这种影响因素与其他市场因素形成叠加效应，同时期大盘指数出现异动，虚假信息与指数异动的相关性可以认定。关于原告主张的东莞证券自查报告提供的阅读量、转帖量、加关注量等存在期间跨度过长且将东莞证券辟谣贴之后的阅读量计入不当等问题，我们认为，被告适用调查日作为计算有关证券违法行为截止日期的做法是较为常见的做法，该做法并非所有案件均可适用。但就本案而言，应充分考虑到网络环境中虚假信息传播的几何型、脉冲型等特点，并对市场敏感时期投资者心理预期产生的负面影响有充分估量。行政处罚中对转帖量、阅读量等数据显然不能按照刑事标准统一要求，只要不是明显不合理的计入数据，均可以视为适当情形。原告的发帖行为与同时期的市场利空消息形成叠加效应，起到了推波助澜作用，不能排除与整个市场异动之间的相关性。

【法律法规链接】

《证券法》(2014 年)第 87 条第 1 款

《证券法》(2020 年)第 56 条第 1 款、第 193 条第 1 款

(撰稿人　魏浩锋　代景川)

03

行刑衔接语境下“一事二罚”之正当性探究

——周某某诉中国证券监督管理委员会内幕交易行政处罚案

裁判规则

公安机关以“证据不足”决定终止对被处罚人的侦查程序，系刑事侦查机关对犯罪嫌疑人是否符合刑事追诉标准作出的独立判断，并不影响之后行政处罚程序的进行，不能成为被告作出被诉决定的程序阻却事由。被告有权在接受公安机关移送案件后，对刑事侦查程序中所获取的证据进行审查，并依据《证券法》有关规定进行行政处罚。

案　情[1]

2015 年 7 月 15 日，四川省公安厅公安局对周某某作出川公直(经)终侦字〔2015〕××号《终止侦查决定书》，查明周某某涉嫌内幕交易证据不足，根据《公安机关办理刑事案件程序规定》第 183 条第 2 款之规定，决定终止对周某某的侦查。2015 年 7 月 28 日，公安部将周某某交易“江泉实业”案移送中国证监会(以下简称证监会)依法处理，并将有关证据材料移送证监会。2016 年 1 月 4 日，证监会向周某某作出《行政处罚事先告知书》，告知拟对其作出行政处罚的事实、理由、依据，并告知其相关权利。1 月 25 日，周某某收到该告知书并申请举行听证会。3 月 4 日，证监会举行听证，听取周某某陈述申辩意见。8 月 16 日，证监会作出〔2016〕101 号《行政处罚决定书》(以下简称被诉处罚决定)，作出如下认定：(1)山东江泉实业股份有限公司与唯美度科技(北京)有限公司所进行的重

〔1〕 北京市第一中级人民法院：(2016)京 01 行初 1076 号。

大资产重组事项属于2014年《证券法》规定的重大事件,相关信息属于内幕信息。张某某作为中间介绍人参与本次重大资产重组筹划,是内幕信息知情人;(2)周某某从张某某处获悉内幕信息,并于涉案期间内控制“周某某”“赖某某”“李某某”账户买入“江泉实业”,并于2014年5月12日至10月8日卖出获利。周某某的行为违反了2014年《证券法》第73条和第76条第1款[1]的规定,构成2014年《证券法》第202条[2]所述内幕交易行为,违法所得为12,640,120.03元。证监会根据周某某违法行为的事实、性质、情节与社会危害程度,依据2014年《证券法》第202条的规定,决定对周某某没收违法所得12,640,120.03元,并处以12,640,120.03元罚款。周某某不服,诉至北京市第一中级人民法院。

2016年3月4日,四川省成都市中级人民法院作出一审刑事判决认定:张某某犯内幕交易罪,判处有期徒刑三年,缓刑四年,罚金200万元,对其违法所得2,007,606元予以追缴。

【裁判结论】

北京市第一中级人民法院经审理后判决驳回了原告周某某的诉讼请求。北京市高级人民法院作出二审判决,维持了一审判决。

【裁判观点】

北京市第一中级人民法院认为:(1)本案中,四川省公安厅公安局作出终止侦查决定书川公直(经)终侦字〔2015〕01号,以“证据不足”决定终止对周某某的侦查程序,系刑事侦查机关对犯罪嫌疑人是否符合刑事追诉标准作出的独立判断,并不影响之后行政处罚程序的进行,不能成为证监会作出被诉处罚决定的程序阻却事由。证监会有权在接受公安机关移送案件后,对刑事侦查程序中所获取的证据进行审查,并依据证券法有关规定进行行政处罚。(2)本案中,证监会在综合分析周某某交易行为特征基础上,认定周某某知悉内幕信息并利用内幕信息实施内幕交易行为并无不当。鉴于此,北京市第一中级人民法院判决驳回了周某某的诉讼请求,北京市高级人民法院经审理维持原判。

---

〔1〕 2020年修订后的《证券法》为第50条、第53条第1款。

〔2〕 2020年修订后的《证券法》为第191条。

法官评析

在上述案例中,周某某的内幕交易行为经过刑事司法程序被公安机关作终止侦查处理后,再由证券监管部门依据行政法律规范追究行政责任。对周某某而言,实际上对其同一违法行为分别由不同国家机关依据不同法律规范进行了两次评价,这种"一事二罚"或称"重复评价"是否有违"一事不二罚"原则?单独基于刑事追诉证明标准与行政处罚证明标准实践层面的差异导致的对同一行为不同法律评价的结果是否会侵害民众对公权力的信赖?进而导致明显不公平的社会心理体验?在行刑衔接的语境下,"一事不二罚"原则能否扩大适用于行政处罚与刑罚竞合之情形?上述问题的回答需要考察"一事不二罚"原则的思想渊源及价值基础,需要厘清该原则与"一事不再理""禁止双重危险""禁止重复评价"等原则的区别,尤其需要考察行刑衔接语境下行政处罚与刑罚的竞合关系。在此前提下,以一定的价值理念为基础,运用适当的法律解释方法,平衡不同利益之间的冲突,方是问题解决之道。

一、"一事不二罚"原则的思想渊源与价值基础

行政法上的"一事不二罚"原则是指对行为人的同一违法行为,不得以相同的事实基础和同一的法律依据,给予两次以上的处罚。其主要目的在于避免因行政权的滥用导致相对人权利受到过度侵害。我国《行政处罚法》上的"一事不二罚"原则实际上是"一事不二罚款",是对"一事不二罚"原则的限缩运用。《行政处罚法》第24条规定:"对当事人的同一个违法行为,不得给予两次以上罚款的行政处罚。"该规定位于《行政处罚法》第四章"行政处罚的管辖和适用",并非总则性规定,体现了立法者进行制度设计时对理论与实践冲突的平衡。[1] 可见,"一事不二罚"原则不仅不属于宪法位阶的法律适用原则,并且在行政处罚领域也仅系处理罚款这一单一处罚类别具体适用问题的规则。这一制度现状缩小了"一事不二罚"原则的适用范围,不仅使行政处罚领域内在处理不同种类制裁方式时面临制度供给不足的困境,而且使行刑衔接语境下不同法律责任引起制裁竞合时评价行政处罚的正当性存在困难。那么,如果从行政处罚的角度分析,在"一事"

〔1〕 参见练育强:《行刑衔接视野下的一事不再罚原则反思》,载《政治与法律》2017年第3期。

不存在争议的情况下,“二罚”是否应当包含刑法制裁?〔1〕 是否应当排除掉同质〔2〕的刑法制裁? 是否应当包含不同质的刑法制裁? 这使得从理论渊源上分析“一事不二罚”原则成为必要。

(一)思想渊源

从思想渊源上考察,“一事不二罚”原则源于刑事诉讼领域“一事不再理”原则。二者均可追溯至古罗马法上的一罪一罚理念。在古罗马法时代,这种朴素的正义理念是通过程序法上的诉讼竞合来实现的。古罗马著名法学家乌尔比安在《论告示》第 18 编指出:数个针对同一事实相竞合的诉讼,尤其是刑事诉讼,相互吸收。〔3〕 古罗马法学家保罗在《论诉讼竞合》单编本中指出:某人以侵辱方法殴打他人奴隶,因同一事实,他触犯《阿奎利亚法》并卷入侵辱之诉,因为侵辱产生于意愿,损害产生于过错,所以两者都管得着,但是,选择一者之后,另一者则被吸收。〔4〕 古罗马法在诉讼中评价同一违法行为时,所用处罚方式为“吸收”,实际上就是避免重复评价。在罗马共和国时代“一事不再理”原则主要是程序法原则,法院实行一审终审制,因而实行一事不再理的原则。这一原则最初适用于民事诉讼,此后逐渐适用于刑事审判。在古罗马法中,“一事不再理”原则主要是为了维护判决的权威。由于古罗马法并不区分刑罚与行政处罚,所以“一事不再理”原则实际上是适用于整个诉讼法的一项法律原则。

“禁止双重危险”原则是大陆法系“一事不再理”原则在英美法系的发展。《美国宪法(第五修正案)》中规定:“任何人的生命或其肢体不应因同一罪行而被置于同一危险之中。”通说认为,“禁止双重危险”原则发端于古罗马法,其理论依据在于罗马法上的诉权消耗理论和既判力理论。〔5〕 “禁止双重危险”原则最初适用于重罪案件,后来扩大了适用范围,包括所有案件,进而上升为一项宪法原则。该原则总体上是作为刑事诉讼一项原则适

〔1〕 这里所指刑法制裁作广义理解,既包括刑罚,也包括刑事强制措施。

〔2〕 同质指的是性质上相同的制裁方式,即人身罚、财产罚、行为罚等。

〔3〕 参见[意]桑德罗·斯奇巴尼选编:《民法大全选译:司法管辖权·审判·诉讼》,黄风译,中国政法大学出版社 1992 年版,第 73 页。

〔4〕 参见陈兴良:《禁止重复评价研究》,载《法学论丛》1993 年第 6 期。

〔5〕 参见[日]田口守一:《刑事诉讼法》,刘迪,张凌,穆津译,法律出版社 2000 年版。

用的,对于英美法系其他国家的立法均具有重大影响。[1] 但由于“危险”的范围很广,而美国法律上并未对刑法责任与行政责任作明确界分,实际上该原则对于大陆法系区分刑事责任与行政责任的情形下处理行政处罚与刑罚的交叉关系具有极强的参照意义。在普通法系,违反行政法义务应由法院判处刑罚,这种刑罚分为两种形式,“一种是由法院按照刑事诉讼法规定的程序对违法者判处的刑罚;另一种是由法院按照刑事诉讼法以外的简易程序、刑法典以外的其他法律规定较轻的刑罚判处的……从比较法的角度来看,这种由法院适用简易程序对行政违法行为判处的刑罚与德国、意大利、奥地利等大陆法系国家的行政处罚有异曲同工之妙”。所以,在英美法系,行政处罚“有实无名”,仍处于刑罚概念的统摄之下,相应地,英美学者使用的刑罚概念就涵盖了行政处罚。[2]

(二)价值基础

之后,“一事不再理”原则在实体法领域发展成为“禁止重复评价”原则,在行政法领域发展成为“一事不二罚”原则。历史地看,无论是“一事不再理”“禁止双重危险”原则,还是“禁止重复评价”“一事不二罚”原则均具有相同的思想渊源,其共同的价值基础在于:(1)法的正义性。美国著名哲学家约翰·罗尔斯指出:“正义是社会制度的首要价值。某些法律和制度,不管它们如何有效率和有条理,只要它们不正义,就必须加以改造或废除。”[3]布莱克法官在“格林诉美国案”中指出,“至少在英美法律哲学中存在这样的基本理念,即国家不得利用其所有的资源和力量就一个人已有定论的犯罪行为进行重复追诉,以获取定罪的结果,否则,将势必使被告人长期处于尴尬、诉累和折磨之中,并迫使他生活在持续的焦虑和不安状态,并且,即使被告人是无罪的,重复追诉也会增加对其定罪的可能性”。[4] 法律的目的并不在于处罚,而在于教育与感化。如果惩罚将过度加剧被告人的痛苦,这种惩罚就是不人道的,也有违法律保障人权,维护人性尊严的理念。(2)公共资源节约之需求。一方面,无论是刑事追诉程序,还是行政处罚程

〔1〕 参见林毅坚:《美国法上禁止双重危险原则简述》,载《法制与社会》2011年第33期。

〔2〕 参见丛淑萍:《论禁止重复评价与一事不再罚》,载《东岳论丛》2009年第6期。

〔3〕 [美]约翰·罗尔斯:《正义论》,何怀宏等译,中国社会科学出版社1988年版,第1页。

〔4〕 Green v. United Sates, 355 U. S. 184(1957).

序，两次启动追责程序势必会耗费过多的公共资源，对于公共资源的使用效益并非有利。另一方面，这种公共资源的耗费会侵害民众对国家的信赖，不利于法秩序的安定性，从而耗费过多的社会成本。(3)防止公权力滥用之需要。上述各原则在不同领域的适用均是对公权力的一种制约，是从制度上禁止权力滥用作出的安排。

二、行刑衔接中“一事二罚”的适用情形

前文笔者分析了“一事不二罚”原则的思想渊源与价值基础，可以看出，该原则的主要功能在于避免不同国家权力交叉行使导致公民权利受到过度侵害。但对行刑衔接语境下行政法与刑法适用的交叉问题而言，“一事不二罚”原则并不能提供充分的依据说明对同一违法行为进行不同部门法评价的违法性，亦不能当然反证对同一违法行为进行不同部门法评价的正当性。而行刑衔接恰恰提供了研究该问题的独特视角，笔者认为，在分析“二罚”正当性之前有必要对“一事二罚”得以适用的具体情形进行分析，以为下一步分析提供实践基础。需要说明的是，这里的“一事”指的是作为违法行为的整体一事，“二罚”中的“罚”既包括行政处罚，也包括刑罚、刑事强制措施及有关违法行为定性的结论。笔者认为，“一事二罚”的具体适用可以包括如下情形：

其一，刑事司法机关以证据不足为由作出终止侦查或不起诉决定或免予处罚后将案件移送行政机关，行政机关再予以行政处罚。该情形下，“罚”指的是刑事司法机关对违法行为定性的结论，属广义上的“罚”。行政机关再次进行的行政处罚与其构成形式上的“二罚”。

其二，法院对犯罪行为作出刑罚判决后，行政机关对未构成犯罪事实认定的部分行为进行行政处罚。该情形下，“一事”属于广义上的一事。

其三，行政机关作出行政处罚后，发现涉嫌犯罪移送刑事司法机关，法院经审理再判决刑罚。行政处罚与刑罚既可以是同种罚，也可以是异种罚。同种罚情形下，行政处罚可以作为刑罚裁量的因素，异种罚则不须考虑。

上述三种情形，“一事二罚”得以适用的理由在于在不致造成权利受到过度侵害的基础上，实现对违法行为全方位无漏洞的打击。需要指出的是，因学界及实务界对何为“一事”仍存有较大争议，行刑衔接的过程又必然涉及不同权力机关对“一事”的评价，作为评价后果的处罚必然呈现出不同样态。笔者对"一事二罚"适用情形的简单梳理并不全面,但仍属必要。

能否适用"一事二罚"实际上是从结果层面对行政处罚与刑罚进行的协调,是对权利与权力衡平的手段。在对"一事二罚"的"二罚"作广义理解的情况下,其涵盖了行政处罚与刑罚,尤其是同种罚竞合的情况下,从行政法的角度分析,行政机关作出行政处罚必须符合比例原则,经刑事司法机关作出刑罚处罚后,行政机关还能否再就"一事"进行同种行政处罚?如果不能,是否意味着行政机关进行"一事二罚"失去了正当性?下文笔者将对"一事二罚"的正当性基础进行分析。

三、"二罚"的正当性基础

基于共同的价值基础,行政法上"一事不二罚"原则与刑事诉讼中的"一事不再理"原则在各自领域中均具有适用上的正当性。这点理论上已不存在太大争议。至于何为"一事",何为"二罚",以致衍生出的想象竞合、法条竞合等情境下具体适用问题乃是各自领域内争论的重点。从历史发展角度看,行政处罚晚于刑罚产生,其与刑罚具有同质性,均为国家以强制手段对不法行为人施加的一种负担行为,此点亦是学界通说。[1] 但是,对于大多数行政犯需要行刑衔接的场合,已作出刑法评价的前提下再次进行行政法评价或者已作出行政法评价的前提下再次进行刑法评价是否具有正当性,学界关注并不多,似乎亦不存在较大争议。[2] 但是,笔者认为,对于违法的"一事"能否分别由刑事司法机关进行刑罚评价以及行业监管机关基于行政法规范再次评价,乃至进行形式上的"二罚"是否具有正当性,宏观层面是关涉国家权力分工以及人权保障的基础性问题,微观层面亦是关涉行刑衔接制度完善的重大命题。

(一)理论正当性

1. 国家权力分工的精细化。随着社会生活的发展以及社会分工的精细化,国家权力从最初的行政与司法不分演化为行政权与司法权的日渐剥离。行政权自身也因应社会管理的需要,不断地细化。以致国家与市民社会的分离状态不断被打破,行政权日益侵入到社会生活的各个角落。行政权的权能涵盖了各种管理领域,并且成为垄断性的权力。比如行政许可权就是

---

〔1〕 参见陈新民:《公法学札记》,中国政法大学出版社2001年版,第238~241页。

〔2〕 参见练育强:《行刑衔接视野下的一事不再罚原则反思》,载《政治与法律》2017年第3期。

专属于行政机关的权力,对违反行政许可管理的行为进行的部分资格罚、行为罚天然地由行政机关垄断。与此相反,司法权的权能日渐局限于裁判领域,其对社会关系的调整乃是通过终局性的裁判权来实现。对于司法权保留的涉及公民人身自由与财产权事项均属基本权利范畴,司法权具有初次的调整权。而对于由行政权专属的事项范畴,司法权仅具有二次的判断权,其只能通过司法审查的方式监督行政权以间接达到对此类权利义务关系调整的效果。在这种情况下,由不同的权力机关分别对公民个人行为进行适法性评价便具有权力来源的正当性。尤其是在涉及不同质的处罚类别时,分别由行政机关行使专属其享有的权力及刑事司法机关行使刑事追诉权,即对"一事"分别进行"二罚"并不违反"一事不二罚"原则。在这种情况下,行政法上"一事不二罚"中的"二罚"可以包含刑罚,广义上刑事强制措施亦应当包含在内。因为刑事强制措施亦是对当事人行为进行违法性评价的后果。

2. 法律责任的体系化。现代国家尤其是大陆法系的法律责任可明确区分为四种:民事责任、行政责任、刑事责任及违宪责任。民事责任是私法责任,行政责任、刑事责任及违宪责任均为公法责任。四种责任共同构成了法律责任体系。而法律责任体系化的重要目的在于对不法行为进行全面无漏洞的追究。对此,国内多数刑法学者亦持肯定态度。"由于行政犯罪既违反了行政法,又违反了行政刑法规范,这就导致行政刑法规范中的法律后果部分具有自身的特点,即许多行政刑法规范在法律后果部分规定了法定刑以外,还同时规定按行政法的规定追究行政法律责任。从理论上讲,只有全面追究犯罪分子的法律责任,才能有效地打击犯罪。而行政犯罪的双重违法性决定了其责任的双重性,即既要追究刑事责任,又要追究行政责任。"[1]还有学者指出:"一事不能两罚是指一种行为不能作出两次同种类的处罚,而对涉嫌犯罪的案件作行政处罚后又予以刑事追究,是两种不同性质的处罚,所以并不违反一事不能两罚的原则。"[2]笔者同意上述观点。行刑衔接过程中行政处罚与刑罚竞合的情境下,作为承担行政责任的重要方式的行政处罚与承担刑事责任重要方式的刑罚,其适用目的、证明标准、构成要件

---

〔1〕 张明楷:《行政刑法辨析》,载《中国社会科学》1995 年第 3 期。

〔2〕 元明:《行政执法与刑事执法相衔接工作机制总结》,载《国家检察官学院学报》2006 年第 2 期。

均不相同，且各成独立的责任体系。由于行政犯具有双重违法性，在适用刑法责任进行评价后，仍旧可以进行行政责任评价，这并不违反“一事不二罚”原则。在涉及同质处罚竞合的情况下，尤其是刑事司法程序因证明标准的严格未进行刑事责任追究时，行政监管机关在接受移送后应当以行政处罚的证明标准、构成要件对违法行为进行评价，亦不违反“禁止重复评价”原则，因为其对违法行为进行评价所依据的法律规范不同。

需要指出的是，行政犯经过刑事司法程序处理后，仅对部分违法事实认定为犯罪并课以刑罚，此时行政监管机关能否在接受移送后对未定罪的违法事实能否进行行政处罚？笔者认为，基于行政责任与刑事责任的分立性，行政机关有权对此类未入罪之事实进行评价，道理与全部“一事”均未入罪时行政机关有权进行行政法评价相同。比如，一人控制多账户实施操纵行为，部分账户被作为犯罪事实进行刑事责任评价，但部分账户因证据不足并未作为犯罪事实进行刑事责任评价，此时，行政机关有权单独对该部分账户是否可以构成行政违法行为的事实进行行政责任评价。如果根据行政处罚的证明标准可以构成行政违法行为，则行政机关仍可以在法院课以罚金刑的同时再处以罚款的行政处罚。此时的“一事二罚”便不构成对“一事不二罚”原则的违反，因为此时的“一事”乃是整体的“一事”，其不同部分又分别构成刑罚的“一事”与行政处罚的“一事”。当然，如果行政违法的事实被作为刑事违法的要件事实在定性量刑时已经进行考量，则行政机关便不能对此部分要件事实再次进行同质行政处罚，否则构成对比例原则的违反。

(二)制度正当性——行政犯的特殊立法模式

行政犯是与刑事犯相对的概念，指违反以达到特定的行政目的而制定的法规的行为即违反派生性生活秩序的行为就是行政犯。[1] 行政犯的特殊性在于其是对基于特定行政性目的或政策需要而制定的禁止或命令性规定的违反上。我国《刑法》中存在大量的规定某类违反行政法律规范的行为，情节达到一定的严重程度，构成犯罪的条文。在行政法的各部门法中，上述类型的规定也并不鲜见。上述刑法或其他行政法规的规定是行刑衔接问题产生的立法原因，也是我们探讨处罚竞合时“一事二罚”正当性的制度

〔1〕 参见黄明儒：《论行政犯与刑事犯的区分对刑事立法的影响》，载《刑法论丛》2008年第1期。

基础。

上述行政犯的立法模式可以称为定性与定量相结合的立法模式。刑法作为惩治犯罪的法律，具有对其他部门法的补充性。一行为构成犯罪既需要在行为类型上符合构成要件，亦需要在社会危害性上达到刑事制裁的程度。因为刑法是社会关系调整的最后一道屏障。定性规定指的就是对行为类型的规定，定量规定指的是关于社会危害性程度的规定。德国刑法采定性规定模式，对行政犯只规定行为类型。如《德国刑法典》第242条规定："意图盗窃他人动产，非法占为己有或使第三人占有的，处5年以下自由刑或罚金刑。"[1]我国刑法对行政犯采取定性与定量相结合的立法模式。这不可避免会产生同一违法行为仅因社会危害程度的不同，有的构成行政违法，有的构成刑事犯罪。尤其在构成刑事犯罪的场合，违法行为已然是行政违法，只不过在社会危害性程度上达到了犯罪标准，在处罚上选择了刑事制裁而已。实质上仍是对同一行为的行为性质已经进行了两次评价。可见，上述立法模式必然会导致行政法评价与刑事司法评价的竞合，即行政犯具有双重违法性。

在处罚上，行刑衔接情境下同质罚相互折抵的立法现状仍旧说明我国立法在考虑违法行为人所负责任上，采取的是"一事不二罚"原则，避免对违法行为人进行二次追责。但笔者认为这种"一事不二罚"实际上并非纯粹意义上"一事不二罚"原则所要禁止的"二罚"，只不过是行政机关在进行行政处罚时基于比例原则的要求进行行政自由裁量的结果，行政机关本身是有职权进行处罚的。在这种情形下，"二罚"涵盖了刑事制裁，即要求行政机关在进行行政处罚时，应考虑违法行为人所受刑事制裁的情况。即在启动行政权对违法行为人进行追责时，必须将违法行为人是否受到刑事制裁以及受到何种刑事制裁的情况均考虑在裁量范围之内，并且要与违法行为人的主观恶意、社会危害性相适应。笔者认为，这种考虑是必须的。行政机关进行行政处罚时必须受到行政法上比例原则的约束，如果不考虑行为人所受刑事制裁情况，则可能会导致对比例原则的违反。可见，在行刑衔接同质罚相互折抵的立法现状并不能当然得出"一事"不能"二罚"的结论，并

---

〔1〕《德国刑法典》，许久生、庄敬华译，中国方正出版社2004年版，第119页。

不能否认行政机关与刑事司法机关均具有各自作出相应处罚的职权。这与纯粹意义上行政处罚领域的“一事不二罚”原则及刑事司法程序中的“一事不再理”原则并不相同，因为这两个原则在各自领域中均构成对职权来源正当性的限制。而在行刑衔接语境下讨论行政处罚领域的“一事不二罚”原则涉及的主要是行政自由裁量权行使的问题。

如果我们将“二罚”理解为行政自由裁量权问题，即将刑事制裁作为行政裁量的因素进行考虑，而不是以“一事不二罚”原则去否定行政机关行使处罚权的合理性，则行刑衔接语境下经刑事司法程序未做刑事制裁后，行政机关再进行行政处罚的正当性问题便容易理解。只不过我国《行政处罚法》并未将比例原则作为处罚的原则性条款加以规定，在此情况下，如何以比例原则指导具体的行政处罚实践，则是需要理论界与实务界共同关注的问题。

四、结语——案例回归

在前述案例中，周某某涉嫌内幕交易罪一案经公安机关以“证据不足”终结侦查程序后移送至证监会，证监会经调查后最终作出行政处罚决定。周某某于涉案期间从内幕信息知情人处获悉内幕信息，并实际控制涉案账户进行股票交易的行为是刑事责任评价与行政责任评价的共同事实。在周某某是否获悉内幕信息并利用该信息实施股票交易行为的认定上，公安机关与证监会产生了分歧。对于大多数内幕交易行为而言，刑事认定与行政认定均允许适当运用推定，适度向行为人转移部分证明责任。两者的认定方法并无二致。唯一的区别在于刑事司法机关采取的是“排除合理怀疑”标准，[1]而行政机关的认定一般认为应遵循“优势证据”标准。单纯基于证明标准的区别追究行为人的公法责任不可避免有“重复评价”之嫌，况且，这个过程中行政机关获取的证据当然包括了大量刑事司法程序中获取的证据，尤其在《行政诉讼法》对何为“证据优势”并未明确规定的情况下得出违法行为成立的结论，不免使当事人认为行政执法活动存在恣意性及人为干预的因素。但如果我们从国家权力分工、法律责任体系化及制度现状的角

〔1〕中国刑事诉讼历来以“案件事实清楚、证据确实充分”为定罪的证明标准，“排除合理怀疑”在中国刑事诉讼语境下已成为对中国刑事诉讼证明标准的一种解释，亦即刑事诉讼中认定案件事实的一项辅助性标准。参见龙宗智：《中国法语境中的“排除合理怀疑”》，载《中外法学》2012年第6期。

度分析，追究行为人的行政责任便具有正当性。至于如何追究，尤其是采取何种责任承担方式则是行政机关裁量权范围内的事项。行政机关仍需就其调查的事实尤其是刑事司法机关未予追究刑事责任的理由进行分析，并运用行政处罚的证据规则、证明标准进行综合认定。在本案中，刑事司法机关未对周某某进行刑事制裁，行政机关将其作为行政处罚的一个情节予以考虑，属合理行使自由裁量权的范畴，并不违背比例原则。

假设本案周某某最终以内幕交易罪课以罚金刑，此时行政机关能否在其认为罚金数额过低的情况下再次进行补充性的罚款处罚？这个问题仍有探讨的必要。对于证券违法行为而言，刑事定罪证明标准较行政处罚证明标准更为严格，客观上会造成罚金数额较低不足以打击证券违法行为的后果。而《证券法》对行政机关处罚的幅度有明确规定，多数情况下，证券监管机构有权根据当事人违法行为的性质、情节等，以违法所得数额为基础，适用一倍到五倍的幅度作出罚款决定，这属于证券监管机构裁量权的范畴。证券监管机构作出的补充性罚款是否合法？这种明显的“一事二罚”是否超越了必要限度？是否违反比例原则？作为行政法基本原则的比例原则如何具体适用至个案情形？笔者认为，上述问题实际上是行刑衔接语境下行政法与刑法之间的协调问题，无论是行政法领域的“一事不二罚”原则，还是刑事诉讼领域的“一事不再理”原则均不能提供现成的答案。也正因如此，我们探讨“一事二罚”正当性才有必要。笔者将“一事二罚”问题归结为行政裁量范畴，并希望通过比例原则对裁量权加以约束，仍是从行政法本位提出的权宜之计。行刑衔接过程中存在诸多复杂问题仍旧是现行规范依据所不能解决的，希望本文的探讨能够为上述问题的解决提供一种思路。

【法律法规链接】

《公安机关办理刑事案件程序规定》第 183 条第 2 款

《证券法》(2014 年修正) 第 202 条

《证券法》(2020 年) 第 50 条、第 53 条第 1 款、第 191 条

（撰稿人　魏浩锋）

04

公司违法行为中高管个人违法行为单一性的认定

——温某某诉中国证券监督管理委员会行政处罚及行政复议案

裁判规则

1. 在单位违法案件中，对于个人责任的处断，首先应当以个人实施的单个行为作为判断基础，再进一步结合其个人行为能否为单位集合意志所涵盖，综合判断其行为的单一性。

2. 对于自然可分的行为，还需要进一步分析各个行为能否为公司集合意志所涵盖，从而纳入公司概括的单一违法行为之中予以处断，若不能为公司集合意志所涵盖，则行为人应为其数个行为分别承担责任。

案　情〔1〕

原告温某某系丹东欣泰电气股份有限公司(以下简称欣泰电气)原董事长暨实际控制人。2011年11月，欣泰电气向中国证监会提交首次公开发行股票并在创业板上市(以下简称IPO)申请，2014年1月3日，欣泰电气取得中国证券监督管理委员会(以下简称中国证监会)的发行上市批复。为实现发行上市目的，解决欣泰电气应收账款余额过大问题，2011年12月至2013年6月，欣泰电气通过外部借款、使用自有资金或伪造银行单据的方式虚构应收账款的收回，在年末、半年末等会计期末冲减应收款项(大部分在下一会计期期初冲回)，致使

〔1〕 北京市第一中级人民法院：(2017)京01行初4号。

其在向中国证监会报送的IPO申请文件中相关财务数据存在虚假记载。2013年12月至2014年12月,欣泰电气在上市后继续通过外部借款或者伪造银行单据的方式虚构应收账款的收回,在年末、半年末等会计期末冲减应收款项(大部分在下一会计期期初冲回),导致其披露的相关年度和半年度报告财务数据存在虚假记载。欣泰电气实际控制人温某某以员工名义从公司借款供其个人使用,欣泰电气在《2014年年度报告》中未披露该关联交易事项,导致《2014年年度报告》存在重大遗漏。中国证监会认定上述违法行为分别构成《证券法》(2014年修订)第189条所述欺诈发行和第193条所述虚假披露行为,于2016年7月5日作出被诉处罚决定,对欣泰电气责令改正,给予警告,并处以832万元罚款;对温某某处以892万元罚款,其中作为直接负责的主管人员处以60万元罚款,作为实际控制人处以832万元罚款。该处罚决定后经中国证监会同级复议予以维持。温某某仍不服,提起本案诉讼。

诉讼中,原告主张:被诉处罚决定不应当将原告作为实际控制人给予行政处罚。(1)被告没有区分原告作为实际控制人和董事长的不同身份,模糊了原告身份的重叠性与不可区分性。原告是基于董事长的身份实施绝大部分虚构应收账款收回行为,原告的涉案行为系上市公司内部管理行为,而非独立于上市公司的实际控制人行为。(2)即使原告构成"实际控制人指使",被告也应当参照《证券法》第189条第1款中的自然人责任予以处罚,而不应参照发行人责任予以处罚。(3)被诉处罚决定是对原告双重身份的重复评价,将原告同一个完整违法行为拆分进行两次以上处罚,违反《行政处罚法》第24条规定的一事不二罚款原则。被告则认为:(1)原告作为违法行为直接负责的主管人员,同时作为欣泰电气的实际控制人,其行为已经构成《证券法》(2014年修正)第189条第2款、第193条第3款所述的控股股东、实际控制人指使从事前款违法行为的情形。(2)原告同时存在两个不同的违法行为,应分别承担相应的责任。一是作为董事长在明知相关文件虚假的情况下签字的行为;二是其决定以外部借款等方式虚构收回应收款项,安排、筹措资金且承担相关资金成本以及从公司借款供其个人使用却未告知欣泰电气予以披露的行为。

【裁判结论】

北京市第一中级人民法院判决驳回了温某某的诉讼请求。双方当事人均未提起上诉,该案已生效。

【裁判观点】

法院生效裁判认为:

(一)关于欣泰电气是否构成以欺骗手段骗取发行以及信息披露违法的问题

经审查,欣泰电气确有以下行为:第一,IPO 申请文件中相关财务数据存在虚假记载;第二,上市后披露的定期报告中存在虚假记载和重大遗漏。基于《证券法》(2014 年修正)第 13 条、第 189 条等相关规定,可以认定欣泰电气构成第 189 条第 1 款所指的“发行人不符合发行条件”。

(二)关于原告是否作为实际控制人指使欣泰电气实施了相关违法行为的问题

1.《公司法》除了在第 13 条规定董事长可以作为公司的法定代表人对外代表公司之外,在第 109 条第 2 款对股份有限公司董事长的内部职权予以了明确规定,即“召集和主持董事会会议,检查董事会决议的实施情况”。根据上述规定,在公司的内部治理结构中,董事长并不具有对公司的重大活动独立决策的职权。本案中,原告能够就虚构收回应收款项以及就相关信息披露违法行为等公司重大活动,在未经董事会讨论的情况下基于个人意志进行决策,明显超出了其作为董事长的职权范畴。至于原告安排、筹措资金且承担相关资金成本等行为,则是原告作为实际控制人决策意志的进一步体现。

在 IPO 申请阶段,原告认为其只是接受建议并参与部分财务管理行为,并非指使公司进行财务造假。但在未经董事会讨论的情况下,仅原告个人同意即能够事实上决定公司为申请 IPO 而实施财务造假,这是基于董事长的身份所无法实现的。在定期报告阶段,2013 年、2014 年相关定期报告中信息披露的虚假记载与欣泰电气上市之前的财务造假行为具有延续性,原告的责任也相应具有延续性。《2014 年年度报告》中的重大遗漏,则是源于原告以公司其他员工的名义,向公司借款供其个人使用。原告将公司巨额资金出借供其个人使用,与其作为董事长的职责无关,而原告以公司其他员工的名义向公司借款,表明原告具有向市场隐瞒上述事实的主观意图。因此,原告明显是利用其作为公司实际控制人的地位,将公司资金借由其个人使用并意图向市场隐瞒上述事实,这直接导致了 2014 年公司在信息披露时的重大遗漏,原告应当为此承担实际控制人的指使责任。

综上,原告在实施上述指使行为时,不存在与董事长身份重合的问题,原告正是基于其公司实际控制人的地位,以独立于公司的意志指使公司实施了相关违法行为。

2.《证券法》(2014 年修正)第 189 条第 2 款及第 193 条第 3 款均未明确规定控股股东或者实际控制人指使的对象以及责任承担的参照对象,因此在不同的案件中应当具体分析其指使的内容及其所处的地位。由于原告指使欣泰电气实施的相关违法行为均是涉及整个公司的重大活动而非限于特定个人的职务范畴,因此在本案中应当依照《证券法》(2014 年修正)第 189 条第 1 款及第 193 条第 1 款中关于公司责任的规定追究原告作为实际控制人的指使责任,被诉处罚决定适用法律并无不当。原告关于其并非实际控制人实施指使行为的相关诉讼主张,经审查均不能成立。

(三)关于被诉处罚决定是否违反《行政处罚法》第 24 条的问题

《行政处罚法》第 24 条规定,“对当事人的同一个违法行为,不得给予两次以上罚款的行政处罚”。据此,只要违法行为具有单一性,处罚机关即不得对当事人给予两次以上罚款的行政处罚,至于当事人在实施这一行为时是否具有不同身份在所不论。将单位违法行为概括认定为单一行为,是基于单位的集合意志在法律上对其实施的若干单个违法行为的一种处断。因此,在单位违法案件中,对于个人责任的处断,首先应当以个人实施的单个行为作为判断基础,再进一步结合其个人行为能否为单位集合意志所涵盖,综合判断其行为的单一性。如果原告的个人行为具有单一性,则不能仅仅基于其同时具有公司董事长和实际控制人的双重身份,而对其实施的同一行为给予两次以上的罚款处罚。如果原告的行为自然可分,则还需要进一步分析其各个行为能否为公司集合意志所涵盖,从而纳入公司概括的单一违法行为之中予以处断。如果不能为公司集合意志所涵盖,则原告应为其数个行为分别承担责任。本案中,原告作为实际控制人所实施的行为,已经超出了公司集合意志的范畴,其应当为其实施的数个行为分别承担相应的法律责任。

首先,原告作为实际控制人和董事长的行为自然可分,实质上是数个行为。原告对于公司欺诈发行以及违法披露信息的指使行为,明显超出了公司董事长的职权范畴,并非董事长所能实施;而原告主持董事会会议,审议相关报告并在董事会决议上签字等行为,又明显非属实际控制人所能实施的行为。这些行为实质上具有可分性,原告在实施这些行为时并不存在身份上的重合关系,因此原告在公司欺诈发行及违法披露信息过程中作为实际控制人的指使行为和作为董事长所实施的职务行为,应为实质的数个违法行为。

其次,原告作为实际控制人对公司欺诈发行和违法披露信息所实施的指使行为,不能为公司集合意志所涵盖。由于原告是基于个人意志指使公司实施欺诈发行以及违法披露信息的行为,其意志独立于公司集合意志,故其指使行为不能纳入公司的概括行为之中予以评价。至于原告实施指使行为时个人意志是否概括,并非对其行为单一性的法定处断依据,原告应当为公司集合意志以内的违法行为以及公司集合意志以外的个人违法行为分别承担法律责任。

综上,被诉处罚决定按照《证券法》(2014 年修正)第 189 条第 1 款、第 193 条第 1 款中直接负责的主管人员的责任,以及第 189 条第 2 款、第 193 条第 3 款中实际控制人的责任对原告分别给予罚款处罚,并不违反《行政处罚法》第 24 条的规定。

法官评析

本案的核心问题在于公司违法行为中高管个人的违法行为单一性的认定。

对于单位实施违法行为的,我国《刑法》和《行政处罚法》均采用“双罚制”,既对单位判处罚金,又对其直接负责的主管人员和其他直接责任人员施以惩处。比如《建设工程质量管理条例》第 73 条规定,“依照本条例规定,给予单位罚款处罚的,对单位直接负责的主管人员和其他直接责任人员处单位罚款数额百分之五以上百分之十以下的罚款”。高管因公司的违法行为而承担相应个人责任的规定,在《证券法》(2014 年修正)中体现得较为充分,比如第 189 条、第 193 条。[1]

由于公司只是法律上拟制的主体,实际行为均有赖于公司工作人员的实施,因此,在追究公司责任人员个人责任时,就往往存在如何判断个人违法行为的单一性问题。就本案而言,原告主张自己的行为在客观上是单一

[1] 2019 年修订后的《证券法》为第 197 条、第 203 条。

的,在主观意志上也是单一的,因此无论如何均只能作为一个违法行为给予罚款处罚。

一、判断违法行为单一性的一般标准

行政法上关于违法行为单一性的判断标准,借鉴自刑法理论。

传统刑法理论中关于罪数的判断,需要区分两个层面:

一是自然的一行为。即行为本身客观上是单一的,但由于同时触犯数个罪名,从而可能在法律上被评价为数罪。这种情况包括"想像竞合"或者"法规竞合",又被称为"事实的一罪"。

二是法律上的一行为。即行为客观上是自然可分的数个行为,但基于罪责刑相适应的原则,为避免过度评价,在法律上将这些行为拟制为一个行为予以处断,因此被称为"处断的一罪"。

对于法律上一行为的处断,有多种理论和学说。除了"构成要件说""法律拟制说""重复行为说"等〔1〕以外,大陆法系传统上有所谓的"单一意志理论"之说,即行为人基于一个单一的犯罪意志而实施的行为,即使在客观上是数个行为,且每个行为也可能单独构成犯罪,原则上仍然应当作为一个单一的犯罪行为予以处断。刑法学罪数理论中的"牵连犯""吸收犯""连续犯"等罪数形态,均是基于这一理论而发展出来的。

但这一理论近年来受到了一定程度的摒弃,比如德国、我国台湾地区就废掉了"连续犯",〔2〕将数个具有同一或者概括故意的行为进行数罪并罚。而对于自然的一行为,也可以切割成数个法律上的单一行为而进行分别评价。〔3〕主要的原因与考量基准在于:是否能够达成规制目的,是否符合罪责刑相适应原则。

德国联邦最高法院在2009年的一起药品虚假宣传案〔4〕中,认为公司责任是一种集合责任,公司高管的个人责任只有处于公司集合意志范围之内时,才能纳入公司违法行为中一并处断,如果高管的行为超出了公司集合意志的范畴,即使从高管个人的角度犯罪意志是单一的,也要与公司集合意

---

〔1〕 参见吕秉翰:《大法官果能廓清"一行为不二罚"的真貌?——以释字第六〇四号解释为中心》,载《警大法学论集》1998年第16期。

〔2〕 在行政处罚制度上,我国台湾地区也相应废除了连续违法行为这一概念和处断方式。

〔3〕 参见陈清秀:《行政罚法》,法律出版社2016年版,第212页。

〔4〕 BGH 2 StR 91/09.

志之内的犯罪行为区别处理，作为数罪处断。这一标准体现了在违法行为自然可分的前提下，是否处断为单一行为，需要结合违法行为的特征以及所侵犯的法益进行具体分析。

参考上述标准，对单位犯罪实行"双罚"的情况下，单位承担的是单位意志下的行为责任；个人须承担责任，是因为个人在单位犯罪过程中，发挥了其相应的职责作用，以其个人罪过促使单位实现了违法性。[1] 单位行为是个人行为按照一定的决策程序实施的结果。因此，在公司违法的案件中，对高管个人行为单一性的认定，需要结合公司意志行为来进行判断。

如果高管的个人行为本身是单一的，则对该高管的行为，只能进行一次评价。如果高管的个人行为本身是自然可分的数行为，则需要进一步分析其各个行为是否能够为公司意志所涵盖。如果该高管的行为中有超出了公司意志的行为，则高管要分别承担责任，而不仅仅是纳入到公司概括的单一违法行为中予以处断。

二、原告的行为在客观上是否单一

《行政处罚法》第 24 条规定，"对当事人的同一个违法行为，不得给予两次以上罚款的行政处罚"。据此，如果违法行为客观上是单一的，则无论如何也不能给予两次以上的罚款。

本案原告在整个财务造假和虚假披露的过程中，同时身兼实际控制人和董事长的身份，因此原告认为本案的实质是"身份竞合"，其实施的行为同时触犯了《证券法》(2014 年修正)第 189 条第 1 款和第 3 款的规定，属于一行为。这一主张看似颇有道理。但如果回到《公司法》的规定上来分析，原告的主张是站不住脚的。

结合《公司法》有关实际控制人和董事长的定义和职责规定，就可以看出原告在实施相关违法行为时，身份并不能重合。因为董事长并没有公司重大事项的决策权，而实际控制人并没有直接参与公司董事会的权力。在实践当中，由于许多上市公司的董事长同时也是实际控制人，因此导致市场对于上市公司董事长的法定职责范围产生了误解，认为董事长就是公司的决策者。

---

[1] 参见赵星：《单位犯罪双罚制问题研究》，载《国家检察官学院学报》2008 年第 1 期。

由于原告在决策财务造假的时候,并没有通过公司董事会,因此财务造假的行为不是原告作为董事长的行为。而参加董事会又不属于实际控制人的职权范围,因此参加董事会并在董事会决议上签字等行为,不是原告作为实际控制人的行为,而是作为董事长的行为。原告所谓其行为单一,只是恰好身份竞合的主张,也就不能成立。

三、原告的行为应否处断为单一行为

按照传统的单一意志理论,如果公司高管所实施的数个自然可分的违法行为,只要从其个人意志角度观察是基于单一的违法意志所实施,仍然应当作为一个违法行为予以处断。在本案中,原告作为公司的实际控制人,同时也是公司的董事长,对于公司的财务造假以及信息虚假披露行为无疑在主观意志方面是单一的。

但是,与事实的一罪不同,对于基于单一意志所实施的数个行为是否处断为一罪,更多是一种司法政策的选择。如前所述,德国和我国台湾地区就基于评价不足的考虑,已经在刑事制度中废除了所谓的"连续犯",对于基于一个概括故意所实施的数个性质相同的犯罪行为,仍然认定为数罪,而非一罪。在公司高管的行为自然可分的情况下,是否适用单一意志理论来判定"一行为",同样存在需要进一步考量的问题。高管因公司违法而承担相应责任的前提,是公司违法。而认定公司违法,只能是公司的相关行为系经公司意志决策下所实施。因此,高管承担相应责任,亦应当是其个人过错属于公司意志范畴下的过错行为。如果超出了公司意志范畴,则该超出部分的个人行为,应当另行评价。

本案中,原告作为实际控制人决策财务造假的行为,是无法纳入公司集合意志之中的。公司的意志,需要通过一定的内部治理行为来体现,比如董事会决定、股东会决定等,或者即使没有这样正式的决议,也应当体现为高管在职权范围内的决策行为。作为董事长,其个人不具有决定财务造假的权力。指使公司实施财务造假,这一决策行为不属于公司的集合意志,而是原告的个人意志,是作为实际控制人的行为。原告作为公司的董事长,召集董事会并在董事会决议上签字等行为,是公司行为的范畴。因此,原告作为实际控制人的行为,应当与其作为董事长的行为分别处断。

四、实际控制人责任应当参照公司责任还是高管责任

本案还有一个值得讨论的问题，就是《证券法》(2014 年修正)第 189 条第 2 款规定的实际控制人责任参照第 1 款规定处罚，但是第 1 款同时包含了公司责任和高管个人责任两种责任，《证券法》(2014 年修正)并没有明确规定究竟是参照公司责任还是高管个人责任。

有一种观点认为应当参照高管个人责任，理由在于：第一，从行为性质来看，实际控制人的决策行为在性质上更接近于公司高管所实施的职务行为。第二，从责任轻重来看，非法募集的资金在法律上仍然归属于公司，如果对实际控制人按照非法募集资金的数额来处罚，幅度有过重之嫌。第三，《刑法》第 169 条第 2 款，在高管侵犯上市公司利益罪中，也针对实际控制人有类似的参照处罚规定，而参照的法律责任是高管的刑事责任。

上述观点不适用于实际控制人指使公司财务造假的案件。首先，实际控制人行为的性质，究竟更接近于公司还是高管个人，取决于具体案件中实际控制人指使的行为内容。如果实际控制人指使的是高管个人，实施的是高管个人职权范围的行为，则实际控制人的指使行为应当比照高管个人的行为承担责任。但如果实际控制人指使的是整个公司，那么实际控制人就应当比照整个公司的责任来承担自己的法律责任。因此，《证券法》(2014 年修正)没有明确规定参照的对象，反而是一种更为准确的表述方式。其次，《刑法》中高管侵犯上市公司利益罪本来针对的就是高管个人责任，并不涉及上市公司的集合责任，因此该罪名中实际控制人责任的参照对象，不具有代表性。最后，关于责任承担轻重的问题，需要以合比例原则论。实践中，很多上市公司往往沦为实际控制人的私有财产，对于实际控制人按照公司责任处罚是否过重，并不能一概而论。

在本案中，原告指使公司造假，这一行为不是任何一个单个的高管个人所能决策和实施，因此原告的地位与公司平行，原告应当参照公司责任承担其相应的法律责任。

【法律法规链接】

《证券法》(2014 年修正)第 189 条、第 193 条第 1 款和第 3 款

《证券法》(2019 年修订)第 197 条、第 203 条

《公司法》第 13 条、第 109 条第 2 款
《行政处罚法》第 24 条

（撰稿人　龙　非　张婷婷）

05

董事勤勉责任与审计责任的关系认定

——胡某某诉中国证券监督管理委员会行政处罚案

裁判规则

1. 外部董事应当具备公司管理所需的必备专业知识，充分了解公司的经营状况，并基于自己的独立判断履行职责。

2. 董事不能当然以审计机构出具的审计报告作为自己未勤勉尽责的免责事由，董事信赖专业审计机构的前提应是董事自己已经尽到了应有的监督职责并能够确信审计机构具有独立性。

案 情[1]

原告胡某某系丹东欣泰电气股份有限公司（以下简称欣泰电气）原外部董事。2011 年 11 月，欣泰电气向被告中国证券监督管理委员会（以下简称中国证监会）提交首次公开发行股票并在创业板上市（以下简称 IPO）申请，2014 年 1 月 3 日，欣泰电气取得中国证监会的发行上市批复。为实现发行上市目的，解决欣泰电气应收账款余额过大问题，2011 年 12 月至 2013 年 6 月，欣泰电气通过外部借款、使用自有资金或伪造银行单据的方式虚构应收账款的收回，在年末、半年末等会计期末冲减应收款项（大部分在下一会计期期初冲回），致使其在向中国证监会报送的 IPO 申请文件中相关财务数据存在虚假记载。2013 年 12 月至 2014 年 12 月，欣泰电气在上市后继续通过外部借款或者伪造银行单据的方式虚构应收账款的收回，在年末、半年末等会计期末冲减应收款项（大部分在下一

[1] 北京市第一中级人民法院：（2016）京 01 行初 1204 号，北京市高级人民法院：（2017）京行终 3225 号。

会计期期初冲回),导致其披露的相关年度和半年度报告财务数据存在虚假记载。欣泰电气实际控制人温某某以员工名义从公司借款供其个人使用,欣泰电气在《2014 年年度报告》中未披露该关联交易事项,导致《2014 年年度报告》存在重大遗漏。中国证监会认定上述违法行为分别构成《证券法》(2014 年修正)第 189 条所述欺诈发行和第 193 条所述虚假披露行为,对欣泰电气的该项违法行为,胡某某为其他直接责任人员之一。中国证监会于 2016 年 7 月 5 日对欣泰电气责令改正,给予警告,并处以 832 万元罚款;对胡某某处以 5 万元罚款。该处罚决定经中国证监会同级复议,予以维持。胡某某仍不服,提起本案诉讼。

北京市第一中级人民法院判决驳回了原告胡某某的诉讼请求。胡某某不服,上诉至北京市高级人民法院。

【裁判结论】

北京市高级人民法院判决:驳回上诉,维持一审判决。

【裁判观点】

一审法院认为:

根据 2005 年《公司法》[1] 第 148 条第 1 款规定:“董事、监事、高级管理人员应当遵守法律、行政法规和公司章程,对公司负有忠实义务和勤勉义务。”该法第 113 条第 2 款、第 3 款又规定,董事会应当对会议所议事项的决定做成会议记录,出席会议的董事应当在会议记录上签名。董事应当对董事会的决议承担责任。董事会是公司的经营决策机构,董事在董事会的相关决议上签字,即表明其参与了公司的决策并对该决策承担法律责任。原《首次公开发行股票并在创业板上市管理暂行办法》第 41 条第 1 款规定:“发行人及其全体董事、监事和高级管理人员应当在招股说明书上签名、盖章,保证招股说明书内容真实、准确、完整。”因此,如果董事主张其不应承担责任,即应提供相反证据证明自己已经尽到了勤勉义务。胡某某主张自己尽到勤勉义务的理由,在于其作为外部董事不管理公司财务、不具有财务会计专业背景、并非审计委员会成员以及信任专业审计机构出具的财务报告,等等。法院认为,财务状况是公司经营最核心的事项之

〔1〕 最新为《公司法》(2018 年修正)第 147 条第 1 款。

一,如果公司董事能够仅以自己不了解公司经营状况,或者对财务问题不专业等理由作为抗辩事由,则《公司法》上的董事勤勉义务将形同具文。

会计师事务所固然应当保证经其审计的公司财务会计报告真实、完整。但公司董事信赖专业审计机构的前提,应是董事自己已经尽到了应有的监督职责并能够确信审计机构具有独立性,否则公司董事皆可以公司财务会计报告经过专业审计为借口而塞责。董事的勤勉义务是基于其自身的法律地位而产生,因此公司是否成立了专门的审计委员会,以及董事自己是否系审计委员会成员,均不影响董事应当依法独立履行其勤勉义务。在欣泰电气 IPO 申请的过程中,胡某某一直担任公司董事,并在相关董事会决议以及招股说明书上签字,在欣泰电气欺诈发行的违法行为被查处之后,又以自己系外部董事、不直接从事经营管理、不知悉公司违法行为、并非审计委员会成员以及信任专业审计机构的专业报告等为由提出抗辩,并未举出任何实质性证据证明自己履行了董事的勤勉义务,其抗辩理由不能成立。中国证监会认定胡晓勇属于欣泰电气欺诈发行违法行为的其他直接责任人员,并无不当。

二审法院认为:

本案中,中国证监会以胡某某作为欣泰电气的董事在欣泰电气欺诈发行中未尽勤勉尽责义务而将其认定为"其他直接责任人员"并据此作出被诉处罚。根据双方当事人的诉辩意见,这个问题主要涉及勤勉尽责义务的判断依据、判断标准适用以及"其他直接责任人员"构成要件等问题。对于判断依据问题。一审判决适用 2005 年《公司法》第 148 条第 1 款的规定作为确定董事勤勉义务的判断依据,胡某某认为该法律适用错误,不应当适用《公司法》来确定当事人在《证券法》中所承担的法律责任问题。本院认为,公司申请公开发行新股,公司及其董事、监事、高级管理人员的行为既要受《公司法》调整,同时也要受到《证券法》的规制和调整。2005 年《公司法》第 148 条第 1 款规定,董事、监事、高级管理人员应当遵守法律、行政法规和公司章程,对公司负有忠实义务和勤勉义务。一般情况下,该规定确定的是董事、监事、高级管理人员对其所在公司的忠实和勤勉义务,但当公司申请发行新股时,则该忠实和勤勉义务不仅面向其所在公司,也经由公司申请上市而面向证券监管机构和不特定市场主体。因此,在公司申请 IPO 过程中,将《公司法》中董事的勤勉义务作为判断证券发行审核过程中董事是否尽到勤勉尽责义务的标准,并无不当。

对于勤勉尽责的判断标准及其适用问题。2005 年《公司法》第 148 条第 1 款规定，董事、监事、高级管理人员应当遵守法律、行政法规和公司章程，对公司负有忠实义务和勤勉义务。这里，法律对公司董事的勤勉义务规定较为原则，没有相应的细化标准，但是没有可操作性的细化标准不等于没有标准。准确界定董事对董事会决议承担的责任，既要严格，又要严而有度，既不能让董事承担无限责任，只要董事会决议违反法律法规的规定就推定董事未尽勤勉尽责义务，也不能让董事责任虚置导致董事只享有权利而不承担义务，因此判断董事的勤勉义务应当采取适度标准。这个适度的标准，就是董事应当善意、合理、审慎地履行自己的职责，尽到处于相似位置上的普通谨慎的人在相同或类似情况下所需要的注意义务，而且当董事会决议违反法律法规规定的时候，董事如果认为自己尽到了勤勉尽责义务，应当就自己善意、合理、审慎地履行职责承担相应的举证责任。本案中，欣泰电气存在财务状况虚假记载骗取发行核准的事实，胡某某作为欣泰电气董事，在相关董事会决议上签字同意并在招股说明书中签名"保证招股说明书内容真实、准确、完整"，胡某某如果认为自己尽到了勤勉尽责义务，则应当对自己善意、合理、审慎地履行职责进行合理说明并提供相应证据。胡某某认为自己属于外部董事，不具体管理公司财务，也不具有财务会计专业背景，并不知晓董事会审议的财务会计文件存在虚假记载并据此认为自己尽到了勤勉尽责的义务。对此，本院认可一审判决的意见，如果该抗辩理由成立，则"公司法上董事的勤勉义务将形同具文"，因此胡某某的该理由明显不能成立。胡某某还提出，欣泰电气相关财务会计文件经过了外部专业审计机构的审计以及公司内部审计部门的审核，其在招股说明书上签字确认是基于对专业机构的信任，因此其不应承担行政责任。对此，本院认为，外部专业审计机构应当对其所出具的审计报告文件的真实性、完整性和合规性负责，而且，董事可以因为基于对外部专业审计机构无保留意见审计结论的信赖，而在董事会决议违反法律法规的情况下降低董事尽到勤勉尽责义务的证明责任，但相关财务会计文件经过外部专业审计机构的审计，并不能完全替代董事履行勤勉尽责义务，因为董事履行勤勉义务具有相对独立性，对公司财务状况以及委托外部专业审计机构开展独立的审计工作仍然负有合理、审慎的注意和独立履行职责的义务。从本案胡某某参加董事会讨论相关财务报告文件的记录看，在董事会表决时，胡某某的意见都只有简单的"同意"以及手写的签名，没有任何关于对相关财务会计资料以及外部专业审计机构审计报告的仔细研究、审慎讨论以及提出疑问或风险等记载。胡某某认为其已就相关问题进行询问并在得到解答的情况下才发表意见的主张,因缺乏有效证据支持不能成立。在这种情况下,相关财务会计文件经过了外部专业审计机构审计和公司内部审计部门的审核,即使可以适当降低胡某某证明自己履行勤勉尽责义务的程度,但现有证据也不足以就此认定胡某某已经适当地履行了董事所承担的法定的勤勉尽责义务。综上,胡某某认为其在欣泰电气欺诈发行案件中尽到了董事的勤勉尽责义务的主张,不能成立。

对于“其他直接责任人员”的构成要件问题。胡某某认为,“其他直接责任人员”的构成,需要具备主观方面的明知及客观方面的主动参与行动,并起到重要作用,而胡某某主观上没有欺诈的故意,客观上没有参与虚假财务报告的造假行为,不存在明知财务会计文件造假仍然在相关文件上签字的情形,因此其不构成欣泰电气欺诈发行中的“其他直接责任人员”。对此,本院认为,根据《证券法》第 189 条第 1 款的规定,发行人构成该条规定欺诈发行违法行为的,需对直接负责的主管人员和其他直接责任人员处以一定数额的罚款。从文义上来看,“其他直接责任人员”的理解,所谓“其他”就是行为人区别于直接负责的主管人员,“直接”是指行为人实际参与了发行人欺诈发行的过程,“责任”系指行为人存在未尽勤勉尽责的地方。从该规定的逻辑连贯性上来看,对证券欺诈发行的法律责任,对相关责任人员的处罚具有附随性,附属于公司证券欺诈发行行为的法律责任,而认定公司构成证券欺诈发行违法行为需要以公司主观上存在“以欺骗手段骗取发行核准”为要件,认定附随性的相关责任人员的法律责任,则不需要相关责任人员必须具有主观故意以及客观上主动参与“以欺骗手段骗取发行核准”。当事人是否具有主观故意以及在欺诈发行中是否主动参与骗取发行并发挥重要作用,只影响责任的大小和处罚的轻重,而不影响作为公司欺诈发行附随性责任人员的认定,除非当事人能够证明自己在公司证券发行过程中尽到了勤勉尽责义务。本案中,在欣泰电气因财务会计文件造假被认定构成欺诈发行的情况下,胡某某作为公司董事在相关董事会决议和招股说明书上签字确认相关财务数据真实、完整,又没有证据证明自己在整个过程中尽到了法定的勤勉尽责义务,中国证监会将其认定为“其他直接责任人员”并无不当。胡某某认为认定其为欣泰电气欺诈发行的“其他直接责任人员”属于适用法律错误的主张,亦不能成立。

法官评析

一、董事的责任问题

本案的核心争议在于在上市公司财务造假的案件中，董事与审计机构之间的责任边界问题。一种较为普遍的观点认为，董事个人并没有进行财务审计的能力和条件，因此在审计机构已经出具了上市公司财务报表审计结论的情况下，只要审计报告本身没有明显的瑕疵和错误，董事应当减轻或者免除其责任。

这种观点实际上混淆了董事的责任内容和审计的责任内容。虽然从结果上看，董事和审计机构都是因为上市公司的财务虚假披露而承担法律责任，但二者的责任内容是完全不同的，并不存在董事基于审计报告而减轻或者免除责任的问题。严格意义上，勤勉责任是一种过程责任而不完全是一种结果责任。信息披露内容的虚假与董事或者中介机构之间是否承担勤勉责任之间并不是当然对应的关系。如果在一个警察值勤的地点内发生了违法犯罪行为，而案发当时警察擅自脱岗，那么毫无疑问这个警察应当为此承担责任。但是，让警察承担责任并不意味着就是要求警察确保在值勤期间绝对不发生任何违法犯罪活动。要求董事的勤勉责任就是要求其在履行职责的过程中尽责，而不是要求董事对最终财务数据的准确性承担绝对的保证责任，更不是要求董事去对审计报告承担责任。只要董事在过程中尽责，即使结论存在虚假，也不一定承担法律责任。

董事的职责，不仅仅是坐在监控大厅盯着屏幕看，只要从监控屏幕上看不出问题就可以主张自己没有责任，董事的勤勉义务在一定程度上要像个侦探一样到现场进行全面的调查。

公司董事身兼双重身份，既是股东的受托人，也是公司决策的决策人。董事对于公司经营状况有着广泛了解、调查和参与的权力，并对于公司和股东承担信义义务。公司经营的特点决定了董事在履行职责的过程中必然需要大量的数据支撑，但是董事的任务并不是对公司的财务数据在审计机构的基础上再进行核算，而是要对公司的经营状况进行适时的了解、监督和检查。公司的财务报告以及审计报告等只是董事履行职责的基础性材料，但董事的勤勉义务不在于坐在办公室时读报表。董事的勤勉义务在于其究竟为公司的经营做了哪些尽职工作，是否对公司的具体经营状况、财务情况进行了深入的监管和了解。因此,审计责任与董事责任之间是内容完全不同的两种责任,并不存在以审计报告为董事免责的问题。

二、外部董事的地位问题

原告认为其只是一个外部董事,并不直接参与公司的经营管理,所以客观上无法准确了解公司的财务情况。

在现代公司治理结构中,董事一般可以按照不同的标准进行分类。如果按照董事是否与公司股东之间存在关联关系为标准,可以将董事分为非独立董事和独立董事。非独立董事是由公司的股东委派到公司董事会,代表委派的股东的利益,而独立董事则是由上市公司聘任,理论上不代表任何具体的股东,一般认为是维护中小投资者的利益。如果按照董事是否直接参与公司的日常经营管理,则又可以分为内部董事和外部董事,内部董事直接参与公司的经营管理,而外部董事则不直接参与公司的经营管理,而是侧重于对公司的经营活动进行监督。通常而言,独立董事是外部董事,但外部董事不一定是非独立董事。

由此可见,外部董事不是“花瓶”董事,而是要积极地通过了解和监督公司的经营活动,维护其委派的股东的利益。原告以自己没有办法参与公司经营管理,甚至没有从上市公司领取报酬,大打“同情牌”,其实是在混淆经营管理权和监督权的边界。虽然外部董事不直接参与公司的经营管理,但其职责决定了不能不了解公司的经营管理。但是,由于目前上市公司内部治理中各种乱象环生,许多上市公司往往是实际控制人一人说了算,内部监督机制几乎处于瘫痪的状态。许多董事,尤其是外部董事,往往感觉无能为力,无法正常履行职责。这些现象确实不是某个董事个人所能改变,但是法律的责任不能因此免除,司法规则的意义,恰恰是给予市场以正确的法律导向。本院的一审判决,对于廓清正确的高管责任边界,为市场树立正确的履职导向具有重要意义。

【法律法规链接】

《证券法》(2014 年修正)第 13 条第 1 款、第 189 条第 1 款

《证券法》(2019 年修订)第 197 条、第 203 条

《行政处罚法》第 27 条第 2 款

《公司法》(2005 年修订) 第 113 条第 2 款和第 3 款、第 148 条第 1 款
《公司法》(2018 年修正) 第 147 条第 1 款
原《首次公开发行股票并在创业板上市管理暂行办法》第 41 条第 1 款

（撰稿人　龙　非　张婷婷）

06

信息型操纵证券市场的认定

——蝶彩资产管理(上海)股份有限公司诉中国证券监督管理委员会行政处罚及行政复议案

裁判规则

操纵证券市场的行为主要是通过对相关信息进行积极的“虚构”或消极的“隐瞒”,非正常影响到证券的价格和量,阻碍价格真实形成,进而侵犯证券交易市场的正常运行机制和投资者的合法权益。一般而言,操纵证券市场行为的认定可从以下两点予以把握:一是行为人客观上实施了可能影响证券交易价格或者证券交易量的行为;二是行为人主观上具有操纵证券交易价格或者证券交易量的意图。关于行为对证券交易价格或者证券交易量产生影响的可能性,考虑到证券市场的价格形成往往是多个因素促成的结果,且各个因素作用在各个价格形成阶段的比重各有不同,精确判断要素作用发挥程度及大小几无可能。因此,这一点可由证券执法人员根据证券市场有关状况或证券市场发展规律,依据普遍的经验法则和证券市场常识予以判断。需要指出的是,客观性的价量变动并非必要条件,而仅仅是判断行为本身具有影响的佐证。而关于操纵意图,一方面可以通过当事人的陈述、证人证言或是相关书证直接予以证明,另一方面也可以通过其实施的违法、异常行为进行推定。

案　情〔1〕

中国证券监督管理委员会（以下简称中国证监会）认为蝶彩资产管理（上海）股份有限公司（以下简称蝶彩资产）涉嫌参与操纵恒康医疗集团股份有限公司（以下简称恒康医疗，原甘肃独一味生物制药股份有限公司）股价，决定对其进行立案调查，对涉案相关人员进行询问，并调取了相关人员邮件、相关协议、项目资料、深圳证券交易所出具的盈利计算表等证据材料。2017 年 5 月 12 日，中国证监会向蝶彩资产作出行政处罚事先告知书，其中认定：阙某某与蝶彩资产、谢某某（蝶彩资产的实际控制人）合谋，利用作为上市公司控股股东及实际控制人具有的信息优势，控制恒康医疗密集发布利好信息，人为操纵信息披露的内容和时点，未真实、准确、完整披露对恒康医疗不利的信息，夸大恒康医疗研发能力，选择时点披露恒康医疗已有的重大利好信息。上述信息披露误导了投资者，影响了恒康医疗股价，实现了阙某某高价减持恒康医疗股票的目的。在此过程中，蝶彩资产、谢某某负责策划恒康医疗市值管理方案，蝶彩资产、谢某某起主导作用，应承担主要责任，阙某某、朱某、郭某配合披露违规信息，应承担次要责任。上述行为违反了《证券法》（2014 年修正）第 77 条第 1 款的规定，构成第 203 条所述操纵证券市场行为。根据当事人涉嫌违法行为的事实、性质、情节和社会危害程度，依据《证券法》（2014 年修正）第 203 条，中国证监会拟决定：没收蝶彩资产违法所得48,580,000元，并处以 145,740,000 元罚款。该告知书于同年 5 月 15 日送达，蝶彩资产当场提出需要陈述申辩并举行听证会。同年 6 月 13 日，中国证监会举行听证会，听取了蝶彩资产的陈述申辩意见。中国证监会认为蝶彩资产操纵证券市场行为成立，遂于 2017 年 8 月 10 日针对蝶彩资产作出被诉处罚决定，决定没收原告违法所得 48,580,000 元，并处以97,160,000元罚款。

蝶彩资产不服被诉处罚决定，向中国证监会提出行政复议申请。2017 年 9 月 28 日，中国证监会负责法制工作的机构收到蝶彩资产的行政复议申请。受理后，中国证监会经审查发现蝶彩资产提交的复议申请材料不齐全，遂于同年 10 月 9 日发出补正通知，并于同年 10 月 13 日收到蝶彩资产提交的补正材料。同年 12 月 12 日，中国证监会经审查作出被诉复议决定，决定维持被诉处罚决定。

〔1〕 北京市第一中级人民法院：（2018）京 01 行初 119 号。

蝶彩资产仍不服,诉至北京市第一中级人民法院。

【裁判结论】

北京市第一中级人民法院经审理,判决驳回原告蝶彩资产管理(上海)股份有限公司的诉讼请求。

北京市高级人民法院经审理作出(2019)京行终2328号行政判决书,判决驳回上诉,维持一审判决。

【裁判观点】

本案主要争议焦点可归纳为两个层次:(1)本案客观上是否存在操纵证券市场的违法行为;(2)如果客观上存在操纵证券市场的违法行为,原告是否参与了该违法行为。

操纵证券市场行为的认定可从以下两点予以把握:一是行为人客观上实施了可能影响证券交易价格或者证券交易量的行为;二是行为人主观上具有操纵证券交易价格或者证券交易量的意图。

一、关于争议焦点一

第一,关于客观影响方面,本案中,中国证监会认定恒康医疗在操纵期间实施了三则信息披露行为,即2013年6月,恒康医疗发布收购蓬溪医院、资阳医院和德阳医院三家医院的公告;2013年6月恒康医疗公告称其全资子公司上海独一味和美国Apexigen公司等协作研发完成了“DYW101”项目第一阶段研究;2013年6月恒康医疗发布公告称独一味牙膏于日前研制完毕。从内容来看,上述信息均属于重大利好消息,且上述信息的披露时点较为密集,从普遍的经验法则和证券市场常识可以判断,上述信息披露行为会影响到恒康医疗的股价,促进其股价的提升。从客观效果来看,在涉案期间,恒康医疗的股价涨幅明显优于同期中小板综指和同期深证医药行业指数。由此可以认定,恒康医疗的信息披露行为具有影响证券交易价格的可能性,而且事实上也产生了实际影响。

第二,在主观意图方面,行为人是否具有操纵证券交易价格或者证券交易量的意图,这一点需结合有关证据和行为来予以考量。在证据上,主要考量其中是否存在能够直接反映操纵意图的内容。本案中,中国证监会提供了询问笔录、《研究顾问协议》《资产管理合同》等证据材料可以对该操纵意图予以证明。在行为上,其操纵意图主要体现在信息披露的内容与时点两个方面,即通过控制信息披露的内容与时点来误导投资者形成错误的市场判断。因此,在考量信息披露行为背后是否具有操纵意图时,我们可从其信息披露内容与时点的异常性、违法性来判断,即考量该行为是否有人为控制的情形。本案中,首先,恒康医疗于2013年6月实施了三则信息披露行为。其次,从信息披露的时点来看,存在人为控制发布时点的异常情形。蝶彩资产所称恒康医疗具体负责信息披露的工作人员郭凯知晓该事项的时间为6月21日这一抗辩主张,并未超出恒康医疗的控制范围,不能排除恒康医疗人为控制该则信息披露的嫌疑。需要强调的是,涉案的三则公告均发生于2013年6月,且集中在20天左右的时间区间内,而阙某某减持股票的行为发生在2013年7月3～4日,该时间区间具有较强的特殊敏感性。恒康医疗选择在此期间发布关于独一味牙膏的公告,更进一步印证了其控制发布时点的主观意图。循此思路,我们可以发现另外两则公告的时点也存在异常情形。最后,综合上述情形可知,恒康医疗的信息披露行为在内容与时点上存在违法性、异常性,即人为操纵信息披露的内容和时点,密集发布利好信息,未真实、准确、完整披露对恒康医疗不利的信息,从而影响投资者预期,提升恒康医疗股价,据此可以推定上述信息披露行为背后具有操纵意图。

综上,恒康医疗的上述信息披露行为不仅客观上对证券市场交易价格产生影响,而且该行为背后具有明显的操纵意图,据此可以认定本案客观上存在操纵证券市场的违法行为。中国证监会对此事实作出的认定准确,本院应予支持。

二、关于争议焦点二

根据现有证据,可以认定蝶彩资产参与了涉案操纵证券市场的违法行为,理由在于:

第一,从前述查明的事实可知,阙某某因投资产生资金需求,需要在短期内通过减持股票获得资金,最终选择了蝶彩资产提供的研究顾问服务,以此来实现在较高价位上(每股不低于20元,双方可根据情况另行约定减持的基准股价)减持股票的目标。蝶彩资产在主观上具有帮助阙某某在短期内高价减持股票并以此获取研究顾问费的故意。

第二,谢某某在其询问笔录中陈述,其建议公司加强信息披露,将公司做的项目等对公司价值有提高的事情向市场披露。其认为阙某某认可了该理念,将相关肿瘤药物的研发进展进行了披露。阙某某通过操纵市场的方式在预期价位减持后,按照《研究顾问协议》的约定支付了研究顾问费。上述事实可以说明,蝶彩资产在前述主观故意的支配下,客观上确实参与了操纵证券市场的违法行为,并获取非法收益。

第三,蝶彩资产提出的其系合法实施市值管理行为之主张不能成立。市值管理建立在价值管理基础之上,是价值管理的延伸。市值管理不仅要致力于价值创造,还要进行价值实现,其最终目标是服务于上市公司和全体股东的利益,而不是帮助大股东高价减持股票。从前述查明的事实可知,蝶彩资产并未与上市公司恒康医疗签订市值管理协议,而是与恒康医疗的大股东阙某某签订《研究顾问协议》,该协议的目的就是短期内实现高价减持股票,其中无法体现上市公司与全体股东的利益。此外,蝶彩资产称其系依据市值管理前后的公司市值增量来收取研究顾问费,即通过蝶彩资产的顾问服务使恒康医疗的市值达到88亿元的市值管理目标。但从现有证据来看,恒康医疗在支付研究顾问费时,双方并未就此时的市值进行评估,而仅仅是根据恒康医疗股价达到不低于20元每股的减持价格这一事实。这其中仅能反映股票价格的因素,而无法体现公司的内在价值。因此,对于蝶彩资产提出的其系合法实施市值管理行为之抗辩主张,本院不予支持。

此外,中国证监会在该案调查处理过程之中,依法调取了相关证据。在作出处罚决定之前,预先告知了拟作出处罚决定的事实、理由、依据及蝶彩资产享有的陈述、申辩权利,并依据蝶彩资产的申请举行听证会,听取了蝶彩资产的陈述申辩意见,处罚程序合法。中国证监会在受理蝶彩资产提出的行政复议申请后,依法要求蝶彩资产补正申请材料,并在法定期限内作出复议决定,复议程序合法,且蝶彩资产亦明确表示对于被诉处罚决定和被诉复议决定作出程序的合法性不持异议,本院对此依法予以确认。

综上,被诉处罚决定认定事实清楚,适用法律正确,程序合法,处罚幅度适当,被诉复议决定程序合法,维持被诉处罚决定亦无不当,本院应予支持。蝶彩资产的相关诉讼理由均不能成立,对其提出的要求撤销被诉处罚决定及被诉复议决定等诉讼请求,法院不予支持。

法官评析

本案在双方当事人争议焦点的基础上,结合相关法律法规,就原告是否存在操纵市场的违法行为以及是否应当承担责任两个方面展开说理。实践中，操纵证券市场的方式和手段多种多样。例如，利用资金优势、持股优势操纵证券交易价格或者证券交易量，与他人串通进行交易，在自己实际控制的账户之间进行证券交易，等等。本案则是利用信息优势操纵证券市场，这里的信息既可以是虚构的，也可以是尚未被公众知晓的真实信息。对操纵证券市场行为的认定，需要遵守主客观相结合的原则，结合双方当事人的诉求和证据，从主观方面和客观方面予以分析和把握。主观上，行为人必须有操纵证券市场的意图，客观上，行为人实施了可能影响证券交易价格或者证券交易量的行为。证券市场价格的形成是多种因素综合的结果，因此在对操纵行为的认定上，就需要结合各方面因素综合考量。实践中，证券执法人员会根据证券市场有关状况和发展规律，依据证券交易经验法则和普遍常识，综合多种因素进行判断。对于操纵意图的把握，主要是从当事人陈述、证人证言等书面证据和当事人的交易行为两方面进行判定。

对于信息型操纵证券市场，首先需要对影响交易价格的信息进行判定。一般而言，违法行为人都是在操纵期间实施信息披露行为，这些信息在客观上都会影响股票价格的形成。就本案而言，恒康医疗在操纵期间实施了三则信息披露行为，且该三则信息均属于重大利好信息。根据交易常识，重大利好的信息都会促使股票交易价格的上升。在对股票价格上升的判定上，往往会结合同一时期该股票所在的大盘指数与该股票所在的行业指数进行综合分析。其次，在对操纵意图的判断上，需要结合有关证据材料予以考量。一般而言，行为人的操纵意图都会通过信息披露的内容和信息披露的时间表现出来，其主要手段是控制信息内容和信息披露时间来误导普通的投资者，使其形成错误的市场判断。这种信息披露内容与时间的异常性、违法性，严重影响投资者预期，进而严重影响股票交易价格，因此属于操纵证券市场的行为。

对于证券行政处罚案件，法院既要对被诉行政处罚进行合法性审查，也要对原告所提出的诉讼请求和理由进行一一回应。这既有实体方面，也有程序方面；既有事实认定方面，也有法律适用方面，以法理和情理相结合的方式对被诉行政处罚合法性进行评价。

【法律法规链接】

《证券法》(2014 年修正)第 77 条第 1 款、第 203 条

《证券法》(2019 年修订)第 55 条、第 192 条

(撰稿人 赵 锋 赵 凯)

07

未公开重大交易信息应当作为内幕信息

——杨某某诉中国证券监督管理委员会行政处罚案

裁判规则

虽然《证券法》(2014 年修正)第 75 条第 2 款明确列举的内幕信息主要是与发行人自身相关的信息,但该法第 75 条第 2 款第 8 项规定,内幕信息包括国务院证券监督管理机构认定的对证券交易价格有显著影响的其他重要信息。而根据该条第 1 款之规定,证券交易活动中,涉及公司的经营、财务或者对该公司证券的市场价格有重大影响的尚未公开的信息,为内幕信息。因此内幕信息并不限于与发行人自身相关的信息,也应包括对公司证券的市场价格有重大影响的交易信息。

案　情[1]

2013 年 8 月 16 日,"光大乌龙指"事件发生,后,中国证券监督管理委员会(以下简称中国证监会)认定光大证券在"光大乌龙指"事件中存在内幕交易,对时任光大证券策略投资部总经理杨某某处警告、共计 60 万元罚款的处罚,并认定杨某某为终身市场禁入者、期货市场禁止进入者。杨某某不服提起诉讼,请求撤销对其作出的处罚及禁入决定。其诉讼理由略为:(1)被诉处罚决定认定的内幕信息,即"光大证券在进行 ETF 套利交易时,因程序错误,其所使用的策略交易系统以 234 亿元的巨量资金申购 180ETF 成份股,实际成交 72.7 亿元"(以

---

[1] 北京市第一中级人民法院:(2014)一中行初字第 2438 号,北京市高级人民法院:(2015)高行终字第 943 号。

下简称错单交易信息)不构成内幕信息。首先,错单交易信息并非与发行人自身相关的信息,不属于内幕信息范畴。其次,光大证券的错单交易信息被媒体揭露,已处于公开状态,不满足内幕信息非公开性要求。(2)光大证券并未利用错单交易信息从事证券或期货交易活动。(3)杨某某并非其他直接责任人员。(4)被诉决定对光大证券做空股指期货部分的违法所得数额认定错误。(5)被告认定光大证券下午的对冲行为构成内幕交易,缺乏法律依据,被告亦未事先制定并公布过相关依据,被告将错单交易信息认定为内幕信息,超越了《立法法》关于法律地、行政法规如何解释及解释权限的相关规定,以及《行政处罚法》第3条、第4条关于行政处罚法定和行政处罚公开的基本原则。被告证监会请求本院维持被诉处罚决定中对原告杨某某的行政处罚,驳回原告杨某某的诉讼请求。其答辩理由略为:其一,本案错单交易信息构成内幕信息。其二,中性投资策略不足以构成内幕交易的抗辩事由。其三,杨某某构成其他直接责任人员。其四,关于股指期货部分违法所得的计算并无不当。

北京市第一中级人民法院经审查,认为被诉处罚决定认定事实清楚,被告作出被诉处罚决定的程序亦无违法之处,判决驳回了杨某某的诉讼请求。杨某某不服,提起上诉。

【裁判结论】

北京市高级人民法院判决驳回上诉,维持原判。

【裁判观点】

一审法院认为:

本案错单交易信息能否构成《证券法》(2013修正)及《期货交易管理条例》所规定的内幕信息,是本案的争议焦点之一。本案的错单交易信息产生于证券市场,虽然《证券法》第75条第2款明确列举的内幕信息主要是与发行人自身相关的信息,但该法第75条第2款第8项规定,内幕信息包括国务院证券监督管理机构认定的对证券交易价格有显著影响的其他重要信息。而根据该条第1款之规定,证券交易活动中,涉及公司的经营、财务或者对该公司证券的市场价格有重大影响的尚未公开的信息,为内幕信息。因此内幕信息并不限于与发行人自身相关的信息,也应包括对公司证券的市场价格有重大影响的交易信息。进一步考虑大盘指数与公司证券价格之间的紧密关联性，对大盘指数产生重大影响的交易信息亦应属于《证券法》(2013年修正)所指对公司证券的市场价格有重大影响的内幕信息范畴。就期货市场而言，虽然《期货交易管理条例》第82条第11项[1]中列举的内幕信息并未明确包含期货市场以外的交易信息，但该条规定，期货市场的内幕信息也包括国务院期货监督管理机构认定的对期货交易价格有显著影响的其他重要信息。而该条对内幕信息给予了明确的定义，即内幕信息是指可能对期货交易价格产生重大影响的尚未公开的信息。考虑到证券市场与期货市场的关联性，证券市场上形成的内幕信息如对期货市场的波动可能产生重大影响亦应属于期货市场内幕信息的范畴。本案中，光大证券当日上午的错单交易对沪深300指数，180ETF、50ETF和股指期货合约价格均产生重大影响，被告据此将错单交易信息认定为内幕信息，并未超出《证券法》(2013年修正)《期货交易管理条例》对内幕信息定义的范畴。原告认为被告将错单交易信息认定为内幕信息违反《立法法》，超越其法定解释权限，以及违反《行政处罚法》关于行政处罚法定及公开原则的主张均不能成立，法院不予支持。

原告主张本案错单交易信息在案发当日下午对冲交易开始之前已经被媒体揭露从而处于公开状态。本院认为，内幕信息以媒体揭露的方式公开应至少满足三个要件：第一，相关媒体报道能够为市场主体所广泛周知；第二，媒体所揭露的信息具有完整性，即已经包含内幕信息的主要内容，从而使理性的市场主体能够就其可能产生的市场影响进行综合判断；第三，理性的市场主体能够相信相关媒体揭露的信息具有可靠性。本案中，原告所主张的相关网络媒体关于错单交易信息的报道对市场主体来说不能满足可靠性的要求。首先，原告所举21世纪网的报道中并未准确指明其报道的信息来源，市场主体无法确信该报道来自可靠的信息源；其次，原告提交的其他网站对于错单交易信息的报道均是对21世纪网报道的转载，并非基于各自独立调查而进行的报道，不能形成相互佐证的关系从而使市场主体相信其内容真实可靠；最后，在光大证券于当日下午发布公告之前，相关媒体对当日上午大盘指数大幅上涨的原因还有诸多其他推测和报道，市场主体无法仅仅基于21世纪网的报道而相信其内容真实可靠。因此，原告主张错单交易信息在光大证券当日下午对冲交易开始之前已经公开的主张不能成

---

[1] 最新为《期货交易管理条例》(2017年修订)第81条第11项，下同。

立,法院不予支持。

二审法院认为:

对于本案错单交易信息是否属于《证券法》(2013年修正)和《期货交易管理条例》所规定的内幕信息问题。《证券法》(2013年修正)第75条第1款规定,证券交易活动中,涉及公司的经营、财务或者对该公司证券的市场价格有重大影响的尚未公开的信息,为内幕信息。该条第2款在列举与发行人自身相关的信息为内幕信息后,明确规定内幕信息还包括国务院证券监督管理机构认定的对证券交易价格有显著影响的其他重要信息。由此可见,内幕信息的认定必须是对证券市场价格有重大影响且尚未公开的信息,法律上并未明确限定于与发行人自身相关的信息。就期货市场而言,《期货交易管理条例》第82条第11项规定,内幕信息是指可能对期货交易价格产生重大影响的尚未公开的信息,包括国务院期货监督管理机构以及其他相关部门制定的对期货交易价格可能发生重大影响的政策,期货交易所作出的可能对期货交易价格发生重大影响的决定,期货交易所会员、客户的资金和交易动向以及国务院期货监督管理机构认定的对期货交易价格有显著影响的其他重要信息。可见,无论在证券市场还是期货市场,重大性和非公开性都是认定内幕信息的重要标准。本案中,光大证券事发当日上午因程序错误以234亿元的巨量资金申购180ETF成份股,实际成交72.7亿元,可能影响投资者判断,对沪深300指数,180ETF、50ETF和股指期货合约价格产生重大影响,且该错单交易形成的错单交易信息直到当日下午14时22分才由光大证券发布公告予以公开。中国证监会根据《证券法》(2013年修正)第75条第2款第8项和《期货交易管理条例》第82条第11项的规定,认定对证券市场和期货市场交易价格有重大影响且未公开的错单交易信息为内幕信息,并不违反《证券法》(2013年修正)《期货交易管理条例》关于内幕信息界定的范畴。对于杨某某认为本案错单交易信息在事发当日下午对冲交易开始之前已经被媒体披露从而处于公开状态的主张。考虑到在光大证券于事发当日下午发布公告之前,21世纪网等相关媒体报道并未准确指明报道的信息来源且还存在诸多传闻和推测,市场主体据此尚无法确信相关内容的准确性和可靠性,因此,杨某某的该项主张缺乏事实依据,法院不予支持。杨某某关于中国证监会将本案错单交易信息认定为内幕信息超越法定解释权限以及不符合行政处罚法定和公开原则的主张,缺乏法律依据,亦不予支持。

法官评析

一、本案的核心问题

本案的核心问题在于：未公开重大交易信息能否作为内幕信息予以认定。

在证券期货市场中因投资者的交易行为而直接产生的信息，包括交易的原因信息、交易计划信息等称为交易信息。在我国传统证券法理论中，内幕信息通常理解为与上市公司直接相关的信息，交易信息并不属于内幕信息的范畴。[1] 但是，交易信息如果公开可能对市场波动产生重大影响，则其他获知该交易信息的投资者就具有了市场优势地位，如果其他投资者利用尚未公开的交易信息进行证券期货交易，就可能对市场交易公平产生损害，最典型表现是“老鼠仓”。为了解决利用内幕信息以外的未公开交易信息进行交易的行为无法通过内幕交易制度予以惩戒的问题《刑法修正案(七)》在《刑法》的第180条增加了第4款，单独设置了“利用未公开信息交易罪”。[2] 2012年修改的《证券投资基金法》[3]，专门针对基金管理人“泄露因职务便利获取的未公开信息、利用该信息从事或者明示、暗示他人从事相关的交易活动”的行为进行了规定，与内幕交易实际上也作了区别性规定。[4] 因此主流的观点是持“分轨模式”的观点，认为利用未公开的交易信息进行交易的行为，应当单独作为一种违法犯罪行为进行规制。

本案中，光大证券的巨额错单交易信息，是典型的对市场波动可能产生重大影响的交易信息，对于光大证券当日下午的对冲行为而言，其上午的巨额错单交易属于交易原因信息。即因为其上午的巨额买入系因错单交易所致，从而导致光大证券下午采取做空方式来对冲风险。中国证监会主张“并轨模式”，认为即使是交易信息也可以纳入内幕信息的范畴，进而对原告杨某某作出被诉处罚决定。

---

〔1〕 参见李西臣：《错单交易信息何以成为内幕信息？——析证监会处罚光大证券“乌龙指”案》，载《兰州学刊》2016年第5期。作者认为内幕信息本应译为“内部信息”，以体现其产生于上市公司内部，而交易信息则与之相对称为“外部信息”。

〔2〕 参见顾肖荣：《为解决证券市场“老鼠仓”问题的若干立法建议》，载《政治与法律》2008年第5期。

〔3〕 最新为2015年修正。

〔4〕 《证券投资基金法》第20条第6项。

本案经两审终审，明确了未公开重大交易信息应当作为内幕信息这一裁判标准，认为对于利用未公开的交易信息进行交易的行为，可纳入内幕交易制度中予以规制。

二、将交易信息纳入内幕信息范畴具有法理基础

（一）未公开重大交易信息符合内幕信息的特征

主张交易信息不能纳入内幕信息范畴的一个主要理由，是认为与上市公司相关的信息，上市公司负有披露义务。而大部分交易信息的信息主体并不负有对市场的公开义务，这些信息无须公开，也就难以认定为内幕信息。这一理由首先缺乏充分的法律依据，因为《证券法》（2013 年修正）第 75 条并没有规定信息主体负有公开义务是构成内幕信息的要件之一。

更重要的是，也很难为这一理由找到充分的法理依据。由于主张这一理由的文献对于这一理由的法律或者法理依据并未进一步阐述，[1]因此笔者只能揣测，这一理由可能来源于内幕信息制度中“公开信息或者戒绝交易”（disclose-or-refrain）这一基本原理。持这一理由的论者可能认为，如果信息不具有法定的公开性，也就不存在法定戒绝交易的问题。如果是这样的逻辑，那么即便是单独设置一个“利用重大未公开信息交易”违法条款，同样也会面临这样的困境。而且，内幕交易制度也没有以内幕信息必须属于法定应当公开的信息为要件。实际上，许多与上市公司相关的内幕信息同样可能不会被公开。比如，假设一个公司的实际控制人决定要实施并购重组，按照证券执法机关目前的认定标准，此时内幕信息可能已经形成，但此时上市公司并未停牌公告。在后续过程中，实际控制人可能尚未将该计划提交董事会讨论就已经决定放弃。这一内幕信息最终可能并不会被上市公司披露，但在此过程中，知悉这一内幕信息的高管如果利用这一内幕信息进行交易，同样构成内幕交易。

（二）将交易信息纳入内幕交易制度规制符合内幕交易的法理

关于内幕交易行为的社会危害性，理论上有两种观点，一种是认为内幕交易行为人违反了信义义务，另一种是认为内幕交易行为损害了市场交易

〔1〕 参见叶建勋：《关于“老鼠仓”行为入罪的思考》，载《法学杂志》2009 年第 9 期。

的公平。[1] 违反信义义务是禁止内幕交易的最主要法理依据。上市公司的高管在履职过程中,往往会获取大量与上市公司的经营管理相关,且不为市场其他主体所知晓的信息。如果上市公司的高管利用这些信息为自己牟利,显然有悖职业诚信,英美法上称为违反信义义务(fiduciary duty)。传统内幕交易制度所要禁止的,正是这些与上市公司或者上市公司的股东具有特定联系,并基于这种特定联系而能够获取重大非公开信息的主体。因此传统内幕信息的主要表现形式就是与上市公司相关的信息。但是,判断是否构成内幕交易,关键在于是否违反了信义义务,而非获取的信息必须是与上市公司相关的信息。利用交易信息进行抢先交易同样具有违反信义义务的特征。获取客户交易信息的经纪人,如果利用客户的交易信息进行抢先交易,实际上是把本应由客户赚的钱装进了自己的腰包,仍然是一种违反信义义务的行为。无论是 SEC、CFTC 还是美国联邦巡回法院,之所以均认定抢先交易具有社会危害性,也是基于这种行为违反了禁止内幕交易所要保护的最重要法益,即信义义务。上市公司高管基于自己的职务优势,利用与上市公司相关的信息,是违反信义义务的一种典型表现。但由此反推出交易信息就不能构成内幕信息,显然并无法理依据。

损害市场交易的公平性是禁止内幕交易的另一个法理依据。禁止内幕交易的目的在于保护市场的公平竞争。资本市场是一个竞争的市场,因此资本市场的公平竞争是指"武器公平",而非实力公平或结果公平。各个投资者基于自身的实力而取得的竞争优势地位,不仅不能否定,而且还应当予以鼓励,因为这是资本市场能够持续具有竞争力的基础。投资者的竞争优势,既包含资金优势也包含信息优势,但这种信息优势应当来自投资者对信息的获取、分析和研究能力。内幕交易者仅仅基于自己特定的地位(如上市公司高管或为上市公司服务的证券公司、会计师事务所、律师事务所等,或者作为证券期货公司利用自己客户的大宗交易信息等),而获取尚未公开的信息,其他市场主体无论信息获取、分析和研究能力有多强,均不可能通过合法途径获取该信息,构成"武器不均等"。因此,利用内幕信息进行交易将构成不公平竞争,具有当罚性。在影响市场公平性这一点上,利用交易信

[1] See Brudney, Victor, Insiders Outsiders and Informational Advantages under the Federal Securities Laws, 93 Harv. L. Rev. 322 (1979 - 1980).

息进行抢先交易亦无二致。证券期货的经纪人基于与客户之间的关系，能够获得其他市场主体通过合法途径无法取得的信息。其他市场主体由于未能事先获取这些可能影响市场波动的交易信息，因此在交易过程中处于不对等的地位。

无论从违反信义义务的角度，还是从保障交易公平的角度，利用交易信息进行抢先交易与一般的内幕交易在社会危害性上并无本质不同。

三、将交易信息纳入内幕信息范畴具有《证券法》依据

法律解释是一个多元解释方法相结合的法律适用体系，并非只有立法原意解释一种解释方法。而且，按照现代的法教义学理论，立法原意解释其实是最后考虑的解释方法。通过法解释方法让法律规范不断适应社会的发展，才是法官最重要的职责。因此，如果暂时将立法原意搁置一边，运用其他法律解释方法来考察《证券法》(2013 年修正)第 75 条，交易信息并非不能纳入内幕信息的范畴之内。

首先，从文义角度分析，《证券法》(2013 年修正)第 75 条对于内幕信息的界定，采取的是概括 + 列举的方式，核心的定义是第 1 款，第 2 款的列举是对第 1 款的进一步说明。从第 2 款的表述来看，一方面第 8 项有“兜底”条款作为依据，另一方面第 2 款也没有定位于穷尽式列举，而是对第 1 款定义的说明式列举。因此，即使没有包含在第 2 款明确列举的内幕信息情形之中，也不能反推出交易信息就不能纳入内幕信息的范畴。对于内幕信息的认定，核心依据仍然在于第 1 款的界定。《证券法》(2013 年修正)第 75 条第 1 款规定，“证券交易活动中，涉及公司的经营、财务或者对该公司证券的市场价格有重大影响的尚未公开的信息，为内幕信息”。在上述定义的内幕信息类型中，“对该公司证券的市场价格有重大影响的尚未公开的信息”完全可以包含对公司证券的市场价格有重大影响的交易信息，从文义解释的角度并无任何障碍。

其次，从立法目的角度分析，正如前文关于内幕交易制度法律基础的分析，利用公司证券的市场价格有重大影响的尚未公开的信息进行证券交易，对于证券市场的危害性与一般内幕交易行为并无本质不同。将交易信息纳入内幕信息的范畴，并不违反《证券法》(2013 年修正)第 75 条的立法目的。而且，《证券法》的立法者也并未将内幕信息就仅仅限定于与上市公司相关

的信息，而是明确指出内幕信息包含两类：一类是与公司相关的信息，另一类是可能对公司证券价格产生重大影响的信息。第二类信息既可能来源于公司内部，也可能来源于公司外部。因此，即使从立法原意角度考察《证券法》(2013 年修正)第 75 条的含义，也不能当然将交易信息排除于内幕信息的范畴之外。[1]

因此，无论从文义解释的角度还是从立法目的的角度分析，将交易信息纳入内幕信息的范畴均无实质性障碍。

四、新证券法下的“分轨模式”

2019 年《证券法》进行了修改。修改之后的《证券法》第 54 条第 1 款规定，“禁止证券交易场所、证券公司、证券登记结算机构、证券服务机构和其他金融机构的从业人员、有关监管部门或者行业协会的工作人员，利用因职务便利获取的内幕信息以外的其他未公开的信息，违反规定，从事与该信息相关的证券交易活动，或者明示、暗示他人从事相关交易活动。”上述规定确立了内幕信息与未公开信息的分轨制模式。将内幕交易与利用未公开信息交易分别处理，是一种法律上的制度安排。实际上，美国、欧洲许多国家仍然采取合并为内幕交易的处理思路。因此，新证券法的上述规定，并不能反过来认为在新证券法之前，上述交易信息不能作为内幕信息，而应该理解为，在新证券法实施之后，利用这种对市场价格有重大影响的交易信息进行抢跑的“老鼠仓”，应当纳入专门的制度中予以惩戒。

【法律法规链接】

《证券法》(2013 年修正)第 75 条

《证券法》(2019 年修订)第 54 条

《期货交易管理条例》第 82 条

(撰稿人　龙　非)

[1] 参见全国人民代表大会常务委员会法工委主编：《中华人民共和国证券法释义》，法律出版社 2005 年版。

08

人民币图样的审查标准及许可程序评析

——广州市岩屋塔纺织品有限公司诉中国人民银行不予行政许可决定案

裁判规则

人民币图样是中国人民银行发行的货币(贵金属纪念币除外)的完整图案或主景图案。在宣传品、出版物、网络或者其他商品上使用人民币图样应当经中国人民银行批准。《人民币图样使用管理办法》规定了使用人民币图样的条件、原则及申请程序。申请使用人民币图样应符合弘扬民族优秀文化和反映国内外新的科学文化成果,宣传人民币防伪知识,展示人民币生产工艺和设计艺术,促进钱币文化健康发展的条件。

案　情[1]

2015 年 2 月 4 日,广州市岩屋塔纺织品有限公司(以下简称岩屋塔纺织品公司)向中国人民银行提出使用人民币图样的申请,要求在抱枕上使用第五套人民币 100 元的扩大图样。随申请书一并提交了拟使用的图样附图。该附图显示拟使用的图样为人民币 100 元正面图样,在图样中标明人民币 100 元真伪辨别的方法,具体包括:(1)对右上方装饰性图案中隐形数字描述为,“这里有隐形‘100’字样,需要把票面放得和眼睛平行,对着光源才能看到。而假币是直接印上去的,任何角度都能看到‘100’”;(2)对图样右侧的凹印手感线、右下方的盲

〔1〕 北京市第一中级人民法院:(2015)一中行初字第 1904 号。

文面额标记及主景毛泽东头像的描述为,“这几处图案和文字,用手摸,凸凹感会非常明显。假币没有凸凹感”;(3)对安全线表述为,“安全线。真钱中间的安全线透过观看,是黑色的实线,但假钱是虚线”;(4)对左下方白水印表述为,“这里有个白水印‘100’的隐形字样。假币也有,但和真币对照看,差别很明显”;(5)对阴阳互补对印图案描述为,“对着光亮看,真币两面的图形会合在一起,成为一个非常完整的中国古铜钱‘孔方’形状,而假币全都不能合成圆形,非常明显”;(6)对左下角光变油墨面额数字描述为,“把真钱上下晃动,这个‘100’的字样会变颜色,一会变蓝一会变绿。假钱完全不变”。中国人民银行广州分行对该申请进行初审后,于2015年4月2日出具了初审报告,认为在岩屋塔纺织品公司生产的抱枕上使用第五套人民币100元的扩大图样,从其制作工艺看,没有突出人民币生产工艺和设计艺术;从其销售群体看,没有达到展示民族优秀文化和国内外新的科学文化成果的目的,对促进钱币文化发展无实际意义。中国人民银行广州分行将初审报告和岩屋塔纺织品公司提交的申请文件一并报送中国人民银行。2015年4月27日,中国人民银行作出被诉决定,并于2015年5月14日送达给岩屋塔纺织品公司。岩屋塔纺织品公司不服,向北京市第一中级人民法院提起行政诉讼。

另查明,第五套人民币100元纸币正面主景为毛泽东头像,左侧为“中国人民银行”字样、阿拉伯数字“100”、“壹佰圆”和椭圆形花卉图案,票面左上方为中华人民共和国“国徽”图案,右下方为盲文面额标记。该纸币防伪特征主要包括:(1)固定人像水印;(2)胶印缩微文字;(3)胶印对印图案:票面正面主景图案左侧中间处和背面主景图案中间处均有一圆形局部图案,迎光透视,可以看到正背面图案重合并组合成一个完整的古钱币图案;(4)隐形面额数字:正面右上方有一装饰性图案,将票面置于与眼睛接近平行的位置,面对光源做上下倾斜晃动,可以看到面额数字“100”字样;(5)凹印手感线:正面主景图案右侧,有一组自上而下规则排列的线纹,采用雕刻凹版印刷工艺印制,用手指触摸,有极强的凹凸感;(6)手工雕刻头像;(7)雕刻凹版印刷;(8)白水印:位于正面双色异形横号码下方,迎光透视,可以看到透光性很强的水印“100”字样;(9)光变油墨面额数字:正面左下方“100”字样,与票面垂直角度观察为绿色,倾斜一定角度则变为蓝色;(10)双色异形横号码:将原横竖双号码改为双色异形横号码。正面左下角印有双色异形横号码,左侧部分为暗红色,右侧部分为黑色。字符由中间向左右两边逐渐变小;(11)全息磁性开窗安全线:背面中间偏右,有一条开窗安全线,开窗部分可以看到由微缩字符“¥100”组成的全息图案,仪器检测有磁性。

【裁判结论】

北京市第一中级人民法院经审理,判决驳回岩屋塔纺织品公司的全部诉讼请求。岩屋塔纺织品公司向北京市高级人民法院提起上诉。北京市高级人民法院判决驳回上诉,维持一审判决。

【裁判观点】

一审法院认为:《人民币管理条例》(2014年修正)第27条第3项[1]规定,未经中国人民银行批准,禁止在宣传品、出版物或者其他商品上使用人民币图样。《人民币图样使用管理办法》(2005年)第3条[2]规定,本办法所称使用人民币图样是指通过各种手段在宣传品、出版物、网络或者其他商品上使用放大、缩小和同样大小人民币图样的行为。该办法第4条[3]规定,人民币图样的使用实行一事一批的审批制度。中国人民银行是使用人民币图样的审批机关,中国人民银行各分支机构是使用人民币图样申请的受理机构。因此,中国人民银行具有依据申请对在宣传品、出版物或者其他商品上使用人民币图样进行审批的法定职责。

《人民币图样使用管理办法》(2005年)第5条规定,在中华人民共和国境内依法设立的法人可以申请使用人民币图样,但应符合以下条件:(1)弘扬民族优秀文化和反映国内外新的科学文化成果;(2)宣传人民币防伪知识,展示人民币生产工艺和设计艺术,促进钱币文化健康发展。本案中,岩屋塔纺织品公司申请在抱枕上使用第五套人民币100元的正面图案。该图样使用在抱枕上不严肃,未达到弘扬民族优秀文化的目的。由于抱枕采用宝宝绒面料。该面料属于软面料,填充后不平整,将人民币图样转印其上,图样容易失真、变形。且抱枕上使用的防伪识别方法的描述亦不准确,无法体现人民币的生产工艺和设计艺术,也不

---

[1] 《人民币管理条例》(2018年修正)为第26条第3项。

[2] 最新版为2019年11月15日实施,第3条规定:“本办法所称使用人民币图样是指通过各种形式在宣传品、出版物或者其他商品上使用放大、缩小和同样大小人民币图样的行为。”

[3] 《人民币管理条例》(2018年修正)为第6条第1款。

利于人民币防伪知识的宣传。故岩屋塔纺织品公司的申请不符合上述办法规定的使用条件。中国人民银行对其申请不予许可正确。岩屋塔纺织品公司关于其申请符合使用人民币图样条件的诉讼主张,缺乏事实和法律依据,法院不予支持。

《中国人民银行行政许可实施办法》第29条规定,依法应当先经人民银行下级行审查后报上级行决定的行政许可,下级行应当自受理申请之日起二十日内审查完毕,并将初步审查意见和申请材料移交上级行。上级行应当自收到申请材料和下级行初步审查意见之日起二十日内,作出是否准予行政许可的决定。该办法第22条第2项规定,中国人民银行及其分支机构负责承办行政许可事项的职能部门对行政许可申请进行审查后,对申请不符合法定条件、标准,拟不予行政许可的,应当制作不予行政许可决定书。决定书中应当说明不予行政许可的理由,并告知申请人享有依法申请行政复议或者提起行政诉讼的权利。本案中,中国人民银行的下级行中国人民银行广州分行收到岩屋塔纺织品公司的申请后,进行了初审,出具了初审报告,并将该报告和岩屋塔纺织品公司提交的申请材料移交中国人民银行。中国人民银行对申请进行审查后,认为岩屋塔纺织品公司的申请不符合人民币图样的使用条件,作出被诉决定告知岩屋塔纺织品公司不予许可的理由,其程序符合上述办法的规定。

综上所述,中国人民银行作出被诉决定认定事实清楚,适用法律正确,程序合法,应予支持。岩屋塔纺织品公司的诉讼理由不能成立。其诉讼请求,法院不予支持。

二审法院认为:《人民币图样使用管理办法》第5条规定,在中华人民共和国境内依法设立的法人可以申请使用人民币图样,但应符合以下条件:(1)弘扬民族优秀文化和反映国内外新的科学文化成果;(2)宣传人民币防伪知识,展示人民币生产工艺和设计艺术,促进钱币文化健康发展。本案中,岩屋塔纺织品公司向中国人民银行申请许可其在抱枕上使用第五套人民币100元的正面图案,但该图样使用在抱枕上不严肃;抱枕采用宝宝绒面料,填充后不平整,将人民币图样转印其上,图样容易失真、变形;抱枕上使用的防伪识别方法的描述亦不准确。因此,中国人民银行认定岩屋塔纺织品公司对第五套人民币100元正面图案的使用申请,未达到弘扬民族优秀文化的目的,无法体现人民币的生产工艺和设计艺术,也不利于人民币防伪知识的宣传,并据此对岩屋塔纺织品公司的申请不予许可,并无不当。一审判决驳回岩屋塔纺织品公司的诉讼请求正确,应予支持。岩屋塔纺织品公司的上诉理由不能成立,不予支持。

法官评析

本案是我国首例人民币图样使用许可案,明确了人民币图样使用的审查标准及许可程序。司法实务中,涉及中国人民银行及其分支机构的行政许可案件并不多见。人民法院审理此类行政许可案件,应当对行政许可行为是否符合行政许可法及其他法律法规的实体及程序规定进行审查。

(一)受案范围

根据《中国人民银行行政许可实施办法》第 2 条规定,本办法所称行政许可,是指中国人民银行及其分支机构根据公民、法人或者其他组织的申请,经依法审查,准予其从事特定活动的行为(以下简称银行类行政许可)。银行类行政许可的许可事项目前包括:(1)在宣传品、出版物或者其他商品上使用人民币图样审批;(2)黄金及其制品进出口审批;(3)在银行间债券市场或到境外发行金融债券审批;(4)银行间债券市场结算代理人审批;(5)银行间债券市场做市商审批;(6)进入全国银行间债券市场备案;(7)商业银行、信用社代理支库业务审批;(8)国库集中支付代理银行资格认定;(9)经营个人征信业务的征信机构审批;(10)境外征信机构在境内经营征信业务审批;(11)银行账户开户许可证核发;(12)《支付业务许可证》核发;(13)银行卡清算机构准入。针对上述行政许可事项作出的行政许可行为,包括行政机关作出的行政许可决定以及相应的不作为,或者行政机关就行政许可的变更、延续、撤回、注销、撤销等事项作出的有关具体行政行为及其相应的不作为,都属于行政诉讼的受案范围。

(二)主体资格

根据《行政诉讼法》第 2 条、第 25 条第 1 款的规定,认为中国人民银行及其分支机构作出的行政许可行为侵犯其合法权益的行为相对人以及其他与行政许可行为有利害关系的公民、法人或者其他组织,具备提起行政诉讼的原告主体资格。

作出行政许可行为的行政机关是行政诉讼的被告。根据《中国人民银行行政许可实施办法》第 12 条、第 13 条的规定,有权作出行政许可行为的主体包括中国人民银行、经中国人民银行授权的分支机构以及中国人民银行在法定职权范围内，依照法律、行政法规和规章的规定委托的其他行政机关。其中，中国人民银行及其分支机构能够对其作出的行政许可行为独立承担法律责任；受中国人民银行委托作出行政许可行为的其他行政机关不能承担法律责任，其法律责任由中国人民银行承担，即银行类行政许可案件的被告只能是中国人民银行或者其分支机构。此外，银行类行政许可案件中存在由下级行受理作出初步审查并上报的情形，根据《最高人民法院关于审理行政许可案件若干问题的规定》，当事人对不予初步审查或者不予上报不服提起行政诉讼的，以下级行为被告。

（三）举证责任

作为行政诉讼被告的中国人民银行或其分支机构应当对行政许可行为的合法性承担举证责任。被告应当提供据以作出被诉行政许可行为的全部证据和所依据的规范性文件，包括：(1)被告具有作出被诉行政许可行为职权的证据及法律依据；(2)被告在行政许可过程中认定相关事实的证据及法律依据；(3)被告作出被诉行政许可行为程序合法的证据及法律依据。

原告应当提供其符合起诉条件的证据材料，即原告应当证明其是被诉行政许可行为的相对人或与被诉行政许可行为具有利害关系。此外，原告可以提交证据证明被告作出的被诉许可行为违法。例如，在不予许可的案件中，行政许可的申请人可以提交证据证明其符合取得相应行政许可的条件。

（四）审查范围

对属于人民法院受案范围且符合行政诉讼起诉条件的银行类行政许可案件，人民法院应当对被告是否具有作出被诉行政许可行为的行政职权、作出被诉许可行为的证据是否充分、是否符合法定程序要求以及适用法律、法规是否正确等进行审查。例如，在人民币图样使用许可案件中，法院即针对中国人民银行是否具有针对原告提出的人民币图样使用申请作出许可或不予许可决定的行政职权、中国人民银行作出不予许可决定的事实及法律依据是否充分、被诉不予许可决定是否符合相关法律、法规、规章规定的程序要求以及适用法律是否正确进行了全面审查。

（五）裁判方式

1. 被诉行政许可行为符合《行政诉讼法》第 69 条规定的，即被诉行政行为证据确凿，适用法律、法规正确，符合法定程序的，人民法院判决驳回原告的诉讼请求。被诉准予行政许可决定违反当时的法律规范但符合新的法律规范，并且不损害公共利益和利害关系人合法权益的，人民法院判决驳回原告的诉讼请求。

2. 被诉行政许可行为存在滥用职权、超越职权情形，或主要证据不足，或违反法定程序，或适用法律、法规错误的，人民法院判决撤销或者部分撤销；对当事人提出的许可申请需要作出处理的，人民法院可以判决被告重新作出行政行为。对于不予行政许可决定案件，人民法院认为原告请求准予许可的理由成立，且被告没有裁量余地的，可以在判决理由中写明，并判决撤销不予许可决定，责令被告重新作出决定。

3. 被诉行政许可行为存在下列情形之一的，人民法院判决确认违法：（1）行政行为依法应当撤销，但撤销会给国家利益、社会公共利益造成重大损害的；（2）行政行为程序轻微违法，但对原告权利不产生实际影响的；（3）行政行为违法，但不具有可撤销内容的；（4）被告改变原违法行政行为，原告仍要求确认原行政行为违法的。此外，被诉准予行政许可决定违反当时的法律规范但符合新的法律规范的，人民法院判决确认该决定违法。确认违法判决对被诉行政许可行为的合法性作了否定评价，但不改变该行政许可行为所形成的法律关系。

【法律法规链接】

《人民币管理条例》（2014 年修正）第 27 条

《人民币管理条例》（2018 年修正）第 6 条、第 26 条

《人民币图样使用管理办法》（2005 年）第 3 条、第 5 条

《人民币图样使用管理办法》（2019 年）第 3 条、第 9 条

《中国人民银行行政许可实施办法》第 29 条

（撰稿人　李　蓓）

09

首例期货市场操纵行为行政案件的审查与认定

——陶某诉中国证券监督管理委员会行政处罚及行政复议案

裁判规则

本案系全国第一例因操纵期货市场被处罚而提起行政诉讼的案件。对于操纵行为的认定应当从操纵意图、人为价格和因果关系三个方面予以考量。对于认定行为人实际控制某一账户的标准,应当结合行为人是否对该账户具有管理、使用或者处分的权益来考虑。即便行为人不是某一账户的名义持有人,但其通过投资关系、管理协议或者其他安排能够实际管理、使用或处分该账户的,可以认定他实际控制该账户。

案　情[1]

2014 年 12 月 19 日,陶某和傅某某两人实际控制和利用“筑兴实业”等 14 个期货账户,通过集中资金优势、持仓优势连续交易以及以自己为交易对象,在自己实际控制的账户之间相互交易等方式,操纵大连商品交易所“胶合板 1502”合约价格,同时在部分交易日的尾市交易阶段,通过连续交易或者相互交易方式拉抬“胶合板 1502”合约收盘价。使得“胶合板 1502”合约收盘结算价格从 2014 年 12 月 19 日的 114.15 元/张上升到 12 月 31 日的 129.4 元/张,上涨幅度为 13.35%。同期“胶合板 1503”合约价格仅上涨 6.05%,与胶合板现货同期价格

[1] 北京市第一中级人民法院:(2016)京 01 行初 494 号。

的偏离度达7.3%。截至2014年12月31日,陶某和傅某某通过操纵行为实现非法获利共计1,140,444元。

2015年4月28日,中国证券监督管理委员会(以下简称证监会)对陶某和傅某某立案调查。同年10月12日,证监会向陶某送达了行政处罚事先告知书。同年12月23日,依陶某的申请,证监会举行听证会。2016年1月12日,证监会作出行政处罚决定,认定陶某和傅某某的行为违反了《期货交易管理条例》第3条、第40条的规定,构成《期货交易管理条例》第71条第1款第1项和第3项所述操纵期货交易价格的行为,决定没收陶某和傅某某违法所得1,140,444元,并处以2倍罚款;陶某承担罚款1,140,444元,傅某某承担罚款1,140,444元。后陶某不服上述处罚决定,向证监会提出行政复议申请。2016年5月12日,证监会作出行政复议决定,认为被诉处罚决定认定事实清楚,证据充分,适用依据正确,程序合法,内容适当。根据《行政复议法》第28条第1款第1项的规定,决定维持被诉处罚决定对陶某作出的行政处罚。陶某不服上述行政处罚和复议决定向北京市第一中级人民法院提起行政诉讼,请求法院判决撤销被诉行政处罚决定和行政复议决定。

【裁判结论】

北京市第一中级人民法院经审理,判决驳回原告陶某的全部诉讼请求。原告陶某不服一审判决,上诉于北京市高级人民法院。北京市高级人民法院于2017年7月6日作出(2017)京行终2040号判决,驳回陶某的上诉,维持一审判决。

【裁判观点】

一审法院认为:认定行为人实际控制某一账户,需要判断行为人是否对该账户具有管理、使用或处分的权益。行为人虽非账户的名义持有人,但通过投资关系、协议或者其他安排能够实际管理、使用或处分他人账户的,也可以视为行为人实际控制该账户。根据证监会提交的证据1~9及1~10,"平安汇通—对冲精英之筑金专项资产管理计划""诺德基金—筑金恒富资产管理计划""诺德基金—筑金恒永资产管理计划""诺德基金—亿星之光1号资产管理计划"系其他公司发行的私募产品。上海筑金公司系上述产品的投资顾问。而陶某系上海筑金公司的创始人和投资总监,在该公司具有一定的影响力,且陶某与上述四个产品之间具有直接或间接的利益关联。上述四个特殊法人账户在2014年12月

29～31 日与“欧浦钢网”账户、“佛山指日”账户存在大量互为对手方的交易，交易量分别占该四个账户交易量的 97.51%、64.19%、87.20%；上述交易的委托时间极为接近，且四个账户交易终端 IP 地址归属地均为上海浦东新区。IP 地址、MAC 地址信息与其他 10 个涉案期货账户的信息多次重合。证监会综合考虑该四个账户的管理、交易情况以及特点，认定陶某实际控制上述四个特殊法人账户并无不当。陶某以该四个账户各有基金经理负责，其仅负责风险控制等为由，主张其并未利用和控制该四个账户，缺乏事实依据，本院不予支持。

陶某实施的连续交易以及在其控制账户之间进行互为交易对手进行交易的行为，使得“胶合板 1502”合约的成交量放大，持仓量升高，造成交易活跃的假象，致使合约价格上涨。截至 2014 年 12 月 31 日，“胶合板 1502”合约在参与交易账户数量、成交量和持仓量上均表明该合约已经成为活跃合约，已经取代“胶合板 1501”合约成为胶合板的主力合约，造成该合约价格的偏离，影响了期货价格发现功能的正常发挥。证监会认定陶某的行为属于《期货交易管理条例》第 71 条第 1 款第 1 项、第 3 项规定的期货市场价格操纵行为正确。证监会在行政复议过程中，履行了行政复议的相应程序，作出行政复议决定的程序亦无违法之处。综上，证监会作出的行政处罚决定认定事实清楚，适用法律正确。所作的行政复议决定的程序亦符合行政复议法的相关规定。一审判决驳回了原告陶某的全部诉讼请求。

二审法院认为，《期货交易管理条例》第 70 条第 1 款（2013 年修订版为第 71 条第 1 款）规定，“任何单位或者个人有下列行为之一，操纵期货交易价格的，责令改正，没收违法所得，并处违法所得 1 倍以上 5 倍以下的罚款；没有违法所得或者违法所得不满 20 万元的，处 20 万元以上 100 万元以下的罚款：（一）单独或者合谋，集中资金优势、持仓优势或者利用信息优势联合或者连续买卖合约，操纵期货交易价格的；（二）蓄意串通，按事先约定的时间、价格和方式相互进行期货交易，影响期货交易价格或者期货交易量的；（三）以自己为交易对象，自买自卖，影响期货交易价格或者期货交易量的；（四）为影响期货市场行情囤积现货的；（五）国务院期货监督管理机构规定的其他操纵期货交易价格的行为。”本案中，根据证监会提交的相关证据和业已查明的事实，可以认定陶某、傅某某合谋在 2014 年 12 月 19～31 日对“胶合板 1502”合约实施了价格操纵行为。证监会根据陶某交易“胶合板 1502”合约过程中违法行为的性质、情节、社会危害程度及其在涉案操纵行为中所起作用等，并考虑陶某在证监会调查过程中配合调查等情节,对陶某作出没收违法所得并处罚款的处罚符合上述法律、法规规定,被诉处罚决定并无不当。证监会依法履行了调查、听证、送达等程序,被诉处罚决定程序合法。证监会在行政复议过程中,履行了行政复议的相应程序,作出行政复议决定的程序亦符合法律规定。

综上,一审法院判决驳回陶某的诉讼请求并无不当,二审法院应予维持。陶某的上诉请求和理由缺乏事实和法律依据,二审法院不予支持。据此,依照《行政诉讼法》第89条第1款第1项的规定,判决驳回上诉,维持一审判决。

法官评析

一、操纵期货交易价格行为的认定

《期货交易管理条例》(2017年修订)第3条规定:"从事期货交易活动,应当遵循公开、公平、公正和诚实信用的原则。禁止欺诈、内幕交易和操纵期货交易价格等违法行为。"由此可见,"操纵期货交易价格"属于期货市场中三大违法行为类型之一,是被明令禁止的行为。《期货交易管理条例》(2017年修订)第70条规定了"操纵期货交易价格"五类违法行为,分别是联合(连续)交易、约定交易、自我交易、囤积和其他操纵行为。[1] 另外,对于操纵期货市场价格,《刑法》第182条第1款也规定了四类违法行为,分别是联合(连续)交易、约定交易、自我交易和其他操纵行为。[2] 事实上,本案

[1] 《期货交易管理条例》第70条规定:"任何单位或者个人有下列行为之一,操纵期货交易价格的,责令改正,没收违法所得,并处违法所得1倍以上5倍以下的罚款;没有违法所得或者违法所得不满20万元的,处20万元以上100万元以下的罚款:(一)单独或者合谋,集中资金优势、持仓优势或者利用信息优势联合或者连续买卖合约,操纵期货交易价格的;(二)蓄意串通,按事先约定的时间、价格和方式相互进行期货交易,影响期货交易价格或者期货交易量的;(三)以自己为交易对象,自买自卖,影响期货交易价格或者期货交易量的;(四)为影响期货市场行情囤积现货的;(五)国务院期货监督管理机构规定的其他操纵期货交易价格的行为。单位有前款所列行为之一的,对直接负责的主管人员和其他直接责任人员给予警告,并处1万元以上10万元以下的罚款。"

[2] 《刑法》第182条第1款规定:"有下列情形之一,操纵证券、期货市场,情节严重的,处五年以下有期徒刑或者拘役,并处或者单处罚金;情节特别严重的,处五年以上十年以下有期徒刑,并处罚金:(一)单独或者合谋,集中资金优势、持股或者持仓优势或者利用信息优势联合或者连续买卖,操纵证券、期货交易价格或者证券、期货交易量的;(二)与他人串通,以事先约定的时间、价格和方式相互进行证券、期货交易,影响证券、期货交易价格或者证券、期货交易量的;(三)在自己实际控制的账户之间进行证券交易,或者以自己为交易对象,自买自卖期货合约,影响证券、期货交易价格或者证券、期货交易量的;(四)以其他方法操纵证券、期货市场的。"

中陶某的市场操纵行为并非法律条款中明示的某一种,而是将多种操纵方式进行了混合使用,既有集中资金优势、持仓优势进行联合或连续买卖,也有与傅某某进行串通合谋,以约定的时间和价格进行互相交易,还有以自己的账户为交易对象自买自卖,甚至还出现了如"尾市拉抬"[1]的市场操纵行为。

对于如何认定期货市场的操纵行为,有学者提出应当从操纵能力、操纵意图、人为价格的存在和因果关系这四个要件来分析,缺少其中一个就不存在操纵。[2] 然而,对于操纵能力的判断主要是对操纵主体的判断,并且这种操纵能力的存在也不是操纵行为存在的必要条件,如通过谣言或者虚假报道也可能形成人为价格。而操纵意图更是一种主观性的判断,这种操纵的故意通常需要结合客观要件,根据客观行为与常规交易习惯的对比,评估行为人是否具备操纵的故意。如通过涉案账户组交易记录、资金划转记录、账户组证券交易流水、资金流水、交易地址、交易所提供的价量影响指标计算表、相关工作记录等客观证据予以证明交易行为的异常性与操纵性,进而推定其制造假象、影响股价的操纵故意。[3] 如在本案中,虽然陶某和傅某某没有共同的投资计划和资金往来,但双方曾就"胶合板 1502"合约进行过沟通,其中傅某某控制的"欧浦钢网"和"佛山指日"两个账户的密码陶某是知悉的,并且这两个账户在交易期间的 IP 地址、MAC 地址与其他账户的 IP 地址、MAC 地址重合,这两个账户也与其他账户之间存在对手交易。因此,综合这些客观情况,能够认定陶某和傅某某共同控制了"欧浦钢网"和"佛山指日"这两个账户进行操纵行为。

因此,在操纵行为的认定中,最为重要的两个认定因素是"人为价格的存在"和"因果关系"。所谓"人为价格"是指人为因素造成的背离供求关系的价格,包括人为高价格、人为低价格和使价格静止不变。这种人为价格的认定则通常采用经济学的方法:其一,将操纵的价格与操纵前的合约及其标的商品的价格进行比较;其二,将供给和需求要素进行对比研究;其三,进行

[1] 参照中国证券监督管理委员会的《证券市场操纵行为认定指引(试行)》第 45 条的规定,所谓"尾市拉抬"是指行为人在即将收市时,通过拉抬、打压或锁定手段,操纵证券收市价格的行为。

[2] 参见温观音:《如何认定期货操纵》,载《人民司法·应用》2008 年第 11 期。

[3] 参见王新:《操纵证券市场犯罪之主观故意的认定》,载《中国刑事法杂志》2016 年第 6 期。

跨期比较研究，即对同一市场中同一商品的不同年度的历史同期价格比较研究，对同一时期不同交易所的类似合约或不同市场的同类商品进行比较研究；其四，将期货价格与现货价格进行比较研究。[1] 在本案中，对于“人为价格”的认定主要采用了三种方法，一是“胶合板1502”合约的价格异常上涨，因为陶某和傅某某的操纵行为使得“胶合板1502”合约收盘结算价格从2014年12月19日的114.15元/张上升到12月31日的129.4元/张，上涨幅度为13.35%。二是与类似合约的比较，因为陶某的操纵行为，使得“胶合板1502”合约的成交量放大，持仓量升高，造成交易活跃的假象，使得“胶合板1502”合约成为活跃合约，取代了“胶合板1501”合约成为胶合板的主力合约，并且同期的“胶合板1503”合约仅上涨6.05%。三是与现货价格的比较，因为陶某的操纵行为，使得“胶合板1502”合约的价格与胶合板现货价格偏离度达到了7.3%，造成了合约价格的偏离，影响了期货价格发现功能的正常发挥。

至于“因果关系”主要是需要证明人为价格的存在是由于操纵行为人的操纵行为所导致的，这主要从行为人的交易量占整个合约交易量的比重，即行为人是否具有资金优势、持仓优势。在本案中，涉案期货账户在9个交易日的买方向交易量占市场买方向交易量的百分比分别是96%、86%、95%、79%、69%、50%、85%、43%、77%；涉案期货账户之间自买自卖的交易量占当日合约总成交量的百分比分别是48%、63%、57%、15%、32%、38%、65%、33%、22%；涉案期货账户多头持仓占市场单边多头持仓的百分比分别是88%、85%、94%、94%、84%、87%、85%、88%。因此，能够认定陶某和傅某某较“胶合板1502”合约的其他投资者具有明显的资金优势和持仓优势，其行为与“胶合板1502”合约人为价格的产生存在因果关系。

二、行为人实际控制了某一账户的认定

在期货市场操纵行为中，行为人通常会控制和掌握多个账户，这就会涉及行为人是否实际控制某一账户的认定。认定实际控制账户，并不能只是单纯地看该账户是否为行为人所有，还应当结合行为人是否对该账户具有管理、使用或者处分的权益来予以认定。虽然行为人不是某一账户的实际

[1] 参见温观音：《如何认定期货操纵》，载《人民司法·应用》2008年第11期。

持有人，但通过投资关系、管理协议或者其他安排能够实际管理、使用或处分他人账户的，也可以认定该行为人实际控制该账户。如在中国证券监督管理委员会出台的《证券市场操纵行为认定指引（试行）》第 12 条中也规定："管理人或受托人等以投资基金、社保基金、保险品种、企业年金、信托计划、投资理财计划等实施操纵行为的，应当认定管理人或受托人等为操纵行为人。"

本案中，涉案的 14 个账户中有 4 个特殊法人账户是其他公司发行的私募产品，陶某所在的上海筑金公司系这 4 个产品的投资顾问，因此，陶某曾抗辩，不能认定 4 个特殊法人账户系由陶某直接控制和利用。然而，综合本案情况，陶某作为上海筑金公司的创始人和投资总监，对该公司的交易决策，特别是上述 4 个特殊法人账户的交易决策具有影响力。在证监会认定的"胶合板 1502"合约被操纵期间，这 4 个账户之间的交易行为高度一致，而且与涉案其他账户之间存在大量互为对手的交易，4 个账户的 IP 地址、MAC 地址与其他涉案账户的信息多次重合。因此，结合陶某的特殊身份和影响力，以及结合这 4 个账户的管理、交易情况和特点，能够认定陶某实际控制了上述 4 个特殊法人账户。

【法律法规链接】

《行政诉讼法》第 69 条、第 79 条

《期货交易管理条例》第 70 条

（撰稿人　何君慧　刘京勇）

9

CHAPTER

第九章

行政复议

01

依法保障行政复议中利害关系人的程序权利

——刘某某诉北京市海淀区人民政府行政复议案

裁判规则

行政复议作为与英国行政裁判所制度相类似的行政救济手段，因兼具“行政”与“司法”属性，尤应注意正当程序原则之适用。《行政复议法》及《行政复议法实施条例》虽并未对行政复议机关课以通知利害关系人参加行政复议的强制性义务，但基于正当程序的原则，行政复议机关在可能作出对利害关系人不利的决定时，应当给予其实质性地参与到行政复议程序中的机会，保障其享有与复议申请人、被申请人平等的程序权利。

案　情[1]

2013 年 7 月 8 日，刘某某向北京市海淀区人力资源和社会保障局(以下简称海淀区人保局)提出工伤认定申请。2013 年 7 月 15 日，海淀区人保局受理该申请，并于 2013 年 9 月 13 日作出京海人社工伤认(1080T0251221)号认定工伤决定书，认定:2012 年 11 月 15 日上午 8 时 30 分许，北京金海翔建筑工程有限责任公司(以下简称金海翔公司)职工刘某某在单位所受到的伤害符合《工伤保险条例》第 14 条第 1 项之规定，属于工伤认定范围，予以认定为工伤。

金海翔公司不服，于 2013 年 10 月 23 日向北京市海淀区人民政府(以下简称海淀区政府)申请行政复议。海淀区政府受理后，于 2013 年 12 月 16 日举行

[1] 北京市第一中级人民法院:(2015)一中行初字第 220 号，北京市高级人民法院:高行终字第 1886 号。

听证会，金海翔公司和海淀区人保局到会陈述了各自的意见并进行了举证质证。2013年12月20日，海淀区政府决定延期30日审理。2014年1月20日，海淀区政府通知刘某某作为第三人参加行政复议，同时决定对刘某某的伤情进行鉴定。2014年1月28日，刘某某向海淀区政府提交了书面意见及相关证据。2014年2月28日，海淀区政府对刘某某进行了询问。2014年3月5日，海淀区政府作出海政复决字〔2013〕236号《行政复议决定书》，认为：根据海淀区人保局、刘某某提交的证据，尚不能证明刘某某所受伤害属于工作时间且因工作原因受到的事故伤害，故海淀区人保局作出的京海人社工伤认（1080T0251221）号认定工伤决定书认定事实不清、证据不足，应当予以纠正。依据《行政复议法》第28条第1款第3项第1目之规定，被告决定：（1）撤销涉案工伤认定决定；（2）责令海淀区人保局在法定期限内重新作出工伤认定结论。刘某某不服，遂提起本案诉讼。

【裁判结论】

北京市第一中级人民法院经审理，判决：（1）撤销被告北京市海淀区人民政府于2014年3月5日作出的海政复决字〔2013〕236号《行政复议决定书》；（2）被告北京市海淀区人民政府于本判决生效之日起在法定期限内针对第三人北京金海翔建筑工程有限责任公司的行政复议申请重新作出行政复议决定。

北京市高级人民法院经审理，判决驳回上诉，维持一审判决。

【裁判观点】

一审法院认为：《行政复议法》第10条第3款规定，同申请行政复议的具体行政行为有利害关系的其他公民、法人或者其他组织，可以作为第三人参加行政复议。《行政复议法实施条例》第9条第1款规定，行政复议期间，行政复议机构认为申请人以外的公民、法人或者其他组织与被审查的具体行政行为有利害关系的，可以通知其作为第三人参加行政复议。尽管上述规定并未对行政复议机关课以通知利害关系人参加行政复议的强制性义务，但基于正当程序的原则，行政复议机关在可能作出对利害关系人不利的决定时，应当给予其实质性地参与到行政复议程序中的机会，保障其享有与复议申请人、被申请人平等的程序权利。本案中，海淀区政府审查的行政行为系海淀区人保局作出的涉案工伤认定决定，刘某某系工伤认定申请人，与该工伤认定决定之间具有直接的利害关系。

而海淀区政府在组织金海翔公司和海淀区人保局进行听证后，方才通知刘某某作为第三人参加行政复议，并且未再给予刘某某听证的机会，事实上导致刘某某与其他行政复议参加人享有的程序权利不平等。在此情况下，海淀区政府最终作出对刘某某不利的被诉复议决定，有违正当程序原则，应属程序违法。被诉复议决定应予撤销。法院对刘某某的诉讼请求予以支持。

二审法院认为：《行政复议法》第10条第3款规定，同申请行政复议的具体行政行为有利害关系的其他公民、法人或者其他组织，可以作为第三人参加行政复议。《复议法实施条例》第9条第1款规定，行政复议期间，行政复议机构认为申请人以外的公民、法人或者其他组织与被审查的具体行政行为有利害关系的，可以通知其作为第三人参加行政复议。上述法律、行政法规的规定虽未强制性要求行政复议机关通知第三人参加行政复议程序，赋予了行政复议机关一定的裁量权，但行政复议过程仍应遵循正当程序原则的要求，保障行政复议当事人基本的、对等的程序权利。本案中，行政复议针对的行政行为是海淀区人保局对刘某某作出的涉案工伤认定结论，与刘某某具有直接的利害关系。海淀区政府在受理金海翔公司的行政复议申请后，举行了听证会，海淀区人保局和金海翔公司到会并进行了举证质证。在听证会实际举行，且通过举证质证环节查明事实的情况下，海淀区政府理应通知刘某某作为行政复议第三人，与其他各方当事人一同参加听证会，对其当面进行举证、质证、陈述、申辩的权利给予充分、对等的保障。而海淀区政府在未保障刘某某听证参与权的情况下，使其丧失了当面对争议事项进行举证、质证、陈述、申辩的权利，并在此情况下作出对刘某某不利的行政复议决定，不符合正当程序原则的内在要求。一审法院以违反法定程序为由撤销被诉复议决定并无不当，应予维持。

法官评析

正当程序原则起源于英国法中的“自然正义”(nature justice)，其核心思想两点：一是避免偏私规则，即任何人不能成为自己案件的法官，行政行为必须由没有利益牵连的人作出；二是公平听证规则，即任何人或团体在行使权力可能使别人受到不利影响时必须听取对方意见，每一个人都有为自己辩护和防卫的权利。其中，后者又包含三项具体内容：一是公民有在合理时间以前得到通知的权利；二是公民有了解行政机关的论点和根据的权利；

三是公民有为自己辩护的权利。

自然正义原则原本仅适用于司法或者准司法功能，即在负有义务按照司法要求进行活动的情况下才得适用该原则。之后，在长期的司法裁判过程中，英国法院通过对自然正义原则的阐发，使其不仅适用于法院和行政裁判所的司法权，同样也适用于纯粹的行政权，要求行政机关在行使权力时保持最低限度的程序公正。作为与英国行政裁判所制度相类似之行政救济手段，因兼具“行政”与“司法”属性，行政复议中正当程序原则之适用毋庸置疑。

《行政复议法》第10条第3款、《行政复议法实施条例》第9条第1款之规定，并未课以行政复议机关通知利害关系人参加行政复议的强制性义务。然而，根据正当程序原则的要求，行政复议机关在可能作出对利害关系人不利的决定时，应当给予其实质性地参与到行政复议程序中的机会，保障其享有与复议申请人、被申请人平等的程序权利，具体而言，该利害关系人应当享有于合理时间前得到通知及告知相应情况、并得与其他诸方当事人公平参与听证的权利；否则，该行政复议行为即属程序违法，应予撤销。

【法律法规链接】

《行政复议法》(2009年修正)第10条

《行政复议法实施条例》第9条

(撰稿人　何君慧)

02

行政复议申请人利害关系的判断

——阳某某诉国家食品药品监督管理总局(现为国家市场监督管理总局)行政复议案

裁判规则

1. 行政机关履行职责均首先以维护行政管理秩序为目的,从而客观上具有保护与该行政管理秩序相关的不特定公众利益的功能。不特定相关公众由此而客观上获得的利益,即所谓反射利益,并不足以构成《行政复议法》上所指的申请人的个人合法权益。

2. 无论对行政复议申请人资格还是对行政诉讼原告资格,消费者或者投资者个人与行政机关仅以维护客观行政管理秩序为目的而履行职责的行为之间不具有利害关系。至于在具体行政管理领域,行政机关在履行法定职责的过程中是否同时负有保护特定利害关系人权利的义务,则需要根据个案所依据的行政法律规范加以具体分析。

3. 行政法上所谓的"行政行为作出"是指行政行为送达之前全部程序的完结,因此交邮作为送达环节的一部分,并不属于行政行为作出的范畴。

案　情[1]

2015 年 8 月,原告阳某某因认为自己购买的涉案化妆品存在违法情形向被告原国家食品药品监督管理总局[2](以下简称国家食药局)投诉举报,被告受理

〔1〕 北京市第一中级人民法院:(2016)京 01 行初 148 号,北京市高级人民法院:(2016)京行终 3974 号。

〔2〕 因机构改革,本案所涉职权已变更至国家市场监督管理总局。

后转相关部门处理，后相关部门答复原告涉案化妆品不构成其投诉举报所反映的问题。原告对上海市食品药品监督管理局（以下简称上海食药局）2015年2月11日对涉案化妆品的生产企业进行的备案后检查并予通过行为不服，于2015年12月8日以上海食药局为被申请人向被告提出行政复议申请。其复议请求为：(1)撤销被申请人对涉案化妆品备案后检查予以“通过”的行为，或者确认违法，并责令其重新依法作出具体行政行为。(2)对规范性文件《关于调整化妆品注册备案管理有关事宜的通告》（国家食药总局2013年第10号）进行审查。被告于2015年12月9日收到该复议申请后，于2015年12月16日作出食药监复不受字〔2015〕41号《行政复议不予受理决定书》（以下简称被诉不予受理决定），认定被申请人上海食药局对涉案化妆品备案后检查予以通过的行为，与原告阳某某本人没有直接利害关系。因此原告不服上海食药局上述行政行为提起的行政复议申请，不属于《行政复议法》第6条和《行政复议法实施条例》第28条规定的受理范围。被告根据《行政复议法》第17条的规定，决定对原告的行政复议申请不予受理。原告不服被诉不予受理决定，于2016年1月2日提起行政诉讼，请求予以撤销。北京市第一中级人民法院经审理，判决驳回了原告阳某某的诉讼请求。阳某某不服一审判决，提起上诉。

【裁判结论】

北京市高级人民法院判决驳回上诉，维持一审判决。

【裁判观点】

一审法院认为：

一、本案的实体问题

1.本案实体部分的争议焦点在于原告与其申请复议的具体行政行为之间是否具有《行政复议法实施条例》第28条第2项所规定的“有利害关系”。虽然关于行政复议申请中“有利害关系”的判断标准没有相关规定予以进一步界定，但《行政复议法》第2条明确了公民、法人或者其他组织认为具体行政行为侵犯其合法权益，可以依据行政复议法申请行政复议。因此，行政复议制度具有救济个人合法权益的属性，行政复议的申请人能够主张个人具有法律上值得保护的权利，而非仅为维护公共利益或者反射利益，应为具有利害关系的要件之一。

本案原告复议申请针对的是上海食药局对涉案化妆品备案后检查并通过的行为，实际上就是对包括检查结果在内的检查行为不服。原告主张，其是涉案化妆品的消费者，也是相关违法行为的投诉举报人，由于上海食药局作为监管机关在其检查过程中对存在违法情形的产品予以检查通过，从而导致原告在市场上购买到了违法产品，因此原告与检查行为之间具有利害关系。本院认为，原告所主张的上述关联性并不足以构成《行政复议法实施条例》第 28 条第 2 项所规定的“有利害关系”。行政机关履行职责均首先以维护行政管理秩序为目的，从而客观上具有保护与该行政管理秩序相关的不特定公众利益的功能。不特定相关公众由此而客观上获得的利益，即所谓反射利益，并不足以构成行政复议法上所指的申请人的个人合法权益。由于反射利益系因行政机关维护行政管理秩序、保护公共利益而必然产生之客观效果，为不特定相关公众所享有，因此并非行政复议程序所要保护的个人合法权益。当然，行政管理中也存在具有直接保护第三人个人合法权益效果的行政行为，第三人基于其法律上受保护的地位，有权通过行政复议等途径寻求法律救济。而判断第三人是否具有复议申请人资格，在于根据相关行政法律规范，行政机关在履行相关法定职责时，除了维护行政管理秩序之外，是否同时还负有直接保护特定利害关系人合法权益的义务。

2. 就本案而言，食药部门在对备案后的涉案化妆品履行检查职责时，并不负有保护特定消费者合法权益的义务，至于原告是否是涉案化妆品的实际消费者，不影响本案的认定结论。

关于食药部门在国产非特殊用途化妆品备案后应当进行检查的直接规范依据，是原国家食药局《关于调整化妆品注册备案管理有关事宜的通告》中的相关规定，即“省级食品药品监管部门应当在备案后 3 个月内组织开展对备案产品的检查，发现不符合要求的，责令改正；发现违法的，依法立案查处，并在产品备案信息相关栏目予以标注”。食药部门有权采取此种检查行为的上位法依据，是《化妆品卫生监督条例》第 3 条[1]规定，即“县以上地方各级人民政府的卫生行政部门主管本辖区内化妆品的卫生监督工作”。该规定是行政法规对监管部门履行对化妆品监管职责的一般性授权，监管部门行使该职责具有保护市场上不特定消费者健康之目的，但并不意味着其在履行职责过程中当然负有考量和保

---

[1] 《化妆品卫生监督条例》(2019 年修正)第 3 条规定：“县以上地方各级人民政府的化妆品监督管理部门主管本辖区内化妆品的卫生监督工作”。

护特定消费者个人合法权益的义务。前述通告基于这种一般性监管职责要求食药部门在国产非特殊用途化妆品备案后进行检查,同样也是通过食药部门的检查行为维护化妆品领域的市场秩序,进而保障不特定消费者的权益。而特定消费者与化妆品生产、经营单位之间的消费者权益争议,仍应通过相应的法律途径予以解决,而非直接针对食药部门的检查行为申请行政复议。因此,被诉不予受理决定以原告与检查行为之间不具有利害关系为由,认定原告的行政复议申请不属于《行政复议法》第6条和《行政复议法实施条例》第28条规定的受理范围,并无不当。

至于针对具体备案的化妆品,食药部门的检查行为是否具有强制性,涉及的是监管部门与化妆品生产单位之间的权利义务关系,对本案原告是否具有行政复议申请人资格不产生影响。而涉案化妆品是否存在原告所称的违法情形,更非属本案审查范围。

3. 关于原告所举其认为对本案具有可参考性的其他案例。无论对行政复议申请人资格还是对行政诉讼原告资格,消费者或者投资者个人与行政机关仅以维护客观行政管理秩序为目的而履行职责的行为之间不具有利害关系,本院一贯秉持该判断标准[参见(2015)一中行初字第2002号行政判决书以及原告所举(2015)一中行初字第2188号等案行政裁定书],且上述履行职责行为并不限于行政审批行为[参见(2014)一中行初字第10171号行政裁定书、(2015)一中行初字第155号及第156号行政裁定书]。至于在具体行政管理领域,行政机关在履行法定职责的过程中是否同时负有保护特定利害关系人权利的义务,则需要根据个案所依据的行政法律规范加以具体分析。对于原告所举其他法院审理的案件,本院不予评述。

二、本案被诉不予受理决定的程序合法性

本案被诉不予受理决定的程序合法性主要涉及两个问题:一是被诉不予受理决定是否超过法定审理期限;二是被诉不予受理决定未就原告一并提出的对规定的审查申请给予单独回应是否构成遗漏复议请求事项。

1. 因《行政复议法》第17条第1款规定的期限的届满日为不予受理决定的作出之日,而行政法上所谓的“行政行为作出”,是指行政行为送达之前全部程序的完结,因此交邮作为送达环节的一部分,并不属于行政行为作出的范畴。本案被诉不予受理决定于被告收到申请书之日起第5个工作日作出,并未超过上述规定的法定期限。而且,行政机关在作出行政行为的次日即予交邮送达应属合理,亦无违背正当程序原则之虞。

2. 关于原告一并提出的对其他规范性文件的审查申请。根据《行政复议法》第 7 条第 1 款第 1 项之规定,公民、法人或者其他组织认为行政机关的具体行政行为所依据的国务院部门的规定不合法,在对具体行政行为申请行政复议时,可以一并向行政复议机关提出对该规定的审查申请。因此行政复议程序中对规定的审查,是在审查具体行政行为合法性的基础上的附带性审查。当复议申请不符合行政复议的受理条件时,复议机关对申请人提出的对规定的审查申请如何处理,行政复议法及其实施条例均无明确规定。但基于附带性审查这一制度属性,当行政复议机关已经针对复议申请作出不予受理决定时,其对申请人一并提出的对规定的审查申请不予进一步处理属于应有之义,相关法律关系已经明确,原告亦未提出异议。因此,被诉不予受理决定并不构成遗漏复议请求事项。

二审法院认为:

依据《行政复议法实施条例》第 28 条第 2 项规定,"申请人与具体行政行为有利害关系"是行政复议机关受理行政复议申请的必要条件之一。本案中,阳某某系针对上海食药局对涉案化妆品备案后检查并通过的行为,其亦对包括检查结果在内的检查行为不服提起的行政复议。阳某某认为自己购买了上海相宜本草化妆品股份有限公司的产品,故与前述的上海食药局对涉案化妆品备案后检查并通过的行为具有利害关系。对此,本院认为,阳某某既非化妆品生产企业备案或者其后检查的相对人,同时,备案及检查后通过行为并未对阳某某合法权利产生直接影响,故阳某某与备案后检查通过的行为不具有利害关系,不符合《行政复议法实施条例》第 28 条第 2 项所规定的行政复议受理条件,国家食药局决定对其行政复议申请不予受理并无不当。此外,国家食药局在收到阳某某提出的行政复议申请后,在法定期限内作出行政复议不予受理决定,程序合法,本院依法予以确认。一审法院认定事实清楚、程序合法、适用法律正确,应予维持。阳某某的诉讼主张缺乏事实和法律依据,不予支持。

法官评析

本案判决主要有两个方面需要说明:一是关于行政复议及诉讼法上利害关系的判断标准;二是裁判文书论理的方式和逻辑。

一、行政复议及行政诉讼法上的利害关系

行政法上的利害关系问题一直以来争议很大，主要问题在于欠缺比较明确的判断标准。行政法上的利害关系本身既不是一个明确的界定标准，而且在不同的行政法律程序中，利害关系的判断标准也不相同。因此本案判决所要探讨的，主要是行政复议及行政诉讼法上的利害关系问题。

修改前的《行政诉讼法》对原告资格的要求是“认为其合法权益”受到侵害的公民、法人或者其他组织，不过由于“合法权益”的内涵和外延并不明确，因此 1999 年《最高人民法院关于执行〈中华人民共和国行政诉讼法〉若干问题的解释》(以下简称《执行解释》)第 12 条对于行政诉讼的原告资格进一步界定为“与具体行政行为有法律上利害关系”。虽然“法律上利害关系”带有限定词，但由于国内的行政法学研究并没有对“法律上利害关系”提供一个明确的分析路径，因此一直以来法律上利害关系的判断标准也不明晰。正因如此，2015 年《行政诉讼法》第 25 条第 1 款在吸收《执行解释》的基础上，将原告资格的判断标准表述为“与行政行为有利害关系”。但这一表述究竟与“法律上利害关系”有何区别，并不清晰，因此又进一步产生了 2015 年《行政诉讼法》框架下的利害关系是扩大了原告资格的范围，还是继续坚持原有判断标准的争议。

关于行政诉讼原告资格的判断标准，即使从域外法的角度来观察，也并没有唯一的答案，但是存在一个基本的原理：原告资格标准的严格程度，与行政审判机关的审判独立性呈反向关系；换言之，就是行政审判机关越是具有独立的法律地位，原告资格就越严格；行政审判机关越是隶属于行政系统，原告资格就相对越宽松。比如，在美国、德国等通过独立的司法机关进行司法审查或者行政审判这样的国家，原告资格的范围就比较严格；而在法国这种通过行政系统内部的行政法院负责行政审判的国家，原告资格的范围相对就要宽泛一些。产生这种现象的原因，在于司法权与行政权之间的权力分工关系以及行政审判制度的功能定位等深层次问题，在此不必详细论述。当然，除此以外还有各个国家法律传统等多种因素的影响。

就我国行政复议和行政诉讼中的利害关系判断标准而言，基于我国法院与行政机关之间仍然是分属于不同的权力分支，而且《行政诉讼法》也明确指出了我国的行政诉讼制度具有救济公民合法权益的功能，因此，我国行政诉讼中的利害关系判断标准并不适合直接参考法国行政诉讼制度中的“直接利害关系”标准。而与直接利害关系相对应的判断标准，就是德国行政法上的“法律上利害关系”或者美国行政法上的“法律上的侵害”。除了纯粹意义上的公益诉讼，较之于法国的直接利害关系标准，“法律上利害关系”或者“法律上的侵害”标准首先要排除的，就是所谓的反射利益或者单纯事实层面的侵害和影响。关于何为“反射利益”或者单纯事实层面的影响，本案判决在裁判理由中亦有一定的阐述，本案判决的第一个探索，在于明确了反射利益不属于合法权益的范畴。虽然相比于行政诉讼，行政复议是行政机关自己的监督救济制度，但我国的《行政复议法》在界定行政复议制度功能时，采取了与行政诉讼并列的方式，即基本上行政复议的申请人资格与行政诉讼的原告资格判断标准保持一致。因此，本案虽然是对行政复议申请人资格判断标准的阐释，但毫无疑问这一标准同样适用于行政诉讼中的原告资格判断标准。

二、裁判文书的论理逻辑

裁判理由的实质，是法官已经就案件的处理得出结论之后，对处理结论理由的阐释。裁判理由的主要部分，其实在于对法律规范的解释，而解释的核心，又在于法官应当说明，为何会对法律规范作如此解释。过去有一些裁判文书的论理，或者直接从法律规范就得出案件的处理结论，或者虽然对法律规范的内涵予以解释，但也只是简单给出一个观点性的意见，欠缺对于得出结论这一过程的法理分析。

本裁判文书在裁判理由的论述方面进行了一些新的尝试和探索，希望能够摸索出更加符合审判规律，更能够彰显裁判文书法理说服力的论理方法。首先，注重运用行政法上的理论，对于实定法律规范的含义进行演绎和阐释，并力图从中能够建构一个具有裁判标准价值的逻辑体系，而个案的处理结论，在裁判理由中反而置于相对次要的位置，更多的是作为裁判标准阐明之后，结合具体案件所当然得出的结论。其次，注重全面、完整地展示法解释过程的演绎逻辑。从法律规范出发，就法律规范要件的内涵逐一进行逻辑推演，从而一步步地分析推导出法律规范的适用标准。最后，整个裁判文书的论理部分采用了类似于论文的分层结构，进 步提升裁判论理的逻辑严密性。

除此之外，本裁判文书还尝试引入了先例分析的方法，即在论理过程中，援引已经生效裁判作为论理的依据，增强论理说服力，体现裁判标准的一致性。理论界和实务界普遍存在一种误解，即只有判例法才能在裁判文书中援引先例。实际上就裁判文书援引先例这一点而言，英美国家的裁判文书和德国等大陆法系国家的裁判文书基本上没有差别，只是英、美国家称为“判例约束原则”，而大陆法系国家则称为“司法裁判一致性原则”。名称虽然不同，本质并无差别。而真正体现两大法系差别的“法官造法”，则进入近现代以后即使在英、美等国也早已式微。本裁判文书尝试采用援引先例这种方法，也是对裁判文书援引先例的一种探索。

【法律法规链接】

《行政复议法》第 2 条

《行政复议法实施条例》第 28 条第 2 项

（撰稿人　龙　非）

03

行政机关对于争议调解的申诉处理行为属于行政复议范围

——刘某某诉国家邮政局行政复议案

裁判规则

相关法律规范规定行政机关对于履责申请采取调解方式进行处理，并不改变行政机关应当履行的对前述申请进行处理并答复的行政职责的性质。

案　情[1]

2015年8月，刘某某因与快递公司之间的快件丢失赔偿纠纷协商未果，向国家邮政局邮寄申诉信。后刘某某认为国家邮政局未对其申诉信进行处理，于同年11月4日向国家邮政局申请行政复议，请求：确认国家邮政局在收到申诉信30日内未作出处理答复之行为违法；责令国家邮政局立即对刘某某的申诉信作出处理答复。国家邮政局于同月6日收到该复议申请，经审查，于同月11日作出被诉复议决定，主要内容为：邮政管理部门对用户申诉的处理属于行政机关对寄递企业服务质量异议做出的调解行为，不属于《行政复议法》第6条规定的行政复议受案范围。根据该法第17条的规定，决定不予受理。该决定于之后送达刘某某。刘某某不服，诉至一审法院，请求撤销被诉复议决定，判令国家邮政局重新作出复议决定。

---

〔1〕 北京市第一中级人民法院：(2016)京01行初121号，北京市高级人民法院：(2016)京行终4433号。

【裁判结论】

北京市第一中级人民法院判决撤销被诉复议决定,责令国家邮政局于该判决生效后的法定期限内对刘某某的行政复议申请重新作出处理。北京市高级人民法院判决驳回上诉,维持一审判决。

【裁判观点】

一审法院认为:鉴于原告对被诉复议决定作出的职权及程序不持异议,本院经审查,对被诉复议决定作出的职权及程序的合法性予以确认。

根据《行政复议法》第6条第9项的规定,申请行政机关履行保护人身权利、财产权利、受教育权利的法定职责,行政机关没有依法履行的,公民、法人或者其他组织可以依照该法申请行政复议。《邮政法》第65条规定,邮政企业和快递企业应当及时、妥善处理用户对服务质量提出的异议。用户对处理结果不满意的,可以向邮政管理部门申诉,邮政管理部门应当及时依法处理,并自接到申诉之日起三十日内作出答复。根据《邮政法》的该项规定,对于用户因与快递企业之间就服务质量问题协商未果提起的申诉,邮政管理部门有进行处理并答复的法定职责。虽然《邮政业消费者申诉处理办法》第2条、第4条规定,消费者按照《邮政法》第65条的规定对邮政企业和快递企业服务质量提出申诉,以及邮政业消费者申诉中心对申诉进行处理,适用本办法。邮政业消费者申诉中心对消费者的申诉实行调解制度。但该办法规定的对申诉的处理方式并未改变邮政管理部门应当履行的对前述申诉进行处理并答复的行政职责的性质。本案中,原告认为被告未履行对其申诉进行处理的法定职责,向被告申请行政复议,原告申请复议的事项属于《行政复议法》第6条第9项规定的行政复议范围。因此,被告作出被诉复议决定,认为原告的行政复议申请不属于行政复议受案范围错误,应予撤销。原告要求撤销被诉复议决定,责令被告重新作出复议决定的诉讼请求于法有据,应予支持。

二审法院认为:《行政复议法》第14条规定,对国务院部门的具体行政行为不服的,向作出该具体行政行为的国务院部门申请行政复议。本案中,刘某某因认为国家邮政局接到其申诉后未履行法定职责而向国家邮政局申请行政复议,依据上述规定,国家邮政局具有接受刘尊焱的申请并予以相应处理的法定职责。

《行政复议法》第17条第1款规定,行政复议机关收到行政复议申请后,应当在五日内进行审查,对不符合本法规定的行政复议申请,决定不予受理,并书面告知申请人。《行政复议法实施条例》第28条第5项规定,行政复议申请符合下列规定的,应当予以受理:属于行政复议法规定的行政复议范围。本案中,国家邮政局收到刘某某的行政复议申请后,经审查作出被诉复议决定,以刘某某提出的复议请求不属于行政复议受案范围为由,决定不予受理刘某某提出的复议申请。因此,刘某某提出的行政复议申请是否属于行政复议的受案范围,系本案主要的争议焦点。

《行政复议法》第6条第9项规定,有下列情形之一的,公民、法人或者其他组织可以依照本法申请行政复议:申请行政机关履行保护人身权利、财产权利、受教育权利的法定职责,行政机关没有依法履行的。本案中,刘某某的起诉意见中称其申请国家邮政局履行保护其财产权利的法定职责,国家邮政局没有依法履行,故其提出的复议申请符合上述条款的规定,国家邮政局应当受理。刘某某提出本案应适用《消费者权益保护法》《邮政法》《邮政业消费者申诉处理办法》等依据。对此本院认为,《消费者权益保护法》第32条规定,各级人民政府工商行政管理部门和其他有关行政部门应当依照法律、法规的规定,在各自的职责范围内,采取措施,保护消费者的合法权益。有关行政部门应当听取消费者和消费者协会等组织对经营者交易行为、商品和服务质量问题的意见,及时调查处理;第39条第3项规定,消费者和经营者发生消费者权益争议的,可以通过下列途径解决:向有关行政部门投诉;第46条规定,消费者向有关行政部门投诉的,该部门应当自收到投诉之日起七个工作日内,予以处理并告知消费者。《邮政法》第65条规定,邮政企业和快递企业应当及时、妥善处理用户对服务质量提出的异议。用户对处理结果不满意的,可以向邮政管理部门申诉,邮政管理部门应当及时依法处理,并自接到申诉之日起三十日内作出答复。《邮政业消费者申诉处理办法》中规定了消费者申诉中心接到消费者申诉后的受理、处理、调查、监督管理等程序和职责,并规定了在符合特定情形下消费者申诉中心可以组织双方当事人进行调解,对于调解无效或者消费者对调解结果不满意的,争议双方可以通过提起诉讼或申请仲裁等方式解决纠纷。该办法第23条同时规定,消费者申诉中心应当自接到消费者申诉之日起三十日内向消费者作出答复。依据上述法律并参考《邮政业消费者申诉处理办法》的相关规定,在邮政业领域,消费者和经营者发生服务质量方面的争议,消费者有向国家邮政部门通过提出申诉而申请保护财产权利等权利，国家邮政部门有按照上述法律、规范性文件的相关规定依法履行行政职责的义务。因此，本案情形符合上述《行政复议法》第6条第9项的规定，应当属于行政复议的受案范围。被诉复议决定认定不属于受案范围系适用法律错误。

《行政复议法》第8条第2款规定，不服行政机关对民事纠纷作出的调解或者其他处理，依法申请仲裁或者向人民法院提起诉讼。本案中，国家邮政局在被诉复议决定、一审答辩意见、上诉意见中，均认为本案刘某某要求复议的对象是调解行为，故不属于行政复议的受案范围。对此本院认为，就行政机关的角度而言，因对民事纠纷作出的调解并非行政机关作出的行政行为，而系争议当事人达成的一致意思表示，在当事人对调解存在异议的情况下，行政机关对调解原则上并没有强制执行力，行政机关的调解行为也不对当事人的权利义务产生实际影响，故不应纳入行政复议范围，而应由争议当事人通过诉讼或仲裁等方式依法解决。本案根据国家邮政局及刘某某提交的证据材料，国家邮政局并没有实际组织争议双方当事人进行调解，亦未达成调解结果。虽在《邮政业消费者申诉处理办法》第4条中，规定了对消费者的申诉实行调解制度，但调解只是消费者申诉中心接到申诉后履行行政职责的程序和工作内容之一，消费者申诉中心还应当依照其他有关规定履行处理、答复等法定职责，国家邮政局是否履行了上述法定职责，属于受理行政复议申请后实体审查的内容。鉴于此，国家邮政局以刘某某所提申请系要求对调解行为进行复议从而决定不予受理，主要证据不足，适用法律错误，其相关意见不予采纳。

综上所述，被诉决定书认定事实不清、适用法律错误，应予撤销，撤销后国家邮政局应对刘某某提出的行政复议申请重新作出处理。一审判决认定事实清楚、适用法律正确、程序合法，应予维持。国家邮政局的上诉请求和理由缺乏事实根据和法律依据，不予支持。

法官评析

本案的焦点问题为刘某某申请行政复议的行为即国家邮政局对其申诉的处理行为是否属于行政复议范围。

一种观点认为，《邮政业消费者申诉处理办法》第2条、第4条明确规定，对于消费者按照《邮政法》第65条的规定对邮政企业和快递企业服务质量提出的申诉的处理，实行调解制度。国家邮政局在处理该申诉过程中的作为或不作为，都不改变调解行为的性质，都对刘某某不具有强制力，对其实体财产权利不产生实质影响。因此，国家邮政局对于刘某某的申诉的处理行为不属于行政复议范围。

另一种观点认为，《邮政业消费者申诉处理办法》规定的对申诉的处理方式并未改变国家邮政局应当履行的对前述申诉进行处理并答复的行政职责的性质。因此，刘某某认为国家邮政局未履行对其申诉进行处理的法定职责，向国家邮政局申请行政复议，属于《行政复议法》第6条第9项规定的公民、法人或者其他组织认为行政机关未依申请履行保护财产权利的法定职责而申请行政复议的情形。

合议庭倾向于第二种观点。《邮政法》及《邮政业消费者申诉处理办法》中均规定，邮政管理部门对于消费者就邮政领域的服务质量争议提出的申诉，具有进行处理并答复的职责。虽然《邮政业消费者申诉处理办法》规定邮政管理部门对消费者的申诉实行调解制度，但前述调解制度仅是邮政管理部门在处理消费者申诉的具体过程中所采取的处理形式，阶段性的调解处理过程并不等于邮政管理部门应当对于前述申诉履行的全部职责，并不能改变邮政管理部门应当履行的对前述申诉进行处理并答复的行政职责的性质。而邮政管理部门是否实际履行了处理及答复的法定职责，正是属于行政复议应当实体审查的内容。因此，刘某某申请行政复议的行为即国家邮政局对其申诉的处理行为属于行政复议范围，被诉复议决定认定前述行为不属于行政复议范围错误，依法应予撤销并责令其重作复议决定。

【法律法规链接】

《邮政法》第65条

《行政复议法》(2009年修正)第6条第9项

(撰稿人　张美红)

04

行政法上利害关系之判断

——姜某某诉国家能源局行政复议决定案

裁判规则

行政复议申请人与行政行为有利害关系是受理行政复议申请的法定条件。所谓有利害关系，是指申请人的合法权益有受到行政行为侵害的可能性。如果行政机关在作出行政行为时，负有考量和保护申请人相关权利的义务，则申请人的相关权益就有可能因为行政机关未尽上述义务而受到侵害；反之，如果行政机关在作出行政行为时，并不负有前述考量和保护义务，则申请人与行政行为之间则不具有利害关系。

案　情〔1〕

2013年8月29日，黑龙江省发展和改革委员会（以下简称黑龙江省发改委）针对宝清县发展和改革局（以下简称宝清县发改局）上报的宝发改呈〔2013〕13号《关于宝清县宝泰煤矿30万吨/年矿井新建项目核准的请示》（以下简称13号请示）作出黑发改煤炭函〔2013〕547号《黑龙江省发展和改革委员会关于宝清县宝泰煤矿30万吨/年矿井新建项目核准的批复》（以下简称547号批复）。原告不服547号批复，向被告国家能源局提出行政复议申请，要求撤销547号批复。

2014年10月15日，被告作出国能复决〔2014〕9号《驳回行政复议申请决定书》（以下简称被诉复议决定），主要内容为：行政机关依法受理行政复议申请，

〔1〕 北京市第一中级人民法院：(2015)一中行初字第73号。

申请人应当与其不服的具体行政行为有利害关系。547 号批复黑龙江省发改委根据国家有关规定和黑龙江省人民政府的有关要求,依据宝清县发改局的申请作出的。未有充分、合法的证据证明,申请人姜某某与 547 号批复有利害关系。申请人的复议申请不具备《行政复议法实施条例》第 28 条规定的受理条件。根据《行政复议法实施条例》第 48 条第 1 款第 2 项规定,被告决定驳回原告行政复议申请。原告不服该复议决定后,提起行政诉讼,请求法院撤销被诉复议决定。

【裁判结论】

北京市第一中级人民法院判决确认被诉复议决定违法。

北京市高级人民法院判决驳回上诉,维持原判。

【裁判观点】

一审法院认为:根据《行政复议法实施条例》第 28 条第 2 项之规定,申请人与具体行政行为有利害关系是受理行政复议申请的法定条件。所谓有利害关系,是指申请人的合法权益有受到具体行政行为侵害的可能性。如果行政机关在作出具体行政行为时,负有考量和保护申请人相关权利的义务,则申请人的相关权益就有可能因为行政机关未尽上述义务而受到侵害;反之,如果行政机关在作出具体行政行为时,并不负有前述考量和保护义务,则申请人与具体行政行为之间不具有利害关系。

原告向被告申请复议的 547 号批复,是黑龙江省发改委作出的企业投资项目核准行为。参照《企业投资项目核准暂行办法》第 18 条的规定,企业投资项目核准主要对项目是否符合国民经济和社会发展规划、产业政策、国家宏观调控政策、经济安全、生态环境等宏观经济、公众利益方面进行审查。就矿井新建项目而言,投资项目的核准并不对采矿权属进行审查,更不审查项目是否涉及民事纠纷。因此,原告主张的权益并不在黑龙江省发改委作出 547 号批复时应考量和保护的范围。被诉复议决定认定原告与 547 号批复不具有利害关系,并根据《行政复议法实施条例》第 48 条第 1 款第 2 项之规定驳回其行政复议申请,并无不当。至于原告主张其与相关企业就南山煤矿签订了转让协议,南山煤矿与其他煤矿整合成立了宝泰煤矿,以及国土部门需要依据 547 号批复向宝泰煤矿核发采矿权证等,均不足以证明原告与 547 号批复有利害关系。

但是，被告作出被诉复议决定也已超出《行政复议法》第31条第1款规定的行政复议期限。原告认为被诉决定超过法定期限之主张成立，本院应予支持。鉴于被诉决定驳回原告行政复议申请结论正确，撤销被诉决定已无实际意义，故本院应确认被诉决定违法。

二审法院认为一审判决正确，予以维持。

法官评析

《行政复议法实施条例》第28条第2项规定受理行政复议申请的法定条件之一是，申请人与具体行政行为有利害关系。所谓有利害关系，是指申请人的合法权益有受到具体行政行为侵害的可能性。从行政复议救济制度设立的宗旨来讲，主要是防止和纠正违法或者不当的具体行政行为，保护公民、法人或者其他组织的合法权益。因此，公民、法人或者其他组织只能针对侵犯其本身合法权益的具体行政行为申请复议亦是当然之理。从制度功能角度来看，设定"利害关系"作为申请人主体资格条件，主要目的在于防止滥诉，减少国家解决争议的成本，促进法律关系稳定。

虽然"利害关系"是判断申请人资格的核心概念，但实际上，该概念实属一不确定的法律概念，须根据申请人与具体行政行为之间的关系加以衡量、判断。通常情况下，行政行为的相对人，即直接承担行政行为设定的权利或义务的人，与该行为有利害关系。这点不难把握。但除相对人外，判断一行政行为与申请人是否有利害关系，则往往较为困难。学理上判断标准是：(1)该申请人必须因自己的权益受到侵害，而非因国家利益、公共利益或他人利益；(2)行政行为侵害是合法权益，非法权益或者不法权益不在此列；(3)此种侵害既可以是已经发生的，也可以是必将发生的，在判断利害关系时应以可能性为限，而并非仅限于已实际侵害。实践中，对于已经发生侵害的情况，因其与行政行为的因果关系较明显，一般较为容易判断。而对于判断侵害可能性，尤其在说明并无侵害可能时，由于因果关系并不清晰明朗，故而以前述标准判断也难度较大。

鉴于此，本案运用了一种较为实用的判断方法，即以行政机关在作出具体行政行为时，是否负有法律上考量和保护申请人相关权利的义务，来判断是否有利害关系。该判断方法基于以下逻辑：如行政机关负有考量和保护申请人的相关权益的义务,则申请人才有可能因为行政机关未尽上述义务而受到侵害。反之,如果行政机关在作出具体行政行为时,并不负有前述考量和保护义务,则该具体行政行为从法律上无侵害申请人合法权益的可能性,更毋论事实之侵害可能。所以,在本案中,可通过审查黑龙江省发改委在作出547号批复时,法律是否要求其考量和保护申请人的相关权益来判断申请人与该批复是否有利害关系。正如生效裁判,547号批复的性质是企业投资项目核准行为。参照《企业投资项目核准暂行办法》的相关规定,企业投资项目核准主要对项目是否符合国民经济和社会发展规划、产业政策、国家宏观调控政策、经济安全、生态环境等宏观经济、公众利益方面进行审查,而并不对具体权利人的采矿权属进行审查和确认。因此,被诉复议决定认为申请人以547号批复侵害其合法财产权益的理由申请行政复议不成立,认定申请人与该批复之间不具有利害关系是正确的。

【法律法规链接】

《行政复议法实施条例》第28条第2项

(撰稿人　李赟乐)

05

“程序责任原则”的理解与适用

——常州市唯竺智能科技有限公司诉江苏省质量技术监督局、中华人民共和国国家质量监督检验检疫总局回复及行政复议决定案

裁判规则

行政机关为协助司法程序而出具的意见，并非基于行政机关自行主导的行政程序，仅是基于司法机关提供的相关材料出具专业意见，基于程序主导原则，行政机关对于事实依据是否充分或者法律适用是否正确并不承担法律责任，对该意见提起的行政诉讼不属于行政诉讼的受案范围。

案　情[1]

2016年4月26日，江苏省常州市中级人民法院（以下简称常州中院）向江苏省质量技术监督局（以下简称江苏质监局）发出《函》，大致内容为：该院审理的常州市唯竺智能科技有限公司（以下简称唯竺公司）与河津市炬华铝业有限公司买卖合同纠纷一案中，需要查明唯竺公司生产的“称重包装生产线”是否需要办理计量器具许可证；如需办理，唯竺公司是否已领取了计量器具许可证。随函附件：河津市炬华铝业有限公司铝粉项目称重包装线操作、维护说明书。2016年5月20日，江苏质监局作出苏质监行函〔2016〕9号《关于对常州市唯竺科技有限公司生产的“称重包装生产线”是否需要办理制造计量器具许可证函的回复》

〔1〕 北京市第一中级人民法院：（2017）京01行终383号。

（以下简称《回复》），内容为："结合贵院提供的《河津市炬华铝业有限公司铝粉项目称重包装生产线操作、维护说明书》中对产品的描述，根据国家JJF1181－2007《衡器计量器具术语及定义》相关条款，'重力式自动装料衡器是把散装物料分成预定的且实际上恒定质量的装料，并将此装料装入容器的自动衡器。它基本上由与称重单元相关联的自动给料装置及相应的控制和卸料装置组成'，'定量包装秤是具有包装功能的重力式自动装料衡器'。认定该产品是具有包装功能的重力式自动装料衡器系统，属于国家依法管理计量器具目录（型式批准部分）自动衡器类中重力式自动装料衡器，应当办理《制造计量器具许可证》。截至目前，该企业尚未提交过相关的许可申请材料。"唯竺公司对该《回复》不服，向国家质监检验检疫总局提起行政复议，国家质监检验检疫总局于2016年8月23日作出（国）质检复决字〔2016〕85号《行政复议决定书》（以下简称被诉复议决定），维持了江苏质监局作出的《回复》。唯竺公司于2016年9月2日提起行政诉讼。

庭审中，唯竺公司当庭陈述称其生产的"称重包装生产线"由水平螺旋集料机、斜螺旋输送、垂直螺旋给料装置、称重装置、夹袋机构、电气单元、皮带输送机、热合机、缝合单元等九种不同设备产品组成。

【裁判结论】

北京市第一中级人民法院经审理，判决撤销北京市海淀区人民法院（2016）京0108行初811号行政判决，驳回上诉人唯竺公司的起诉。

【裁判观点】

二审法院认为：《行政诉讼法》第2条第1款规定，公民、法人或者其他组织认为行政机关和行政机关工作人员的行政行为侵犯其合法权益，有权依照本法向人民法院提起诉讼。所谓行政行为，是指行政机关在履行行政职责的过程中，对外作出的设立、变更或者终止行政法律关系的意思表示，而被诉《回复》是否属于上述规定所指的可诉行政行为，取决于其是否具有对外设立、变更或者终止行政法律关系的法律效果。

当案件系属于司法程序时，除非法律法规另有规定，否则主导该司法程序的司法机关对该程序的最终决定的合法性对外独立承担法律责任，对于该决定所依据的事实是否充分以及法律适用是否正确，既有自行认定的权力，亦应对此承担法律后果,此即所谓“程序责任原则”。司法机关固然可以为了审理案件的需要,就相关事实或者法律问题征询有关行政主管机关的意见。行政机关是为协助司法程序而出具意见,并非基于行政机关自行主导的行政程序,且仅是基于司法机关提供的相关材料出具专业意见,对于事实依据是否充分或者法律适用是否正确,行政机关并不承担法律责任。因此,行政机关的回复意见只能作为司法机关审理案件的参考,并不具有法律上的拘束力。如果认为此种意见具有对外法律拘束力,则将导致司法机关将其部分司法审判权实际上让渡给行政机关,有悖基本的法治原则。如果进一步在行政诉讼程序中,人民法院对行政机关意见进行实体审查并予以确认,即从行政审判的角度确认了行政机关意见的法律拘束力,同样构成对正在进行的其他司法程序的不当干预。

本案中,常州中院在审理相关民事案件的过程中,就案件的相关问题征询江苏质监局的意见,江苏质监局基于上述要求而作出《回复》,是行政机关在司法程序中应司法机关的要求而出具的意见,并非基于江苏质监局主导的行政程序而作出的行政行为,其仅能作为法院民事审判的参考,并不具有法律拘束力。一审法院对该《回复》进行实体审查并确认其合法性,将导致该意见的结论基于行政生效判决的既判力而具有法律拘束力,从而成为民事司法程序中法院认定案件事实和适用法律的障碍。

综上所述,被诉《回复》并非行政诉讼法所指的行政行为,唯竺公司针对《回复》提起的本案诉讼不属于行政诉讼的受案范围。依据2015年《最高人民法院关于适用〈中华人民共和国行政诉讼法〉若干问题的解释》第3条第1款第1项的规定,唯竺公司提起的本案诉讼应当予以驳回,其针对被诉复议决定提起的诉讼亦应一并驳回。一审法院对唯竺公司的起诉进行实体审理错误,依法予以纠正。

法官评析

根据《行政诉讼法》第2条第1款的规定,所谓行政行为是指行政机关在履行行政职责的过程中,对外作出的设立、变更或者终止行政法律关系的意思表示。所谓行政行为,是指行政机关在履行行政职责的过程中,对外作出的设立、变更或者终止行政法律关系的意思表示,具有对外性、具体性和法律效力性。

司法机关为了审理案件的需要,就相关事实或者法律问题征询有关行政主管机关的意见，行政机关为协助司法程序而出具意见，但法律并未明确规定行政机关出具的上述意见是否属于行政诉讼的受案范围。该意见是否属于行政诉讼的受案范围，取决于其是否具有对外设立、变更或者终止行政法律关系的法律效果。本案运用“程序责任原则”对此类案件确定了一个裁判尺度。所谓“程序责任原则”，是指当案件系属于司法程序时，除非法律法规另有规定，否则主导该司法程序的司法机关对该程序的最终决定的合法性对外独立承担法律责任，对于该决定所依据的事实是否充分以及法律适用是否正确，既有自行认定的权力，亦应对此承担法律后果。“程序责任原则”具有四个构成要件：程序自主、程序法定、程序外化以及处理决定的法律拘束力。程序自主指司法机关自主启动一个独立的程序，并且完全控制该程序，具有最终的决定权；程序法定指司法机关是依据法律的明确规定启动的相应的程序；程序外化指这一程序中有相对人的参与，作出的处理决定也是直接针对该相对人的；处理决定的法律拘束力指处理决定对于相对人和其他公权力机关均具有拘束力。

行政机关为协助司法程序而出具的意见，并非基于行政机关自行主导的行政程序，仅是基于司法机关提供的相关材料出具专业意见，不具有对外性和法律效力性，对于事实依据是否充分或者法律适用是否正确，行政机关并不承担法律责任。因此，行政机关的回复意见只能作为司法机关审理案件的参考，并不具有法律上的拘束力。如果认为此种意见具有对外法律拘束力，则将导致司法机关将其部分司法审判权实际上让渡给行政机关，有悖基本的法治原则。如果进一步在行政诉讼程序中，人民法院对行政机关意见进行实体审查并予以确认，即从行政审判的角度确认了行政机关意见的法律拘束力，同样构成对正在进行的其他司法程序的不当干预。因此，行政机关为协助司法程序而出具的意见不属于行政诉讼的受案范围，针对该意见提起的行政诉讼应予裁定驳回起诉。

【法律法规链接】

《行政诉讼法》第2条第1款

（撰稿人　范术伟）

06

复议双被告行政案件的裁判方式

——邱某某诉北京市昌平区马池口镇人民政府、北京市昌平区人民政府强制拆除决定及行政复议案

裁判规则

法院在审理复议双被告案件时,应将原行政行为和复议维持决定作为一个整体加以处理,对于两行为采取的裁判方式原则上应当保持一致。在判决撤销原行政行为、确认原行政行为违法或无效时,应一并撤销该复议决定、确认该复议决定违法或无效。

案　情[1]

2007年12月24日,邱某某与北京市昌平区马池口镇西坨村村民委员会(以下简称西坨村委会)签订《租赁合同》,承租西坨村原博傲石材厂西院废旧工厂,包含厂房和院区,其中废旧工厂占地8.32亩,旧厂房建筑面积约200平方米,租期30年整。后邱某某于2010年左右在所租赁土地上建设了厂房、办公楼等建筑物。2017年6月21日,北京市昌平区马池口镇人民政府(以下简称马池口镇政府)以邱某某在昌平区马池口镇西坨村北(东至博傲石材厂、南至高芳住宅和空地、西至排水沟、北至公路)院内建设的房屋(面积约5046平方米),涉嫌违法建设为由立案调查。2017年6月22日,北京市规划和国土资源管理委员会(以下简称市规土委)向马池口镇政府出具了规(昌)执函〔2017〕316号《关于邱

[1] 北京市第一中级人民法院:(2018)京01行终543号。

某某建设房屋规划审批情况的函》(以下简称316号函),主要内容为:“经查,位于北京市昌平区马池口镇西坨村北的集体土地上邱新民建设的房屋未取得建设工程规划许可证。”2017年8月21日,马池口镇政府向邱某某送达了《谈话通知书》《现场勘查通知书》,并于同日对邱某某进行询问,在《询问笔录》中邱某某认可建设房屋未取得国土和规划部门的审批手续。2017年8月22日,马池口镇政府对涉案房屋进行了现场勘验,并制作《现场勘验笔录》。2017年8月23日,马池口镇政府作出马池口镇拆字〔2017〕10号《限期拆除通知书》(以下简称10号限拆通知),认定邱某某在昌平区马池口镇西坨村北(东至博傲石材厂、南至高芳住宅和空地、西至排水沟、北至公路)院内建设房屋(面积为5046平方米)应当取得而未取得乡村建设规划许可证(临时乡村建设规划许可证),违反了《城乡规划法》第41条、第42条的规定。依据《城乡规划法》第65条、《北京市城乡规划条例》第68条、《行政强制法》第44条的规定,限邱某某于2017年8月24日24时前自行拆除违法建设,逾期不拆除,将依法强制拆除,并于当日向邱某某送达。2017年8月24日,马池口镇政府向邱某某作出马池口镇强拆催字〔2017〕10号《行政强制执行催告书》(以下简称催告书),催告邱某某本人自收到本催告书之日起1日内(2017年8月25日前)自行拆除违法建设。逾期不拆除,将依法作出强制拆除决定书。该催告书于2017年8月25日送达邱某某。2017年8月30日,马池口镇政府作出马池口镇强拆字〔2017〕10号《强制拆除决定书》(以下简称被诉强拆决定),载明:因邱某某本人未能在规定期限内自行拆除违法建设,依据《城乡规划法》第65条、《北京市城乡规划条例》第68条及《行政强制法》第37条、第44条规定,决定于2017年8月31日开始对违法建设予以强制拆除。该强拆决定书于2017年8月30日向邱某某送达。邱某某不服,于2017年9月5日向北京市昌平区人民政府(以下简称昌平区政府)提请行政复议,请求撤销被诉强拆决定。昌平区政府经审查,认为马池口镇政府作出的被诉强拆决定认定事实清楚,适用依据正确,程序合法,内容适当,于2017年11月1日作出昌政复决字〔2017〕90号《行政复议决定书》(以下简称被诉复议决定),决定维持被诉强拆决定。邱某某仍不服,向法院提起行政诉讼,请求人民法院依法撤销马池口镇政府作出的被诉强拆决定及昌平区政府作出的被诉复议决定。一审法院经审理,判决确认被诉强拆决定违法,撤销被诉复议决定。原告不服,提起上诉。

【裁判结论】

北京市第一中级人民法院经审理,判决:(1)维持一审判决第一项;(2)撤销一审判决第二项;(3)确认被诉复议决定违法。

【裁判观点】

一审法院认为:

行政行为应当遵循法定程序。《行政强制法》第44条规定:“对违法的建筑物、构筑物、设施等需要强制拆除的,应当由行政机关予以公告,限期当事人自行拆除。当事人在法定期限内不申请行政复议或者提起行政诉讼,又不拆除的,行政机关可以依法强制拆除。”本案中,马池口镇政府于2017年8月23日作出10号限拆通知,当事人提起行政诉讼的法定期限为六个月,在当事人提起行政诉讼的法定期限尚未届满的情形下,马池口镇政府于2017年8月30日作出被诉强拆决定,违反了行政强制法的相关规定。鉴于涉案违法建设已由马池口镇政府强制拆除,被诉强拆决定不具有可撤销的内容,依法应当判决确认违法。

《行政诉讼法》第79条规定,复议机关与作出原行政行为的行政机关为共同被告的案件,人民法院应当对复议决定和原行政行为一并作出裁判。本案中,昌平区政府在行政复议过程中未能及时指正马池口镇政府的上述程序违法情节,属于适用法律、法规错误,应予以撤销。

二审法院认为:

关于涉案建设是否属于违法建设的问题,本院已于2018年6月22日作出(2018)京01行终544号行政判决,在对马池口镇政府作出的10号限拆通知的合法性进行审查时,已经明确认定涉案建设属于《城乡规划法》第65条规定所指的在乡、村庄规划区内未依法取得乡村建设规划许可证进行建设之情形,马池口镇政府依据上述规定作出10号限拆通知,限期邱某某自行拆除违法建设并无不当。因此,对于该争议问题,本院不再赘述。

此外,一审法院认定马池口镇政府在当事人提起行政复议或行政诉讼的法定期限尚未届满的情形下作出被诉强拆决定,违反了《行政强制法》的相关规定。各方当事人对此认定均不持异议,本院经审查,依法予以确认。

但需要指出的是,行政复议双被告制度确立了行政复议决定与原行政行为的统一性原则,在审查此类案件时,应将行政复议决定与原行政行为作为一个整体加以对待。因此,对于两行为采取的裁判方式原则上应当保持一致。本案中,一审法院已经判决确认被诉强拆决定违法,亦应同时判决确认被诉复议决定违法。一审法院采用撤销被诉复议决定的裁判方式有所不当,依法予以纠正。

法官评析

《行政诉讼法》第79条规定:"复议机关与作出原行政行为的行政机关为共同被告的案件,人民法院应当对复议决定和原行政行为一并作出裁判。"该规定较为笼统,只是强调法院需对复议决定和原行政行为一并作出裁判,但未能进一步明确应如何裁判,即区分不同情形下所应采取的具体裁判方式。

德国《行政法院法》第79条第1款规定了撤销诉讼的标的是:(1)以复议决定体现出来的原行政行为;(2)救济决定或复议决定,如果该决定施加了一个首次负担。该法第113条第1款规定,如行政行为违法且原告之权利因此受到侵害,法院应撤销该行政行为及相应之复议决定。由上可知,虽然德国在诉讼标的的确定上采用"起点决定与复议决定一致性原则",以原行政行为为诉讼标的,但在裁判时却兼顾两者,即在撤销原行政行为的同时,一并撤销复议决定。

日本《行政事件诉讼法》第10条第2款规定:"可以提起处分的撤销之诉,也可以提起对该处分的审查请求予以驳回的裁决之诉的,在裁决的撤销之诉中,不能以处分的违法为理由请求撤销。"需要说明的是,日本现行《行政不服审查法》中规定了相对人对行政处分不服时可提起异议申诉、审查请求和再审查请求。其中的审查请求相当于行政复议申请,而针对该审查请求作出的裁决相当于行政复议决定。对裁决提起的撤销之诉指不服复议决定提起的行政诉讼。根据上述规定,提起裁决撤销之诉不能对原处分的违法与否进行争议,而只能对裁决固有的瑕疵进行争议。换言之,争议处分的违法性必须提出处分撤销之讼,而不能提出裁决撤销之诉,这一点在理论上称为"原处分主义"与"裁决主义"。

经过复议程序的撤销诉讼案件审查模式在德国与日本存在异同点,其共同点在于"起点决定与复议决定一致性原则",即均以原行政行为为诉讼标的,除非复议决定具有独立于原行政行为合法性的"固有瑕疵"。不同点在于，德国仅强调原行政行为因违法被撤销时，复议决定需一并被撤销。而在日本，只有满足针对复议决定提起撤销诉讼的条件时，方存在一并撤销复议决定的可能性。如原告仅针对原行政行为起诉，法律并未规定需一并撤销与之相应的复议决定。

就我国而言，《行政诉讼法》第79条规定："复议机关与作出原行政行为的行政机关为共同被告的案件，人民法院应当对复议决定和原行政行为一并作出裁判。"唯此一点，德国模式似乎更贴近于我国的国情。虽然德国没有采取共同被告的做法，但采用了与我国一致的共同裁判模式。但日本模式也并非毫无借鉴意义，因为在处分撤销之诉和裁决撤销之诉合并时，其产生的效果与我国的共同裁判模式相同。总之，在"起点决定与复议决定一致性原则"的指引下，针对起点决定和复议决定作出的裁判也应当是一致的，我们可称为"起点决定裁判与复议决定裁判的一致性原则"。

基于起点决定和复议决定的统一性原则，对复议决定的裁判和对原行政行为的裁判应当保持一致。因此，人民法院判决撤销原行政行为、确认原行政行为违法或无效时，应一并判决撤销复议决定、确认复议决定违法或无效。

【法律法规链接】

《行政诉讼法》（2014年修正）第79条

（撰稿人　赵　锋）

07

经国务院同意的部委规范性文件不属于行政复议及行政诉讼的附带性审查范围

——广州柏赛罗药业有限公司诉国家食品药品监督管理总局（现为国家药品监督管理局）行政复议案

裁判规则

经国务院同意的部委规范性文件的法律位阶不低于部门规章，不属于行政复议和行政诉讼的附带性审查范围。

案　情[1]

2016 年 3 月 14 日，广州柏赛罗药业有限公司（以下简称柏赛罗公司）向国家食品药品监督管理总局（以下简称食药总局）委托的广东省食品药品监督管理局提交药品注册申请，药品名称为格列齐特缓释胶囊；剂型为制剂、特殊剂型缓释制剂；规格为 80mg；申请事项为新药申请、化学药品 5 类；申请阶段为生产、新药证书。2016 年 3 月 18 日，食药总局作出《药品注册申请不予受理通知书》（No：粤 201600581，以下简称涉案通知），内容为："经形式审查，该申请不符合《药品注册管理办法》等有关规定，不予受理。"该通知同时载明不予受理理由为："新的化学药品注册分类已实施，申报资料不符合要求。"2016 年 3 月 22 日，柏赛罗公司签收涉案通知，食药总局退还其全部申请资料。2016 年 4 月 7 日，食药总局的法制司收到柏赛罗公司的行政复议申请，所载复议请求为：撤销涉案

[1] 北京市第一中级人民法院：(2016)京 01 行初 548 号，北京市高级人民法院：(2017)京行终 465 号。

通知并在法定期限内重新作出具体行政行为;对注册改革方案进行附带审查。同日,食药总局作出行政复议受理通知书,受理该行政复议申请,并作出行政复议答复通知书,要求广东省食品药品监督管理局就该行政复议申请提交答复书及相关证据依据。2016 年 4 月 12 日,鉴于柏赛罗公司在行政复议申请中一并请求对注册改革方案进行附带审查,食药总局根据《行政复议法》第 26 条之规定,决定自该日起中止该行政复议案件的审理。后广东省食品药品监督管理局提交行政复议答复书及相关证据依据。2016 年 5 月 6 日,食药总局作出恢复行政复议通知书,决定根据《行政复议法实施条例》第 41 条第 2 款之规定,自即日起恢复该行政复议案件的审理。经审查,食药总局于 2016 年 5 月 31 日作出食药监复决字〔2016〕20 号行政复议决定书(以下简称被诉复议决定),认为:《行政复议法》第 7 条第 1 款规定:“公民、法人或者其他组织认为行政机关的具体行政行为所依据的下列规定不合法,在对具体行政行为申请行政复议时,可以一并向行政复议机关提出对该规定的审查申请:(一)国务院部门的规定;(二)县级以上地方各级人民政府及其工作部门的规定;(三)乡、镇人民政府的规定。”本案中,柏赛罗公司请求附带审查的《化学药品注册分类改革工作方案》(以下简称注册改革方案),系经国务院批准后印发,不属于上述法律规定的审查范围。食药总局依据注册改革方案对药品注册申请进行审查并无不当。柏赛罗公司第 2 项复议请求缺乏法律依据,复议机关不予支持。

2016 年 6 月 6 日,柏赛罗公司收到被诉复议决定。柏赛罗公司不服,诉至本院,请求撤销被诉复议决定,对注册改革方案进行附带审查。

【裁判结论】

北京市第一中级人民法院判决驳回原告的诉讼请求。北京市高级人民法院判决驳回上诉,维持一审判决。

【裁判观点】

一审法院认为:鉴于原告对被诉复议决定作出的职权不持异议,本院经审查,对被诉复议决定的作出职权的合法性予以确认。

关于原告向被告提出的要求对注册改革方案进行附带审查的复议请求及要求对注册改革方案进行附带审查的诉讼请求。《行政复议法》第 7 条规定,公民、法人或者其他组织认为行政机关的具体行政行为所依据的下列规定不合法，在对具体行政行为申请行政复议时，可以一并向行政复议机关提出对该规定的审查申请：(1) 国务院部门的规定；(2) 县级以上地方各级人民政府及其工作部门的规定；(3) 乡、镇人民政府的规定。前款所列规定不含国务院部、委员会规章和地方各级人民政府规章。规章的审查依照法律、行政法规办理。《行政诉讼法》第 53 条规定，公民、法人或者其他组织认为行政行为所依据的国务院部门和地方人民政府及其部门制定的规范性文件不合法，在对行政行为提起诉讼时，可以一并请求对该规范性文件进行审查。前款规定的规范性文件不含规章。因此，行政复议法及行政诉讼法规定的附带审查均是针对规章以下的规范性文件。《立法法》第 65 条第 1 款规定，国务院根据宪法和法律，制定行政法规。第 70 条第 1 款规定，行政法规由总理签署国务院令公布。第 80 条第 1 款规定，国务院各部、委员会、中国人民银行、审计署和具有行政管理职能的直属机构，可以根据法律和国务院的行政法规、决定、命令，在本部门的权限范围内，制定规章。第 84 条第 1 款规定，部门规章应当经部务会议或者委员会会议决定。第 85 条第 1 款规定，部门规章由部门首长签署命令予以公布。本案中，原告于行政复议及本案诉讼中要求附带审查的为注册改革方案。而被告于 2016 年 3 月 4 日发布的 2016 年第 51 号《总局关于发布化学药品注册分类改革工作方案的公告》载明，根据 2015 年 11 月 4 日第十二届全国人民代表大会常务委员会第十七次会议审议通过的《关于授权国务院在部分地方开展药品上市许可持有人制度试点和有关问题的决定》，被告制定了注册改革方案，已经国务院同意，现予以公告，并自公告发布之日起实施。因此，注册改革方案虽系被告作为国务院药品监督管理部门制定的具有普遍约束力的规范性文件，但由于其已经国务院批准，其效力不低于部门规章，不属于《行政复议法》及《行政诉讼法》规定的附带审查范围。因此，被诉复议决定驳回其要求对注册改革方案进行附带审查的复议请求并无不当，应予支持。原告就被诉复议决定提出的相关诉讼请求及要求对注册改革方案进行附带审查的诉讼请求缺乏法律依据，不予支持。

二审法院认为：

对于注册改革方案是否属于行政复议和行政诉讼附带审查的范围的问题。本院认为，《行政复议法》第 7 条规定，公民、法人或者其他组织认为行政机关的具体行政行为所依据的下列规定不合法，在对具体行政行为申请行政复议时，可以一并向行政复议机关提出对该规定的审查申请：(一)国务院部门的规定；(二)县级以上地方各级人民政府及其工作部门的规定；(三)乡、镇人民政府的规定。前款所列规定不含国务院部、委员会规章和地方人民政府规章。《行政诉讼法》第53条规定，公民、法人或者其他组织认为行政行为所依据的国务院部门和地方人民政府及其部门制定的规范性文件不合法，在对行政行为提起诉讼时，可以一并请求对该规范性文件进行审查。前款规定的规范性文件不含规章。由上述规定可知，当事人申请行政复议或提起行政诉讼，有权就据以作为行政行为依据的规范性文件一并申请审查，但申请审查的规范性文件范围必须符合法定条件和要求。本案中，柏赛罗公司申请对注册改革方案进行复议或诉讼一并审查，而该注册改革方案虽然是食药部门制定的规范文件，但该文件也是经国务院批准后公布实施的。注册改革方案虽不属于食药总局的规章，也不属于国务院行政法规，但也不属于上述法律规定中可以在行政复议和行政诉讼中一并提起审查的规范性文件范围。因此，被诉复议决定和一审判决认定注册改革方案不属于法律规定的审查范围并无不当。

法官评析

本案的焦点问题为原告于行政复议及行政诉讼中请求进行附带性审查的注册改革方案是否属于《行政复议法》和《行政诉讼法》规定的附带性审查的范围。而厘清该问题，一方面需要梳理清晰《行政复议法》和《行政诉讼法》规定的附带性审查的范围，另一方面需要结合我国立法体系及立法实践对于注册改革方案的法律位阶进行准确的定位。

对于前一个问题的梳理结论应当是明确清楚的。《行政复议法》第7条规定，公民、法人或者其他组织认为行政机关的具体行政行为所依据的下列规定不合法，在对具体行政行为申请行政复议时，可以一并向行政复议机关提出对该规定的审查申请：(一)国务院部门的规定；(二)县级以上地方各级人民政府及其工作部门的规定；(三)乡、镇人民政府的规定。前款所列规定不含国务院部、委员会规章和地方人民政府规章。《行政诉讼法》第53条规定，公民、法人或者其他组织认为行政行为所依据的国务院部门和地方人民政府及其部门制定的规范性文件不合法，在对行政行为提起诉讼时，可以一并请求对该规范性文件进行审查。前款规定的规范性文件不含规章。根据前述法律规定，很容易得出以下结论：行政复议和行政诉讼的附带性审查范围实质上是一致的，从法律位阶方面来看，仅限于规章以下的规范性文件；从规范性文件的制定主体来看，仅限于国务院部门以及地方人民政府及其部门。

一般而言，鉴于规章的含义及制定程序、国务院部门及地方人民政府及其工作部门的含义均有明确的法律规定，结合前述两个标准而判断一个行政行为所依据的规范性文件是否属于行政复议和行政诉讼的附带性审查范围应无困难。然而，问题在于，实践中的规范性文件的制定基于各种情势，实际上并不总是与法律规定的立法程序一一对应，而在制定主体、制定程序、公布形式等方面不得不偶有变通，因而在涉及这些规范性文件的法律位阶判断问题时，便不时产生类似本案的疑问。而解决这种疑问，就需要在坚持前述标准的前提下，结合立法规定及我国立法实践，对于具体涉及的规范性文件的制定主体、制定程序等进行分析，进而对其法律位阶和制定主体进行准确的定位。

就本案而言，注册改革方案形式上的制定主体是食药总局即国务院部门，在某种意义上符合《行政复议法》和《行政诉讼法》规定的规范性文件附带性审查的制定主体要求，然而，鉴于注册改革方案又经国务院同意，其实质制定主体又难以简单定位为国务院部门。因此，仅仅从制定主体的角度，似乎已经可以解决本案的疑难。既然注册改革方案的制定主体不属于《行政复议法》和《行政诉讼法》规定的任何一类主体，自然注册改革方案就不应属于行政复议和行政诉讼的规范性文件附带审查范围。然而，若是仅仅论述至此，不过触及了规范性文件附带性审查制度的皮毛，得出的结论也只是浮于表面，其结论的说服力也难说充分。毕竟规范性文件附带审查制度对于制定主体的规定仅仅是表面和形式，其实质是在于对规章以下的规范性文件的效力的统制，进而以求整个立法体系的和谐统一。因此离开对各种规范性文件的实质法律效力的分析，是难以深刻理解规范性文件的附带审查制度并实现其制度设计的目的的。

而提及法律效力，自然就需要考虑之前提及的另外一个标准即法律位阶的考量。就注册改革方案而言，鉴于其制定主体的认定涉及国务院部门及国务院，那么法律位阶的问题，自然而然也就涉及其是否属于与之相关的行政法规或部门规章。关于行政法规，《立法法》第65条第1款规定，国务院根据宪法和法律，制定行政法规。第70条第1款规定，行政法规由总理签署国务院令公布。本案中，根据注册改革方案载明的内容来看，其未经国务院总理签署，亦非通过国务院令的形式公布，其不属于行政法规的结论应当是显而易见的。至于是否属于部门规章的问题，《立法法》第80条第1款规定，国务院各部、委员会、中国人民银行、审计署和具有行政管理职能的直属机构，可以根据法律和国务院的行政法规、决定、命令，在本部门的权限范围内，制定规章。第84条第1款规定，部门规章应当经部务会议或者委员会会议决定。第85条第1款规定，部门规章由部门首长签署命令予以公布。本案中，亦无证据表明该注册改革方案有经部务会议或者委员会会议决定的程序，其亦非由部门首长签署命令而公布，得出其系属部门规章的结论显然亦是没有法律依据的。既非部门规章，又非行政法规，注册改革方案的法律位阶何在呢？

这不得不使我们回到我国的立法实践。现行的《立法法》是制定于2000年，又修改于2015年。在2000年之前，并非我国就不存在行政立法的实践，当时的行政立法如现今一般复杂多样，国务院部门制定的规范性文件在发布前经国务院批准亦不在少数，当时此种规范性文件的制定主体视为国务院，法律位阶相应也视为行政法规。如今《立法法》已实施良久，对于部门规章和行政法规都有严格的制定程序的要求，此时，仍将该种规范性文件视为行政法规，显然与《立法法》相违。然而，注册改革方案本就因全国人民代表大会同意国务院就药品注册分类进行改革并要求食药总局制定修订相关标准而生，食药总局制定该方案后，又实际经过了作为最高行政机关的国务院的统一，因此国务院为注册改革方案的实质制定主体。注册改革方案的内容亦未与任何上位法相抵触，结合我国的立法制度和前述立法实践，应当认定为注册改革方案的法律位阶非属行政法规，但不低于部门规章。既然行政复议和行政诉讼的规范性文件附带审查制度旨在审查规章以下的规范性文件，本案中的注册改革方案自然不属于其审查范围。

【法律法规链接】

《行政复议法》第 7 条

《行政诉讼法》第 53 条

（撰稿人　张美红）

10

CHAPTER

第十章

其他

01

确定行政诉讼审查范围不限于诉请事项

——北京锦程同创国际贸易有限责任公司诉环境保护部(现为生态环境部)行政复函案

裁判规则

行政诉讼应围绕原告的诉讼请求进行审理,但审查范围不限于诉请事项的内容。确定审查范围既应符合有关行政诉讼受案范围的相关法律规定,亦应符合通过有效化解行政争议,实现定分止争,避免程序空转的立法目的。

案　情〔1〕

原告北京锦程同创国际贸易有限责任公司(以下简称锦程同创公司)计划从加拿大进口已经使用过的铁道枕木(以下简称涉案枕木)。加拿大环境部门针对涉案枕木是否许可出口至中国的事宜,履行《控制危险废料越境转移及其处置巴塞尔公约》(以下简称《巴塞尔公约》)中废物越境转移"事先知情同意"程序,于2014年5月16日将征询函传真至中华人民共和国环境保护部污染防治司固体废物管理处(以下简称环保部固体处),并于同年6月11日邮寄了该函件。函件主题为:"加拿大关于拟运送至中国的危险可回收材料的通知",同时附具相关文件。2014年9月18日,被告环保部向加拿大环境部门答复:根据《关于调整进口废物管理目录的公告》(公告2009年第36号,以下简称第36号公告),向中国出口的铁轨枕木不属于可进口的固体废物范畴。因此,不允许向

〔1〕北京市第一中级人民法院:(2015)一中行初字第1655号,北京市高级人民法院:(2016)京行终1147号。

中国出口。原告得知上述回复内容后，认为上述答复违反我国法律及相关规定，且与目前我国海关对涉案枕木按一般货物贸易方式进行进口的事实不符，故其与第三人未名生物环保集团有限公司（以下简称未名公司）于2014年9月30日致信环保部污染防治司负责人，要求“加方之所以发询问文件，其目的是想了解已使用过的枕木（旧枕木）在中国，政府是否将其作为危险物质进行管控？对于这个问题的回复意见，固体处执法专家应该依据中国相关法律、行政法规，考虑到促进我国经济发展的大局，依据我国旧枕木的实际使用情况，给予实事求是的回复”。

2014年10月22日，环保部污染防治司针对上述信函以司函的形式向原告及第三人作出环防函〔2014〕46号《关于拟从加拿大进口已使用过的铁道枕木有关意见的复函》（以下简称被诉复函）。主要内容如下：(1)你公司拟进口的涉案枕木属于固体废物。①你公司拟进口的涉案枕木在我国属于固体废物。你公司拟进口的涉案枕木用于我国矿井地下巷道和山林户外栈道的铺设，该枕木已丧失原有利用价值，不作为其原有用途使用。根据《固体废物污染环境防治法》第88条规定，涉案枕木在我国属于固体废物。②加拿大环境部门履行《巴塞尔公约》废物越境转移“事先知情同意”程序，向环保部递交事先书面通知。上述公约适用范围包括其界定的危险废物和其他废物，表明加拿大环境部门将涉案枕木按照固体废物进行管理。(2)根据《固体废物污染环境防治法》第25条及第36号公告规定，你公司拟进口的涉案枕木属于禁止进口的固体废物，禁止进口至我国。

原告及第三人不服被诉复函，向被告申请行政复议。2015年1月30日，被告作出行政复议决定，以被诉复函系对原告及第三人拟进口的铁道旧枕木为何属于我国禁止进口的固体废弃物这一问题，从法律规定的角度作出的解释说明，对原告及第三人的权利、义务不产生实际影响，不属于行政复议范围为由，驳回原告及第三人的行政复议申请。原告于2015年2月14日收到行政复议决定，于2015年3月2日向我院提起行政诉讼。请求：(1)判决撤销被诉复函；(2)判决被告重新作出答复，将“经过分拣、清洁等加工处理的有标准规格、木材质量优质、可直接作为产品循环使用”的旧枕木防腐木，依据相关法律、行政法规将其归类为“其他已浸渍的铁道枕木”（海关编码为4406900090），并允许对其进行进口。

【裁判结论】

北京市第一中级人民法院经审理，判决驳回原告锦程同创公司的诉讼请求。锦程同创公司不服，向北京市高级人民法院提起上诉。北京市高级人民法院作出(2016)京行终1147号行政判决，判决驳回上诉，维持一审判决。

【裁判观点】

一审法院认为：本案的判决是基于对以下两个问题的分析判断：一是被诉行政行为是否可诉；二是被诉行政行为是否合法。

关于被诉行政行为的可诉性问题。第一，原告诉请撤销被诉复函，环保部辩称该复函未对原告的权利义务产生实际影响，且与其致加拿大环境部门的回函并非同一行政行为。对此，本院认为，行政诉讼应围绕原告的诉讼请求进行审理，但审查范围不限于诉请事项的内容。本案中，环保部在被诉复函中明确函复原告，拟从加拿大进口的涉案枕木属于禁止进口的固体废物，禁止进口至我国。该复函确未对原告创设新的权利义务，但本案的特殊性在于被诉复函与环保部致加拿大环境部门的回函之间存在密切联系。正是由于环保部在回函中作出不允许该类枕木向我国出口的回复意见，原告据此致信环保部有关部门负责人，由此产生本案被诉复函。可见，被诉复函虽针对原告来信作出，但其直接缘由及答复理由均源于环保部致加拿大环境部门的回函。故本案不应将被诉复函与环保部致加拿大环境部门的回函割裂开来，应将被诉复函与回函作为一个整体行政行为。同时，根据对行政行为合法性需要进行形式审查和实质审查的要求，本案应针对原告诉请涉及的相关事项进行全面审查才能作出判断。本案就环保部的行为对原告产生的法律效果而言，该行为对原告的权利义务产生了实际影响，致使原告无法从加拿大进口已使用过的铁道枕木。故本院对环保部的该项辩称不予采信。

第二，环保部辩称其作为《巴塞尔公约》在我国的联络点，向加拿大环境部门回函系国家行为，该行为不属于行政诉讼受案范围。对此，本院认为，依据2015年《最高人民法院关于执行〈中华人民共和国行政诉讼法〉若干问题的解释》第2条关于“国家行为是指国务院、中央军事委员会、国防部、外交部等根据宪法和法律的授权，以国家的名义实施的有关国防和外交事务的行为，以及经宪法和法律授权的国家机关宣布紧急状态、实施戒严和总动员等行为”的规定，环保部上述行为系其在行政管理活动中行使行政职权，对包括固体废物进口在内的固体废物污染环境防治工作进行行政管理的行为，并非基于国家主权并且以国家名义实施的行为，且内容与国防、外交事务无关。故本院对环保部的该项辩称不予采信。

第三，依据《行政诉讼法》第1条规定，畅通公民、法人和其他组织寻求司法救济的渠道，通过有效化解行政争议来维护他们的合法权益，既是我国行政诉讼制度的基本原则，也是我国《行政诉讼法》的立法目的之一。综合本案总体情况，对被诉行政行为进行司法审查，既未违反有关行政诉讼受案范围的相关法律规定，亦符合通过有效化解行政争议，实现定分止争，避免程序空转的立法目的。

综上所述，本院对环保部关于被诉复函不具有可诉性的辩称不予采信。

关于被诉行政行为的合法性问题。从实体来看，首先，关于涉案枕木是“废枕木”还是“旧枕木”问题。本院认为，该问题的实质是涉案枕木是否属于固体废物。根据《固体废物污染环境防治法》第88条第1项规定，固体废物是指在生产、生活和其他活动中产生的丧失原有利用价值或者虽未丧失原有利用价值但被抛弃或者放弃的固态、半固态和置于容器中的气态物品、物质以及法律、行政法规规定纳入固体废物管理的物品、物质。由于固体废物具有废物和资源的双重属性，故其虽称“废物”但并非不再具有任何利用价值，只是相对于原有利用价值而言发生了改变，或者虽未丧失原有利用价值但被所有者、使用者抛弃或者放弃。本案中，原告称进口涉案枕木按照整根进口和使用，不改变铁道枕木的用途。但其进口涉案枕木并非用于铁路铺设，而是用于除铁路以外的道路铺设，该用途使涉案枕木虽未丧失利用价值但因改变原有用途而丧失原有利用价值，故环保部依据上述法律规定认定涉案枕木属固体废物并无不当。原告又称涉案枕木与“木及软木废料”的性质及形态特征存在本质区别，不属于固体废物。因“木及软木废料”系自动许可进口类固体废物的一个类别，并非判定与“木及软木废料”相关的固态物品是否属固体废物的依据和标准，故原告所称不能成立。原告再称涉案枕木经过分拣、清洁等加工处理，有标准规格、质量优质、可直接作为产品循环使用，且有关专业委员会亦将涉案枕木认定为旧枕木。对此，本院认为，依据《再生资源回收管理办法》第2条第2款关于“再生资源包括废旧金属、报废电子产品、报废机电设备及其零部件、废造纸原料（如废纸、废棉等）、废轻化工原料（如橡胶、塑料、农药包装物、动物杂骨、毛发等）、废玻璃等”的规定，我国并未将已使用过的铁道枕木纳入再生资源管理范围，涉案枕木如丧失原有利用价值亦应按照固体废物进行管理。因此，原告关于涉案枕木应系旧枕木，环保部认定其属固体废物缺乏依据的诉讼主张，本院不予支持。

其次，关于涉案枕木是否属于禁止进口固体废物问题。《固体废物污染环境防治法》第 25 条第 1 款规定，禁止进口不能用作原料或者不能以无害化方式利用的固体废物；对可以用作原料的固体废物实行限制进口和自动许可进口分类管理。第 3 款规定，禁止进口列入禁止进口目录的固体废物。第 36 号公告中《禁止进口固体废物目录》第 84 项为“其他未列名固体废物”，其他未列名固体废物指未明确列入《进口废物管理目录》的固体废物。从上述规定可知，我国将固体废物按照资源化程度和环境风险高低分为禁止进口类、限制进口类和自动许可进口类。本案中，因限制进口类及自动许可进口类可用作原料的固体废物目录中未明确列入与枕木有关的废物名称，故涉案枕木属第 36 号公告中《禁止进口固体废物目录》第 84 项规定的“其他未列名固体废物”，依法应禁止进口。环保部据此禁止涉案枕木进口至我国并无不当，亦符合我国对固体废物进口兼顾环境保护和资源利用的立法本意。至于原告所称环保部以《关于发布〈进口废物管理目录〉(2015 年) 的公告》中列入的“废枕木”作为依据，认定涉案枕木为禁止进口的固体废物有误一节，因被诉行政行为作出时间早于该公告发布时间，故原告所称不能成立。因此，本院对原告关于环保部不应将涉案枕木作为禁止进口的固体废物的诉讼主张不予支持。

从程序来看，根据《固体废物污染环境防治法》第 10 条关于“国务院环境保护行政主管部门对全国固体废物污染环境的防治工作实施统一监督管理”，第 25 条关于“国务院环境保护行政主管部门会同海关总署、国务院质量监督检验检疫部门等制定、调整并公布禁止进口、限制进口和自动许可进口的固体废物目录”，以及《固体废物进口管理办法》第 6 条第 1 款关于“国务院环境保护行政主管部门对全国固体废物进口环境管理工作实施统一监督管理”等规定，环保部作为国务院环境保护行政主管部门，对于包括固体废物进口在内的固体废物污染环境防治工作具有监督管理的法定职权，同时，环保部有权会同有关部门制定、调整禁止进口、限制进口和自动许可进口的固体废物目录。本案中，虽现行法律规范对判定固体废物以及是否允许进口的程序性规定存在不清晰之处，但环保部在其职权范围内依据相关规定作出被诉行为并履行告知义务，未违反现行法律、行政法规的规定。本院对原告关于环保部禁止进口涉案枕木程序违法的诉讼主张不予支持。

二审法院认为:对于本案被诉行政行为的可诉性及被诉行为作出的行政程序是否合法的问题,本院同意一审判决的意见。

本案主要的争议焦点问题为,涉案枕木是否是固体废物,以及是否属于禁止进口的范围。《固体废物污染环境防治法》第88条第1项规定,固体废物的特征在于,其原有利用价值发生了改变,或者虽未丧失利用价值但被所有者、使用者抛弃或者放弃。本案中,锦程同创公司所拟进口的涉案枕木,原本用作铁路枕木,但锦程同创公司进口涉案枕木并非用于铁路铺设,而是用于除铁路以外的道路铺设,涉案枕木的用途已被改变,丧失了原有的铁路枕木的利用价值,其应属于固体废物。因此,环保部将涉案枕木认定为固体废物,并无不当。

固体废物具有对环境造成污染的危险性,国家依法对其进口实施严格管理。根据《固体废物污染环境防治法》第25条第1款、第2款规定及第36号公告中《禁止进口固体废物目录》第84项为"其他未列名固体废物",其他未列名固体废物指未明确列入《进口废物管理目录》的固体废物的规定,我国固体废物的进口实行目录管理,并可分为禁止进口、限制进口和自动许可进口三类。涉案枕木并不包含在限制进口类及自动许可进口类可用作原料的固体废物目录中;亦不在禁止进口类目录列名范围内。但在涉案枕木被认定为固体废物的情形下,环保部秉持审慎监管的原则,认定涉案枕木属于第36号公告中《禁止进口固体废物目录》第84项规定的应禁止进口的"其他未列名固体废物",并无不当。因此,环保部告知锦程同创公司禁止进口涉案枕木,不违反上述《固体废物污染环境防治法》第25条的相关规定。

法官评析

本案争议焦点包括两个方面:一是被诉行政行为的确定及其可诉性;二是被诉行政行为的合法性。

一、关于被诉行政行为的确定及其可诉性问题

(一)结合立法目的确定本案的被诉行为

行政诉讼是"民告官"制度,主要解决行政机关在行政管理过程中侵犯公民合法权益的问题,是为公民合法权益提供司法救济的制度,这是行政诉

讼的本质特征。《行政诉讼法》第 1 条将“解决行政争议”增加为立法目的，就是要针对行政诉讼立案难问题，在行政争议数量日益增多，人民群众维权意识不断提高的背景下，强调依法保障公民、法人和其他组织的诉讼权利，由人民法院对被诉行政行为进行审查，以法治方式解决行政争议。该条的立法依据是《宪法》第 41 条的规定，因此，对行政机关行使行政职权进行司法监督是宪法确定的原则。此前，全国人大常委会对《行政诉讼法》的两次审议均涉及受案范围的扩大问题，并将其作为解决行政诉讼立案难，畅通行政诉讼入口，完善对当事人诉权保护的解决抓手之一。因此，确定被诉行政行为除了要符合《行政诉讼法》第 12 条列举的 12 项及一个兜底条款的规定以外，还应当符合有效化解行政争议，避免程序空转，实现定分止争的立法目的。

由于行政行为一经作出即产生确定力、拘束力和执行力。故原告的权利义务受到影响，其必定要从维护自身合法权益的角度出发，请求人民法院通过司法救济渠道对行政行为的合法性进行审查监督。对当事人来说，诉讼关注点始终在行政争议的实质解决和自身利益的维护。结合本案的有关情况进行综合判断，虽然原告的诉讼请求只针对环保部作出的复函，但原告无法从加拿大进口涉案枕木，源于环保部致加拿大环境部门的回函，被诉复函中确未对原告创设新的权利义务，而正是由于回函的禁止答复产生了本案的被诉复函，因此回函与复函之间的密切关系应当将其作为一个整体的行政行为来看待，这样结合的行政行为对原告权利义务产生了实质影响。如果仅围绕原告的诉讼请求确定被诉行政行为，而单纯的被诉复函又不具有可诉性，导致行政争议并未得到有效解决，本轮行政诉讼完全流于程序空转，不符合行政诉讼的立法目的。正如亚里士多德所说，当我们要解决一个问题的时候，应该怎么办呢？那就是从本源上去思考它。要解决一个行政争议，本源的思考就是立法目的。

因此，本案确立了“行政诉讼应围绕原告的诉讼请求进行审理，但审查范围不限于诉请事项内容”的原则，对环保部行使行政职权作出的对行政相对人产生行政法律效果的两个行为相结合进行司法审查，该原则亦符合行政诉讼的立法目的。

（二）本案确定的被诉行政行为具有可诉性

行政行为的可诉性也称行政行为“可审查性”，是指行政主体作出的行政行为可以被诉诸法院进行行政诉讼或者司法审查的属性。在法治视角下，可诉性是行政行为的法治属性。行政权是国家宪法、法律赋予行政机关执行法律、实施行政管理活动的权力，自然应当受到法律监督。同时，行政权源于公民权利，公民、法人和其他组织应当拥有维护自身权益的请求权。因此，就法治国家的要求而言，行政行为应当被纳入司法审查范围。

但是实际上，由于行政诉讼受案范围的确定受行政争议特点、法治发展的阶段性等诸多因素的影响，目前我国还处于建设法治国家的进程中，对行政诉讼的受案范围采取从实际出发循序渐进、逐步完善的方式，人民法院只主管法律规定的行政案件。一项行政争议能否诉诸法院寻求解决，涉及司法权与行政权的关系，涉及司法对公民、法人和其他组织权力救济的广度，也是一个行政诉讼首先要解决的问题。

本案在确立前述原则的基础上，将回函和复函作为一个行政行为进行审查，其可诉性主要考虑以下两点：首先，从可诉行政行为的完整要素来看，除个别情况以外，行政行为是否使相对人的合法权益受到实质影响，是判断行政行为是否可诉的标准之一。其次，从诉的利益、诉讼目的正当性角度，审判的必要性和实际效果亦是判断行政行为是否可诉的标准。本案中，环保部的回函系其在行政管理活动中行使行政职权，对包括固体废物进口在内的固体废物污染环境防治工作进行行政管理的行为。该行为直接导致环保部给原告复函的结果。两者相结合的法律后果对原告的权利义务产生了实质影响。且因原告系从事枕木进出口业务的公司，其在本案中拟进口的已使用过的铁道枕木亦是其业务范围，能否进口直接关系其经济利益以及今后相关业务的合法进行，故原告提起诉讼与本案确定的行政行为存在利害关系，其诉讼目的正当，对其诉讼的审理存在必要性。因此，本案确定的行政行为具备可诉性。

二、关于被诉行政行为的合法性问题

本案系首例诉环保部对进口固体废物管理的新类型案件。从实体来看，主要争议包括涉案枕木是“废枕木”还是“旧枕木”、涉案枕木是否属于禁止进口固体废物两个问题。

（一）涉案枕木是“废枕木”还是“旧枕木”

“废枕木”与“旧枕木”虽然一字之差，但在管理主体、管理方式上却完全不同。所谓“废枕木”就法律角度而言，就是“固体废物”。对于固体废物，我国由环保部实施统一管理，考虑到固体废物具有废物和资源的双重属性，只是相对原有利用价值发生了改变，并非不再具有任何利用价值，因此我国对固体废物采取减量化、资源化、无害化管理原则，进口固体废物并不等同于进口洋垃圾。本案中，原告作为防腐木开发利用企业，进口涉案枕木的目的是用于除铁路以外的道路铺设，因涉案枕木改变原有用途而丧失原有利用价值，故依据《固体废物污染环境防治法》的规定，涉案枕木应属固体废物。

（二）涉案枕木是否属于禁止进口固体废物

禁止进口没有回收再利用价值，或者虽有回收再利用价值，但在回收利用过程中会对生态环境、人身安全健康造成污染破坏的固体废物，对维护生态安全，保障群众身体健康具有十分重要的意义，也是防止个别企业基于利益驱动使我国成为世界上最大的垃圾倾倒场。《固体废物污染环境防治法》对固体废物采取分类管理，将固体废物分为禁止进口、限制进口及自动许可进口三类，对不能用作原料或者不能以无害化方式利用的固体废物严格禁止进口。第36号公告中《禁止进口固体废物目录》第84项进一步规定“其他未列名固体废物”，其他未列名固体废物指未明确列入《进口废物管理目录》的固体废物。由于涉案枕木未明确列入《禁止进口固体废物目录》，环保部基于审慎监管原则，据此认定涉案枕木属“其他未列名固体废物”并禁止进口至我国并无不当，亦符合我国对固体废物进口兼顾环境保护和资源利用的立法本意。

【法律法规链接】

《行政诉讼法》第1条

《固体废物污染环境防治法》第10条、第25条、第88条

《固体废物进口管理办法》第6条第1款

（撰稿人　梁　菲　郑伟华）

02

政府非税收入的缴款人对财政部门的退付请求权

——张某某等诉中华人民共和国财政部驳回行政复议申请决定案

裁判规则

1. 罚没收入的缴款人能否直接以财政部门作为义务对象请求退付，取决于各地关于退付程序的具体规定。如果相关规定没有排除缴款人向财政部门的退付请求权，则应认定财政部门系缴款人退付请求权的直接义务对象。

2. 退付的申请是否经由执收单位提出、款项是否经由执收单位退付等属于退付的具体流程问题，不影响缴款人与财政部门之间退付法律关系性质的认定。

3. 缴款人请求财政部门退库，其性质属于公民、法人或者其他组织直接请求行政机关履行给付义务，属于行政复议的受理范围。

案　情[1]

2016年11月18日，被告中华人民共和国财政部(以下简称财政部)作出《行政复议决定书》(财复议〔2016〕170号，以下简称170号复议决定)，认为：根据申请人(本案张某某等四原告)的行政复议申请书及法院认定，张某某等四原告的复议请求为要求广西壮族自治区财政厅(以下简称广西财政厅)退还其合法财产并进行赔偿。虽然在案证据不足以证明张某某等四原告曾直接向广西财政厅提出过上述请求，为了及时便民的处理行政争议，根据《行政复议法》第4

〔1〕 北京市第一中级人民法院：(2017)京01行初501号。

条及《广西壮族自治区政府非税收入管理条例》(以下简称《广西非税收入条例》)第12条第2款等规定,广西财政厅应当对张某某等四原告要求退库等请求依法进行处理,故决定广西财政厅对张某某等四原告退库等请求依法进行处理。2017年1月22日,广西财政厅根据170号复议决定作出《政府信息公开告知书》(以下简称涉案告知书),告知张某某:(1)关于罚没收入的退库问题,已于2017年1月22日将涉及张某某的323.49万元缉毒罚没收入作退库处理,此笔款项已退还至广西壮族自治区公安厅(以下简称广西公安厅)账户,由广西公安厅依法进行处理。(2)鉴于最高人民法院赔偿委员会已于2016年11月17日派出法官专程到来宾市中级人民法院调查张某某涉案被处罚的相关事宜,目前正在调查此案,最后的处理以最高人民法院的裁定为准。张某某等四原告不服涉案告知书,于2017年2月向被告提出行政复议申请,请求:依法确认广西财政厅违法,撤销广西财政厅作出的涉案告知书,并退回517.7965万元(包括查封的股票、车某某的取保候审款323.49万元);广西财政厅依法赔偿三个企业法人张某某没有经营事实的麻黄碱片以毒资进入国库,导致没有经营事实的麻黄碱片构成非法经营罪,被判刑坐牢五年,明绑架三个企业法人造成各种经济损失600亿元人民币。被告于2017年2月27日收到申请后,于同年3月1日作出《行政复议答复通知书》,要求广西财政厅进行答辩并提交证据和依据。同年3月15日,广西财政厅作出《被申请人答复书》。同年4月21日,被告作出《驳回行政复议申请决定书》(财复议〔2017〕72号,以下简称被诉复议决定),并于同年4月28日向张某某等四原告邮寄送达。

被诉复议决定认为:(1)根据在案证据,广西公安厅依法确认来宾市公安局对张某某作出的《没收涉案财物决定书》(来公禁没字〔2011〕11号,以下简称11号没收决定)违法后,向广西财政厅提出退回涉及张某某的罚没款项(323.49万元)的申请,并说明用于来宾市公安局退回给张某某。广西财政厅依照相关规定,按原缴款渠道将该笔款项退回至广西公安厅的做法并无不当。(2)作为政府非税收入的省级主管部门,广西财政厅对公安机关汇缴的缉毒罚没收入进行征收管理是依法履行职责,根据广西公安厅的申请履行退库、退付程序亦符合相关规定,并且广西财政厅并非对张某某作出行政处罚的机关,张某某等四原告认为广西财政厅违法并要求赔偿没有事实和法律依据。(3)广西财政厅向张某某作出的涉案告知书系将涉及张某某的罚没收入作出了退库处理并已退还至广西公安厅账户由其依法进行处理的客观情况，以及广西财政厅从广西公安厅了解到的最高人民法院正在调查该案的相关情况对张某某进行告知说明，相关告知说明并未侵犯张某某等四原告的合法权益。因此，张某某等四原告的行政复议申请不属于行政复议范围。被告根据《行政复议法实施条例》第48条第1款第2项的规定，决定驳回张某某等四原告的行政复议申请。张某某等四原告不服被诉复议决定，提起本案诉讼，请求撤销被诉复议决定，责令被告受理其行政复议申请。

【裁判结论】

北京市第一中级人民法院经审理，判决：(1)撤销被诉复议决定；(2)被告财政部应当于法定期限内针对张某某等四原告的行政复议申请及一并提出的行政赔偿请求重新作出行政复议决定。宣判后，双方当事人均未提起上诉。

【裁判观点】

法院生效裁判认为：本案的核心问题在于张某某等四原告的行政复议申请是否属于行政复议范围。

1. 关于本案张某某等四原告行政复议申请的内容。虽然广西财政厅根据170号复议决定的要求作出的行为，名称为《政府信息公开告知书》，但在诉讼中张某某等四原告及被告均认可，张某某等四原告的行政复议申请实际上是要求广西财政厅处理其退库请求，而涉案告知书也是针对上述事项向张某某作出的答复。因此，本案张某某等四原告行政复议申请的实质，是认为广西财政厅未依法履行处理四原告退库请求的法定职责，向被告提出行政复议申请，同时一并提出行政赔偿请求。

2. 张某某等四原告的行政复议申请是否属于行政复议的受理范围，取决于政府非税收入的缴款人，能否直接以财政部门作为义务对象请求退付。关于政府非税收入的退付程序，《政府非税收入管理办法》第31条规定："已上缴中央和地方财政的非税收入依照有关规定需要退付的，分别按照财政部和省级财政部门的规定执行。"由于财政部目前对于政府非税收入的退付程序没有更具体的规定，因此各省级财政部门的退付程序需要进一步考察各地的具体规定。从目前各地的规定和实际操作情况来看，虽然具体流程各有差别，但从权利义务关系的角度分析，可以分为两种模式：第一种模式，缴款人退付请求权的直接义务对象是执收单位，财政部门并不直接对外作为缴款人退付请求权的义务对象。第二种模式，缴款人退付请求权的直接义务对象就是财政部门。这种模式之下，虽然退付申请的提出和退还的实际路线均有可能经过执收单位，但从法律上仍然是直接在缴款人与财政部门之间产生退付的权利义务关系。在此模式下，缴款人请求财政部门退库，其性质属于公民、法人或者其他组织直接请求行政机关履行给付义务，应属于行政复议的受理范围。

3.《广西非税收入条例》第12条第2款规定，“对因调整政府非税收入征收标准需要退还已收款项的，以及经依法确认属于误缴误征、多缴多征的政府非税收入，财政部门应当及时退还缴款义务人”。从上述规定中“财政部门应当及时退还缴款人”的表述来看，在缴款人与财政部门之间就政府非税收入的退付存在直接产生权利义务关系的可能性。被告又未能向本院提供任何规定，说明广西壮族自治区关于政府非税收入的退付程序采取的是前述第一种模式而非第二种模式。因此，应当认定缴款人具有直接向广西财政厅要求退付的请求权，至于退付的申请是否经由执收单位提出，或者退付的路线是否还需要经过执收单位等，均属于退付的具体流程问题，并不影响法律关系性质的认定。至于《广西壮族自治区本级非税收入收缴管理制度改革试点办法》（以下简称《试点办法》）第35条规定非税收入退付由“由区直主管部门统一报自治区财政厅审批”，由于广西《非税收入条例》晚于《试点办法》，且《试点办法》也只适用于其中列明的试点单位和部门，没有相应的规定表明本案涉及的退付事项适用上述试点办法，因此上述试点办法的规定不影响本案的认定结论。

本案中张某某等四原告要求广西财政厅处理其退库请求，应当属于行政复议的受理范围，至于广西财政厅目前的处理是否合法则属于行政复议案件的实体问题。被告认定张某某等四原告的行政复议申请不属于复议范围，主要证据不足、适用法律错误。

4.《国家金库条例实施细则》第23条第1款规定，“各单位和个人申请退库，应向财政、征收机关填具退库申请书”。虽然张某某等四原告认可其并未向广西财政厅直接提出过请求退库的申请，但由于被告之前的170号复议决定已经明确要求广西财政厅对张某某等四原告退库等请求依法处理，因此张某某等四原告请求退库的事项已经系属于广西财政厅，广西财政厅应当直接就其退库请求予以处理。

综上，张某某等四原告请求撤销被诉复议决定的诉讼请求成立，被告应当在法定期限内对原告的行政复议申请及一并提出的行政赔偿请求重新予以审查处理。

法官评析

根据《政府非税收入管理办法》第3条第1款第3项的规定，罚没收入属于政府非税收入。本案是全国首例涉及政府非税收入退缴国库的行政诉讼案件，在此案之前，政府非税收入的退库程序以及缴款人与财政部门之间的法律关系性质，均无相关案例，财政部作为主管机关对此亦无明确的界定。判断四原告的行政复议申请是否属于行政复议范围，实质是要判断四原告是否具有向财政部门提出退还罚没收入的请求权，进一步讲，需要对政府非税收入退付程序中缴款人与财政部门之间的权利义务关系予以厘清。

一、政府非税收入退付的两种模式

根据《国家金库条例实施细则》第三章第四节"预算收入的退付"的相关规定，退付的申请人为缴款人，接受退付申请的行政机关为财政部门及征收机关，预算收入退付的具体管理办法，由财政部和中国人民银行总行另行制定。《政府非税收入管理办法》第31条则规定，已上缴中央和地方财政的非税收入依照有关规定需要退付的，分别按照财政部和省级财政部门的规定执行。因此，《国家金库条例实施细则》和《政府非税收入管理办法》均未对预算收入的退付权利义务关系进行具体明确，需要区分预算层级，对于上缴中央财政的非税收入，按照财政部的具体规定执行；对于上缴地方财政的非税收入，需要具体考察各个地方的管理制度。总体来看，目前全国各地对于非税收入的退付，有两种不同的模式：一种是以执收单位为退付义务机关，另一种是以财政部门为退付义务机关。

（一）执收单位退付模式

上海、海南、青海等地方采取由执收单位退付的模式。这种模式下，缴款人向执收单位提出退付申请；执收单位是退付义务机关，与缴款人之间直接产生退付权利义务关系。财政部门与缴款人之间不产生直接的法律关系。财政部门基于对非税收入的监督管理职责，对执收单位呈报的退付事项的审核处理，属于非税收入退付程序的内部环节，不对缴款人直接发生效力，而是财政部门与执收单位之间的非税收入内部管理关系。针对退付过程中引发的诸如退付数额、办理程序期限等争议，缴款人应以执收单位为履责主体，提起行政复议或行政诉讼。

（二）财政部门退付模式

由财政部门退付模式的具体规定上，有两种不同的立法模式，一种是以明确规定由财政部门直接退还缴款人，如吉林省、湖北省；另一种是规定由财政部门退还缴款人，未明确“直接”二字。对这两种立法模式，有观点认为，既然立法上有所区分，就说明，只有规定“直接”二字的情形下，才能认为财政部门与缴款人之间产生退付权利义务关系，对于后一种立法模式，不宜认为财政部门是退付义务主体。这种观点实际是对法律规定的片面理解。姑且不论不同地方在立法技术上是否存在差异，仅从后一种模式下的具体规定表述看，在缴款人与财政部门之间就政府非税收入的退付存在直接产生权利义务关系的可能性。除非还有其他规定能够证明具体制度设计和执行上排除了这一可能性。

二、涉案罚没收入退付法律关系的具体分析

本案四原告所主张的退付事项，系依据广西公安机关作出的没收决定而上缴国库的罚没收入。故涉案罚没收入的退付，应按照广西非税收入的退付规定处理。

本案中，《广西非税收入条例》第 12 条第 2 款规定，“对因调整政府非税收入征收标准需要退还已收款项的，以及经依法确认属于误缴误征、多缴多征的政府非税收入，财政部门应当及时退还缴款义务人”。就上述规定中“财政部门应当及时退还缴款人”的表述来看，并未排除缴款人与财政部门之间发生退付权利义务关系的可能性。而除此规定外，广西壮族自治区并没有其他规定能够说明政府非税收入的退付程序采取的是执收单位退付模式。此种情形下，应当认定缴款人具有直接向广西财政厅要求退付的请求权。至于在退付过程中，财政部门与执收单位之间的程序流转事项，则属于财政部门与执收单位之间国库管理的内部事项，不影响财政部门与缴款人之间退付法律关系性质的认定。

三、政府非税收入退付程序的规范和完善

作为首例涉及个人要求返还政府非税收入的行政诉讼案件，通过本案的审理，在全国范围内首次全面梳理了缴款人与财政部门在国库管理关系中的权利义务。同时也发现目前全国政府非税收入的退付程序规定不完善、不统一的问题比较突出。一方面，中央财政一级缺乏具体的程序规定，财政部作为主管机关对此问题尚未形成明确的意见；另一方面，一些地方也缺乏省一级的程序规定，甚至还有一些地方尚未就政府非税收入的退付作出制度安排。总体来看，在当前的政府非税收入分级分类管理体系下，缴款人、财政部门、执收单位之间的权利义务关系，也需要从制度上作出明确的规定。

政府非税收入，尤其是罚没收入，往往存在执收单位与财政部门分离的情况，财政部门同时是执收单位的情形较为少见。因此，如果由财政部门承担退付义务，对于是否符合退付条件等事项，存在审查上的客观困难，需要将执收单位纳入审查程序中，以查明该项收入收缴和退付的相关事实，客观上势必增加执法成本、降低执法效率，不利于对缴款人合法权益提供及时有效的保障。

考察其他国家和地区的成熟做法，往往采执收单位退付模式。比如我国台湾地区，通过制定实施"国库收入退还支出收回处理办法"，对退付条件、具体退付程序等进行了统一和明确，其中，"执收单位发现有错或依据法令规定"系启动退付程序的前提条件，是否退付的审查职责在执收单位，财政部门依据执收单位出具的收入退还书，将款项退至执收单位或者经执收单位确认的缴款人指定账户。整个退付法律关系，只发生在执收单位与缴款人之间，有效解决执法成本与效率问题，且对于提高退付审查的准确性和及时性也多有裨益。我国台湾地区的这一制度设计，对于当前规范和完善政府非税收入退付程序，颇具借鉴意义。

【法律法规链接】

《政府非税收入管理办法》第31条

《广西壮族自治区政府非税收入管理条例》第12条第2款

（撰稿人　张婷婷）

03

股权冻结的生效时间与公示行为的法律性质

——北京农投诚兴小额贷款股份有限公司诉北京市工商局(现为北京市市场监督管理局)股权冻结及公示行为案

裁判规则

股权冻结应以人民法院协助执行通知书的送达时间为生效时间,协助执行通知书送达在先的法院的冻结为生效冻结,送达在后的法院的冻结为轮候冻结。工商行政机关进行的股权冻结公示行为附属于人民法院执行行为,非独立的行政行为,不属于人民法院行政诉讼的受案范围。

案 情[1]

2014 年,广东省深圳市福田区人民法院(以下简称福田区法院)依据庄某某的申请,作出(2014)深福法立保字第 607 号、第 608 号民事裁定书,对中宇慧通资产管理集团有限公司(以下简称中宇慧通公司)所持有的北京农投谷成小额贷款股份有限公司(以下简称农投谷成公司)20% 的股权予以冻结。2014 年 12 月 18 日,北京市工商行政管理局(以下简称北京市工商局)依据上述民事裁定书和(2014)深福法立保字第 607 - 608 号协助执行通知书,对中宇慧通公司所持有的农投谷成公司 20% 的股权冻结予以公示,冻结时间为 2014 年 12 月 15 日至 2016 年 12 月 14 日,公示日期为 2014 年 12 月 15 日。2014 年 12 月 23 日,北京市工商局依据北京市海淀区人民法院(以下简称海淀区法院)作出的民事裁定

〔1〕 北京市第一中级人民法院:(2016)京 01 行终 246 号。

书和协助公示通知书、协助公示执行信息需求书，对上述股权冻结再次予以公示，冻结时间为2014年12月23日至2015年12月22日，公示日期为2014年12月23日。北京农投诚兴小额贷款股份有限公司（以下简称农投诚兴公司）认为福田区法院要求北京市工商局进行股权冻结公示时未按照《最高人民法院、国家工商总局关于加强信息合作规范执行与协助执行的通知》（以下简称《通知》）要求提交协助公示通知书和协助公示执行信息需求书，于2015年6月23日向法院提起行政诉讼，要求撤销北京市工商局依据福田区法院作出的民事裁定书和协助执行通知书作出的对中宇慧通公司在农投谷城公司20%股权的冻结及公示行为。

【裁判结论】

北京市第一中级人民法院经审理，判决：(1)撤销北京市海淀区人民法院(2015)海行初字第952号行政判决；(2)驳回被上诉人农投诚兴公司的起诉。

【裁判观点】

一审法院认为：《民事诉讼法》第242条第2款规定："人民法院决定扣押、冻结、划拨、变价财产，应当作出裁定，并发出协助执行通知书，有关单位必须办理。"《通知》第6条第1款规定："人民法院办理案件需要工商行政管理机关协助执行的，工商行政管理机关应当按照人民法院的生效法律文书和协助执行通知书办理协助执行事项。"因此，北京市工商局作为工商行政管理机关，具有协助人民法院办理相关执行事项的法定职责。

《最高人民法院关于行政机关根据法院的协助执行通知书实施的行政行为是否属于人民法院行政诉讼受案范围的批复》（以下简称《批复》）规定："行政机关根据人民法院的协助执行通知书实施的行为，是行政机关必须履行的法定协助义务，不属于人民法院行政诉讼受案范围。但如果当事人认为行政机关在协助执行时扩大了范围或违法采取措施造成其损害，提起行政诉讼的，人民法院应当受理。"《通知》第13条第2款规定："首先送达协助公示通知书的执行法院的冻结为生效冻结。送达在后的冻结为轮候冻结。"本案中，农投诚兴公司作为申请执行人，认为福田区法院在冻结中宇慧通公司持有的农投谷成公司20%股权时，未向北京市工商局提交《通知》中规定的协助公示通知书和协助公示执行信息息需求书，北京市工商局仅依据福田区法院提交的民事裁定书和协助执行通知书就将福田区法院的冻结作为生效冻结并予以公示；农投诚兴公司仅为轮候冻结，侵犯了其合法权益。由于工商行政管理机关作出的公示行为是否为生效冻结涉及债权人的债权能否享有优先受偿的权利，因此，农投诚兴公司的诉讼事项属于人民法院行政诉讼受案范围，对于农投诚兴公司的起诉人民法院应当予以受理。

根据《通知》第7条第2项的规定，“对冻结、解除冻结被执行人股权、其他投资权益进行公示”属于工商行政管理机关协助人民法院办理的事项。《通知》第11条第1款亦规定：“人民法院冻结股权、其他投资权益时，应当向被执行人及其股权、其他投资权益所在市场主体送达冻结裁定，并要求工商行政管理机关协助公示。”因此，股权冻结是由人民法院作出裁定，之后要求工商行政管理机关协助公示；工商行政管理机关作出的行政行为只是公示行为，并非冻结及公示行为。

《通知》第8条第2款规定：“人民法院要求工商行政管理机关协助公示时，应当制作协助公示执行信息需求书，随协助执行通知书等法律文书一并送达工商行政管理机关。工商行政管理机关按照协助公示执行信息需求书，发布公示信息。”《通知》第11条第2款亦规定：“人民法院要求协助公示冻结股权、其他投资权益时，执行人员应当出示工作证或者执行公务证，向被冻结股权、其他投资权益所在市场主体登记的工商行政管理机关送达执行裁定书、协助公示通知书和协助公示执行信息需求书。”根据上述《通知》的规定，人民法院在要求工商行政管理机关协助执行时，协助公示通知书和协助公示执行信息需求书是必须提交的材料。本案中，根据法院业已查明的事实可以认定，福田区法院在要求北京市工商局协助执行、进行公示时，未向北京市工商局提交《通知》中规定的协助公示通知书和协助公示执行信息需求书，北京市工商局即将上述冻结的股权进行了公示。北京市工商局的行为违反了上述《通知》中的相关规定，法院应予纠正。

根据《通知》的相关规定，冻结股权的行为系由人民法院的生效裁定作出，并非工商行政管理机关的行政行为。故对于农投诚兴公司要求确认北京市工商局冻结行为违法的诉讼请求，法院应予以驳回。

综上，一审法院依照《行政诉讼法》第70条第1项之规定，判决：(1)撤销北京市工商局于2014年12月18日依据福田区法院(2014)深福法立保字第607、608号民事裁定书和(2014)深福法立保字第607－608号协助执行通知书中,冻结中宇慧通公司所持有的农投谷成公司20%的股权予以公示的行政行为。(2)驳回农投诚兴公司的其他诉讼请求。

二审法院认为:《批复》规定,行政机关根据人民法院的协助执行通知书实施的行为,是行政机关必须履行的法定协助义务,不属于人民法院行政诉讼受案范围。但如果当事人认为行政机关在协助执行时扩大了范围或违法采取措施造成其损害,提起行政诉讼的,人民法院应当受理。《最高人民法院关于人民法院民事执行中查封、扣押、冻结财产的规定》(以下简称《执行规定》)第1条第2款规定,采取查封、扣押、冻结措施需要有关单位或者个人协助的,人民法院应当制作协助执行通知书,连同裁定书副本一并送达协助执行人。查封、扣押、冻结裁定书和协助执行通知书送达时发生法律效力。《通知》第7条第2项规定,工商行政管理机关协助人民法院办理以下事项:对冻结、解除冻结被执行人股权、其他投资权益进行公示。

根据上述规定,股权冻结及其公示行为均属于行政机关根据人民法院的协助执行通知书实施的协助执行行为,并非行政机关自主作出的行政行为。本案中,被诉股权冻结及公示行为系北京市工商局依据福田区法院的协助执行通知书作出,且在案证据不足以证明北京市工商局作出的被诉股权冻结及公示行为存在扩大了范围或违法采取措施造成损害的情形。故农投诚兴公司针对北京市工商局作出的被诉股权冻结及公示行为提起的本案诉讼,不属于人民法院行政诉讼受案范围,其起诉依法应予驳回。一审法院受理其起诉并作出判决有误,应予纠正。

法官评析

一、股权冻结的生效时间

根据《执行规定》第1条第2款的规定,股权冻结的生效时间为冻结裁定书和协助执行通知书送达时间。而《通知》第11条第1款和第2款规定,人民法院冻结股权时,应当要求工商行政管理机关协助公示,并向被冻结股权工商行政管理机关送达执行裁定书、协助公示通知书和协助公示执行信息需求书。该《通知》第13条进一步规定,工商行政管理机关在多家法院要求冻结同一股权、其他投资权益的情况下，应当将所有冻结要求全部公示。首先送达协助公示通知书的执行法院的冻结为生效冻结。送达在后的冻结为轮候冻结。这就产生一个问题，股权冻结的生效时间到底是以协助执行通知书的送达时间为准，还是以协助公示通知书的送达时间为准。

笔者认为，股权冻结的生效时间应当以协助执行通知书的送达时间为准。首先，从法律效力层面，《执行规定》是司法解释，而《通知》只是司法性文件，因此即使二者存在不一致，也应当以前者为准，后者无权对司法解释进行实质性的改变。其次，《通知》的规定与《执行规定》事实上并无冲突。《通知》第 6 条已经明确规定，人民法院办理案件需要工商行政管理机关协助执行的，工商行政管理机关应当按照人民法院的生效法律文书和协助执行通知书办理协助执行事项。因此，协助执行的依据就是生效的法律文书和协助执行通知书，并不包括协助公示通知书。协助公示通知书并非协助执行的法律依据文件，而是专门针对执行公示的一种工作性文书。

二、股权公示行为的法律性质

股权冻结公示制度是附属于人民法院执行行为的一种工作措施，而非独立的行政行为。根据《通知》第 11 条第 1 款的规定，人民法院冻结股权、其他投资权益时，应当向被执行人及其股权、其他投资权益所在市场主体送达冻结裁定，并要求工商行政管理机关协助公示。因此，公示行为是工商行政管理机关协助人民法院执行的一种行为，即所谓“手脚作用”。因此，公示行为是人民法院执行行为的一部分，而非工商登记机关的独立行政行为。其行为性质与工商登记机关根据人民法院的协助执行通知进行查封、扣押、冻结没有本质区别。

在没有人民法院协助公示通知书的情况下，工商行政管理机关对股权进行冻结公示不构成超范围，更不构成违法。《通知》第 11 条第 1 款规定，人民法院冻结股权、其他投资权益时，应当向被执行人及其股权、其他投资权益所在市场主体送达冻结裁定，并要求工商行政管理机关协助公示，并没有规定人民法院不要求工商行政管理机关公示的情形和法律后果，因此执行公示工作就是执行中固有的一个环节。工商行政管理机关即使没有收到协助公示通知，予以了公示也不构成超执行范围的问题。人民法院向工商行政管理机关出具协助公示通知书是方便工商行政管理机关予以协助，而不能反过来认为工商行政管理机关没有收到协助公示通知就不能公示，进而认定工商行政管理机关构成违法。

因此，本案中福田区法院未向市工商局送达协助执行公示通知书的行为，并不构成《批复》中规定的“在协助执行时扩大了范围或违法采取措施造成其损害”的情形。而应当按照《批复》前半段的规定，认定市工商局的公示行为是根据人民法院的协助执行通知书实施的行为，是必须履行的法定协助义务，不属于人民法院行政诉讼受案范围，应当裁定驳回原告的起诉。

【法律法规链接】

《民事诉讼法》第242条第2款

《最高人民法院关于人民法院民事执行中查封、扣押、冻结财产的规定》第1条第2款、第28条

《最高人民法院、国家工商总局关于加强信息合作规范执行与协助执行的通知》第6条第1款、第11条第1款和第2款、第13条

《最高人民法院关于行政机关根据法院的协助执行通知书实施的行政行为是否属于人民法院行政诉讼受案范围的批复》

（撰稿人　何君慧　刘京勇）

04

“黑名单”决定的性质判断及其司法审查

——刘某某诉原国家新闻出版广电总局行政决定及行政复议案

裁判规则

将受过刑事处罚的人员列入新闻采编不良从业行为记录,并决定其终身不得从事新闻采编工作这一行政行为并非行政处罚,而仅是对原告所处的既定法律状态予以确认与宣告。针对该决定提起的诉讼本质上属于确认行政法上法律关系成立(不成立)的确认之诉。虽然我国现行《行政诉讼法》并未明确规定此类诉讼类型,但司法审查的介入具有积极的意义,也符合我国现行《行政诉讼法》的立法宗旨,且能够得到具体法律条款的支撑。

案　情[1]

2014年6月20日,广东省韶关市武江区人民法院作出〔2014〕韶武法刑初字第40号刑事判决,其中认定:刘某某、胡某某两人在胡某某担任《南方日报》地方新闻中心主任助理兼南方日报记者期间,利用胡某某的职务便利,共同收取魏某某共计31.5万元,为魏某某谋取利益,两人的行为均已构成受贿罪。刘某某、胡某某两人还以非法占有为目的,伙同他人利用媒体采访新闻的权利,以所谓“新闻曝光”或删除处理网络信息为由,勒索他人财物共计17.8万元,数额巨大,两人的行为又构成敲诈勒索罪。综上,法院最终判决:刘某某犯受贿罪,判处有期徒刑十一年,并处没收财产10万元;犯敲诈勒索罪,判处有期徒刑四年,并处罚金5万元;决定执行有期徒刑十四年,并处没收财产10万元,罚金5万元。

---

〔1〕 北京市高级人民法院:(2016)京行终5009号。

刘某某不服，提出上诉。2014年9月2日，广东省韶关市中级人民法院作出(2014)韶中法刑二终字第47号刑事裁定，裁定驳回上诉，维持原判。

基于上述事实，被告原国家新闻出版广电总局[根据第十二届全国人民代表大会第一次会议批准的《国务院机构改革和职能转变方案》和《国务院关于机构设置的通知》(国发〔2013〕14号)，设立的新闻、出版、广播、电影和电视领域的国家管理部门，2018年3月，根据第十三届全国人民代表大会第一次会议批准的国务院机构改革方案，在国家新闻出版广电总局广播电视管理职责的基础上组建中华人民共和国国家广播电视总局，不再保留国家新闻出版广电总局]于2015年6月25日作出本案被诉决定，决定将原告列入新闻采编不良从业行为记录，终身禁止从事新闻采编工作。原告不服被诉决定，于2015年11月25日向被告提出行政复议申请。2016年1月19日，被告作出被诉复议决定，其中认定：被诉决定所称原告于“2011年6月至2012年4月任法治网广东频道主编”确与原告当时非新闻采编人员的身份不符，应予纠正。但根据生效判决，2011年6月至2012年4月，原告因从事违法新闻报道以收受他人贿赂并以新闻报道为由进行敲诈勒索的违法行为，被依法判处受贿罪和敲诈勒索罪。原告作为非新闻采编人员违法从事了新闻采编活动，被告依据生效判决认定的事实将其列入新闻采编人员不良从业行为记录并无不当。综上，被告决定维持被诉决定。原告仍不服，诉至一审法院，请求撤销被诉决定和被诉复议决定。一审法院经审理判决驳回原告诉讼请求。原告不服，提起上诉。

【裁判结论】

北京市高级人民法院经审理，判决驳回上诉，维持一审判决。

【裁判观点】

法院生效判决认为：对于本案被诉行政行为的可诉性，本院同意一审判决的意见。《新闻采编人员不良从业行为记录登记办法》第16条规定：“非新闻采编人员(包括境内新闻机构的非新闻采编岗位工作人员和其他社会人员)违法从事新闻采编活动参照适用本办法。”依照上述规定，刘某某属于可以参照适用该办法的人员范围。

《新闻采编人员不良从业行为记录登记办法》第4条第8项规定，因新闻采编违法活动被追究刑事责任，属本办法所称的新闻采编人员不良从业行为。该办法第12条第4项规定，存在本办法第4条第8项规定情形的，终身不得从事新闻采编工作。该办法第7条规定："各级新闻出版行政部门的行政处罚决定书和各级人民法院的判决书等有效文书可以作为新闻采编不良从业行为记录的认定依据。"本案中，广东省韶关市武江区人民法院作出(2014)韶武法刑初字第40号刑事判决，认定刘某某、胡某某两人在胡某某担任《南方日报》地方新闻中心主任助理兼《南方日报》记者期间，利用胡某某的职务便利，共同收取他人财物，为他人谋取利益，构成受贿罪；两人还以非法占有为目的，伙同他人利用媒体采访新闻的权利，以所谓"新闻曝光"或删除处理网络信息为由，勒索他人财物，数额巨大，又构成敲诈勒索罪。广东省韶关市中级人民法院二审作出(2014)韶中法刑二终字第47号刑事裁定，裁定驳回上诉，维持上述判决。国家新闻出版广电总局依据现已生效的刑事判决所认定的事实，认定刘某某具有新闻采编人员不良从业行为，认定事实清楚，具有事实依据。刘某某虽不认可上述判决，并申请再审，但上述刑事判决现已生效，且未经有权机关依法予以撤销。故对刘某某的上述主张，本院不予支持。

《新闻采编人员不良从业行为记录登记办法》第9条第2款规定："以新闻出版行政部门的行政处罚决定书和人民法院的判决书等有效文书作为认定新闻采编不良从业行为记录依据的，无须另行告知当事人。"上述规定，属于对于依据人民法院判决书等认定新闻采编不良从业行为的程序性规定。国家新闻出版广电总局作出本案被诉决定，未违反上述规定的程序要求。同时，本案被诉决定虽然载明了终身禁止从事新闻采编工作的内容，但依据我国新闻采编从业资格的管理制度，对于刘某某而言，本案被诉决定是对其所处的既定法律状态进行阐明与告知，并不直接产生禁止其从事新闻采编工作的法律效果。因此，在作出本案被诉决定程序中，未听取其陈述、申辩，行政程序并无不当。

国家新闻出版广电总局在行政复议过程中履行了行政复议的法定程序，对被诉决定的依据、事实进行的调整，并无不当。

综上，一审判决驳回刘某某的诉讼请求正确，应予维持。刘某某的上诉理由，缺乏事实和法律依据，其上诉请求不予支持。

法官评析

本案审查的首要问题是被诉决定的性质问题。从形式上看,被诉决定与行政处罚类似,但结合新闻采编从业行政许可管理制度的具体规定来看,本案被诉决定并不产生剥夺原告从事新闻采编工作资格的法律效果,故不应当属于行政处罚,具体理由在于:第一,从事新闻采编工作属于行政许可事项。对此,《国务院对确需保留的行政审批项目设定行政许可的决定》(国务院令第412号)的附件《国务院决定对确需保留的行政审批项目设定行政许可的目录》第333项明确规定了新闻记者证核发这一行政许可事项。同时,《新闻记者证管理办法》(新闻出版总署令第44号)第2条第2款规定,在中华人民共和国境内从事新闻采编活动,须持有新闻出版总署核发的新闻记者证。第二,被告作为新闻采编从业行政许可的管理机关,有权对相关许可条件作出具体规定,且被告已在《新闻记者证管理办法》中作出具体规定。《国务院对确需保留的行政审批项目设定行政许可的决定》(国务院令第412号)规定,为保证本决定设定的行政许可依法、公开、公平、公正实施,国务院有关部门应当对实施本决定所列各项行政许可的条件等作出具体规定,并予以公布。《新闻记者证管理办法》(新闻出版总署令第44号)第9条规定了领取新闻记者证人员所需具备的条件,同时在第10条中规定了不发新闻记者证的人员范围,该条第4项规定:“下列人员不发新闻记者证:……(四)有不良从业记录的人员、被新闻出版行政部门吊销新闻记者证并在处罚期限内的人员或者受过刑事处罚的人员。”此外,该办法第38条进一步规定,新闻记者因违法活动被吊销新闻记者证的,5年内不得重新申领新闻记者证,被追究刑事责任的,终身不得申领新闻记者证。第三,原告受到的刑事处罚致使其落入相关行政许可法律规范所确定的不予许可的人员范围,从而导致相关许可资格的丧失,即从刑事处罚生效之日起,原告即已丧失了从事新闻采编工作的资格。被诉决定仅是对原告所处的既定法律状态进行阐明与告知,本身并不单独产生剥夺原告从事新闻采编工作资格之法律效果,故不属于行政处罚,而是行政确认。

关于被诉决定的可诉性,原告的诉讼请求为撤销被诉决定,其实质是想推翻被告对于上述法律状态作出的确认,以此来厘清其在新闻采编从业行政许可事项上的行政法律关系。因此,本案诉讼本质上属于确认行政法上法律关系成立(不成立)的确认之诉。虽然我国现行《行政诉讼法》并未明确规定此类诉讼类型,但对于本案情形而言,司法审查的介入具有积极的意义,也符合我国现行《行政诉讼法》的立法宗旨,且能够得到具体法律条款的支撑,主要理由在于:第一,被告业已作出被诉决定,相关的行政争议已经出现,法院对于该行政争议的审查具有形式载体,此时司法审查的介入能够及时解决行政争议,这一点契合行政诉讼法解决争议的功能定位;第二,虽然被诉决定并不单独产生剥夺原告从事新闻采编工作资格的法律效果,但在欠缺确认法律关系诉讼类型的情况下,对此类行为进行监督,符合《行政诉讼法》解决行政争议的功能定位,也有利于构建我国行政诉讼无漏洞之权利救济制度体系;第三,《行政诉讼法》第12条第1款第12项规定:"人民法院受理公民、法人或者其他组织提起的下列诉讼:……(十二)认为行政机关侵犯其他人身权、财产权等合法权益的。"如上所述,被诉决定实际上会对原告权益造成一定影响,原告提起本案诉讼具有值得保护的诉讼利益,将被诉决定纳入上述兜底性条款所确立的受案范围符合该条法律规定的立法本意。

被诉决定的合法性审查主要集中在三个方面。第一,关于被告作出被诉决定的职权。被告作为新闻采编从业行政许可的主管部门,有权在不违反上位法的情形下,采取适当的方式对新闻采编从业人员进行管理,以此来规范新闻采编行为。如前所述,被诉决定并非行政处罚,仅是被告对原告所处的既定法律状态所进行的阐明与告知,该管理行为并未超出被告的职权范围。第二,关于被诉决定的程序。被诉决定并非行政处罚,不应适用行政处罚的相关程序要求。对于此类行为的作出程序,尚无法律、行政法规或规章层面的强制性规定。被告制定的规范性文件《新闻采编人员不良从业行为记录登记办法》第9条规定了认定新闻采编不良从业行为记录的具体程序,被告作出的被诉决定也未违反上述规定。因此,原告提出的被诉决定程序违法之主张不能成立。第三,关于被诉决定的事实认定及与之相应的法律适用,虽然被诉决定中认定的原告在2011年6月至2012年4月任法治网广东频道主编这一事实与客观情况不符,但被告已在被诉复议决定中予以纠正。同时,基于该事实认定的修正,被告在被诉复议决定中调整了相应的法律规范依据,即依据《新闻采编人员不良从业行为记录登记办法》第16

条之规定，基于原告作为非新闻采编人员违法从事新闻采编活动这一事实维持了被诉决定的认定结论。对于此类复议维持的案件，2018 年《最高人民法院关于适用〈中华人民共和国行政诉讼法〉若干问题的解释》第 135 条第 2 款规定，作出原行政行为的行政机关和复议机关对原行政行为的合法性共同承担举证责任。该规定确立了原行政行为与复议决定的一致性原则，即将原行政行为的作出程序和复议程序作为一个整体的行政程序来加以对待，即便复议决定调整了原行政行为的事实认定和法律适用，只要复议决定的结论是维持原行政行为，仍应以修正后的原行政行为作为审查对象。对于本案而言，虽然被诉决定在认定事实和法律适用方面存在不当之处，但被告在被诉复议决定中已进行修正，修正后的被诉决定认定事实清楚、适用法律正确。原告仍以被诉决定修正前的事实认定问题对其合法性提出质疑缺乏事实根据和法律依据。

综上，原告提起的本案之诉属于行政诉讼受案范围，但其提出的诉讼理由不能成立，故法院最终判决驳回其诉讼请求。

【法律法规链接】

《新闻记者证管理办法》第 2 条第 2 款、第 9 条、第 10 条、第 38 条

《新闻采编人员不良从业行为记录登记办法》第 9 条、第 16 条

（撰稿人　赵　锋）

05

使用虚假身份登记结婚行政案件起诉条件的审查标准

——赵某某诉北京市海淀区民政局撤销结婚登记案

裁判规则

结婚登记一方当事人对结婚登记内容有异议,认为另一方使用虚假身份骗取结婚登记,提起行政诉讼请求撤销该结婚登记的,法院不能以没有相关事实根据为由裁定驳回当事人的起诉,应当进行实体审理。

案　情[1]

赵某某与"王某"于2013年10月17日在北京市海淀区民政局婚姻登记处办理婚姻登记。2017年,赵某某称,其发现"王某"的身份信息与登记结婚时的信息不一致。"王某"身份证上的姓名为江某某,身份证号为230421××××××××2446。赵某某认为"王某"采取欺骗手段,谎称自己是一名军人,提供伪造的军官证,虚构事实与其结婚,海淀区民政局没有对"王某"的身份进行核实,给予办理结婚证的行为侵犯了其合法权益,故诉至一审法院,请求依法撤销北京市海淀区民政局于2013年10月17日为其与"王某"办理的J110108－2013－××××××结婚登记(以下简称被诉结婚登记行为),本案诉讼费用由海淀区民政局承担。

[1] 北京市第一中级人民法院:(2018)京01行终583号。

【裁判结论】

北京市第一中级人民法院经审理,裁定撤销一审裁定,指令一审法院继续审理本案。

【裁判观点】

一审法院认为:《行政诉讼法》第49条第3项规定,当事人提起行政诉讼,应当符合法定的起诉条件,有具体的诉讼请求和事实根据。本案中,根据赵某某提交的证据,无法证明"王某"在与其进行婚姻登记时提交了虚假材料,进而骗取了婚姻登记;故,赵某某提起的诉讼没有相关事实根据,不符合法定起诉条件,对其起诉应予以驳回。

二审法院认为:本案中,赵某某提供了其与"王某"的结婚登记材料,双方的婚姻关系真实存在。赵某某对"王某"的真实身份有异议,认为"王某"存在以虚假身份材料骗取婚姻登记的情形。"王某"的身份真实与否是认定双方婚姻登记是否真实的关键事实,由于赵某某确因客观原因不能自行收集"王某"的身份信息,一审法院应该通过实体审理予以判定。现一审法院裁定驳回赵某某的起诉不当,应予以纠正。故二审法院作出裁定,撤销一审裁定,指令一审法院继续审理本案。

法官评析

本案系婚姻登记一方当事人主张自己被另一方使用虚假身份的人骗取结婚登记,诉至法院请求撤销该结婚登记的案件。该案属于婚姻登记瑕疵类案件。根据《最高人民法院关于适用〈中华人民共和国婚姻法〉若干问题的解释(三)》第1条第2款的规定,当事人以结婚登记程序存在瑕疵为由提起民事诉讼,主张撤销结婚登记的,告知其可以依法申请行政复议或者提起行政诉讼。该类案件当事人一般都是通过直接提起行政诉讼来维护自己的合法权益的。在司法审判实践中,被欺骗一方通常很难提供证据证明欺诈方在申请结婚登记时使用的是虚假身份,合法权益难以得到维护。本案就属于这种情况,在审理时主要考虑了下列问题:

一、对当事人提起诉讼应当具有事实根据的理解和认定

根据《行政诉讼法》第49条第3项的规定,当事人提起行政诉讼应当符

合法定的起诉条件，有具体的诉讼请求和事实根据。该条款规定的事实根据是指起诉条件中的事实根据问题，并非行政行为是否合法的事实根据问题。法定起诉条件的事实根据给当事人较为宽松的举证责任，当事人仅证明有行政行为存在即可。本案中，赵某某与“王某”已经在海淀区民政局办理结婚登记，海淀区民政局作出了被诉结婚登记行为。赵某某已经证明海淀区民政局作出了被诉结婚登记行为。就法定起诉条件而言，赵某某已经尽到了提起诉讼具有事实根据这个证明责任。至于被诉结婚登记行为是否合法，根据《行政诉讼法》第 37 条规定，赵某某可以提供证明行政行为违法的证据。赵某某提供的证据不成立的，不免除海淀区民政局的举证责任。

二、使用虚假材料申请结婚登记的案件不能简单以没有相关事实依据裁定驳回当事人的起诉，应进行实体审理

就婚姻登记行政诉讼案件而言，法院审理的对象是婚姻登记机关的婚姻登记行为本身。婚姻登记属于行政登记，是具体行政行为，通说认为性质上属于行政确认。根据《婚姻法》《婚姻登记条例》《婚姻登记工作规范》的有关规定，婚姻登记机关对结婚登记按照初审—受理—审查—登记（发证）的程序办理，对当事人提交材料的审查仅限于形式审查。就本案而言，与赵某某办理结婚登记时，“王某”的身份是一名现役军人，海淀区民政局已经审查了“王某”的军官证和部队出具的军人婚姻登记证明，认为二人符合受理结婚登记申请的条件，给二人办理了结婚登记。从这个角度讲，海淀区民政局尽到了谨慎合理的形式审查义务。

从婚姻登记行为的过程来看，婚姻登记内容是否准确，是否与客观真实一致，不仅取决于登记机关是否尽到了审查义务，有时更取决于当事人是否诚信守法。在申请人恶意欺诈的情形下，即使婚姻登记机关严格进行审查，由于登记的时限性、效率性要求，也可能无法识破当事人的非法意图，从而产生了错误的登记内容。这属于婚姻登记瑕疵。

司法实践中，一方使用伪造的虚假身份信息与另一方登记结婚的案件，因被欺诈方无法证明与其结婚者的真实身份，难以提起离婚诉讼维权。根据《婚姻登记条例》第 9 条、《婚姻登记工作规范》第 52 条和第 53 条的规定，婚姻登记机关撤销婚姻的情况仅限于受胁迫结婚的情形。该类婚姻登记瑕疵，婚姻登记机关也无法自行撤销。实践中，欺诈方伪造证件骗取结婚

登记，且不配合被欺骗的一方证明结婚登记时提交的材料为虚假材料，被欺骗的一方很难收集欺诈方提供虚假材料的证据。此种情况下，被欺诈方在提起行政诉讼请求撤销结婚登记时，若法院以婚姻登记机关尽到了谨慎合理的审查义务，当事人无法提交欺诈方在申请结婚登记时提交的材料为虚假材料的证据为由裁定驳回当事人的起诉，当事人则救济无门。因此，若婚姻登记的相对人对婚姻登记的内容有异议提起行政诉讼时，法院应当通过实体审理予以判定。

本案中，赵某某对“王某”的真实身份有异议，认为“王某”存在以虚假身份材料骗取婚姻登记的情形，然而对于“王某”在结婚登记时提交的军官证、部队出具的军人婚姻登记证明，赵某某作为公民无法自行收集，且“王某”以执行军队任务为借口经常“玩失踪”，赵某某无法与之取得联系，赵某某无从证明“王某”的军官证、部队出具的军人婚姻登记证明是伪造的。这就需要法院在审理案件的过程中充分发挥审判权，保护当事人的合法权益，实质化解行政纠纷。因此，二审法院认为一审法院在审理该案时裁定驳回赵某某的起诉不当，撤销了一审裁定，指令一审法院对本案继续进行审理。

【法律法规链接】

《行政诉讼法》第 49 条第 3 项、第 89 条第 1 款第 2 项

（撰稿人　王素南）

06

权利人可直接向人民法院诉请行政机关给付最低生活保障待遇而无须先行起诉拒绝性答复

——刘某某诉北京市门头沟区残疾人联合会行政给付案

裁判规则

公民、法人或者其他组织认为行政机关没有依法支付抚恤金、最低生活保障待遇或者社会保险待遇的，可以依据《行政诉讼法》第12条第10项的规定向人民法院提起行政诉讼，要求行政机关履行行政给付职责。人民法院应对行政机关是否具有给付义务以及行政机关应给付的数额作出具体认定。若人民法院在审理中发现行政机关曾对于原告的给付申请作出过拒绝性答复，不得以该拒绝性答复未经诉讼为由，裁定驳回原告起诉或判决驳回原告的诉讼请求，而应在本诉讼中对该拒绝性答复的合法性进行审查，以此作为最终裁决的依据。

案　情[1]

刘某某自2012年5月起，从民政部门领取"北京市城市居民生活困难补助金"。2012年4月，刘某某向北京市门头沟区残疾人联合会（以下简称门头沟残联）申请领取"北京市残疾人生活补助金"，并于同年5月开始领取"北京市残疾人生活补助金"。2013年9月，门头沟残联作出关于将刘某某北京市残疾人生活补助金由每月580元变更为每月100元的决定。刘某某不服该决定，于2014

[1] 北京市第一中级人民法院：(2017)京01行终724号。

年3月7日提起诉讼。北京市门头沟区人民法院作出(2014)门行初字第19号行政判决书,因门头沟残联未依法调取刘某某的"北京市城市居民生活困难补助金领取证"作为证据加以固定,而是在诉讼过程中才取得该证据,最终以主要证据不足为由撤销该决定。门头沟残联不服提起上诉,北京市第一中级人民法院作出(2014)一中行终字第7211号行政判决书,判决驳回上诉,维持原判。2014年8月8日,门头沟残联作出《残疾人生活补助发放告知单》,载明刘某某"符合残疾人生活补助100元每月的标准,应以此标准发放"。2014年10月,北京市门头沟区民政局停发刘某某"北京市城市居民生活困难补助金"。2014年11月,刘某某开始享受城市特困人员分散供养待遇。2014年12月29日,门头沟残联作出《残疾人生活补助停发告知单》,载明刘某某"已经不符合享受生活补助政策条件,拟于2015年1月停发其生活补助"。2016年6月20日,刘某某起诉要求判决门头沟残联从2013年11月恢复其当年低保标准的残疾人生活补助金。北京市门头沟区人民法院以该案系起诉门头沟残联不履行法定职责的案件,刘某某应当提供其向门头沟残联提出申请的证据,因刘某某未就其曾向门头沟残联申请履行该案诉讼请求中的法定职责向法院提供有效的证据且门头沟残联亦不予认可为由,裁定驳回了刘某某的起诉。刘某某不服提起上诉,北京市第一中级人民法院作出(2016)京01行终1059号行政裁定书,载明"综合上述告知单等在案证据,无法认定不存在相关生活补助发放申请。又根据《中华人民共和国行政诉讼法》(以下简称《行政诉讼法》)第73条,人民法院经过审理,查明被告依法负有给付义务的,判决被告履行给付义务。而不同的给付标准或条件属于给付案件实体审查内容,并不构成起诉条件的审查内容。因此,该案中,刘某某请求判令门头沟残联按照低保标准支付其残疾人生活补助金,法院应对其诉讼请求是否符合法律规定、是否成立进行审查"。最终北京市第一中级人民法院撤销一审裁定,指令一审法院继续审理。

庭审中,门头沟残联向法院提交北京市门头沟区东辛房街道办事处残疾人联合会的情况说明,证明刘某某从2012年5月起已享受民政部门发放的城市重残人生活补助;提交《残疾人生活补助发放告知单》和《残疾人生活补助停发告知单》,证明门头沟残联就政策依据与发放标准都已告知刘某某,刘某某就上述告知单没有提起相关行政诉讼;提交执行表七张,证明刘某某领取了2013年11月至2014年7月的残疾人生活补助。

【裁判结论】

北京市门头沟区人民法院判决驳回刘某某的诉讼请求。后刘某某向北京市第一中级人民法院提起上诉。北京市第一中级人民法院判决判决驳回上诉,维持一审判决。

【裁判观点】

一审法院认为:依据《残疾人保障法》第5条第3款、第8条第2款及《北京市门头沟区残疾人联合会机关主要职责、内设机构和人员编制方案》的规定,门头沟残联是北京市残疾人联合会的地方组织,其主要职责包括开展残疾人劳动就业、扶贫、福利等工作,具有负责组织、协调、指导、督促有关部门做好残疾人事业的工作,依照法律、法规、章程或者接受政府委托,开展残疾人工作,动员社会力量,发展残疾人事业的职能。同时,《北京市残疾人生活补助办法》第6条、第10规定,区县残联负责残疾人生活补助金的审批工作,残疾人生活补助金由区县残疾人就业保障金列支。因此,门头沟残联具有对本区残疾人生活补助金进行审批的职责。

在(2014)一中行终字第7211号行政判决书作出后,门头沟残联于2014年8月8日作出《残疾人生活补助发放告知单》,载明刘某某"符合残疾人生活补助100元每月的标准,应以此标准发放"。2014年12月29日,门头沟残联作出《残疾人生活补助停发告知单》,载明刘某某"已经不符合享受生活补助政策条件,拟于2015年1月停发其生活补助"。刘某某对《残疾人生活补助发放告知单》和《残疾人生活补助停发告知单》未起诉,也未申请复议。现刘某某要求被告门头沟残联履行支付此期间的残疾人生活补助金的法定职责,因《残疾人生活补助发放告知单》和《残疾人生活补助停发告知单》尚未被撤销,且刘某某在一审庭审中曾明确提出不撤销门头沟残联的变更决定,故刘某某要求被告履行法定职责的基础不存在。应当认为,刘某某要求被告门头沟残联履行支付此期间的残疾人生活补助金的法定职责的理由并不成立。因此,综合在案证据,应当判决驳回刘某某的诉讼请求。

二审法院认为:本案中,刘某某申请门头沟残联履行法定职责的请求事项为"从2013年11月支付刘某某当年低保标准的残疾人生活补助金",门头沟残联对此未予支持,刘某某继而对此提起本案诉讼。该申请所涉争议焦点主要有以下四点:(1)门头沟残联于2014年8月8日作出《残疾人生活补助发放告知单》,将刘某某残疾人生活补助标准改为每月100元是否违法,即该《残疾人生活补助发放告知单》的合法性问题,亦即门头沟残联于2013年11月至2014年7月,按照每月100元标准向刘某某发放残疾人生活补助金,是否违法的问题;(2)门头沟残联于2014年8月至12月,未向刘某某发放残疾人生活补助金,是否违法的问题;(3)门头沟残联于2014年12月29日作出《残疾人生活补助停发告知单》,于2015年1月起停发刘某某残疾人生活补助是否违法,即该《残疾人生活补助停发告知单》的合法性问题;(4)门头沟残联在停发刘某某残疾人生活补助金后,是否应当重新向刘某某发放残疾人生活补助金的问题。法院对此分别评述如下:

一、关于门头沟残联于2013年11月至2014年7月,按照每月100元标准向刘某某发放残疾人生活补助金,是否违法的问题

法院认为,北京市民政局《〈关于完善城市居民最低生活保障制度若干意见〉实施细则(试行)》第13条规定,具有本市非农业户口,年满16周岁,持有《中华人民共和国残疾人证》、生活不能自理的重残人,经户籍所在地区县残联审核确认,并向同级民政部门提供名单,经审核符合条件的,参照本市当年城市低保标准享受生活补助待遇。《北京市残疾人生活补助办法》第2条第1项规定,对享受低保待遇的残疾人,按照每月100元的标准给予生活补助。本案中,依据法院查明的事实,刘某某于2012年5月起从民政部门领取"北京市城市居民生活困难补助金",享受低保待遇,门头沟残联在取得北京市门头沟区东辛房街道办事处残疾人联合会出具的情况说明后,作出《残疾人生活补助发放告知单》,将刘某某残疾人生活补助标准改为每月100元,符合《北京市残疾人生活补助办法》的规定,门头沟残联于2014年8月8日作出的《残疾人生活补助发放告知单》不存在违法的情形。刘某某主张其未享受低保待遇,与事实不符,对其该项主张,法院不予采信。故此,门头沟残联于2013年11月至2014年7月按照每月100元的标准向刘某某发放残疾人生活补助金,并无不当。

二、关于门头沟残联于2014年8月至12月,未向刘某某发放残疾人生活补助金,是否违法的问题

法院认为,《北京市残疾人生活补助办法》第8条规定,残疾人生活补助金实行半年度审核制度,享受生活补助的残疾人,应在每年1月1日至20日和7

月1日至20日，持相关材料到街道、乡镇残联办理享受生活补助的审核手续，未经年审或年审不合格的，从审核的次月起停发生活补助金。依据上述规定，刘某某应于2014年7月1日至20日持相关材料到街道残联办理审核手续，并经年审合格，方才具备从次月起领取残疾人生活补助金的资格。虽然门头沟残联认可刘某某自2014年8月至12月的实际情况符合《北京市残疾人生活补助办法》第2条第1项规定的100元的生活补助标准，法院对此亦不持异议，但现有证据不足以证明刘某某曾于2014年7月1日至20日持相关材料到街道残联办理过审核手续，并向门头沟残联积极主张过自2014年8月至12月的100元标准的残疾人生活补助金。故门头沟残联于2014年8月至12月，未向刘某某发放残疾人生活补助金，并无不当。

三、关于门头沟残联于2015年1月起停发刘某某残疾人生活补助是否违法

法院认为，刘某某于2014年11月开始享受城市特困人员分散供养待遇，依据《北京市残疾人生活补助办法》第1条第3项规定，补助范围不含政府集中供养的城市“三无”人员，门头沟残联据此于2014年12月29日作出《残疾人生活补助停发告知单》，于2015年1月停发刘某某残疾人生活补助，并无不当。虽然刘某某主张，其享受分散供养待遇不属于上述规定中的“政府集中供养的城市‘三无’人员”。但是，依据《北京市城市特困人员供养办法》第11条的规定，城市特困人员供养可以在当地供养服务机构集中供养，也可以在家分散供养，特困人员可以自行选择供养方式，且该办法中对于两种供养方式的供养内容、供养标准均未作区分，《北京市残疾人生活补助办法》亦未出现“分散供养”的表述。因此可以认定，在《北京市残疾人生活补助办法》与《北京市城市特困人员供养办法》这两部不同政府部门制定的规范性文件中，“集中供养”这一表述的内涵与外延并不完全一致，是否属于《北京市城市特困人员供养办法》所称的“集中供养”范围，并不影响根据《北京市残疾人生活补助办法》对于残疾人生活补助标准的确定。虽然刘某某选择了“分散供养”的方式，但其享受的供养内容、供养标准与《北京城市特困人员供养办法》中的“集中供养”方式并无本质区别，刘某某提出的上述主张缺乏事实与法律依据，法院不予采信。

四、关于门头沟残联在停发刘某某残疾人生活补助金后，是否应当重新向刘某某发放残疾人生活补助金的问题

法院认为，刘某某在申请门头沟残联履行法定职责及本案诉讼过程中，未举证证明在门头沟残联对其停止发放残疾人生活补助金后，刘某某的情况发生新的变化，从而再次符合《北京市残疾人生活补助办法》规定的享受残疾人生活补助金的情形，现有证据不足以证明门头沟残联在对刘某某停发残疾人生活补助金后，应当重新向其发放残疾人生活补助金。

综上，刘某某所提本案诉讼请求，无事实与法律依据，法院不予支持。

法官评析

本案涉及人民法院应当如何审理行政给付案件，以及审理程度的问题。《行政诉讼法》第12条以列举加兜底的方式，对行政诉讼受案范围进行了规定，其中第10项为"认为行政机关没有依法支付抚恤金、最低生活保障待遇或者社会保险待遇的"，此为行政给付诉讼的受理依据。行政给付诉讼从本质上来说，应属特殊的行政履责诉讼，其诉讼目的在于要求行政机关履行法定职责，但行政给付诉讼又不同于一般行政履责诉讼，二者在人民法院的审理范围与裁决方式上均有所区别，诉讼中不仅当事人、代理人对此难以区分，人民法院也存在将二者混淆的情形，既不利于保障当事人合法权益，又对司法公信力造成了一定程度的损害。在司法实践中，对于此类案件应主要考虑以下几个方面：

一、行政给付诉讼的审理范围

行政给付诉讼在司法实务中被赋予了更多重要意义，如我国《宪法》第45条第1款赋予我国公民在特定条件下享有物质帮助权，行政给付诉讼正是物质帮助权的司法保障。由于物质帮助权既涉及特定公民是否有获得物质帮助的权利，又涉及其获得物质帮助的标准及期限等具体数额问题。故此人民法院在审理行政给付诉讼时，除对行政机关是否应当履行法定职责进行裁决外，还应当对行政机关应当履行给付职责的具体数额进行认定，就这个层面而言，行政给付诉讼的审理思路更类似于民间借贷等传统民事诉讼，二者的区别在于传统民事诉讼中债务人的给付义务以双方当事人的合意为基础，而行政给付诉讼中行政机关的给付义务以其法定职责为基础。进一步来说，《行政诉讼法》在第73条增加了行政给付的判决方式，这也是行政给付诉讼特质及其审理范围的体现。

在本案中，刘某某起诉所主张的权利即是如此，其以自身存在伤残为由，要求法院判令门头沟残联按照低保标准向其给付残疾人生活补助，是典型的行政给付诉讼，案件争议不仅涉及门头沟残联是否具有向刘某某发放残疾人生活补助的法定职责，还包括门头沟残联应给付刘某某残疾人生活补助的具体数额。

二、对行政机关拒绝性答复的处理方式

行政履责诉讼、行政给付诉讼中，多见行政机关对于当事人的履行职责或行政给付申请已作拒绝性答复的情形，此时当事人直接向人民法院起诉请求行政机关履行法定职责或行政给付义务的，即使行政机关已就此申请作出拒绝性答复，也不能成为行政机关拒绝履行法定职责或行政给付义务的依据。拒绝性答复本身确有可诉性，但当事人请求撤销拒绝性答复的诉讼目标明显系为了请求行政机关履行职责的，即便当事人对该拒绝性答复单独提起撤销之诉，得到人民法院的支持，亦不能实质解决争议，最终原告还是需要通过行政给付诉讼的形式寻求救济，如此只是徒增了当事人的诉累而已，故将上述拒绝性答复的合法性审查包含于行政给付诉讼中是更为妥当的做法。此外，需要注意的是拒绝性答复的起诉期限问题，若原告提起行政给付诉讼时，已经超过了拒绝性答复的起诉期限，就不应再对拒绝性答复的合法性进行审查，否则就会产生以行政给付诉讼规避拒绝性答复起诉期限的风险。

本案中，门头沟残联向刘某某发出的《残疾人生活补助发放告知单》和《残疾人生活补助停发告知单》为拒绝性答复，但刘某某起诉时，上述告知单均在其起诉期限内，一审法院认为刘某某对上述告知单未起诉，也未申请复议，故不存在要求门头沟残联履行法定职责的事实基础，据此驳回了刘某某的诉讼请求，确有不当。故此，二审法院并未沿用一审判决的判理，而是以实质化解争议为原则，在查清事实的基础上，对刘某某的实体权利进行审理。

三、“以法律为依据，以事实为准绳”准确裁决

行政给付具有一定政策性，作为请求给付依据的法律法规本身经常发生变化，加之申请人自身客观情况亦存在变数，当事人提出的一个行政给付诉讼可能包括其不同事实状态及多种法律适用的情况，人民法院在审理过程中要充分考量各种变化，对当事人的实体权利作出准确的裁判。

本案中,由于门头沟残联向刘某某实际发放的残疾人生活补助金额发生过变化,且在刘某某提起本案诉讼前,门头沟残联实际上已经停止向刘某某发放补助,门头沟残联对此向刘某某发出了相应告知书,案件涉及实际发放的补助期限、标准等是否符合法律法规的规定,以及是否应当重新发放补助等诸多问题。故此,二审法院以涉案残疾人生活补助的金额变化、实际停发、告知停发三个时间节点,区分不同时间段的特定事实基础,将案件争议划分为四个部分,并对四个不同时间段行政机关的给付职责分别进行了论述,最终认定截至诉讼时门头沟残联不具有向刘某某继续支付残疾人生活补助的职责。

而该案更现实的意义在于将行政争议进行了实质性化解,刘某某与门头沟残联关于残疾人生活补助历经数年的争议,在本案中画上了句号。

【法律法规链接】

《行政诉讼法》第 12 条、第 73 条

(撰稿人　王　阳)

07

通报行为的性质判断及其司法审查

——图符(北京)航空遥感信息技术有限公司诉国家测绘地理信息局行政通报案

裁判规则

关于通报的性质及可诉性,需结合通报对象、通报方式以及通报内容进行判断。即便通报的受文单位为发文机关的下级机关或是下属的机构和单位,从形式上看属于内部行为,但一旦该通报以政务公开的形式向社会公开,就会使这一内部行为得以外化,客观上有可能对通报中涉及的当事人的权利造成实际影响。至于通报是否最终对相关当事人造成影响,则需根据通报的内容来进行考量。如果确对当事人的合法权益造成不良影响,则该通报就具有可诉性。

案　情[1]

2012 年 3 月,国家基础地理信息中心、重庆市规划局和中航四维(北京)航空遥感技术有限公司(以下简称中航四维公司)签订《国家基础航空摄影合同(重庆市摄区)》,甲方一为国家基础地理信息中心,甲方二为重庆市规划局,乙方为中航四维公司。该合同约定由乙方承揽完成国家基础航空摄影项目,并向甲方交付相应工作成果等事宜。合同第 5 条约定,项目报酬款项由被告和甲方二共同支付。合同第 6 条约定,甲方一的义务及责任包括支付报酬、为乙方提供必要技术咨询服务、对乙方履行合同情况进行检查、及时通知甲方二开展成果验

〔1〕 北京市高级人民法院:(2017)京行终 5070 号。

收并核准甲方二出具的验收报告、对乙方的业绩和诚信进行考核等，甲方二的义务及责任包括向乙方支付报酬价款、成果资料的验收、出具验收报告等。合同第7条约定，乙方的义务及责任包括及时办理航摄飞行手续、进行详细技术设计、交付完成的成果资料、未经甲方一许可不得将项目下的工作（包括辅助工作）交由任何第三人完成、保守国家秘密、妥善保管成果资料等。此外，合同还约定了违约责任、质量保证、不可抗力、合同变更解除等内容。2013年12月，涉案项目航摄工作结束，国家基础地理信息中心按照合同约定对航空摄影成果进行验收审核。

2016年11月，原告图符（北京）航空遥感信息技术有限公司（以下简称图符公司）以本案被告国家测绘地理信息局、国家基础地理信息中心、重庆市规划局为被告，以中航四维公司为第三人提起代位权诉讼，认为本案被告、国家基础地理信息中心、重庆市规划局未按约定向中航四维公司支付经验收合格、降低飞行高度完成的航摄经费，且中航四维公司怠于行使债权，损害了原告作为航摄项目施行方的合法权益，故提起代位权诉讼。在该案中，被告发现中航四维公司擅自将涉案项目转包给原告，而原告又无测绘资质，两家公司的行为违反了2002年《测绘法》的相关规定，遂向各省、自治区、直辖市测绘地理信息行政主管部门，局所属各单位，机关各司室发出本案被诉通报，后在其门户网站的政务公开栏目下予以公开。原告不服，诉至法院。北京市第一中级人民法院经审理，判决驳回原告诉讼请求。原告不服，提起上诉。

【裁判结论】

北京市高级人民法院经审理，判决驳回上诉，维持一审判决。

【裁判观点】

法院生效裁判认为：

本院确认本案审理焦点如下：一是图符公司与中航四维公司是否构成转包关系，是否存在联合体投标；二是图符公司是否无测绘资质从事了测绘活动；三是一审审理程序是否遗漏应通知参加诉讼的第三人，程序是否合法。

关于焦点问题一，第一，图符公司与中航四维公司是否属于联合体投标。根据《招标投标法》第31条第1～3款的规定，两个以上法人或者其他组织可以组成一个联合体,以一个投标人的身份共同投标。联合体各方均应当具备承担招标项目的相应能力;联合体各方应当签订共同投标协议,明确约定各方拟承担的工作和责任,并将共同投标协议连同投标文件一并提交招标人。本案中,国家测绘局提交的《国家基础航空摄影合同》显示,签订甲方为国家基础地理信息中心、重庆市规划局,乙方为中航四维公司,图符公司并未作为投标一方参与投标,且并无证据证明图符公司与中航四维公司等签订了共同投标协议并提交招标人,图符公司亦自认无测绘资质,故其亦不符合具备承担涉案航空摄影招标项目相应能力的条件。综上,本案不属于联合体投标,图符公司的主张没有事实依据和法律依据,本院不予支持。

第二,中航四维公司与图符公司是否构成转包关系问题。首先,中航四维公司作为甲方与图符公司签订《航空摄影合同》,约定将航空摄影重庆市项目委托乙方图符公司承担完成;其次,经《国家基础航空摄影合同》与双方所签订的航空摄影合同内容进行对比,可知两合同摄区技术指标及要求概况基本相同,中航四维公司将前合同中乙方的按技术要求实施航空摄影等主要合同义务均转由图符公司履行;最后,图符公司在民事诉讼中作为证据提交的其发给中航四维公司的要求其提起诉讼的函,亦明确写明中航四维公司将《国家基础航空摄影合同》中的航摄工作转包给其实施,在合同的实际履行中,该合同中中航四维公司的义务,全部由图符公司实施。综上可知,中航四维公司与图符公司之间就涉案航空摄影项目的实施构成转包。图符公司主张其已就民事诉讼中自认的转包关系予以否认,并称其自认系基于诉讼便利原则进行谎称的意见,本院认为,当事人在诉讼中应遵循诉讼诚信原则,如实陈述案件事实,不得虚假陈述。本案是否属于转包关系应以案件事实为依据,不因上诉人在民事诉讼中的否认而变更。国家测绘局认定中航四维公司与图符公司之间属于转包关系事实清楚,证据充分,故对图符公司的前述主张本院不予支持。

关于焦点问题二,图符公司是否无测绘资质从事了测绘活动问题。依据2002年《测绘法》第22条[1]之规定,国家对从事测绘活动的单位实行测绘资质管理制度。从事测绘活动的单位应当具备法定条件,并依法取得相应等级的测绘资质证书后,方可从事测绘活动。本案中,图符公司与中航四维公司签订了

〔1〕 最新为2017年7月1日实施,第27条第1款。

《航空摄影合同》,根据该合同所约定的内容,乙方图符公司负责严格按照合同约定的及相关文件所确定的技术要求实施航空摄影并向甲方中航四维公司交付其完成的成果资料。双方签订的《重庆市航空摄影合同补充协议》显示,乙方承担的甲方的重庆摄区航空摄影项目已于2013年12月全部提前一年超额完成,并在补充协议后整理完成全部重庆摄区资料并移交甲方。由此可知图符公司已实际履行了双方签订的航空摄影合同,从事了航空摄影及其他工作,故应认定其从事了测绘活动,图符公司当庭自认无测绘资质,国家测绘局在被诉通报中认定图符公司无测绘资质从事了测绘活动具有事实依据,本院应予支持。图符公司关于其主要负责飞机协调工作的主张与事实不符,本院不予支持。

关于焦点问题三,被诉通报系针对图符公司和中航四维公司作出,内容具有可分性,中航四维公司可针对有关其权益事项另行寻求救济。本案系图符公司就被诉通报中涉及该公司的事项提起的诉讼,并无依法应当通知参加诉讼的第三人,故一审法院未追加第三人并无不当,本院应予支持。图符公司关于一审遗漏第三人,审理程序违法的主张不能成立,本院不予支持。

另外,上诉人提出的有关赔偿的上诉请求超出了本案的审理范围,一审法院亦已就图符公司提起的行政赔偿诉讼进行了审理和判决,故对该上诉请求本院不予审理。

法官评析

本案审查的首要问题是被诉通报的性质和可诉性问题。本案中,被告系以公文的形式向各省、自治区、直辖市测绘地理信息行政主管部门,局所属各单位,机关各司室发出的被诉通报,受文单位为被告的下级行政机关以及下属的机构和单位,从形式上看属于内部行为,不是对外作出的行政行为。但是,被告通过政务公开的形式将被诉通报向社会公开,从而使这一内部行为得以外化,客观上有可能对通报中涉及的当事人的权利造成实际影响。

因此,在分析被诉通报的可诉性时,需结合其具体内容来予以考察。首先,被诉通报记载的处理措施中涉及中航四维公司的内容与原告无关,原告无权针对该内容提起诉讼。其次,被诉通报记载的处理措施中涉及原告的部分主要包括:约谈原告主要负责人并对其进行批评教育,将原告测绘违法行为通报国家工商行政管理总局记入国家企业信用信息公示系统，将原告涉嫌非法获取、持有国家秘密载体情况通报国家保密局依据保密管理法律法规予以处理。关于约谈措施，其本身并未对原告设立新的权利义务，原则上不具有可诉性。即便原告认为约谈行为损害了其合法权益，也应当直接针对约谈行为起诉，而不是起诉被诉通报。关于后两项措施，其仅为违法线索的移送，不会直接对原告的权利造成影响。如果相关执法机关依据被告移送的线索对原告作出不利决定，原告也应当是针对该不利决定起诉，而不是起诉被诉通报。最后，被诉通报中认定原告实施了无测绘资质而从事测绘活动的违法行为，但鉴于已经超过行政处罚的追责时效，决定不再给予行政处罚。因该项内容已经明确表示不再给予行政处罚，故被诉通报不应属于行政处罚，而仅为对违法行为的一种确认。考虑到这一确认行为客观上对原告造成了不利影响，宜将其纳入行政诉讼的审查范围，而审查的焦点就在于被诉通报中对于原告违法行为的认定是否具有事实根据与法律依据。

事实上，被告虽然最终没有对原告作出处罚，其却在被诉通报中确认了原告行为的违法性，并广而告之，使原告处于一种不利的地位。这种行为可视为一种行政确认，其确认了原告所处的法律地位。在《行政诉讼法》发展的今天，此类管理措施被越来越频繁的使用，虽然不会对原告的权利产生直接限制，却使得原告的声誉和市场形象受到重大不利影响，此类管理措施属于行政机关采用的“软法”行为，不动用国家强制力，却能对原告产生潜在影响，并产生实际规制原告行为的效果。为保障当事人合法权益，对于此类软法行为也应纳入司法审查的范围。

【法律法规链接】

《测绘法》(2002 年修订)第 22 条、第 24 条

《行政处罚法》第 29 条

（撰稿人　赵　锋）

08

财政补助行为的性质判断及其司法审查

——苏州吉姆西客车制造有限公司诉中华人民共和国财政部行政处理决定案

裁判规则

新能源汽车生产补助行为属于行政允诺,系授益性行政行为,其应当遵循法律优先原则,但在法律保留原则方面,却不必具有行为法依据,否则就会因为法律的滞后性导致行政行为丧失应有的灵活性和应急性。对于行政允诺行为的合法性审查主要集中以下几个方面:一是行政机关是否有作出行政允诺的权限;二是行政允诺的内容是否违背了法律、法规的强制性规定或是存在严重不合理之情形;三是行政机关撤销、废止或不履行允诺是否有法律依据。

案　情[1]

2015年9月至12月,原告苏州吉姆西客车制造有限公司的原总经理杨某一在明知国家新能源汽车推广应用补助资金中有关6米纯电动客车国家补助标准在2016年比2015年大幅减少的情况下,为了使原告2015年预售车辆均在当年上牌,达到按照2015年政策获取国家补助资金的目的,指使并组织本单位相关员工,采用使用同一辆车重复过检测线获取检测报告、在钢板上打刻车架号后拓印骗取查验报告等手段,在未实际生产出车辆的情况下,从苏州市公安局交通警察支队车辆管理所骗取电动汽车车辆号牌及行驶证件。

[1] 北京市第一中级人民法院:(2016)京01行初1321号。

2016 年 1 月 26 日，财政部、科技部、工业和信息化部、国家发展和改革委员会通过检查发现原告存在无车上牌和先上牌后补生产等情况。2016 年 2 月 24 日至 3 月 23 日，财政部驻青海省财政监察专员办事处派员进驻原告公司进行财政检查。

2016 年 2 月 22 日，原告向苏州市吴中区经信局上报 2015 年生产、销售电动汽车 1292 辆。因财政部驻青海省财政监察专员办事处检查人员进驻后在检查中发现该企业的问题及检查的深入，原告申请撤回 1292 辆申报材料，并重新准备申报材料。2016 年 3 月 22 日，原告重新提交 960 辆新能源汽车补贴清算材料，后再次撤回。2016 年 6 月，原告再次申报生产车辆 940 辆，其中标注 2015 年生产 403 辆，2016 年生产 537 辆。

2016 年 9 月 13 日，被告财政部根据检查结果，经审查后作出财监〔2016〕29 号《财政部关于苏州吉姆西客车制造有限公司新能源汽车推广应用补助资金专项检查的处理决定》（以下简称被诉决定），主要内容如下：

一、检查发现的主要问题

原告通过编造材料采购、车辆生产销售等原始凭证和记录，上传虚假合格证，违规办理机动车行驶证的方式，虚构新能源汽车生产销售业务，多申报 2015 年销售新能源汽车 1131 辆，涉及中央财政补助资金 26,156 万元。上述行为违反了《私人购买新能源汽车试点财政补助资金管理暂行办法》（财建〔2010〕230 号，以下简称 230 号办法）第 8 条和《财政部　科技部　工业和信息化部　发展改革委关于继续开展新能源汽车推广应用工作的通知》（财建〔2013〕551 号，以下简称 551 号通知）第 2 条的有关规定。

二、处理决定

针对上述问题，根据 230 号办法第 16 条等相关规定，被告决定对原告停止执行中央财政补助政策，对原告 2015 年度销售的全部新能源汽车中央财政不予补助，并追回预拨的 2015 年中央财政补助资金 4532 万元。

原告不服，诉至法院。

另查明：杨某一等人因实施上述行为被苏州市姑苏区人民检察院指控犯诈骗罪，向苏州市姑苏区人民法院提起公诉。苏州市姑苏区人民法院经审理认为，被告人杨某一等人犯诈骗罪，并分别判处刑罚。被告人不服，提起上诉。江苏省苏州市中级人民法院经审理认为，原告的第一次申报数量虚假，虽然之后撤回此次申报,但系因检查组入驻等意志以外的原因。而且后两次申报数据还是虚假,应认定为犯罪未遂。至于原告2015年实际生产、交付的车辆数量,结合在案证据并从有利于被告人的角度出发,应认定为194辆。而2016年生产的车辆,不影响被告人以虚构事实、隐瞒真相等手段意图骗取国家补贴事实的成立。上诉人杨某一等人共同以非法占有为目的,采用虚构事实的方法,以单位名义骗取中央财政补助资金,数额特别巨大,其行为已经构成诈骗罪。各上诉人、原审被告人已经着手实行犯罪,由于意志以外的原因而未得逞,系犯罪未遂,均比照既遂犯予以减轻处罚。同时,考虑到本案未造成国家补贴实际损失且各上诉人、原审被告人事后确有积极补救行为,二审法院对一审判决的量刑进行部分改判。

【裁判结论】

北京市第一中级人民法院经审理,判决驳回原告诉讼请求。双方当事人均未提起上诉。

【裁判观点】

法院生效裁判认为:

1.新能源汽车补贴行为属于行政允诺,系授益性行政行为,其应当遵循法律优先原则,但在法律保留原则方面,却不必具有行为法依据,否则就会因为法律的滞后性导致行政行为丧失应有的灵活性和应急性。考虑到目前尚无相关的法律对新能源汽车补贴事项作出规定,新能源汽车的相关行业主管部门基于产业发展、环境保护等行政管理目标制定230号办法和551号通知,其中经过严格的论证程序并经国务院同意,而且就被诉决定所援引的230号办法第8条、第16条和551号通知第2条的规定而言,其内容也具有合理性,并未与法律原则、法治精神相抵触,不违反法律优先原则,也具有法律保留原则所要求的组织法依据,应当认定为合法有效。因此,对于原告针对230号办法和551号通知合法性提出的异议主张,本院不予支持。

2.关于原告虚假申报补贴车辆的具体数量,生效刑事判决书已经认定原告2015年实际生产、交付车辆数量为194辆,其依据的是杨某统计的梁某某交车记录,同时考虑到吴某某证言中提到有些车没有签订交接单的情况,从有利于被告人的角度依法认定,该认定数字与证人李某某的证言和记录、2016年4月25

日财政部检查报告等其他证据中提到的数字大致相当。此外，根据买车客户的证言和销售合同等书证，原告2015年新能源汽车绝大部分销售合同均签订于11月、12月，按照正常生产周期和上牌流程，这些车辆无法在2015年12月31日前达到申报条件所要求的存在注册登记信息，该情况与原告于2015年12月集中进货零部件，集中上牌的客观事实相符。由上可知，法院在相关刑事案件中认定的194辆系结合案件证据及当事人陈述、证人证言作出的推定，已经最大限度地考虑被告人的权利保护，原告提出的生产、交付数量缺乏事实根据，本院不予采纳。

关于处理结论的适当性，根据上述事实认定可知，被告认定的原告2015年生产、交付161辆新能源汽车，与生效刑事判决书的认定的194辆略有出入，但无论采用哪个数字，均远远小于原告的申报数量，即上述数量差异并不影响原告骗取新能源汽车补贴行为情节的认定。在虚假申报过程中，原告采用了编造材料采购、车辆生产销售等原始凭证记录，伪造销售账目，涂改、编造生产记录，上传虚假合格证，违规办理机动车行驶证等一系列违法手段，多次虚假申报，骗补中央财政补贴，数额特别巨大，而且相关的组织者和实施者之后均被判处诈骗罪并追究刑事责任。基于原告上述虚假申报行为的恶劣程度，被告决定对原告停止执行中央财政补助政策，对原告2015年度销售的全部新能源汽车中央财政不予补助，并追回预拨的2015年中央财政补助资金4532万元，上述处理结论具有合理性，能够与原告虚假申报行为的情节相适应。综上，原告对于被诉决定处理结论提出的异议理由不能成立，本院不予支持。

3. 关于《财政检查征求意见函》的送达，参照《财政检查工作办法》第7条之规定，财政部门组织开展财政检查应当组成检查组，并指定检查组组长。检查组实行组长负责制。本案中，针对原告的检查组系由被告指派青海专员办工作人员组成，组长为赵某某。该检查组就其在检查中发现原告存在的问题制作了《财政检查征求意见函》，并向原告送达以征求其反馈意见。杨某二虽然不是该检查组成员，但其也是被告青海专员办的工作人员，其接受组长赵某某的委托向原告送达《财政检查征求意见函》，且被告提交的送达回证上加盖有“财政部驻青海专员办”公章，原告的工作人员也在受送达人栏签字，上述送达行为能够代表检查组的意见。虽在程序上不够严谨，但尚不构成违法。而且，原告当时已经接收该意见函并及时作出反馈意见，上述情节并未影响到原告陈述、申辩权的行使，故对于原告对此提出的异议,本院不予支持。

关于检查组作出《财政检查报告》的时间问题,根据被告提交的证据显示,检查组在作出《财政检查报告》的同时,还制作了《检查组对被检查人意见或说明的认定意见》,说明了检查组针对原告反馈意见的认定。此外,参照《财政检查工作办法》中关于检查流程的规定可知,检查组的检查行为属于财政部作出财政处理决定前的过程性行为,检查组向被告提交《财政检查报告》时,还需一并提交财政检查工作底稿等材料,被告还要针对《财政检查报告》及相关材料进行研究论证,之后才会作出处理决定。即便检查组工作存在瑕疵,未能针对原告的反馈意见进行审查,被告在作出处理决定之前,仍然还会对包括原告反馈意见在内的检查材料进行审查。就本案而言,被告在作出被诉决定前确已收到检查组发出的征求意见函和原告的反馈意见,并于近5个月后才作出处理决定,有充分时间考虑原告的反馈意见。而且,通过被告提交的证据可知,被告事实上也指定其职能部门对检查组提供的《财政检查报告》等材料进行复核。综上,对于原告针对检查组作出《财政检查报告》时间提出的异议理由,本院不予支持。

关于被告通报日期早于被诉决定落款日期的问题,本院认为,通报本身属于被告对外作出的意思表示,应认为被告在通报之日即已作出处理决定,但尚未向原告送达。直至该处理决定向原告送达时,方才对原告生效。因此,通报日期早于被诉决定落款日期的问题不能得出被告在作出处理决定之前即已公布处理决定内容之结论,其仅仅影响到被诉决定何时对原告生效。因此,对于原告提出的该项异议理由,本院不予支持。

此外,关于听证的问题,因被诉决定并非行政处罚,更不构成《行政处罚法》所规定的必须举行听证的情形,故被告在作出被诉决定前未举行听证不违反法律的强制性规定,不构成程序违法。

综上,原告针对被诉决定所提诉讼理由均不能成立,对其提出的要求撤销被诉决定等诉讼请求,本院不予支持。

法官评析

一、新类型行政案件的审理思路

《行政诉讼法》扩大了行政诉讼的受案范围,第12条第1款明确规定了11类可诉的行政行为,同时还设定了兜底性条款。根据该规定,公民、法人或其他组织认为行政机关侵犯其他人身权、财产权等合法权益的，原则上均可提起行政诉讼。随着经济和社会的发展，行政机关的行政管理和公共服务方式也在发展变化，由此出现了一些新类型的行政行为，超出了《行政诉讼法》第12条明确列举的11类可诉行政行为的范围，但确实又对当事人的合法权益造成实际影响，应当纳入兜底性条款予以监督审查。

在对这些新类型行政行为进行合法性审查时，首先要明晰其行为属性。在缺乏明确法律规定的情况下，还需遵循行政法基本原理来确定其合法性构成要件，再根据这些合法性构成要件进行司法审查。具体而言，对于一个新类型行政行为，可首先考察其属于授益性行政行为还是侵益性行政行为。如果属于前者，就需要遵循给付诉讼的审查思路，重点审查原告的履责请求事项。如果属于后者，则可归入撤销诉讼的范畴，重点审查该行为的事实根据、法律依据以及作出程序。此外，授益性行政行为和侵益性行政行为在设定权限、实施主体、行为内容和实施程序等方面存在较大差异。如果错误界定了新类型行政行为的属性，则会使司法审查偏离正确的方向。例如，如果将本案被诉决定界定为行政处罚，则要首先考虑法律保留原则的适用，即此类行为的创设是否具有法律和行政法规层面的规定，否则将会构成越权无效之情形。

就本案而言，准确界定新能源汽车补贴行为的性质是准确审理本案的前提。结合新能源汽车补贴政策的目标定位及具体实施规定来看，新能源汽车补贴行为应当界定为行政允诺。行政允诺是指行政机关作出的采取或不采取特定措施的、具有法律约束力的承诺，其具有行政性、单方性、授益性、非强制性和自由裁量性等特征。而新能源汽车补贴行为完全符合上述特征，具体分析如下：

第一，新能源汽车补贴行为具有行政性。从230号办法和551号通知的描述可知，新能源汽车补贴政策的目标定位于加快汽车产业技术进步，着力培育战略性新兴产业，推进节能减排，促进大气污染治理。政府实施新能源汽车补贴行为是为了实现上述行政管理目标，该行为具有明显的行政性。

第二，新能源汽车补贴行为具有单方性。其以行政机关单方面的意思表示而成立，类似于一种单方承诺，无须相对人的同意。

第三，新能源汽车补贴行为具有授益性。从230号办法和551号通知的内容来看,行政机关要依据政策规定向符合条件的新能源汽车生产企业拨付补助资金,实行年初预拨、年度清算,任何符合条件的生产企业均可获得补助,从中获益。

第四,新能源汽车补贴行为不具有强制性。新能源汽车补贴政策仅对行政机关具有拘束力,对相对人不具有强制性。行政机关实施新能源汽车补贴政策,并不强制要求任何一个相对人作出相应的行为,而仅仅是发出的一种邀请,引导、鼓励和请求相对人为一定行为,并以给予相应的“报酬”作为对价。

第五,新能源汽车补贴行为具有一定自由裁量性。新能源汽车属于新兴产业,目前并无关于新能源汽车补贴的相关法律规定。是否实施新能源汽车补贴政策以及如何实施,均由相关行政机关研究确定,其属于行政自由裁量权的范围。

综合上述分析可知,新能源汽车补贴行为完全符合行政允诺的特征,应当界定为行政允诺,其秉持的是协商、激励、引导的理念,是政府以一种非强制性的行政行为方式,有效促进行政相对人对行政活动的主动参与和积极配合,体现了行政的民主、文明、宽容与高效,能够有效应对经济社会的高速发展,对构建和谐的行政管理关系发挥了积极作用。在上述分析的基础上,本案就应当按照行政允诺的合法性构成要件来对被诉决定进行合法性审查,而不是行政处罚或是行政许可。

二、行政允诺行为的合法性审查原理——法律保留原则在授益性行政行为中的理解与适用

允诺原本是私法的范畴,其进入公共行政管理领域是现代市场经济和服务行政发展的结果。行政允诺的出现极大丰富了行政执法的手段、观念和模式,也更大限度地实现了行政管理和公共服务目标。所谓行政允诺,德国行政法学者哈特穆特·毛雷尔将其界定为“行政机关作出的采取或不采取特定措施的、具有法律约束力的承诺。”目前,我国尚无行政允诺方面的法律、法规,所以其在我国并非一个法定概念。即便如此,政府在行政管理和公共服务实践中还是大量采用此种措施,以此来高效实现其行政目标,而本案就是由此引发的行政争议。

总体说来,行政允诺属于授益性行政行为,对于此类行为合法性审查的

争议主要发生于法律保留原则的理解适用上,即授益性行政行为是否必须具有行为法依据。关于法律保留原则,2004 年国务院《全面推进依法行政实施纲要》在"依法行政的基本要求"中作出"合法行政"的规定,即"行政机关实施行政管理,应当依照法律、法规、规章的规定进行;没有法律、法规、规章的规定,行政机关不得作出影响公民、法人和其他组织合法权益或者增加公民、法人和其他组织义务的决定。"基于此,可以得出"侵益性行政行为必须具有行为法依据"的结论,即行政机关所实施的对当事人产生不利影响的行为必须有法律、法规、规章的明确规定,否则构成违法。而对于授益性行政行为,则没有作出硬性要求,于是产生争议。第一种观点认为,法律保留原则属于普适性原则,并没有排除授益性行政行为,即授益性行政行为需同时具备组织法依据和行为法依据。第二种观点认为,《全面推进依法行政实施纲要》中仅对侵益性行政行为作出硬性规定,所以行政机关对于授益性行政行为的实施具有自由裁量权,不必具有行为法依据。第三种观点则试图弥合两种观点之间的冲突,一方面认为,法律保留原则属于普适性原则,所有的行政行为都应当遵循,即需同时具备组织法依据和行为法依据;另一方面又对行为法依据的内涵和外延进行扩张性解释,即认为授益性行政行为的行为法依据可以放宽,不仅局限于法律、法规、规章,还可以是规范性文件。同时强调,在此过程中,应坚持法治主义的要求,行政主体负有慎重推进的注意义务,确保规范性文件内容的适当性和制定程序的正当性。

第三种观点虽然从形式上弥合了前两种观点的冲突,但没有直接言明要害,即授益性行政行为的行为法依据是否可以突破人们对于"法律"这一概念的常规理解,进而放宽至规范性文件。如果可以,那么如何保证规范性文件的合法性和合理性? 实际上,《全面推进依法行政实施纲要》在"依法行政的基本要求"中除了作出"合法行政"的规定外,还提出了"合理行政""程序正当""高效便民""诚实守信""权责统一"等要求,授益性行政行为的行为法依据同样需要满足上述要求。因此,"授益性行政行为是否需要具有行为法依据"这一问题的探讨应该放到具体的语境中进行,即授益性行政行为不一定需要具有传统意义上的行为法依据,行政机关可以基于行政管理目标的需要,制定相关的政策规定来实施相应的具体措施,但该规定是否合法需要结合其内容加以考察,考察的对象包括内容的合理性和程序的适当性。

遵循上述原理，行政允诺行为的合法性审查主要集中在以下几个方面：一是行政机关是否有作出行政允诺的权限；二是行政允诺的内容是否违背了法律、法规的强制性规定或是存在严重不合理之情形；三是行政机关撤销、废止或不履行允诺是否有法律依据。

三、行政允诺合法性审查原理在本案中的具体运用

上文已就行政允诺合法性审查的原理进行阐释，下面就结合本案具体情形展示一下该原理的具体应用。

关于被告作出本案行政允诺的权限问题。本案中，被告联合其他部委发布的230号办法和551号通知即为对外作出的行政允诺，即只要新能源汽车生产企业生产的产品满足上述规范性文件设定的要求，就可以领取相应的补助资金。从案件审理的情况来看，并没有法律、法规或规章层面的规定来赋予被告及相关部委联合制定上述文件的权限，这是不是意味着该允诺行为违反了“法无授权不可为”之原则，法院应当以超越法定职权为由撤销其允诺？如果是这样，那就相当于否定了整个新能源汽车生产补助制度的合法性。

但事实并非如此。关于230号办法和551号通知的合法性，可从法律优先和法律保留两个原则进行审查。所谓法律优先，指的是一切行政行为都不得违反法律，且行政措施不得在事实上废止、变更法律，这一原则适用于一切行政活动。法律保留，是指行政机关只有在取得法律授权的情况下才能实施相应的行为，即行政行为不仅需要组织法依据，同时还必须有行为法依据。一般认为，仅有侵益性行政行为需要同时具有组织法依据和行为法依据，而授益性行政行为则只要求有组织法依据，并不一定要求有行为法依据。如上所述，新能源汽车补贴行为属于行政允诺，系授益性行政行为，其应当遵循法律优先原则，但在法律保留原则方面，却不必具有行为法依据，否则就会因为法律的滞后性导致行政行为丧失应有的灵活性和应急性。而被告作为全国财政主管部门，对于财政资金的使用具有组织法依据上的权限，财政部、科技部、工业和信息化部以及国家发展改革委的管理职权均与新能源汽车行业密切相关，由这些部门联合制定新能源汽车生产补助的相关政策，符合组织法依据的要求，因此不存在越权情形。

关于允诺内容的合法性，考虑到目前尚无相关的法律对新能源汽车生

产补助事项作出规定，新能源汽车的相关行业主管部门基于产业发展、环境保护等行政管理目标制定230号办法和551号通知，其中经过严格的论证程序并经国务院同意，而且就被诉决定所援引的230号办法第8条、第16条和551号通知第2条的规定而言，其内容也具有合理性，并未与法律原则、法治精神相抵触，不违反法律优先原则，也具有法律保留原则所要求的组织法依据，应当认定为合法有效，被告可以将其作为具体实施新能源汽车生产补助行为的依据，结合案件具体情况作出相应的处理决定。

关于本案处理结论的合法性，根据查证事实可知，被告认定的原告2015年生产交付161辆新能源汽车，与生效刑事判决书的认定的194辆略有出入，但无论采用哪个数字，均远远小于原告的申报数量，即上述数量差异并不影响原告骗取新能源汽车补贴行为情节的认定。在虚假申报过程中，原告采用了编造材料采购、车辆生产销售等原始凭证记录，伪造销售账目，涂改、编造生产记录，上传虚假合格证，违规办理机动车行驶证等一系列违法手段，多次虚假申报，骗补中央财政补贴，数额特别巨大，而且相关的组织者和实施者之后均被判处诈骗罪并追究刑事责任。基于原告上述虚假申报行为的恶劣程度，被告决定对原告停止执行中央财政补助政策，对原告2015年度销售的全部新能源汽车中央财政不予补助，并追回预拨的2015年中央财政补助资金4532万元，上述处理结论具有合理性，能够与原告虚假申报行为的情节相适应。综上，原告对于被诉决定处理结论提出的异议理由不能成立，法院最终判决驳回原告的诉讼请求。

【法律法规链接】

《私人购买新能源汽车试点财政补助资金管理暂行办法》（财建〔2010〕230号）第8条、第16条

《财政部　科技部　工业和信息化部　发展改革委关于继续开展新能源汽车推广应用工作的通知》（财建〔2013〕551号）第2条

《财政检查工作办法》第7条

《行政诉讼法》第69条

（撰稿人　赵　锋）

图书在版编目(CIP)数据

行政疑难案件裁判规则与法律适用 / 吴在存主编
. -- 北京 : 法律出版社, 2020
ISBN 978-7-5197-4319-2

Ⅰ. ①行… Ⅱ. ①吴… Ⅲ. ①行政诉讼-审判-案例-中国②行政诉讼法-法律适用-中国 Ⅳ. ①D925.318.25②D925.305

中国版本图书馆 CIP 数据核字(2020)第 045633 号

行政疑难案件裁判规则与法律适用
XINGZHENG YINAN ANJIAN CAIPAN GUIZE YU FALÜ SHIYONG

吴在存 主编

策划编辑 朱海波
责任编辑 朱海波
装帧设计 汪奇峰

出版 法律出版社
总发行 中国法律图书有限公司
经销 新华书店
印刷 中煤(北京)印务有限公司
责任校对 马 丽
责任印制 吕亚莉

编辑统筹 法律应用出版分社
开本 710 毫米×1000 毫米 1/16
印张 29
字数 500 千
版本 2020 年 6 月第 1 版
印次 2020 年 6 月第 1 次印刷

法律出版社/北京市丰台区莲花池西里 7 号(100073)
网址/www.lawpress.com.cn
投稿邮箱/info@lawpress.com.cn
举报维权邮箱/jbwq@lawpress.com.cn
销售热线/400-660-8393
咨询电话/010-63939796

中国法律图书有限公司/北京市丰台区莲花池西里 7 号(100073)
全国各地中法图分、子公司销售电话:
统一销售客服/400-660-8393/6393
第一法律书店/010-83938432/8433 西安分公司/029-85330678 重庆分公司/023-67453036
上海分公司/021-62071639/1636 深圳分公司/0755-83072995

书号:ISBN 978-7-5197-4319-2 **定价**:98.00 元
(如有缺页或倒装,中国法律图书有限公司负责退换)